T0364772

SCHLOSS
LUDWIGSLUST

DKV

SCHLOSS LUDWIGSLUST

HERAUSGEGEBEN VOM
STAATLICHEN MUSEUM SCHWERIN /
LUDWIGSLUST / GÜSTROW UND DEN
STAATLICHEN SCHLÖSSERN UND GÄRTEN
MECKLENBURG-VORPOMMERN

DEUTSCHER KUNSTVERLAG

INHALT

ZUM GELEIT

In den Jahren 1731–1735 ließ Prinz Christian Ludwig durch den Hofbaumeister Johann Friedrich Künnecke in dem kleinen, vierzig Kilometer südlich von Schwerin gelegenen Ort Klenow ein eingeschossiges Jagdschloss bauen. Nachdem Christian Ludwig zwölf Jahre später, im Jahr 1747, seinem Bruder Carl Leopold als regierender Herzog von Mecklenburg-Schwerin auf den Thron gefolgt war, entschied er 1754, Klenow in »Ludwigs-Lust« umzubenennen. Jedoch war es dem Namenspatron nicht beschieden, ›seinen‹ Lustort ausgiebig zu nutzen, weil er schon zwei Jahre darauf verstarb. So war es erst sein Nachfolger, Herzog Friedrich der Fromme, der Residenz und Hofhaltung teils aus Schwerin nach Ludwigslust zu verlegen begann. Friedrich fasste den Entschluss, nicht nur jenes kleine Jagdschloss Klenow durch ein repräsentatives Schloss zu ersetzen, sondern auch rund um den neu entstehenden Bau eine Stadt zu begründen. In den Jahren 1772–1776 wurde das Schloss, das heute den Beinamen »Versailles des Nordens« trägt, nach ersten Plänen von Jean Laurent Legeay durch den Hofbaumeister Johann Joachim Busch errichtet. Es handelt sich um eine spätbarocke Dreiflügelanlage, die sich an repräsentativen Bauten im Reich wie dem Neuen Palais in Potsdam oder dem Schloss Wilhelmshöhe in Kassel orientiert, wenn auch der Ludwigsluster Schlossbau in seinen Dimensionen bedeutend zurückhaltender ist. In der ruhigen Wandgliederung, der Reduktion der Ornamentik und dem klar gegliederten Aufbau der Etagen zeigen sich deutlich die Einflüsse des französischen Frühklassizismus. Dieser stilistische Bezug offenbart sich vor allem im Herzstück des Schlosses, dem Goldenen Saal. Die imposante Erscheinung des über zwei Etagen reichenden Saals wird durch seine Ausstattung mit antikisierenden korinthischen Säulen betont.

Der klassische Eindruck bestätigt sich im ersten Neubau in Ludwigslust, der dem Schloss gegenüberliegenden Hofkirche. Auch dieses Werk Johann Joachim Buschs folgt frühklassizistischen französischen Vorbildern. Besonders mit Blick auf die Entstehungszeit des Baus 1765–1770 verblüfft die Fassade in ihrer schlichten Monumentalität. Sechs Säulen dominieren den Portikus der Kirche und tragen ein Gebälk, auf dem die vier Evangelisten Akzente setzen. In den folgenden 100 Jahren ergänzten weitere Bauten das einzigartige Ludwigsluster Ensemble, das in eine weite, sich in die Natur öffnende Parklandschaft eingebettet ist.

Ludwigslust – das Schloss, die angrenzende Stadt wie auch der große englische Garten – ist weniger das Abbild absolutistischen Denkens als vielmehr Sinnbild für ein spätbarockes, bis weit in das 20. Jahrhundert hinein bestimmendes Leitprinzip, das den Menschen als das Maß aller Dinge begreift. Es ist der (adelige) Mensch, der, im Mittelpunkt stehend, die ihn umgebende Welt nach seinem Willen formt und beherrscht, so dass die dabei entstehende Landschaft ihren einzigen Sinn darin erfährt, ihm zu Diensten zu sein. Par excellence wird dieser Zusammenhang in dem das Schloss umgebenden englischen Park symbolisiert, ist hier eine (Kunst-)Welt geschaffen, deren Erscheinungsbild auf den ersten Blick an eine natürlich gewachsene Landschaft denken lässt. Indem das Staatliche Museum Schwerin / Ludwigslust / Güstrow gemeinsam mit den Staatlichen Schlössern und Gärten Mecklenburg-Vorpommern das Schloss Ludwigslust in seiner Architektur wiederhergestellt hat und zugleich in seiner gesellschaftlichen Funktion erfahrbar macht, wird der historische Kontext spürbar, in dem der Bau als Teil des anthropischen Weltbildes funktioniert hat.

Der beschriebene Kontext zur Zeit der Errichtung des Schlosses Ludwigslust vermag einen Eindruck davon zu geben, um welch wichtiges Werk es sich hier handelt und weshalb wir Schlösser nicht allein auf ihre Architektur reduzieren, sondern sie als Organismen begreifen sollten, die nach innen wie nach außen hochgradig vernetzt funktionieren. Die Konstruktion des Gesamtkunstwerkes Ludwigslust ist deshalb auch weit mehr als eine prächtige Schlossanlage, deren Geschichte nun wieder erlebbar wird. Im Ludwigsluster Schlossbau konzentriert sich die Gedankenwelt des 18. Jahrhunderts, weshalb ihm ein besonderes Augenmerk zukommt.

Vor dem Hintergrund freut es uns, dass es mithilfe der Europäischen Union im Rahmen des Europäischen Landwirtschaftsfonds für die Entwicklung des ländlichen Raums (ELER-Fonds) und den Mitteln des Landes Mecklenburg-Vorpommern in den letzten Jahren gelang, das Schloss zu sanieren und ein neues Ausstellungskonzept zu realisieren, um die Anlage wieder der Öffentlichkeit zugänglich zu machen. Damit hat das Land Mecklenburg-Vorpommern ein touristisches Highlight von internationaler Geltung erhalten. Mit den zahlreichen Kunstwerken aus der Sammlung der Herzöge öffnet Schloss Ludwigslust ein Fenster in eine lange verschlossene, prunkvolle Epoche der mecklenburgischen Geschichte. Mein Dank gilt allen, die an der Umsetzung dieser großen Aufgabe mitgewirkt haben. An erster Stelle sei dem Finanzministerium gedankt, dass die notwendigen Mittel aus den Förderfonds der EU und dem Haushalt des Landes bereitgestellt wurden. Mit Blick auf die Erwerbung der Kunstwerke der Sammlung Herzogliches Haus Mecklenburg-Schwerin danken wir dem Land Mecklenburg-Vorpommern, der Kulturstiftung der Länder und der Beauftragten für Kultur und Medien der Bundesregierung. Sodann gilt mein Dank dem Betrieb für Bau und Liegenschaften des Landes Mecklenburg-Vorpommern, in dessen Verantwortung die Restaurierung und Sanierung des Gebäudes lag. Für die Erarbeitung des Ausstellungskonzeptes darf ich mich bei den verantwortlichen Wissenschaftlern und Restauratoren des Staatlichen Museums bedanken, für die gestalterische Umsetzung unserer wissenschaftlichen Ideen bei dem Büro arge gillmann schnegg, Basel. Die Herausgabe dieses Bandes geschieht gemeinsam mit den Staatlichen Schlössern und Gärten Mecklenburg-Vorpommern. Ohne die Bereitschaft aller Autoren, mit ihren Beiträgen den Band profund zu bereichern, wäre der lange gehegte Plan eines ersten Buches zu Schloss Ludwigslust nie Realität geworden. Die Publikation lag in den professionellen Händen des Deutschen Kunstverlags, der einen wesentlichen Beitrag zum Gelingen leistete. Für das außerordentlich große Engagement sei besonders gedankt.

Dirk Blübaum
Staatliches Museum Schwerin / Ludwigslust / Güstrow

VORWORT

»Ich muss gestehen, dieser Ort hat alle meine Erwartungen bei weitem übertroffen (…) Es bedürfte einer geübteren Feder als der meinigen, um Ihnen alle Reize dieses irdischen Paradieses zu beschreiben«, notierte der irische Reiseschriftsteller Thomas Nugent im Jahr 1766 über Ludwigslust. Die Anstrengungen zu ermessen, die die Schöpfung des irdischen Paradieses in Ludwigslust ihre Auftraggeber, die beteiligten Künstler oder die Handwerker im 18. Jahrhundert gekostet hat, ist heute kaum mehr möglich. Allen aber, die in den jüngst vergangenen Jahren zu dieser ersten, umfassenden Publikation über Schloss Ludwigslust beigetragen haben, sind andere Anstrengungen in frischer Erinnerung. Über Jahre hinweg haben die Verantwortlichen des Staatlichen Museums in Schwerin mit großem Einsatz darauf hingearbeitet, dem Besucher heute eine völlig neu konzipierte Ausstellung des Schlosses zu präsentieren. Im Auftrag der Staatlichen Schlösser und Gärten Mecklenburg-Vorpommern sind überdies erstmals umfängliche Forschungen zum Gesamtensemble vorgenommen worden, die viele vergessene Geheimnisse der Anlage aufdecken konnten und eine unentbehrliche, wissenschaftliche Grundlage für die Restaurierungsarbeiten darstellten. An dieser großen Wiederherstellungsmaßnahme, die im letzten Jahrzehnt unter der Leitung des landeseigenen Betriebs für Bau und Liegenschaften an Schloss und Garten realisiert wurde, waren weit über 100 Firmen beteiligt. All diese Arbeiten und das damit verbundene Engagement jedes Einzelnen wären jedoch ohne umfassende Finanzmittel nicht zu leisten gewesen. Das Land Mecklenburg-Vorpommern hat seine Verantwortung wahrgenommen und investiert. Der Großteil der Mittel wurde darüber hinaus aus Förderfonds der Europäischen Union zur Verfügung gestellt. Das Ziel dieses gemeinsamen und vielfältigen Vorhabens war es, das Ludwigsluster Schlossensemble wissenschaftlich zu erforschen, denkmalgerecht zu bewahren und für die breite Öffentlichkeit als einzigartiges Gesamtkunstwerk wieder erlebbar zu machen.

Schon seit über 200 Jahren übt Ludwigslust eine große Anziehungskraft auf seine Besucher aus, wie die oben zitierte Begeisterung von Thomas Nugent widerspiegelt. Begonnen hatte einst alles mit einem kleinen Jagdschloss für den Prinzen Christian Ludwig, das 1735 an dem zu diesem Zeitpunkt noch Klenow benannten Ort vollendet worden war. Das Jagdschloss wurde im Laufe der folgenden Jahrzehnte immer weiter ausgebaut und erst 1754 gab der mittlerweile zum Herzog avancierte Christian Ludwig II. seinem Kleinod den Namen »Ludwigs-Lust«. Sein Sohn und Nachfolger Friedrich schien den Lustort noch mehr zu lieben, als der Vater es getan hatte, und beschloss, sich aus seiner Residenzstadt Schwerin hierher zurückzuziehen. Im Jahr 1764 verlegte Herzog Friedrich der Fromme seinen Lebensmittelpunkt und die Hofhaltung nach Ludwigslust. Das Werk, das sein Vater mit dem kleinen Lustschloss und seiner Gartenanlage begonnen hatte, führte er zur Vollendung. Dabei ließ er nicht nur die Hofkirche bauen, die zugehörige Siedlung anlegen und den Garten erweitern, sondern auch zwischen 1772 und 1776 ein gänzlich neues Schloss errichten, dessen Formen auf die Entwürfe des französischen Stararchitekten Jean Laurent Legeay zurückgingen. So präsentiert sich Ludwigslust heute als ein einzigartiges, spätabsolutistisches Ensemble aus Schloss, Garten und Stadt. Es ist ein authentisches und denkmalwürdiges Zeugnis mecklenburgischer Kultur- und Landesgeschichte, da der Schlossbau des 18. Jahrhunderts seit der Entstehungszeit kaum umgestaltet wurde. Die Einbettung des Schlosses in seine beeindruckende Umgebung, mit den Blickachsen über die Kaskade hin zur Hofkirche, zur Stadt und auf der Gartenseite in die gestaltete Natur, vervollständigt seine einmalige Wirkung und lädt den Besucher von Ludwigslust nicht nur zur Besichtigung des Museums, sondern auch zu Spaziergängen im Schlosspark ein.

Die vorliegende Publikation ist in Kooperation des Staatlichen Museums Schwerin / Ludwigslust / Güstrow mit den Staatlichen Schlössern und Gärten Mecklenburg-Vorpommerns erarbeitet worden und gibt erstmals einen breiten Überblick über die Ludwigsluster Anlage. Während sich die Schlösserverwaltung auf die Grundlagenforschung zur Garten-, Architektur- und Ausstattungsgeschichte sowie auf die Dokumentation der Wiederherstellung von Schloss und Garten konzentrierte, lag beim Staatlichen Museum der Schwerpunkt auf der Vorstellung der Ludwigsluster Ausstattungsstücke und Kunstwerke aus der großherzoglichen Sammlung. Darüber hinaus werden die für das Schloss einst tätigen Manufakturen vor Ort, die Musik der Hofkapelle oder die Bibliothek der Herzogin Luise Friederike beleuchtet.

Allen, die an dieser Publikation, der Ausstellung im Schloss und den Wiederherstellungsmaßnahmen mitgewirkt haben, sei aufrichtig gedankt. Den Lesern wünschen wir viel Vergnügen und Erkenntnisgewinn bei der Lektüre dieses Buches und damit beim Entdecken des Gesamtkunstwerks Schloss Ludwigslust.

Friederike Drinkuth
Staatliche Schlösser und Gärten Mecklenburg-Vorpommern

IN: PÖHL
WALFISCH
WISMAR
ROSTOK
GUSTRO
RIBNITZER SEE
DER DARS
FISCH LAND
MALCHINSCHE SEE
MURITZER SEE
Plauer See
PARCHIM
LUBS
GRABAU
CRIVITZ
SUERIN SEE
DONITZ
1. 2. 3. 4. 5. 6. 7. 8. 9. 10. Meilen.

Torsten Fried

Mecklenburg – Ein historischer Überblick

Mecklenburg kann auf eine über tausendjährige Geschichte zurückblicken. Einst durch Slawen besiedelt, wurde das Land im Hochmittelalter durch die deutsche Ostsiedlung geprägt.[1] Im Jahr 1348 erhob der spätere Kaiser Karl IV. Mecklenburg zum unmittelbaren Reichslehen, so dass die dort regierenden Fürsten zu Herzögen avancierten.[2] Am Beginn der Frühen Neuzeit stellte das Land einen durchaus ernstzunehmenden Machtfaktor im südlichen Ostseeraum dar. Die Herzöge nutzten ihre Handlungsspielräume und waren national und international gut vernetzt.[3] In der Folgezeit schwächten jedoch Konflikte innerhalb des obodritischen Fürstenhauses diese Position – Landesteilungen wurden zur Regel. Im Dreißigjährigen Krieg geriet Mecklenburg zwischen alle Fronten, kurzzeitig herrschte sogar der böhmische Feldherr Albrecht von Wallenstein als Herzog in der Güstrower Residenz.[4] In Mecklenburg dominierte die Landwirtschaft, wobei der Adel seine Gutswirtschaften im Einzugsgebiet der Ostsee stark ausbaute.[5] Überhaupt spielten die Hafenstädte Rostock und Wismar eine wichtige Rolle in der mecklenburgischen Geschichte. Sie gehörten dem Städtebund der Hanse an, die der Region im Nordosten Deutschlands auf ganz besondere Weise ihren Stempel aufdrückte. Neben den politischen und wirtschaftlichen Verbindungen existierten zwischen den Hansestädten vielfältige kulturelle Kontakte. Sichtbarer Ausdruck dafür wurde die Bachsteingotik, die noch heute die Besucher von Rostock oder Wismar in ihren Bann zieht. Nicht umsonst darf sich Wismar (zusammen mit der Altstadt von Stralsund) seit 2002 mit dem Titel »Welterbe« schmücken.

Ständekampf

Schon am Beginn der Frühen Neuzeit standen den Fürsten im Lande mit den Ständen (Ritter- und Landschaft) mächtige Gegner gegenüber. In der ersten Hälfte des 18. Jahrhunderts eskalierte diese Auseinandersetzung. Letztendlich gelang es den Ständen, sich gegen die absolutistischen Bestrebungen der Fürsten zu behaupten.[6] Mehrfach griff der Kaiser in das Geschehen in Mecklenburg ein.[7] So wurde ein im Alten Reich geradezu einmaliges Exempel statuiert: Ein Dekret suspendierte Herzog Karl Leopold wegen seiner fortdauernden »Renitenz und Widersetzlichkeit« von der Herrschaft und setzte dessen jüngeren Bruder Christian Ludwig als kaiserlichen Administrator ein.[8]

Der in Mecklenburg so heftig geführte Streit zwischen Landesfürsten und Ständen um die Souveränität wurde mit dem Abschluss des Landesgrundgesetzlichen Erbvergleichs von 1755 beendet.[9] Darin bestätigte Herzog Christan Ludwig II. von Mecklenburg-Schwerin (Abb. 1) den Ständen all ihre Rechte und Freiheiten. Gleichzeitig respektierte er die ständische Mitregierung. Weiterhin erklärte sich der Herzog dazu bereit, für die Hälfte seiner Güter Steuern zu zahlen. Der Erbvergleich galt nicht nur für Mecklenburg-Schwerin, auch der Mecklenburg-Strelitzer Herzog Adolf Friedrich IV. (Abb. 2) stimmte der Vereinbarung zu.[10] Der Landesgrundgesetzliche Erbvergleich kam einem Sieg der

Kleine Generalkarte von Mecklenburg im handgezeichneten Atlas von Bertram Christian von Hoinckhusen, Detail, 1721, Aquarell, Landeshauptarchiv Schwerin, 12.11-1/1, Sign. 37/14

1 Charles Maucourt, Bildnis des Herzogs Christian Ludwig II. von Mecklenburg-Schwerin, 1752, Öl auf Leinwand, 140 × 110,5 cm, Staatliches Museum Schwerin, Inv.-Nr. G 276

Stände gleich, sanktionierte er doch die Machtstellung der Ritter- und Landschaft, im Besonderen der Ritterschaft. Die Bemühungen der Schweriner Herzöge Friedrich und Friedrich Franz I., aus späteren innerstädtischen Auseinandersetzungen Nutzen zu ziehen und die ständische Mitregierung zurückzudrängen, schlugen fehl. Bis 1918 sollte der Erbvergleich von 1755 als Fundamentalgesetz in Mecklenburg Gültigkeit besitzen – ein einmaliger Fall in der deutschen Verfassungsgeschichte.

Zwischen Krieg und Kur

Kaum war nach dem Tode Christian Ludwigs II. 1756 sein Sohn Friedrich an die Macht gelangt, begann ein Krieg von europäischer Dimension; manche Historiker sprechen sogar von einem ersten Weltkrieg: Gemeint ist der Siebenjährige Krieg. Friedrich verhielt sich betont kaiser- und reichstreu, in der Hoffnung, dadurch bei den immer wieder

2 Daniel Woge?, Herzog Adolf Friedrich IV. von Mecklenburg-Strelitz, um 1760, Öl auf Leinwand, 137 × 100 cm, Staatliches Museum Schwerin, Inv.-Nr. G 667

auftretenden Querelen mit den Ständen Rückhalt zu bekommen.[11] Letztendlich führte diese unrealistische Außenpolitik aber nur dazu, dass Mecklenburg-Schwerin wiederholt von fremdländischen Truppen heimgesucht wurde. Geld- und Naturalleistungen mussten erbracht werden, gleichzeitig diente das Land als Rekrutierungsgebiet bzw. Winterquartier. König Friedrich II. von Preußen soll einmal sarkastisch festgestellt haben: Mecklenburg ist »wie ein Mehlsack, je mehr man darauf klopfe, desto besser stäube er«, und meinte damit das unerschöpfliche Reservoir an Soldaten.[12] Dagegen konnte Herzog Adolf Friedrich IV. durch wohlwollende Neutralität die direkten Kriegseinwirkungen für Mecklenburg-Strelitz begrenzen. Als 1763 der Krieg mit dem Hubertusburger Frieden ein Ende fand, grenzte es für Herzog Friedrich schon fast an ein Wunder, dass man ihm sein Land ohne Gebietsverluste beließ. Für seine außenpolitische Blindheit im Siebenjährigen Krieg – die egoistische Haltung der Stände tat ein Übriges – musste ein hoher Preis bezahlt werden: unzählige Opfer unter der Bevölkerung und schwerer wirtschaftlicher Schaden.

3a–b Herzog Friedrich von Mecklenburg-Schwerin, Medaille 1773 als Prämie des Bützower Pädagogiums, Silber, Dm. 39 mm, Staatliches Museum Schwerin, Inv.-Nr. Mü 803

4a–b Herzog Friedrich Franz I. von Mecklenburg-Schwerin, Medaille 1785 auf seinen Regierungsantritt, Silber, Dm. 42 mm, Staatliches Museum Schwerin, Inv.-Nr. Mü 11783

War bereits unter Herzog Adolf Friedrich III. in Neustrelitz eine neue Residenzstadt entstanden,[13] so ließ sich Herzog Friedrich in Ludwigslust in den 1770er Jahren ein neues Schloss erbauen; die Regierung verblieb allerdings in Schwerin. Mit der 1760 vollzogenen Gründung einer Universität in Bützow, die sich von der Rostocker Universität abgespalten hatte, sollte unter anderem dem Pietismus in Mecklenburg zum Durchbruch verholfen werden. Schließlich hatte die pietistische Einstellung Friedrichs dazu geführt, dass er den Beinamen »der Fromme« erhielt. Die »Fridriciana« musste jedoch ebenso wie die zugehörige Vorstudienanstalt (»Paedagogium«) (Abb. 3a–b) hochverschuldet 1789 aufgeben.[14] Die Verdienste Friedrichs des Frommen würdigt Matthias Asche wie folgt: »Der Schweriner Herzog war kein Fürst der großen politischen Entwürfe, sondern ein solider Innenpolitiker mit sicherer Hand für das Finanzielle, der seine Möglichkeiten zu nutzen wusste, manchmal weit über das Ziel hinausschoss, oftmals jedoch an den realen politischen Kräfteverhältnissen im Herzogtum Schwerin scheiterte.«[15]

In Mecklenburg-Strelitz wiederum regierte in der zweiten Hälfte des 18. Jahrhunderts Herzog Adolf Friedrich IV. Einer größeren Öffentlichkeit wurde er allerdings erst später bekannt, und zwar als »Dörchläuchting« durch die Persiflage des Schriftstellers Fritz Reuter. Deshalb werden heute mit dem Herzog eher maßlose Prunksucht, panische Gewitterfurcht oder Wasserspritzen durch Schlüssellöcher verbunden. Aber: Adolf Friedrich IV. ließ die Folter 1770 bzw. 1777 abschaffen (damit kam ihm allerdings Friedrich in Mecklenburg-Schwerin zuvor). Seine Schwester Sophie Charlotte heiratete König Georg III. von Großbritannien.[16] Das Fürstentum Mecklenburg-Strelitz mit seinen 60000 Einwohnern wurde dadurch sogar im fernen England bekannt. Zum Vergleich sei nur darauf verwiesen, dass allein in London zu dieser Zeit 675000 Menschen lebten. Man könnte also auch sagen: Sophie Charlotte kam aus dem Kleinstaat in die Großstadt.

Nachdem Herzog Friedrich der Fromme am 24. April 1785 gestorben war, übernahm sein Neffe Friedrich Franz die Herrschaft im Herzogtum Mecklenburg-Schwerin. Aus diesem Anlass ließ er eine Medaille prägen (Abb. 4a–b).[17] Auf der Vorderseite kündet die Inschrift von dem vollzogenen Herrschaftswechsel. Die Rückseite zeigt rechts die trauernde Schutzgöttin Mecklenburgs, links im Hintergrund ist die Ludwigsluster Schlosskirche zu sehen. Links oben hält eine aus den Wolken herausragende Hand ein Medaillon mit dem Bildnis des verstorbenen Herzogs. Eine solche Dichte an dynastischer Memoria und Herrschaftsrepräsentation ist bemerkenswert. Immerhin stand Friedrich Franz nicht in der direkten Thronfolge, und aus dem Verhältnis Onkel-Neffe sollte ihm keine Zweitrangigkeit erwachsen. Ein gesteigertes Legitimationsbedürfnis dürfte ihn deshalb veranlasst haben, eine solche Medaille zu kreieren. Dabei schließen sich reines Machtkalkül und persönliche Wertschätzung nicht aus – Friedrich Franz fühlte sich seinem Onkel immer sehr nahe. Dass er ihm mit der Medaille auch ein Denkmal setzte, dürfte dieser Verehrung geschuldet sein. Sicher waren sie zwei gänzlich verschiedene Charaktere: hier der fromme Landesvater, dort der den Freuden des Lebens – sei es der Spielleidenschaft oder den Mätressen – zugewandte Friedrich Franz.[18] Aber vielleicht war es gerade diese Lauterkeit und Geradlinigkeit, die der Neffe an seinem Onkel so bewunderte und schätzte. Er verband mit ihm wohl Eigenschaften, die er selbst nicht besaß und die ihm deshalb imponierten.

Die Spielleidenschaft führte Friedrich Franz oft in die Spielbank von Doberan. Zwar ist es nur eine Legende, dass der Herzog am 22. Juli (oder 8. September) 1793 im Meer gebadet hätte, doch geht die Gründung des erstes deutschen Seebades am »Heiligen Damm« bei Doberan auf ihn zurück (Abb. 5 a–b).[19] Sein Hof- und Leibarzt, der Rostocker Professor Samuel Gottlieb Vogel gab hierfür wesentliche Anstöße.[20] Immer wieder betonte Vogel, dass ihm für die Gründung Doberans die Seebäder in England als Vorbild gedient hätten. Im Gegensatz zu England, wo sich Bade- und Kurorte dank privater Initiativen und Investitionen herausbildeten, war im Reich die überwiegende Zahl der Kurorte wesentlich von den Landesherren, von den Impulsen des Staates und des Hofes bestimmt, wofür Doberan exemplarisch steht.

Frankreich trifft auf Mecklenburg

Das Seebad Doberan war allerdings kein Ort, der von den gesellschaftlichen Umbrüchen am Ende des 18. Jahrhunderts unberührt geblieben wäre. Karl von Stein, Kammerherr am Hofe von Friedrich Franz, schrieb seiner in Weimar lebenden Tante Sophie von Schardt aus dem Badeort am 4. Februar 1793: »Dem Himmel sei Dank, in Mecklenburg haben wir nie wahrscheinlicherweise eine solche Revolution zu befürchten«.[21] Damit sollte Stein erst einmal recht behalten, denn bis auf Nahrungsmittelrevolten in Rostock, Schwerin und einigen anderen Städten hatte die Französische Revolution keine unmittelbaren Auswirkungen auf Mecklenburg. Auch konnte das Land in den Koalitionskriegen gegen das revolutionäre und später Napoleonische Frankreich zunächst neutral bleiben. Doch mit der preußischen Niederlage bei Jena und Auerstedt 1806 wendete sich das Blatt. Französische Truppen drangen in Mecklenburg-Schwerin ein, nachdem sich preußische Einheiten auf ihrer Flucht dorthin begeben hatten.[22] Außerdem warfen die

5 a–b Herzog Friedrich Franz I. von Mecklenburg-Schwerin, Medaille 1793 (1798/99) auf die Gründung des Seebades Doberan (Heiligendamm), Silber, Dm. 33 mm, Staatliches Museum Schwerin, Inv.-Nr. Mü 2848

6 August Achilles, »Die Feier des 10ten August am heiligen Damm bei Doberan. zur Erinnerung an die im Jahr 1807 erfolgte höchsterfreuliche Wiederkehr Seiner Königlichen Hoheit des allerdurchlauchtigsten Großherzogs Friedrich Franz von Mecklenburg-Schwerin in seine Staaten«, Lithografie, 1832, 52 × 67,8 cm, Staatliches Museum Schwerin, Inv.-Nr. 1622 Gr

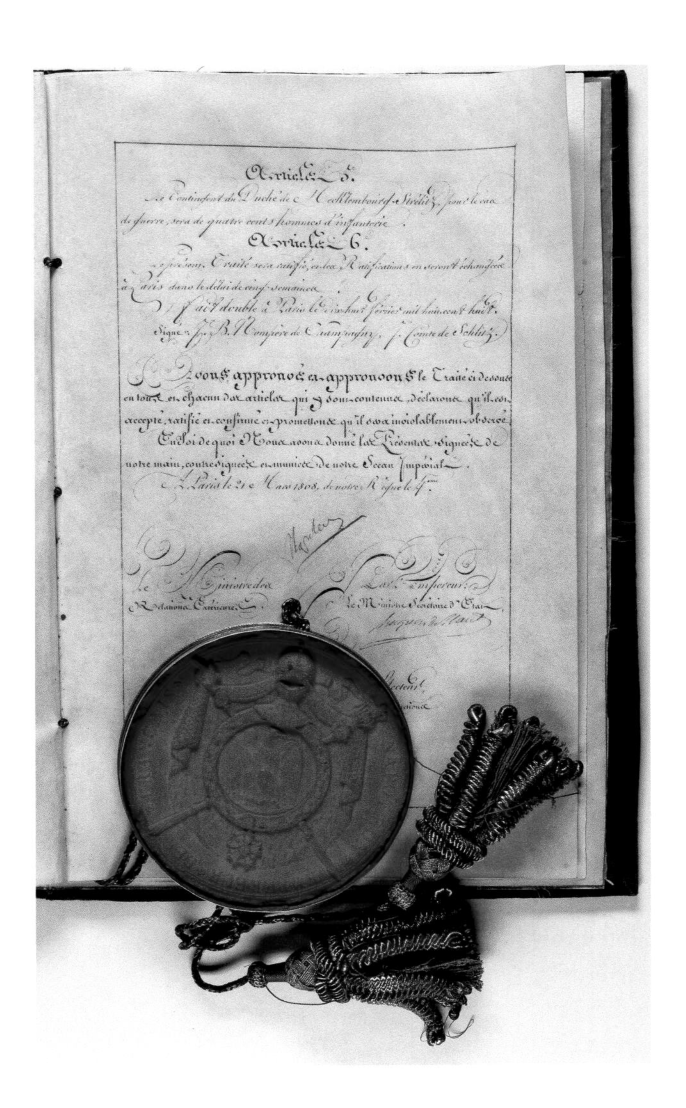
Article 5.
Le Contingent du Duché de Mecklembourg-Strelitz, pour le cas de guerre, sera de quatre cents hommes d'infanterie.
Article 6.
Le présent Traité sera ratifié, et les Ratifications en seront échangées à Paris dans le délai de cinq semaines.
Fait double à Paris le dix-huit février mil huit cent huit.
Signé: J. B. Nompère de Champagny, Comte de Schlitz.
Nous avons approuvé et approuvons le Traité ci-dessus en tout et chacun des articles qui y sont contenus, déclarons qu'il est accepté, ratifié et confirmé et promettons qu'il sera inviolablement observé.
En foi de quoi Nous avons donné les Présentes signées de notre main, contresignées et munies de notre Sceau Impérial.
A Paris le 21 Mars 1808, de notre Règne le 4me.
Napoleon
Le Ministre des Relations Extérieures
Par l'Empereur: le Ministre Secrétaire d'Etat

7 Vertrag über den Beitritt von Mecklenburg-Strelitz zum Rheinbund vom 24. April 1808, Handschrift mit Siegel von Kaiser Napoleon I., Landeshauptarchiv Schwerin, 1.2 Urkunden Land und Haus, Strelitzer Archiv Nr. 146 a

8 Tasse mit dem Miniaturbildnis von Gebhard Leberecht von Blücher, Königliche Porzellan-Manufaktur Berlin, um 1815, Porzellan, glasiert, bemalt, vergoldet, H. 9 cm, Staatliches Museum Schwerin, Inv.-Nr. KG 6171

Franzosen dem Herzogshaus in Schwerin vor, Russland unterstützt zu haben. Friedrich Franz I. wurde abgesetzt und musste auf dänisches Gebiet, nach Altona, fliehen. Der Strelitzer Herzog Karl durfte zwar durch verschiedene Fürsprecher im Lande bleiben, verlor aber seine politischen Einflussmöglichkeiten fast vollständig. Erst im Frieden von Tilsit 1807 zwischen Frankreich und Russland konnte der russische Zar Alexander I. – er war der Schwager des Schweriner Erbprinzen Friedrich Ludwig – die Wiedereinsetzung von Herzog Friedrich Franz I. erreichen; die herzogliche Familie kehrte aus dem Exil zurück (Abb. 6). Im Gegenzug kamen Friedrich Franz wie Karl II. von Mecklenburg-Strelitz nicht umhin, dem Napoleonischen Rheinbund beizutreten (Abb. 7). Auch mussten sie Truppenkontingente für den Feldzug gegen Russland bereitstellen. Die Soldaten gelangten bis in den Raum nordöstlich von Smolensk, zwei Kompanien der Strelitzer sogar bis Moskau. Dabei führten unerbittliche Kämpfe, Hunger und Kälte zu enormen Verlusten. Nur wenig mehr als 300 Offiziere, Unteroffiziere und Soldaten der beiden mecklenburgischen Kontingente sahen die Heimat wieder; ausgezogen waren immerhin 2300 Mann.[23]

Als im Frühjahr 1813 das Kriegsglück die Franzosen verließ, traten die Herzöge von Mecklenburg-Schwerin und Mecklenburg-Strelitz als erste aus dem Rheinbund aus. Sowohl Friedrich Franz als auch Karl II. riefen zum Kampf gegen Napoleon auf. Es kam zur Bildung von zwei Jägerregimentern. Insgesamt drängten über 10000 Männer aus allen Teilen der Bevölkerung zu den Waffen, darunter auch Schüler und Studenten. Dennoch besetzten die Franzosen im August und September 1813 erneut Wismar und Schwerin und trieben Kontributionen in Form von Geld und Naturalien ein. Dies blieb aber nur eine kurze Episode, denn mithilfe der Schweriner Truppen konnten die Franzosen schließlich aus dem Land gedrängt werden. Das Regiment der nach ihrem Landesherrn Karl (Carl) benannten C-Husaren aus Strelitz gehörte zur Schlesischen Armee, die der gebürtige Rostocker Gebhard Leberecht von Blücher (Abb. 8) führte.[24] Als einziger nicht-preußischer Truppenteil nahm das Regiment an allen entscheidenden Schlachten der Befreiungskriege teil, sei es an der Völkerschlacht bei Leipzig 1813 oder an der Schlacht bei Waterloo 1815.

Nach dem Wiener Kongress

Der erste Pariser Frieden von 1814 brachte endlich die lang ersehnte Waffenruhe, durch den zweiten Pariser Frieden erhielten Mecklenburg-Schwerin und Mecklenburg-Strelitz einen Anteil an der französischen Kriegsentschädigung. Der Wiener Kongress 1814/15 ordnete dann die politische Landkarte neu: Die mecklenburgischen Fürsten wurden in den Rang von Großherzögen erhoben.[25] Beide erhielten den gleichlautenden Titel: »Von Gottes Gnaden Großherzog von Mecklenburg, Fürst zu Wenden, Schwerin und Ratzeburg, auch Graf von Schwerin, der Lande Rostock, und Stargard Herr«. Im Zuge von Gebietsveränderungen wurde Mecklenburg-Strelitz ein Bezirk in der Eifel übertragen, jedoch verzichtete das Land gegen Zahlung von einer Million Talern zugunsten Preußens. Im neugegründeten Deutschen Bund – das Alte Reich hatte bekanntlich 1806 aufgehört zu existieren – besaß Mecklenburg-Schwerin in der Bundesversammlung zwei Stimmen, Mecklenburg-Strelitz hatte eine Stimme.

Die preußenfreundliche Politik des Strelitzer Fürstenhauses war seit der spektakulären Doppelhochzeit der Töchter des Erbprinzen Karl im Jahre 1793 offenkundig geworden. Luise[26] hatte den Kronprinzen Friedrich Wilhelm und ihre jüngere Schwester Friederike dessen Bruder Ludwig geheiratet. Letztendlich kam auch das noch unter Friedrich dem Frommen so kaisertreue Schweriner Herzogshaus nicht umhin, die preußische Vormachtstellung in Norddeutschland anzuerkennen. Sichtbarer Ausdruck dieser Akzeptanz war die Vermählung von Prinzessin Alexandrine, Tochter des Königs Friedrich Wilhelm III. und der Königin Luise, mit dem Schweriner Erbprinzen Paul Friedrich im Jahr 1822 (Abb. 9a–b).

Die nach den Befreiungskriegen in Mecklenburg erhofften gesellschaftlichen Veränderungen blieben aus. Anstatt grundlegender politischer und wirtschaftlicher Reformen bestimmte eine restaurative Grundtendenz die weitere Entwicklung. Liberale Bestrebungen fanden ein Ende, die Unterdrückung von Meinungsfreiheit wurde vorangetrieben – Demokraten wie Fritz Reuter galten als Demagogen und kamen ins Gefängnis.[27] Zwar

9a–b Erbgroßherzog Paul Friedrich von Mecklenburg-Schwerin und Prinzessin Alexandrine von Preußen, Medaille 1822 auf die Vermählung, Bronze, Dm. 41 mm, Staatliches Museum Schwerin, Inv.-Nr. Mü 883

10 Theodor Schloepke, Bauersfrau aus der Ludwigsluster Gegend, 1837, Aquarell, 26,5 × 17,2 cm, Staatliches Museum Schwerin, Inv.-Nr. 2616 Hz

11 a–b Großherzog Friedrich Franz I. von Mecklenburg-Schwerin, Medaille 1835 auf das fünfzigjährige Regierungsjubiläum am 24. April 1835, Silber, Dm. 47 mm, Staatliches Museum Schwerin, Inv.-Nr. Mü 967

nahm 1820 die Aufhebung der Leibeigenschaft ihren Anfang, die soziale Lage der Bauern verschlechterte sich jedoch (Abb. 10).[28] Nur allzu oft wurden die ehemals Leibeigenen von ihren Gutsherren einfach auf die Straße gesetzt. Der endgültige soziale Abstieg war somit vorprogrammiert. Im schlimmsten Fall stand am Ende das ›Landarbeitshaus‹, das 1817 im Güstrower Schloss eingerichtet worden war und in dem die Insassen unter entsetzlichen Lebensbedingungen litten. Es herrschte ein strenges Arbeitsregime mit drakonischen Strafen bei widerständigem Verhalten – hinzu kamen drangvolle Enge und mangelhafte Verpflegung; Kälte und Düsternis taten ein Übriges. Die Unzufriedenheit der Insassen entlud sich 1823 in einem Aufstand, der von der Obrigkeit gewaltsam unterdrückt wurde.[29] Dies wäre Herzog Ulrich III. von Mecklenburg wohl kaum im Traum eingefallen: Das von ihm erbaute Schloss, immerhin eines der bedeutendsten Renaissanceschlösser in Norddeutschland,[30] wurde quasi zu einem Gefängnis umfunktioniert.

Die sich in den 1820er Jahren weiter verschärfende Agrarkrise – die Getreidepreise sanken in diesen Jahren rapide – beförderte die Fluktuation unter den Gutsbesitzern mit der Folge, dass der Anteil bürgerlicher Besitzer beträchtlich zunahm. Darüber hinaus wurden neue agrarwissenschaftliche Methoden angewendet. Johann Heinrich von Thünen schuf mit seinem Gut Tellow (bei Teterow) einen agrarkapitalistischen Musterbetrieb – er gilt als Begründer der modernen Agrarwissenschaft in Deutschland.[31] Dass im landwirtschaftlich dominierten Mecklenburg die industrielle Revolution nur ansatzweise voranschritt, kann wiederum kaum verwundern. Überhaupt: In seinen gesellschaftlichen Strukturen war Mecklenburg in der ersten Hälfte des 19. Jahrhunderts noch stark vormodern geprägt. Es sollte in der Zukunft darauf ankommen, dass sich das Land dem Neuen öffnete und der Anschluss an die Moderne gelang.

Im Jahr 1835 konnte Großherzog Friedrich Franz I. von Mecklenburg-Schwerin ein besonderes Jubiläum begehen, den fünfzigsten Jahrestag seines Regierungsantritts. Hatte Friedrich Franz bekanntlich am Beginn seiner Herrschaft 1785 eine Medaille prägen lassen, so griff er nun erneut zu diesem Mittel fürstlicher Repräsentation (Abb. 11a–b).[32] Das Stück bildete gleichsam den geprägten Schlussakkord seiner Herrschaft. Auf der Vorderseite erscheint sein Brustbild mit antikisiertem Hermelinmantel, dazu die Umschrift »FRIEDR. FRANZ GROSSHERZOG V. MECKLENBURG SCHWERIN« sowie der Text im unteren Legendenabschnitt »* D: XXIV APRIL MDCCCXXXV * / ZUM GEDÄCHTNIS. FÜNFZIGJÄHRIGER REGIERUNG.« Die Rückseite bringt es auf den Punkt: Auf eine Tafel schreibt die sitzende, bekränzte Klio »D. 10. DECM / 1756. / D. 24. APRIL / 1785. / D. 24. APRIL / 1835«. Die Medaille atmet förmlich Geschichte. Alle Möglichkeiten wurden genutzt, um den Herrscher zu historisieren und ihm seinen geschichtlichen Platz zuzuweisen. Sogar die obligate Uniform musste weichen, damit der Antike als dem Sehnsuchtsort historistischen Denkens Rechnung getragen werden kann.

Zwei Jahre nach seinem Thronjubiläum starb der greise Fürst und sein Sohn trat die Nachfolge an. Paul Friedrich wechselte sogleich den Ort seines politischen Handelns, indem er von Ludwigslust nach Schwerin übersiedelte. Eine lange Regierungszeit war ihm aber nicht beschieden – er starb schon im Jahr 1842 im Alter von 42 Jahren. Sein ältester Sohn wurde als Großherzog Friedrich Franz II. neuer Herrscher in Mecklenburg-Schwerin. Er ließ das Schweriner Schloss neu entstehen, in dem heute der Landtag des Bundeslandes Mecklenburg-Vorpommern seinen Sitz hat (Abb. 12a–b).

12a–b Bundesrepublik Deutschland, 2-Euro 2007, Schloss Schwerin, Kupfernickel (Ring), Nickel-Messing (Kern), Dm. 25,75 mm

1 Allgemein: North 2008; Karge/Münch/Schmied 2011.
2 Wernicke 1990; Münch 1999; Schmidt 1999; Auge 2009, S. 269–271; immer noch wichtig: Mohrmann 1978. Zum Überblick: Bei der Wieden 2007.
3 Jörn/North 1999; North 2011. Auge 2009 hat anhand der Fürsten und Herren von Mecklenburg, Werle, Pommern und Rügen überzeugend nachgewiesen, dass die von Peter Moraw als mittelmächtige Fürsten klassifizierte Gruppe über vielfältige Spielräume des Handelns im Spätmittelalter verfügte; dazu ergänzend: Auge 2013; vgl. darüber hinaus Moraw 1986, S. 121–127; Moraw 1997, S. 117–122.
4 Terra felix 2010.
5 Zur Rolle des Adels in Mecklenburg: Karge 2012; Karge 2013; Jacobs 2014.
6 Ballschmieter 1962; Wick 1964; Tessin 1966, S. 54–59 und 138–143; Arndt 2013, S. 431–447; zum mecklenburgischen Ständekonflikt insgesamt: Jahns 2000.
7 Pečar 2006.
8 Troßbach 1986, S. 434–445.
9 Krüger 1999; ausführlich: Manke/Münch 2006 (im Anhang der Landesgrundgesetzliche Erbvergleich vom 18. April 1755 abgedruckt); Busch 2013; für die Frühzeit der Auseinandersetzungen: Joost 2012.
10 Seit dem Hamburger Vergleich von 1701 bestanden die beiden Landesteile Mecklenburg-Schwerin und Mecklenburg-Strelitz.
11 Zum Siebenjährigen Krieg in Mecklenburg ausführlich: Geschichte 1858; Schultz 1887/89.
12 Heinrich 1997.
13 Drost 2003; Drost 2003/04; Drost 2006; Jacobs 2004a; Jacobs 2004b.
14 Hölscher 1881; den aktuellen Forschungsstand über das Bützower »Paedagogium« sowie generell über die dortige Universität geben die Arbeiten von Matthias Asche und Günter Camenz wieder, jeweils zuletzt: Asche 2006b; Asche 2009; Asche 2010; Camenz 2004. Zum Überblick: Asche 2011, besonders S. 21–22.
15 Asche 2006a, S. 260.
16 Hedley 1975; Schmiegelow Powell 1999; Drinkuth 2011; Strobel 2011.
17 Fried 2015, S. 282–293.
18 Manke 2011; Manke 2012.
19 Karge 2008, mit weiterführender Literatur.
20 Teichmann 1999.
21 Der Brief ist abgedruckt in: Fleischer 1999, S. 179–180, hier S. 180.
22 Jandausch 2008; Manke/Münch 2009; Keubke/Poblenz 2011.
23 Sehr eindringlich die Schilderung bei: Keubke 1998.
24 Karge 1992; Blücher 1993; Crepon 1999; Keubke/Mumm 2004; Karge 2005.
25 Zu den Mecklenburg-Schweriner Großherzögen: Kasten/Manke/Wiese 2015.
26 Vgl. insbesondere die Arbeiten von Luise Schorn-Schütte, zuletzt: Schorn-Schütte 2009. Daneben wichtig: Bruyn 2001; Demandt 2003; Schönpflug 2010; aus mecklenburgischer Sicht: Starsy 2009; Manke 2014b.
27 Die Haftzeit verarbeitete Reuter in seinem 1862 erschienenen Roman »Ut mine Festungstid«.
28 Zur mecklenburgischen Agrargeschichte forschte in den letzten Jahrzehnten maßgeblich Gerhard Heitz, vgl. Heitz 2010.
29 Schikorra 2001, S. 66–68; Manke 2009, S. 78.
30 Ausst.-Kat. Schloss Güstrow 2006.
31 Hippauf 2000; Viereck 2001; Buchsteiner/Viereck 2004; Viereck 2006. Den aktuellen Forschungsstand vermittelt auch das von der Thünengesellschaft herausgegebene Thünen-Jahrbuch.
32 Fried 2015, S. 292.

Katja Pawlak

Der zum Konzept der einstigen Residenzstadt Ludwigslust zugehörige Schlosspark präsentiert sich heute als Schöpfung, die in erster Linie mit Peter Joseph Lenné in Verbindung gebracht wird. Tatsächlich war es der Entwurf dieses Gartenkünstlers von 1852, nach dem die ab dem frühen 18. Jahrhundert angelegten, teils überformten und neu hinzugefügten Parkbereiche in genialer Weise verschmolzen wurden. Lennés Gestaltung basierte vermutlich auf dem zuvor von Franz Wilhelm Benque geschaffenen Plan. Den Park prägten aber weitaus mehr Personen. Neben dem Hofbaumeister Johann Joachim Busch und dem Schlossgärtner Peter Gallas wirkten hier weitere versierte Gärtner und brachten sich mit Wissen und Gestaltungsvorschlägen ein. Die Parkarchitekturen stammen von Johann Joachim Busch, den nachfolgenden Hofbaumeistern Johann Christoff Heinrich von Seydewitz und Johann Georg Barca sowie dem internationalen Baukünstler Joseph Jacques Ramée. Sie alle schufen der Herzogsfamilie einen adäquaten Ort der Repräsentation und des Verweilens entsprechend dem jeweiligen Zeitgeschmack. Der Schlosspark spiegelt barocke und landschaftsarchitektonische Einflüsse, Strömungen und Referenzen wider. Als Motiv findet sich der Park auf zeitgenössischen Gemälden und Grafiken, wohl am bekanntesten sind die in den Jahren 1767–1770 von Johann Dietrich Findorff gefertigten Radierungen. Die zahlreich erhaltenen Ludwigsluster Gartenpläne zeugen von der Entwicklung des Parks. Darüber hinaus liefern Thomas Nugents Beschreibung »Reisen durch Deutschland und vorzüglich durch Mecklenburg« (1781/82), »Schütze's Humoristische Reisen durch Mecklenburg« (1812) und die Publikation »Der Großherzogliche Schlossgarten zu Ludwigslust« (1899) von Ernst Saubert detaillierte Informationen. Der umfangreiche, den Zeitraum des 18.–20. Jahrhunderts betreffende Aktenbestand im Landeshauptarchiv Schwerin ermöglicht eine grundlegende Beschäftigung mit dem Park.[1] Der vorliegende Beitrag konzentriert sich auf die Entwicklung der Anlage in der Zeit der Regentschaft von Herzog Christian Ludwig II., seinem Sohn Friedrich und dessen Neffen Friedrich Franz I. sowie den Ausbau zum großartigen Landschaftspark.

Der erste regelmäßig gestaltete Garten in Klenow

Im Jahre 1649 ließ der Pächter Basedow vom Domanialgut des Ortes Klenow einen Obst- und Ziergarten mit Gartenhaus anlegen. Prinz Christian Ludwig baute in diesem Garten ab 1724 ein Jagdschloss in Fachwerk. Nach vorübergehender Unterbrechung der Arbeiten konnte es 1731–1735 vollendet werden.[2] Zeitgleich kam es zur Anlage des ersten regelmäßig gestalteten Gartens in dem wald- und wildreichen Gebiet nach dem Entwurf des Baumeisters Johann Friedrich Künnecke. Ein »Plan von Klenow« (Abb. 1), der die Datierung »um 1760« aufweist, jedoch früher entstanden sein muss, dokumentiert den Garten in Umrissen und mit wenigen Einbauten.[3] Rückseitig an das Jagdschloss grenzt ein großes rechteckiges Parterre mit Umfriedung. In westlicher Richtung führt ein Weg zu einem Kreuzweg, von dem aus zwei Pavillons zu erreichen sind. Der westliche Weg

Blick von Süden über das Bassin des Schloßplatzes auf Schloss Ludwigslust mündet in einem Platz, an dessen nördlichem Ende drei Gebäude stehen, das größte »beherbergte in einem Saal eine Gemäldegalerie holländischer Meister«.[4] Auf dem von Hainbuchen umgebenen Platz wurden später die ersten römischen Kaiserbüsten aufgestellt. Belegt ist für die südliche Insel ein besonderer Garten, in dem vier, die Musik und die Malerei visualisierende Statuen standen.[5] Die für den Hof wichtigen Küchen- und Nutzgartenareale befanden sich in der ersten Hälfte des 18. Jahrhunderts westlich vom Jagdschloss. Ein frühes Gewächshaus lag »seitwärts neben dem Pavillon des Koppelflügels«.[6] Über weitere Treib- und Gewächshäuser ist bekannt, dass sie mit Torf beheizt und im Inneren mit Öllampen beleuchtet wurden.[7] Die Schaffung der »Hofgärtnerschneise« in Richtung des Ortes Kummer, des Johannisdamms und des Jagdsterns für die Parforcejagd um 1735 markieren den Beginn, das Areal mit Achsen zu erschließen und zum Park zu entwickeln.

Die Neugestaltung des Gartens nach dem Plan von Peter Gallas 1741

Im Jahr 1741 erstellte der später in Schwerin und Neustadt tätige Schlossgärtner Peter Gallas einen wohlproportionierten Plan für das Parterre.[8] Der Kunsthistoriker Gerd Dettmann schrieb 1922, dass Peter Gallas den Garten des Belvedere in Wien als Vorbild nahm.[9] Der Plan von Gallas (Abb. 2) offenbart den Anspruch, einen Lustgarten zu gestalten, der in seiner Orientierung zum Schloss dem charakteristischen Merkmal des klassi-

1 Plan von Klenow, um 1760, Feder, 735 × 520 mm, Landeshauptarchiv Schwerin, 12.12.-2, Bd. I, Ludwigslust, Nr. LXV

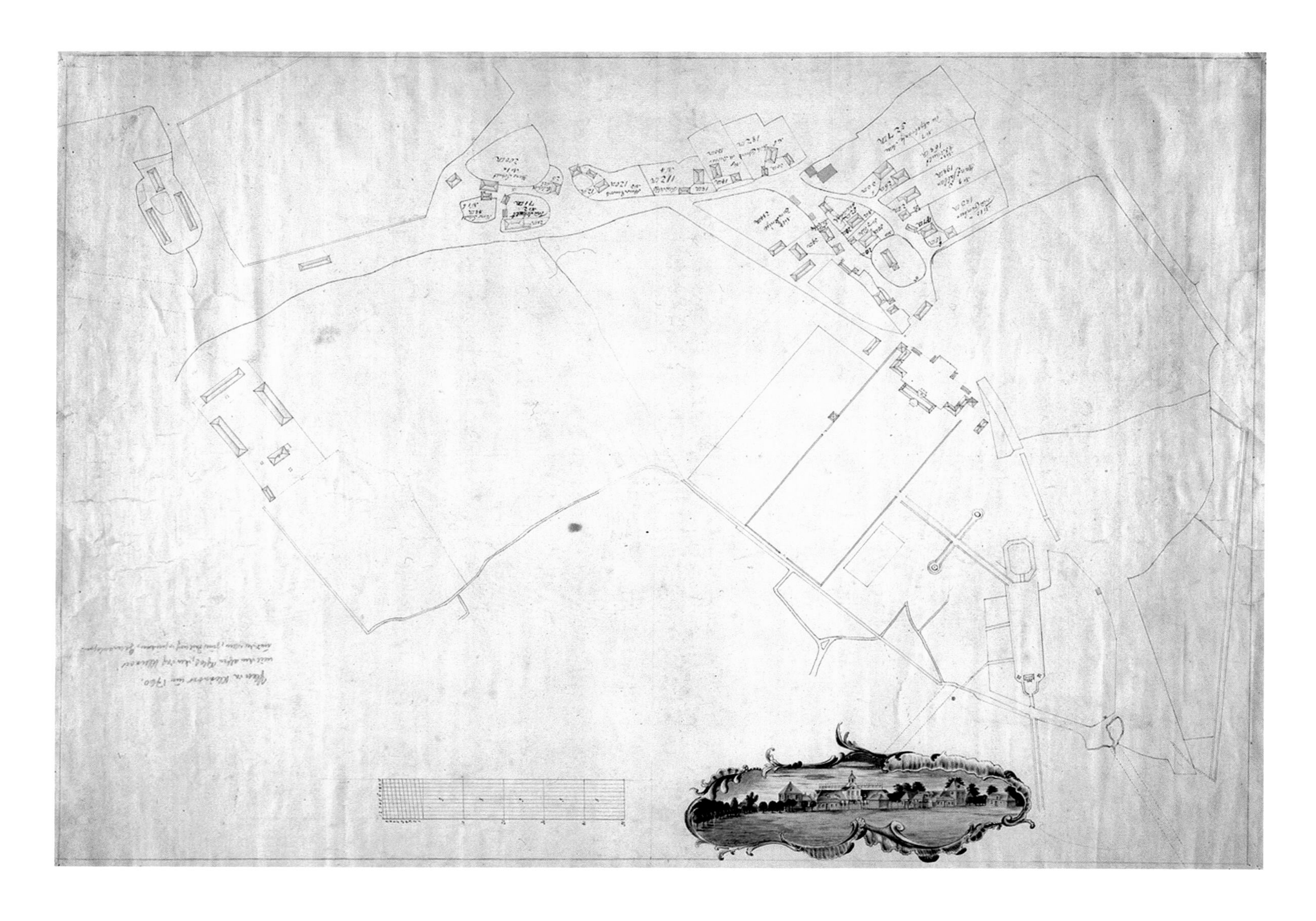

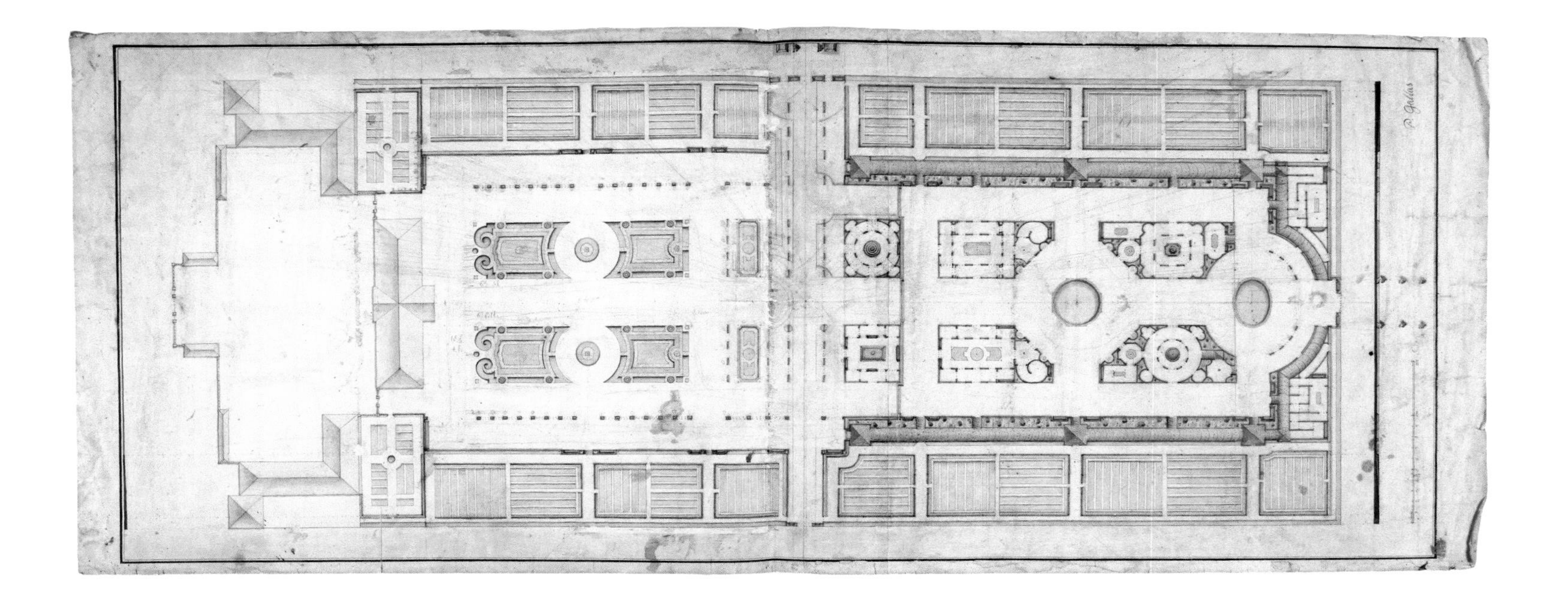

2 Peter Gallas, Entwurf für den Schlossgarten, 1741, Feder und Aquarell, 363 × 823 mm, Staatliches Museum Schwerin, Inv.-Nr. 2001 Hz

3 F. G. Hoffmann, Ansicht des Schlosses aus dem Küchengarten, um 1770, Feder und Aquarell, 530 × 680 mm, Stadtarchiv Ludwigslust

schen französischen Barockgartens folgt. Die Umsetzung bezeugen der »Plan des Ortes Klenow mit Schloss und Garten«[10] und ein um 1760 gefertigter Situationsplan.[11] Im Parterre liegen, vom Schloss ausgehend, Broderien und ornamental gestaltete Beete, wobei die zentrale Wegeachse von einem runden und einem ovalen Rasenspiegel abgeschlossen wird. Den nördlichen Parterreteil umgeben Bosketts und Heckengänge. Das Parterre fassten regelmäßige Beete ein, die sicher eine nutzgärtnerische Funktion hatten. Östlich gelangte ein anspruchsvoller Küchengarten zur Ausführung, der den gleichen Umfang wie das Gartenparterre besaß und mittig über ein Wasserbecken verfügte.[12] Der Gärtner Nicolaus Evers setzte den Gallas-Plan leicht verändert um und wurde infolgedessen 1744 entlassen.[13] Nach ihm wurden Peter Erich zum Lustgärtner und August Ruh zum Hofgärtner bestallt.[14] Ab etwa 1745 entstand westlich vom Parterre ein rechteckiger Teich.[15]

Christian Ludwig II. trat 1747 die Regierung an. Zur Schaffung repräsentativer Bauten und Gärten berief er den französischen Architekten Jean Laurent Legeay an den Hof. Bis 1755 war Legeay als Hofbaumeister in Mecklenburg tätig und entwarf einen großartigen Plan für den Schweriner Schlossgarten, der auch ausgeführt wurde.[16] Im ebenen Teil des Schweriner Gartens ließ er den Kreuzkanal anlegen und diesen axial mit dem vorhandenen Südhang verbinden, der als sogenannte Kaskade Rasenterrassen und Baumquartiere erhielt.[17] Daneben wirkte Legeay in Klenow und schuf hier zwischen 1751 und 1753 zwei Springbrunnen am Nordende des Gartenparterres.[18] 1753 war der Architekt am Ausbau des neuen Küchengartens beteiligt, wie ein von ihm an den Herzog verfasster Brief belegt.[19] Nahezu zeitgleich entstand das Fontänenhaus am Rand des Küchengartens (Abb. 3), in dem sich Pumpwerk und Wasserbehälter für die Springbrunnen befanden. Wahrscheinlich stammt der Entwurf dafür von dem Landbaumeister Anton Wilhelm Horst.[20]

Der von Johann Joachim Busch geschaffene Park für die neue Residenz

1754 benannte Christian Ludwig II. das Jagdschloss Klenow in »Ludwigs-Lust« um. Sein Sohn Friedrich verlegte 1756 die Residenz von Schwerin nach Ludwigslust, was auch eine Verlagerung der baulichen und gärtnerischen Aktivitäten zur Folge hatte. Herzog Friedrich betraute den aus Schwerin stammenden Bildhauer Johann Joachim Busch, den er 1758 als Hofbaumeister bestellte, mit der planmäßigen Gestaltung der neuen Residenz.

4 (S. 24–25) Die Kaskaden vor dem Schloss mit dem Figurenschmuck von Rudolph Kaplunger

5 Johann Dietrich Findorff, Die beiden Kaskaden und der »Sprung« im Schlosspark, 1767/70, Radierung, 206 × 240 mm, Staatliches Museum Schwerin, Inv.-Nr. 1709 Gr

6 Der Große Kanal mit der Steinernen Brücke

7 Johann Dietrich Findorff, Die Zirkelkaskade, 1767/70, Radierung, 205 × 242 mm, Staatliches Museum Schwerin, Inv.-Nr. 1712 Gr

Als erste wasserbauliche Anlagen entstanden zunächst die Kaskaden vor dem Schloss (Abb. 4) und 1756–1760 der »Große Kanal«. Der Kanal diente der besseren Wasserversorgung der Gegend sowie dem Transport von Holz, Baumaterialien und Waren (Abb. 5–6). Das Wasser kam von der Stör aus der Lewitz nordöstlich von Friedrichsmoor, durchfloss Stadtbereiche, die Kaskade vor dem Schloss, den Park und mündete bei Leussow in die Rögnitz.[21] Im Park wurde der Große Kanal mit Wasserkünsten ausgestattet: Die Gestaltung eines Wasserfalls an der »Steinernen Brücke« bildet den furiosen Auftakt, es folgen eine einzelne, als »Mönch« bezeichnete Fontäne und 24 Wassersprünge, ehemals »Circel Caskade« genannt (Abb. 7). Die ursprüngliche Brücke aus Holz wurde später durch den massiven Granitbau von Johann Joachim Busch ersetzt und mit dekorierender Aufsatzvase aus Sandstein komplettiert (Abb. 8).[22] Eine künstlerische Umsetzung fanden die beeindruckenden Parkszenerien am Großen Kanal in den Gemälden des Hofmalers Georg David Matthieu, der hier die Mecklenburg-Schweriner Prinzessinnen Sophie Friederike (Abb. 9) und Charlotte Sophie[23] porträtierte.

Direkt an den Kanal grenzten stark modellierte, mit Rasen bedeckte Erdwälle. Am Fuß der Wälle luden Erdrasenbänke zum Niederlassen ein, und in regelmäßigen Abständen waren Treppen angeordnet. Der Garten bot die geeignete Kulisse für gesellige Zusammenkünfte und höfische Spiele.[24] Gegenwärtig werden die Erdwälle am Großen Kanal nach historischen Vorlagen wiederhergestellt.[25] Seitlich vom Kanal, auf der Höhe des »Mönches«, entstand ab 1763 der »Kaisersaal« zum Zwecke der Erbauung und Belehrung.[26] Thomas Nugent beschrieb ihn 1781/82 als einen Platz, »der seinen Namen von den zwölf römischen Kaiserstatuen hat, die hier in die Runde herumstehen.«[27] Einige Jahrzehnte überdauerten die auf Sandsteinpostamenten gestellten Büsten aus Ludwigsluster Papiermaché.[28] Nach einem Bericht des Hofbaumeisters Johann Georg Barca wurden im Winter 1822 etliche Postamente umgestürzt und entwendet.[29] Bei den heute vor Ort befindlichen Vasen auf den Postamenten handelt es sich um eine Rekonstruktion des Zustandes aus dem Jahre 1877.[30] Eine weitere Attraktion am Kanal war einst die hölzerne

8 Die Steinerne Brücke von Johann Joachim Busch

9 Georg David Matthieu, Prinzessin Sophie Friederike von Mecklenburg-Schwerin als Kind, 1765, Öl auf Leinwand, 175 × 120 cm, Staatliches Museum Schwerin, Inv.-Nr. G 178

Klappschleuse nahe den 24 Wassersprüngen. Nugent zeigte sich beeindruckt von diesem Wasserbauwerk, »deren kunstreichen Mechanismus der Herzog selbst erfunden hat.«[31]

Im Jahr 1766 schickte Jean Laurent Legeay einen Plan für die Ludwigsluster Residenz nach Schwerin.[32] Der Entwurf, »aus dem Geist französischer Schloß- und Gartenbaukunst und dem überwältigenden Eindruck von Berninis Petersplatz geboren«,[33] sieht streng geometrisch gegliederte Gartenanlagen hinter dem Schloss vor. Den Übergang vom Garten zu den umgebenden Waldungen sollten ein Labyrinth auf der Ostseite und ein nahezu regelmäßiger Garten auf der Westseite bilden.[34] Die für Ludwigslust sicher zu groß angelegte Planung kam nicht zur Ausführung, beeinflusste aber die spätere Stadt- und Schloßplatzgestaltung. Buschs Plan für die Residenz, um 1770 gefertigt,[35] besitzt ein wesentlich bescheideneres Gartenparterre und sieht keinerlei Verbindung des Gartens mit dem Park vor. Die nördlich an das Parterre anschließende Achse entwarf Busch als Wasserachse. Realisiert wurde ein breiter, von Linden gesäumter Weg, der von den Hofdamen einst gern für Spaziergänge genutzt wurde und daher den Namen »Hofdamenallee« erhielt. Noch heute kann der Besucher des Parks dieses Element barocker Gartenkunst erleben (Abb. 10).

Das Schloss wurde 1772–1776 nach den Entwürfen von Busch neu erbaut, in diesen Zeitraum fällt auch die Errichtung der Orangerie im Küchengarten. Sie wurde um 1773 von einem bislang unbekannten Architekten als schlichte Fachwerkkonstruktion mit Krüppelwalmdach ausgeführt. Der Überlieferung nach nutzte der Küchengärtner Ruh[36] das Gebäude zum Treiben von Pflaumenbäumen.[37] Die Archivalien belegen Orangeriegewächse in Ludwigslust ab 1758, darunter Lorbeerbäume in Kästen.[38] Im Mai 1793 ließ man sich Ananaspflanzen und die »Wilden Stämme von Apeldesinen, und Pommeranzen«[39] aus Rostock liefern. Orangeriepflanzen sind auf einem zeitgenössischen Kupferstich dargestellt, wo sie am Rande des Parterres stehen.[40]

10 Blick von der Hofdamenallee zum Schloss

Ein Tiergarten als Ausdruck herzoglicher Vorliebe für ausländische Tiere wurde ab 1781 westlich der Hofdamenallee angelegt. Auf dem Pachthof wurden mehrere Dromedare unterhalten.[41] Im neuen umfriedeten Tiergarten gab es »Büffel Thiere«, deren Aufsicht 1781 Garteninspektor Johann Cornelius Krieger übernahm.[42] In einem Hirschgarten siedelte man weiße Hirsche an – ein Geschenk aus Württemberg,[43] der Heimat von Friedrichs Gemahlin Luise Friederike.[44]

Der Ausbau des Parks ab 1785 – Englischer Garten, Architekturen und Staffagen

Der Einfluss anglo-chinesischer Gartenkunst zeigte sich in Ludwigslust, als 1770 am östlichen Rand des Schloßplatzes ein chinesischer Pavillon zur Aufstellung kam. Der kleine Bau, im Volksmund »Affentempel« genannt, soll als Zahlstelle für die am Schlossbau beteiligten Bauhandwerker und Tagelöhner genutzt worden sein.[45] Möglicherweise bot die Bibliothek von Herzog Friedrich[46] eine Inspirationsquelle. Mit der Schrift »Designs of Chinese Buildings« von 1757 besaß der Herzog ein Werk des britischen Architekten William Chambers. Die ansonsten eher praktische Gartenliteratur vorweisende Bibliothek beinhaltete auch den ersten Band von »C. C. L. Hirschfelds Theorie der Gartenkunst« (1779)[47] sowie Traktate zur zivilen und militärischen Baukunst. Damit lagen zeitgemäße theoretische Grundlagen für Johann Joachim Busch vor, zu dessen Vorbildung bislang nur bekannt ist, dass er eine Bildhauerlehre absolviert hatte.[48]

Als Herzog Friedrich 1785 verstarb, übernahm sein Neffe Friedrich Franz die Regierung. Ab diesem Jahr widmete sich Busch der Anlage eines Gartens nach englischem Vorbild östlich der Hofdamenallee. Der Hofgärtner Johann Heinrich Schweer erhielt 1787

11 (S. 30–31) Die Grotte im Englischen Garten

den Auftrag, aus der Umgebung »Vogeltrauben Kirschen weiße und Schlen, Dornen und wilde Rosen für Unseren Englischen Garten«[49] zu beschaffen. 1793 schickte Oberforstinspektor Wulff aus Schwerin Nadelhölzer, Rottannen und Lärchen zur Bepflanzung des Gartens.[50] Lieferungen von Bäumen und Holz aus herzoglichen Forsten und Materialfuhren aus herzoglichen Ämtern waren üblich, um Vorhaben möglichst kostengünstig umzusetzen. So wurde für die Grotte heimischer Raseneisenstein aus den Ämtern Grabow, Dömitz und Neustadt verwendet.[51] Busch legte dem Herzog 1788 einen Entwurf zur Grotte vor,[52] die nachfolgend bis 1790 ausgeführt wurde. Der Staffagebau atmet den Geist des sentimentalen Zeitalters (Abb. 11). Die schon 1778 aus Ziegeln errichtete Fasanerie

12 Die Fasanerie, Postkarte von 1918, Privatbesitz

13 F. G. Hoffmann, Eine Partie aus dem Englischen Garten, um 1770, Radierung, 293 × 289 mm, Staatliches Museum Schwerin, Inv.-Nr. 1726 Gr

in Form einer kleinen Burgruine diente der Zucht von Feldfasanen und anderen, heimischen Tieren, stellte jedoch gleichfalls eine Staffagearchitektur dar (Abb. 12). Bis 1920 war die nahe der Grotte gelegene Fasanerie in Betrieb,[53] zerfiel danach allmählich und wurde 1948/49 abgetragen.[54]

Durch die Auslichtung von Waldbeständen und die Einfügung gewundener Wege entstand ein neuer, anmutiger Bereich im Park, der »Englische Garten« (Abb. 13). Sein Reiz drückte sich unter anderem in einem Wasserzug aus, der sich durch das zuvor wilde, mit Wasserlöchern bestandene Gelände schlängelte.[55] Am nördlichen Ende dieses Parkbereichs befand sich seit 1788 auf einer kleinen Insel das Denkmal für den 1785 verstorbenen Herzog Friedrich, ein Spätwerk des Hofbildhauers Rudolph Kaplunger. Für die Insel wurden »Lombardische Pyramiden Pappeln (…) auf Befehl der Durchl. Herzogin«[56] aus der Baumschule Lehsen angekauft, auch Birken waren darauf gepflanzt. 1871 erfolgte eine Auffüllung des Grabens um die Insel, womit deren Beseitigung einherging.[57] Das Denkmal blieb erhalten. Die heutige Gestaltung seiner Umgebung orientiert sich an dem Vermessungsplan des Schlossparks von 1888.[58] Die Erwähnung einer Eichenpflanzung im Mai 1789, welche die regierende Herzogin Louise persönlich im Englischen Garten vornahm,[59] spricht für ihre enge Verbundenheit zu der neuen Gartenpartie.[60]

Westlich der Hofdamenallee wurde 1789–1791 ein Schweizerhaus für Herzogin Louise errichtet (Abb. 14–15). Busch bezeichnete den Entwurf als »Bauerhauß« und verwies auf dessen »ziemliche Ähnlichkeit mit den Schweitzerischen«.[61] Das Fachwerkhaus über einem gestreckten kreuzförmigen Grundriss weist ein weit auskragendes Walmdach[62] auf

14 Das Schweizerhaus mit dem dazugehörigen Garten

15 (S. 34–35) Blick von der Teichinsel mit dem Louisendenkmal zum Schweizerhaus

16 Johann Joachim Busch, Partie im Park Ludwigslust, schwarze Kreide, Pinsel in Grau und Gelb, 100 × 231 mm, Staatliches Museum Schwerin, Inv.-Nr. 485 Hz

und wurde mit einem Marmorkamin und 1801 mit einer Malerei von dem aus Rom stammenden Pietro de Angeli ausgestattet.[63] Ab 1795 erfolgte die Bepflanzung des Schweizerhausgartens mit verschiedenen ausländischen Gewächsen wie Magnolien, Halesien, Liriodendron, Rhododendron und Koniferen. Die Anlage blieb unvollendet, ein Teil des Gehölzbestandes ist noch existent. Ab circa 1800 gab es nahe dem Schweizerhaus Spielgeräte wie Schaukeln und »Wipwap« (Wippe) sowie den von Busch geschaffenen »Rosentempel«.[64] Unter den erhaltenen Bildwerken Buschs sticht ein Blatt hervor, das vermutlich den Parkbereich am Schweizerhaus, von Westen gesehen, abbildet (Abb. 16). Es dokumentiert die bislang kaum beleuchtete Seite des Hofbaumeisters als Gartenzeichner und zeugt zugleich von seinem Sinn für atmosphärische Gestaltung.[65]

Die unmittelbare Schlossumgebung erfuhr eine Veränderung, indem 1790/91 die Mauer und die Heckengänge an der westlichen Seite des Gartenparterres aufgegeben wurden. Der bisher streng gesonderte Parterrebereich ging somit in den Park über. Ein für Erbprinz Friedrich Franz ab 1774 angelegter, umfriedeter Garten lag östlich hinter dem von ihm bewohnten »Prinzenhaus« am Bassinplatz. Nachweislich existierten hier nutzgärtnerische Elemente in Form von »Blumen und Melonen Kasten«,[66] zugleich war dies ein Lustgarten. Eine 1797 entstandene Ansicht vom Schloßplatz[67] bildet diesen »Prinzengarten« mit Laubengängen und einem Pavillon ab, sogar Christian Cay Laurenz Hirschfeld fand die Anlage erwähnenswert.[68] Als Regent ließ sich Friedrich Franz I. in einiger Entfernung vom Schloss, südwestlich der 24 Wassersprünge, ein Schweizerhaus erbauen, das später als Forsthaus diente.[69]

Die Gartenkultur im späten 18. Jahrhundert – Blumen, Exoten und Orangerien

Neben der Parkgestaltung befassten sich die Gärtner in der zweiten Hälfte des 18. Jahrhunderts mit verschiedenen Nutzkulturen. Ab 1779 ist am Ludwigsluster Hof die Ananastreiberei belegt. Der Küchengärtner Ruh berichtete im März des Jahres dem Herzog von angesetzten Ananasfrüchten und bat um dafür erforderliche Töpfe.[70] Damals erfolgte die Anzucht noch in Kästen. Der für die Treib- und Gewächshäuser zuständige Gärtner Johann Heinrich Schweer erstellte 1791 einen Grundriss für einen massiv zu mauern-

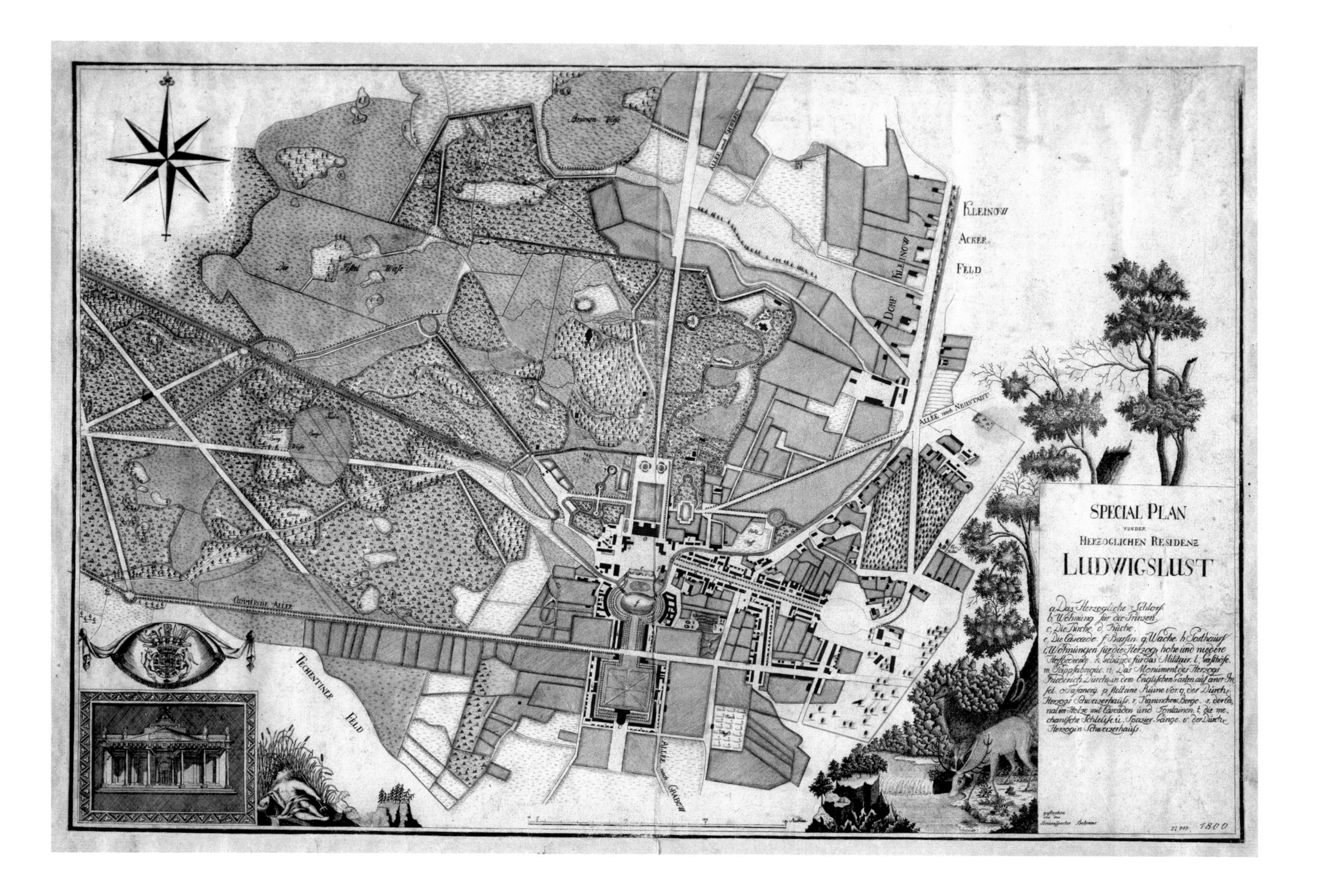

den Ananaskasten. Das herrschaftliche Interesse an den Früchten bestätigt ein Schreiben Schweers, demzufolge »aber die Durchl. Herzogin den Anbau und Vermehrung mir sehr empfohlen«[71] hatte. Den Gärtnern oblag die Versorgung der fürstlichen Tafel mit Obst und Gemüse. Schon 1744 wurden in den Nutzbeeten des Gartenparterres Pfirsich- und Aprikosenbäume angepflanzt.[72]

Das am Schloss befindliche formale Parterre mit Blumenbeeten war um 1790 aufgegeben worden. Nach dem »Special Plan von der Herzoglichen Residenz Ludwigslust« von circa 1800 (Abb. 17) präsentierte es sich als Rasenparterre, was in der Folge so blieb und bis heute unverändert ist. Blumen zierten den Park aber sicher auch im späten 18. Jahrhundert, dafür sprechen die in dieser Zeit von der Handelskompanie Jean Kreps aus Haarlem[73] georderten Druckkataloge.[74] Darin sind Sträucher, Bäume, Orangeriepflanzen, Obstgehölze, Rosen, Stauden und Blumen aufgelistet. Überhaupt orientierte man sich an Holland, wie das um 1790 handschriftlich verfasste »Verzeichniß von den Hyacinthen Zwiebeln so von den Herrn Baron von Reden aus Holland geschickt«[75] dokumentiert. Die Bestellung von Pflaumenbäumen, Birnen und schwarzen Maulbeerbäumen, jeweils als Hochstamm, bezeugt den Kontakt zur berühmten Obstplantage in Hannover-Herrenhausen, die jedoch 1791 eine Absage erteilte.[76]

Eine intensive Orangeriekultur als elementarer Bestandteil der Gartenkultur begann in Ludwigslust im späten 18. Jahrhundert. Es erfolgten die erwähnten Lieferungen von Apfelsinen und Pomeranzen, zudem stellte Schweer mehrfach Anträge zur Reparatur der »Laurier Kasten« und »Orangerie Kasten«.[77] Zur Überwinterung entstand um 1795 nahe

17 Bauinspektor Behrens, Plan der herzoglichen Residenz Ludwigslust, um 1800, aquarellierter Kupferstich, 565 × 405 mm, Landeshauptarchiv Schwerin, 12.12.-2, Bd. I, Ludwigslust, Nr. LXVI

dem Schloss eine klassizistische Orangerie mit einem über die reine Funktionalität hinausgehenden Gestaltungsanspruch. Die 1825 auf Antrag des Obergärtners Levetzow erweiterte Orangerie wurde im Sommer 1840 abgerissen.[78] Über einen längeren Zeitraum fungierte die auf dem Schloßplatz befindliche Hauptwache noch als Winterquartier für exotische Gewächse.[79]

Die Ausgestaltung des Parks mit klassizistischen Mausoleen und neugotischer Kirche

Der Ausbau von Ludwigslust wurde auch in den späteren Regierungsjahren Friedrich Franz' I. fortgesetzt. Unter Berücksichtigung der Pläne von Busch, der 1796 aus dem Dienst verabschiedet wurde, entwickelte Johann Georg Barca die Residenzstadt im klassizistischen Stil weiter. Auch im Schlosspark geschahen Veränderungen. Anfang des 19. Jahrhunderts ließ sich Erbprinz Friedrich Ludwig vor dem Hamburger Tor an der Kummerschen Allee einen eigenen Garten anlegen. Der später nach ihm benannte »Prinzengarten« war regelmäßig gestaltet und mit Obstbaumalleen, Blumen und Gemüsebeeten ausgestattet.[80] Als 1803 Helena Pawlowna, die Frau des Erbprinzen, verstarb, beauftragte er zu ihrem Gedenken ein Mausoleum im Prinzengarten. Nach Entwürfen von Joseph Jacques Ramée wurde das Mausoleum 1804–1806 erbaut, wobei eine Beeinflussung durch die von Joseph Christian Lillie ebenso eingereichten Pläne angenommen wird.[81] Das Gebäude mit rechteckigem Grundriss besitzt ein flaches Satteldach, die Eingangsseite dominiert ein dorischer Portikus (Abb. 18). Der Auftrag umfasste auch die Innenausstattung, welche die Firma Masson & Ramée ausführte.[82] Ein Aquarell von Rudolph Suhrlandt[83] aus dem Jahr 1842 zeigt den Innenraum in der ursprünglichen Fassung mit der Gestaltung der Decke als Sternenhimmel (Abb. 19) und somit noch vor dem späteren Umbau um 1897. Im Gegensatz zum übrigen, formalen Prinzengarten wurde der Bereich um das Mausoleum um 1820 landschaftlich gestaltet.[84]

Ein Werk des nur kurz in herzoglichen Diensten stehenden Baumeisters Johann Christoff Heinrich von Seydewitz ist die katholische Kirche St. Helena westlich des Schlosses

18 Das Mausoleum für Helena Pawlowna

19 Rudolph Suhrlandt, Das Innere des Mausoleums der Helena Pawlowna, 1842, Blei, Feder und Aquarell, 280 × 310 mm, Staatliches Museum Schwerin, Inv.-Nr. 957 Hz

20 Die katholische Kirche St. Helena mit dem Glockenturm

(Abb. 20). Johannes Paul Dobert sah das Vorbild für dieses Backsteingebäude in England und stellte fest: »Das Schwärmen für Natur und Mittelalter, von England ausgehend, hat ja damals überall ein Schmetterlingsdasein geführt.«[85] Der erste neugotische Kirchenbau Mecklenburgs entstand 1803–1809 auf der bereits erwähnten Insel, die mit der ersten Ludwigsluster Gartenanlage geschaffen worden war. Johann Georg Barca vollendete die Ausstattung der Kirche, von ihm stammt auch der 1817 etwas abseits erbaute Glockenturm.[86]

1805 ließ Herzogin Louise auf einer kleinen Teichinsel, die von ihrem Schweizerhaus aus zu erblicken war, das Louisendenkmal aufstellen (Abb. 15). Das Urnenmonument erinnert an ihre früh verstorbene Tochter Louise Charlotte, Erbprinzessin von Sachsen-Gotha, und an die Schwiegertochter Helena Pawlowna. Die Herzogin verfügte testamentarisch, im Garten vor dem Schweizerhaus ohne Gedenkstein begraben zu werden. Diesem Wunsch kam Friedrich Franz nach ihrem Tod 1808 zunächst nach,[87] errichtete aber 1809 ein repräsentatives Mausoleum für seine verstorbene Frau. Es handelt sich um einen klassizistischen Bau mit ägyptisierenden, also »Ewigkeit« signalisierenden Elementen, der nach Entwürfen von Barca westlich des Parterres und in Blickbeziehung zum Schloss geschaffen wurde (Abb. 21–22). Zur Erinnerungskultur der Herzogsfamilie gehört auch ein Gartengrab, das Friedrich Franz I. bereits um 1790 für sein Lieblingspferd nahe seinem Schweizerhaus anlegen ließ.

LOUISEN.

Die Gärtnerfamilien Schweer und Schmidt in der ersten Hälfte des 19. Jahrhunderts

Zu Beginn des 19. Jahrhunderts fanden umfangreiche Reparaturen am Großen Kanal statt. Der Hofbaumeister Johann Georg Barca veranschlagte im Januar 1816 die Kosten zur Herstellung neuer Brücken, zur Instandsetzung der Wassersprünge und verschiedener Schleusen.[88] Für den seit 1815 als Großherzog regierenden Friedrich Franz I. und seine Familie wurden die Erdwälle am Kanal in Ordnung gebracht und die Alleen im Park hergerichtet. Letzteres betrachtete man als vordringliche Aufgabe »in Rücksicht des Spatziren Fahren der Großherzogl. Familie«.[89] Die Konzentration auf nutzgärtnerische Kulturen und auf die Wasserspiele, die seit ihrer Errichtung den besonderen Reichtum der Anlagen bildeten, bestimmte bis in die 1830er Jahre hinein das Geschehen.

Als Gärtner stand Johann Heinrich Schweer ab 1786 in herzoglichen Diensten.[90] Seit Langem mit den Treibereien befasst, kaufte er 1827 einen wertvollen Orangeriebestand aus einem Gut in Roggendorf an.[91] Schweer beaufsichtigte bis zu seiner Pensionierung im Jahre 1832 auch den Englischen Garten. Es folgte ihm sein Sohn Carl Schweer als Hofgärtner, von dem der »Plan von dem östlichen Theil des Schloßgartens«[92] aus dem Jahr 1832 stammt. In einer Erläuterung gibt er zu bedenken, dass »der hiesige Schloßgarten dem jetzigen Geschmack der Landschaftsgärtnerei nicht mehr entspricht und mehr einem Walde als einem Garten gleicht«.[93] Carl Schweers Gestaltungsvorschlag sah unter anderem einen Tempel, einen Eiskeller und ein großes Glashaus »als Point de vue des Schlosses«[94] vor. Bemerkenswert ist der Gedanke der Ergänzung des Wasserzuges mit einem

21 Das Louisenmausoleum

22 Blick vom Karauschenteich zum Louisenmausoleum

Teich, was später realisiert wurde. Das Interesse dieses Gärtners an einen anspruchsvollen Garten nahe dem eigenen Wohnhaus zeigt sich in Ankäufen von verschiedensten Bäumen und Sträuchern aus der bekannten Lehsener Baumschule sowie von Gehölzen und Stauden aus dem botanischen Garten »vor dem Dammthore zu Hamburg«[95]. Das Wohnhaus für Carl Schweer wurde 1828/29 im Englischen Garten erbaut.

Der offenbar im Jahr 1800 in herzogliche Dienste getretene August Schmidt[96] war für den »Erbgroßherzoglichen Garten«, den früheren Prinzengarten, zuständig. Wohl deshalb übertrug man ihm die Bauleitung für das Mausoleum der Helena Pawlowna.[97] Ab 1827 wirkte er als Garteninspektor, 1839 erfolgte seine Berufung zum Plantagendirektor.[98] Er bewohnte ein Haus im Erbgroßherzoglichen Garten[99] und arbeitete bis zur Pensionierung 1857 für die Herzogsfamilie in Ludwigslust. Auch hier setzte ein Sohn, Theodor Schmidt, die gärtnerische Tradition fort. Sein Rüstzeug erwarb er in Potsdam und Wien, wie ein Brief an den Vater vom November 1836 belegt.[100] Damals in Wien weilend, zeichnete Theodor Schmidt den Plan »Der Capell Garten zu Ludwigslust«.[101] Theodor Schmidt arbeitete in der zweiten Hälfte des 19. Jahrhunderts im Ludwigsluster Park, später in Schwerin.

Das Engagement der Gärtner, insbesondere von Carl Schweer, führte aber noch nicht zur grundsätzlichen Parkerneuerung. Die 1837 erfolgte Rückverlegung der Residenz nach Schwerin durch Großherzog Paul Friedrich bedeutete auch eine Abkehr von Ludwigslust und damit eine Reduzierung baulicher und gartenkünstlerischer Maßnahmen.

Peter Joseph Lennés Entwurf eines Landschaftsparks und seine Umsetzung

Franz Wilhelm Benque, ein hochbegabter Ludwigsluster Gärtner, legte 1843 den »Verschönerungsplan der Umgebung des Schlosses mit Einschluss des Schlossgartens zu Ludwigslust«[102] vor. Benque hatte in Berlin Naturwissenschaften studiert und eine Reise zu den Werken Hermann von Pücklers und Friedrich Ludwig von Sckells in Muskau und München unternommen.[103] Sein sorgfältig gearbeiteter Plan spiegelt die Idee wider, mittels großer Züge die vorhandenen, barocken Achsen zu verbinden und die Wasserflächen im Park zu malerischen Teichen auszubauen. Warum die Planung nicht umgesetzt wurde, ist nicht abschließend geklärt.[104] Der Verschönerungsplan für den Schlosspark, den der renommierte Peter Joseph Lenné 1852 im Auftrag von Großherzog Friedrich Franz II. fertigte (Abb. 23), wurde im Januar 1853 nach Ludwigslust gesandt.[105] Sicher im Zusammenhang mit der Aufwertung der Gärten in Schwerin durch Lenné reifte der Entschluss, endlich auch den Ludwigsluster Park zeitgemäß zu gestalten. Im Mai 1852 verfasste Lenné auf großherzoglichen Wunsch hin einen Bericht zum Betriebsetat der Gärten in Schwerin, Ludwigslust, Doberan und Neustadt.[106] Den Etat für Ludwigslust hielt er für zu gering und befürwortete, »nur einen mäßigen Theil der in der unmittelbaren Nähe des Schlosses befindlichen Anlagen und einzelnen Schmuckplätze derselben als soignirte (gepflegte) Garten Partien behandeln zu lassen«.[107] Der größere Teil des Parks sei als Waldpartie aufzufassen. Hier zeigen sich die Vorgaben für die Umsetzung der Planung durch die Gärtner. August und Theodor Schmidt erhielten 1854 jeweils eine außerordentliche Zulage in Anerkennung ihrer Arbeit bei den neuen Anlagen. Zudem absolvierte August Schmidt eine »Kunstreise«.[108]

Ein malerischer Wasserzug mit Kirchenteich, Karauschen-, Eichen- und Inselteich wurde geschaffen. Waldartige Quartiere blieben bestehen, zugleich legte man Fernsichten und Blickachsen an, so dass große Wiesen von Gehölzbeständen gerahmt wurden. Die Gehölzauswahl beschränkte sich im vorhandenen Bestand auf den gezielten Einsatz von Stileichen, Rotbuchen, Linden, Kastanien, Pappeln, Feldahorn sowie auf einige seltene Gehölze wie Amberbaum, Flügelnuss, Tulpenbaum, Urweltmammutbaum und immergrüne Gewächse.[109] An der Westseite des Schlosses legte der Schweriner Hofgärt-

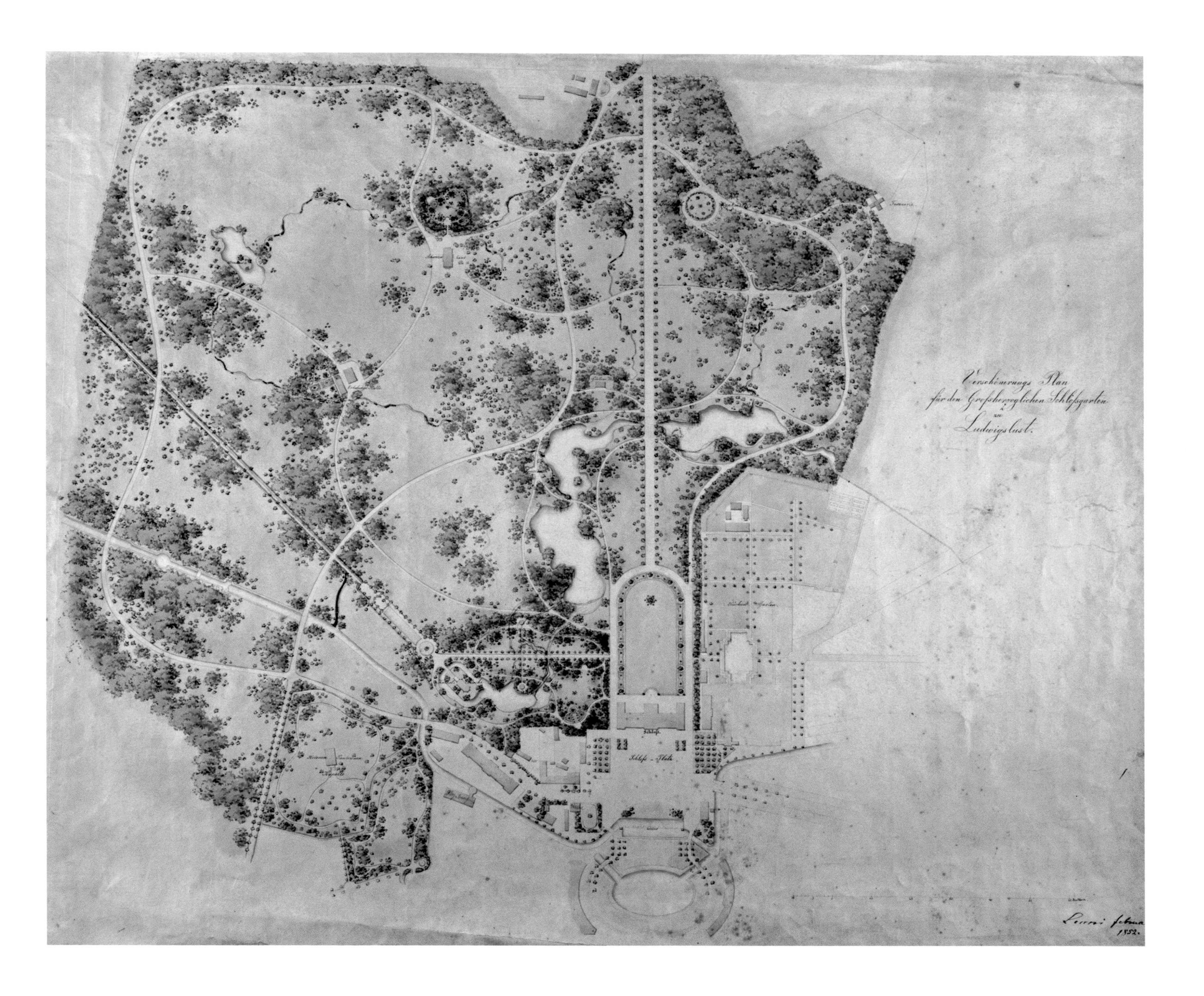

ner Theodor Klett 1850–1854 einen Blumengarten an.[110] Der mit einer Pergola und einer Rosenlaube ausgestattete, umfriedete Garten wurde für Erbgroßherzogin Auguste geschaffen, die eine außergewöhnlich gebildete und naturverbundene Frau war.[111] Vor der Umgestaltung des Parks erfolgte 1844 eine erneute Ausmalung des Saales im Schweizerhaus nach Entwürfen des Hofmalers Clement jun.,[112] der die auch heute noch vorhandenen Schweizer Landschaftsveduten eigenhändig vor Ort schuf.[113]

Wenn auch nicht alle Verschönerungsabsichten Lennés im Park umgesetzt wurden, so ist dieses Meisterwerk seiner Spätphase doch außerordentlich gelungen. Dank ihm und vieler anderer Künstler, Architekten und Gärtner, die im Auftrag der Herzöge in Ludwigslust tätig waren, erleben wir den Park als einmaliges Gesamtkunstwerk.

23 Peter Joseph Lenné, Plan für den großherzoglichen Schlossgarten in Ludwigslust, 1852, Blei, Feder und Aquarell, Landeshauptarchiv Schwerin, 12.12.-2, Bd. I, Ludwigslust, Nr. 166

1 Rund fünfzig Akten, die Informationen zum Park und zu den Parkarchitekturen enthalten, wurden für den vorliegenden Beitrag ausgewertet. Im Folgenden wird eine Auswahl vorgestellt. Vorhanden sind im Landeshauptarchiv Schwerin weitere Akten zum Thema.

2 Dieckmann 1988, S. 25.

3 Dettmann 1922, S. 16–17, zufolge stammt die Planung zur ersten Gartenanlage wohl von Künnecke. Die Akten im Landeshauptarchiv bestätigen, dass Künnecke einen Plan für den ersten Garten fertigte. Landeshauptarchiv Schwerin (LHAS), 12.12.-2 Karten städtischer Gemarkungen, Bd. I, Ludwigslust, Nr. LXXI, Brouillon von der Gegend nördlich hinter dem Jagdhaus Kleinow, um 1735. Dank für diesen Hinweis an Carsten Neumann, Greifswald.
4 Dieckmann 1988, S. 25.
5 Dieckmann 1991a, S. 17.
6 Goß/Kaysel (1852) 1927, S. 32.
7 Pawlak 2003, S. 46.
8 Dazu Dettmann 1936, S. 402: »Mußte doch bald nach seinem Auftreten der bisherige Schloßgärtner Peter Gallas, der sich nicht mit Legeay vertragen konnte, sofort nach Neustadt versetzt werden.«
9 Dettmann 1922, S. 17.
10 Der Plan ist »um 1735« datiert, zeigt aber das schon ausgeführte Gartenparterre und wird daher nach 1741 entstanden sein.
11 Vgl. den Beitrag von Sigrid Puntigam im vorliegenden Band, S. 55–99.
12 Pawlak 2014, S. 94.
13 LHAS, 2.12-1/26-15 Fürstliche Schlösser und Häuser, Nr. 416, Acta Camerae. die Fürstlichen Gärten zu Kleinow modo Ludwigslust betreffend i. sp. den großen und den kleinen Lustgarten, Fass. 4, 5 und 6.
14 Ebd.
15 Holz 1992, S. 45.
16 Kramer 1997, S. 8.
17 Dettmann 1936, S. 402; Holz 1992, S. 26.
18 Jueg/Boettcher 2005, S. 7.
19 LHAS, 2.12.-1/26-15 Fürstliche Schlösser und Häuser, Nr. 416, Neu angelegter Küchengarten. 1753. Mistbeete und Orangerie-Kasten zu Ludwigslust 1757. 1762, Fass. 13.
20 1752 legte A. W. Horst den Anschlag für einen Pavillon vor, »worin ein Brunnen nebst dem Druck Werck und reservoir zu einer noch anzulegenden Fonatine angebracht wird«, womit wohl das Fontänenhaus gemeint ist. LHAS, 2.12-1/26-15 Fürstliche Schlösser und Häuser, Nr. 416, Brief und Anschlag von Horst vom 17. Januar 1752. A. W. Horst, geboren in Schwalenberg (Lippe) am 1. August 1714, trat spätestens 1747 in mecklenburgische Dienste. Noch 1755 als Landbaumeister nachweisbar, nach 1761 Umzug ins Lauenburgische. Dort war Horst Pächter und gelegentlich Architekt und Gutachter. Dank an Johannes Erichsen, München, für diese Informationen.
21 Holz 1992, S. 46.
22 Sabine Bock vermutet, dass Busch die Vase schuf. Nugent (1781/82) 1998, S. 329. Schon 1748 war Busch als Hofbildhauer in Ludwigslust tätig, damals unter Herzog Christian Ludwig. Möller 2013, S. 243. Die zurzeit aufgestellte Vase ist eine Kopie, das Original war 1980 durch eine umstürzende Buche zerstört worden. Greune/Kache 2010, S. 11.
23 Vgl. den Beitrag von Tobias Pfeifer-Helke im vorliegenden Band, S. 153–175.
24 Holz 1992, S. 48.
25 Dazu ausführlicher der Beitrag von Dietmar Braune und Sabine Webersinke im vorliegenden Band, S. 47–53.
26 Vgl. den Beitrag von Gerhard Graulich im vorliegenden Band, S. 113–127.
27 Nugent (1781/82) 1998, S. 330.
28 Kalide/Kramer 1999, S. 51.
29 LHAS, 2.26-2 Hofmarschallamt, Nr. 1293, Acta über den Vorfall im Kaisersaal, 1822–1825.
30 Auch die Anlage mit den Vasen auf den Postamenten, die nach einem von Hermann Willebrand gezeichneten Entwurf umgesetzt wurde, war zwischenzeitlich vollständig zerstört und verschwunden. Vgl. Kalide/Kramer 1999, S. 51. Entwurf siehe: LHAS, 12.3-1 Hofbauamt / Großherzogliche Vermögensverwaltung (Bauabteilung), Ludwigslust, Mappe 12a, Nr. 165/1.
31 Nugent (1781/82) 1998, S. 331.
32 Vgl. den Beitrag von Sigrid Puntigam im vorliegenden Band, S. 72.
33 Dobert 1920, S. 8–9.
34 Ebd., S. 9. Siehe auch Hennebo/Hoffmann 1965, S. 377–378.
35 Vgl. den Beitrag von Sigrid Puntigam im vorliegenden Band, S. 75.
36 In der zweiten Hälfte des 18. Jahrhunderts arbeitete August Ruh als Schlossküchengärtner in Ludwigslust, Johann Georg Ruhe war Adjunctus. Staatskalender 1776–1930, 1776, S. 14.
37 Pawlak 2014, S. 96.
38 LHAS, 2.26-1/1 Großherzogliches Kabinett I, Nr. 5419, Holzanweisungen 19 Fass. bzw. Stück, 1775–1834. Schreiben Ruhs an den Herzog vom 11. Mai 1778 mit der Bitte um zwölf neue Kästen für Lorbeerbäume, die seit zwanzig Jahren keine neuen Kästen bekommen hatten.
39 LHAS, Ebd., Nr. 5387, Acta den englischen Garten den Prinzen Garten und die Treib- und Gewächshäuser allhier betr., 1785–1822. Brief Kluths, Rostock, vom 1. Mai 1793; Herzogliche Anweisung an den Hofgärtner Johann Heinrich Schweer vom 27. Mai 1793.
40 F. G. Hoffmann, Das Schloss zu Ludwigslust aus dem Englischen Garten, um 1770, Kupferstich, Staatliches Museum Schwerin, Inv.-Nr. 1217 Gr. Vermutlich handelt es sich bei F. G. Hoffmann um den Kupferstecher Friedrich Georg Hoffmann, der auch die »Ansicht der grossen Strasse zu Ludewigslust« fertigte, abgebildet in: Kramer 2001, S. 50.
41 Goß/Kaysel (1852) 1927, S. 48.
42 LHAS, 2.26-1/1 Großherzogliches Kabinett I, Nr. 5378 Tiergarten. Allgemeines, ab 1780.
43 Goß/Kaysel (1852) 1927, S. 48.
44 Ein undatiertes, wohl 1781 verfasstes Schreiben an den Hof in Ludwigslust behandelt die Haltung von weißen Hirschen im Park von Schloss Solitude, Stuttgart. LHAS, 2.26-1/1 Großherzogliches Kabinett I, Nr. 5378.
45 Kalide/Kramer 1999, S. 16; Dieckmann 1991b, S. 76.
46 Universitätsbibliothek Rostock, Carl Christian Cornelius, Verzeichnis der Bücher in der Bibliothek Sr. Herzogl. Durchl. des Regierenden Herzogs Friederich zu Mecklenburg Schwerin, nach den Materialien eingerichtet im Jahre 1772.
47 Das Hauptwerk des Philosophen und Gartentheoretikers Christian Cay Laurenz Hirschfeld gilt als erstes umfassendes Regelwerk zur Gartenkunst in deutscher Sprache. Uerscheln/Kalusok 2003, S. 139.
48 Ende 2003, S. 1.
49 LHAS, 2.26-1/1 Großherzogliches Kabinett I, Nr. 5387, Anweisung an Oberförster Schaurich vom 28. März 1787.
50 Ebd., Brief an Wulff vom 19. Februar 1793.
51 LHAS, 2.26-1/1 Großherzogliches Kabinett I, Nr. 5392, Acta den Bau einer Grotte im englischen Garten, betrf:, 1788/1829.
52 Busch schrieb dazu: »So eben bin ich mit dem Entwurf zu einer ander Grotte fertig geworden (…). Nach meiner Meynung, hat es etwas mit den Namen den es führt Aenliches und wünschte nichts so sehr als den hohen Sinn Sma einiger Maßen getroffen zu haben.« LHAS, 2.26-1/1 Großherzogliches Kabinett I, Nr. 5392, fol. 1.
53 LHAS, 2.26-2 Hofmarschallamt, Nr. 1775, Acta generalia betr. die Großherzogliche Fasanerie in Ludwigslust, 1843–1919. Mitteilung des Obergehilfen Schulz vom April 1920.
54 Kalide/Kramer 1999, S. 64.
55 Wengel 1980, S. 62.
56 LHAS, 2.26-1/1 Großherzogliches Kabinett I, Nr. 5370 Pappelinsel. Brief des Hofgärtners Johann Heinrich Schweer vom 24. April 1798.
57 Nach Saubert 1899, S. 112, fand Sand vom Sielbau in der Schloßstraße Verwendung.
58 Die von R. Vogeler im Jahr 1888 erstellten Mutterkarten bilden eine wichtige Grundlage für Maßnahmen im Park. Dank an Dietmar Braune, Staatliche Schlösser und Gärten Mecklenburg-Vorpommern, für den freundlichen Hinweis im September 2015.

59 LHAS, 2.26-1/1 Großherzogliches Kabinett I, Nr. 5390, Anpflanzung, Englischer Garten Llust. Mitteilung vom 2. Mai 1789.
60 Zum Englischen Garten ausführlich: Schütze 1812, S. 128–130.
61 LHAS, 2.26-1/1 Großherzogliches Kabinett I, Nr. 5375 Schweizerhaus und Garten, 1789/91–1836. Undatiertes Schreiben von Busch.
62 Dehio 2000, S. 320.
63 LHAS, 2.26-1/1 Großherzogliches Kabinett I, Nr. 5375. Auflistung zur Beköstigung des Malers de Angelis 1801 mit Bemerkung: »Schweizerhaus«: Ausmalen; Schreiben Buschs betr. des Marmorkamins vom Mai 1791.
64 Auch sind ein Kaninchenhaus, ein Kaninchenberg und ein Blumentheater im Englischen Garten überliefert. LHAS, 2.26-1/1 Großherzogliches Kabinett I, Nr. 5387. Brief Johann Heinrich Schweers vom 28. Mai 1802.
65 Andere Parkentwürfe von Busch, zum Beispiel der »Entwurf eines Portikus mit perspektivischer Sicht in den Park« (undatiert, Blei und Pinsel, Staatliches Museum Schwerin, Inv.-Nr. 486 Hz), sind architektonisch geprägt.
66 LHAS, 2.26-1/1 Großherzogliches Kabinett I, Nr. 5387. Brief Johann Heinrich Schweers vom 18. Februar 1787; Anweisung an Busch vom 20. Februar 1787 zur Verabreichung von Holz »zu einigen Mistbeetkasten in dem so genannten Prinzengarten«.
67 F. G. Hoffmann, Vue d'une partie de Ludwigslust, prise du Château, 1797, Radierung, handkoloriert, Staatliches Museum Schwerin, Inv.-Nr. 1218 Gr.
68 Hoffmann 1963, S. 137.
69 Kalide/Kramer 1999, S. 55.
70 LHAS, 2.26-1/1 Großherzogliches Kabinett I, Nr. 5410 Ananaskasten u. Mistbeete. Schreiben Ruhs vom 23. März 1779.
71 LHAS, Ebd., Nr. 5387. Brief Johann Heinrich Schweers vom 24. Dezember 1791, mit aquarellierter Zeichnung.
72 Kramer 2003, S. 63.
73 Die Handelskompanie lieferte bereits 1756 Blumenzwiebeln und Gemüsesamen für den fürstlichen Sommerresidenzgarten des Schlosses Seehof nahe Bamberg. Schelter 2007, S. 53.
74 LHAS, 2.26-1/1 Großherzogliches Kabinett I, Nr. 5322 Gärtnerei 18 Fass. bzw. Stück 1788–1834, Fass. 1, Gedruckte und handschriftliche Pflanzenverzeichnisse, Kataloge von Jean Kreps; Verzeichnis von Treibhaus-Pflanzen, wohl 1791.
75 Ebd., undatierte Bestellung von Johann Heinrich Schweer.
76 Ebd., Schreiben J. D. Baars' aus Herrenhausen an Johann Heinrich Schweer vom 22. März 1791.
77 LHAS, 2.26-1/1 Großherzogliches Kabinett I, Nr. 5387. Mehrere Anträge von Johann Heinrich Schweer.
78 Pawlak 2014, S. 98. Orangerie abgebildet in: Pawlak 2009, S. 68.
79 Die Hauptwache wurde weiterhin als Torfstall und zur Überwinterung von Astern genutzt. Pawlak 2003, S. 46.
80 Raabe 1856, S. 14.
81 Bülow 2007, S. 69.
82 Hedinger/Berger 2003, S. 187.
83 Zum Werk von Rudolph Suhrlandt ausführlich: Baudis 2008.
84 LHAS, 2.12-1/26-15 Fürstliche Schlösser und Häuser, Nr. 427 Garten Sachen-/reparaturen. Schreiben des Notars Jacob Ludwig Wiechelt vom 19. Juli 1820. Er teilt mit, dass der nun erbgroßherzogliche Garten mit Begräbniskapelle an Erbgroßherzog Paul übergehen soll.
85 Dobert 1920, S. 32.
86 Dehio 2000, S. 320.
87 Dorgerloh 2012, S. 51–52. Die Autorin gibt keine Quelle an. Das erste Louisengrab ist auf einem von Johann Heinrich Schweer geschaffenen Plan eingetragen, der undatiert ist, aber wohl 1808 entstand. LHAS, 12.12-2 Karten städtischer Gemarkungen, Bd. I, Ludwigslust, Sign. 163. Einige Pinus strobus, teils als alte Stubben erkennbar, markieren noch heute den Standort. Webersinke 2000, S. 139.
88 LHAS, 2.26-2 Hofmarschallamt, Nr. 1278, Manual-Acten die Reparatur der Wasserwerke im hiesigen Lustholze betreffend, 1813–1826. Schreiben Barcas vom 28. Januar 1816. Die Kosten beliefen sich insgesamt auf 3129 Reichstaler.
89 Ebd., Aufstellung notwendiger Arbeiten »beym Kanalwesen« des Kanalaufsehers von Hersen vom 4. März 1816.
90 Webersinke 2000, S. 49.
91 Pawlak 2003, S. 46.
92 LHAS, 12.12-2 Karten städtischer Gemarkungen, Bd. I, Ludwigslust, Sign. VIc.
93 LHAS, 2.26-1/1 Großherzogliches Kabinett I, Nr. 5357, Acta die vom HofGärtner Schweer in Anst. vorgeschlagene Umwandlung des dortigen SchloßGartens betr. 1832.
94 Auf einer dem Vorschlag zuzuordnenden Skizze von Carl Schweer sind die Bauten dargestellt. LHAS, 2.26-1/1 Großherzogliches Kabinett I, Nr. 5357.
95 LHAS, 5.2-1 Großherzogliches Kabinett III / Großherzogliches Sekretariat, Nr. 184, Acta die Erbauung einer Gärtnerwohnung nebst Zubehör im englischen Garten zu Ludwigslust betreffl., 1826–1875. Belege Nr. 37, Nr. 38.
96 Webersinke 2000, S. 50.
97 Dobert 1920, S. 32.
98 Webersinke 2000, S. 50.
99 LHAS, 2.26-2 Hofmarschallamt, Nr. 1036 Pläne und Skizzen, 1825, Lageskizze für das Gebiet am Haus des Hofgärtners Schmidt.
100 LHAS, 2.12.-1/26-15 Fürstliche Schlösser und Häuser, Nr. 427. Brief Theodor Schmidts aus Wien an August Schmidt vom 8. November 1836.
101 Theodor Schmidt, Der Capell Garten zu Ludwigslust, signiert mit »Paris 38«, Feder, Staatliches Museum Schwerin, Inv.-Nr. 77 Hz.
102 LHAS, 12.12-2 Karten von städtischen Gemarkungen, Ludwigslust, Nr. VIe.
103 Reinsch 2002, S. 38.
104 Gemutmaßt wird, dass die Planung zu teuer war. Hinz 1989, S. 306. Benque entzog sich im September 1849 seiner drohenden Verhaftung wegen aufrührerischer Reformschriften durch Flucht. Reinsch 2002, S. 39.
105 LHAS, 5.2-1 Großherzogliches Kabinett III / Großherzogliches Sekretariat, Nr. 180, Acta die neuen Anlagen im Schloßgarten und im Lustholze zu Ludwigslust btrf., 1847–1862. Undatierte Mitteilung, wohl 1854.
106 LHAS, Ebd., Nr. 171, Acta die Großherzoglichen Gärten und denen Verwaltung betreffend, 1852–1884. Bericht Lennés aus Sanssouci vom 26. Mai 1852.
107 Ebd.
108 LHAS, 5.2-1 Großherzogliches Kabinett III / Großherzogliches Sekretariat, Nr. 180. Mitteilung des Hofmarschalls von Bülow vom Juli 1854.
109 Holz 1992, S. 54–55.
110 LHAS, 5.2-1 Großherzogliches Kabinett III / Großherzogliches Sekretariat, Nr. 182 »Acta die Anlegung eines Blumen Gartens zwischen dem Schlosse und der katholischen Kirche zu Llust betrf.«, 1850, 1851, 1854. Die Laternenträger an der Schlossveranda sollten laut einem Kostenanschlag zeitgleich zu Blumenvasenhaltern umfunktioniert werden.
111 Auguste, die dritte Frau von Friedrich Ludwig, kam 1818 nach Ludwigslust. Sie suchte Abstand von der Hofgesellschaft in der Natur und empfand die spätbarocke Gartenarchitektur von Ludwigslust als entfremdete Kunstwelt. 1837 verließ sie Ludwigslust und kehrte erst 1854 hierher zurück. Wiese 2008, S. 185–186 u. 197.
112 Möglicherweise Joh. Dan. Clement, der in dieser Zeit als Dekorationsmaler am Ludwigsluster Hof tätig war. Staatskalender 1776–1930, 1844, S. 24.
113 LHAS, 2.26-1/1 Großherzogliches Kabinett I, Nr. 5375, Brief Clements an Hofbaurat Georg Adolf Demmler vom 20. August 1844. Er enthält die Mitteilung, dass Clement jun. die Zeichnung beim Großherzog eingereicht und mit dem Malen begonnen hatte.

Dietmar Braune und Sabine Webersinke

Vom Wiedererblühen der Parklandschaft in Ludwigslust

Der durch Lennés Entwürfe geprägte Schlosspark Ludwigslust ist ein einmaliges Gartenkunstwerk im Stile eines englischen Landschaftsparks mit bis heute ablesbaren barocken Grundstrukturen und Wasserspielen. Romantisch geschwungene Wege leiten den Besucher als ›stumme Führer‹ durch Wiesen und in Szene gesetzte Pflanzungen, vorbei an malerischen Teichen und Skulpturen. Plätschernde Wasserläufe sprechen akustisch die Sinne an. Blumen und Stauden inspirieren mit Farbe und Duft. Doch »Nichts gedeiht ohne Pflege«, schrieb Lenné 1823, und »die vortrefflichsten Dinge verlieren durch unzweckmäßige Behandlung ihren Wert.«[1] Dieses Credo der Gartendenkmalpflege bildete auch den Leitfaden, um die mit 127 Hektar größte Parkanlage Mecklenburg-Vorpommerns denkmalgerecht und unter erheblichen Anstrengungen wiederherzustellen.

Schon in den 1980er Jahren wurden die ersten Maßnahmen zur Sichtbarmachung der historischen Gestaltungsideale durchgeführt. So konnten bereits damals störende Elemente wie etwa ein Fußballplatz im Bereich des Rasenparterres entfernt werden. Im Jahr 2003 begann mit der Übernahme der Verantwortung durch die Staatlichen Schlösser und Gärten eine bis dahin beispiellose Wiederherstellungsmaßnahme im Ludwigsluster Schlosspark. Seitdem sind Parkarchitekturen, Skulpturen, Weg- und Platzflächen restauriert, historische Wasserläufe, Brücken und Durchlässe saniert und vegetabile Parkstrukturen wiederhergestellt worden. Dafür standen 5,6 Millionen Euro bereit – finanziert mit Mitteln der Europäischen Union und des Landes Mecklenburg-Vorpommern. Die lebenden Baustoffe, die vielfältigen Gewerke und ihre historische Bedeutung stellten die zahlreichen Projektbeteiligten vor beachtliche Herausforderungen.

Die große Kaskade direkt auf dem Platz zwischen der ehemaligen Hofkirche und dem Schloss bereitet dem Besucher einen grandiosen Empfang (S. 24–25). Erst durch den aufwendigen Bau eines 28 Kilometer langen Kanals im 18. Jahrhundert konnte das Wasser zum belebenden Gestaltungselement der Parklandschaft werden. Die ausladende Skulpturengruppe, in deren Mittelpunkt die Flussgötter der Stör und der Rögnitz das herzogliche Wappen präsentieren, dominiert den Auftakt der Ludwigsluster Wasserkunst. An diesem Bauwerk gab es wegen offenbar statischer Probleme im Untergrund bereits seit ungefähr 100 Jahren eine optische Beeinträchtigung des Fließbildes. Besonders bei geringem Zufluss trockneten einige Bereiche aus und schmälerten die Wirkung des Wasserkunstwerks. Im Oktober 2007 begann nach umfangreichen Voruntersuchungen und Planungen die Wiederherstellungsmaßnahme an der 220 Jahre alten Anlage. Zuerst musste der Baugrund stabilisiert werden, damit die Mauer, von der das Wasser herunterstürzt, nicht weiter absacken konnte. Die noch vorhandene historische Gründung aus Eichenpfählen konnte dabei ebenso erhalten werden wie die ursprüngliche, noch intakte Tondichtung im oberen Bereich. Beide Beckensohlen wurden erneuert und die erhaltenen Mauern im Tosbecken neu gedichtet. Es war ein geradezu surrealer Moment, als die imposanten Sandsteinfiguren, die Rudolph Kaplunger 1780 geschaffen hatte, auf Transporter verladen wurden. Sie mussten zur Restaurierung in eine Fachwerkstatt verbracht werden. Im Sommer 2008 kehrten sie an ihren angestammten Platz zurück (Abb. 1). Eine

Herbststimmung im Schlosspark von Ludwigslust

neu gestaltete Lichtinszenierung stellte den Abschluss der Arbeiten dar. Sie steigert die Wirkung des siebzig Meter breiten Bauwerks, das in seiner Größe in Norddeutschland einzigartig ist.

Das Gartengenie Peter Joseph Lenné bezeichnete den an der westlichen Flanke des Schlosses gelegenen Bereich als »kleines, allerdings sehr gelungenes zierliches Gärtchen«.[2] Dieser Blumengarten der Großherzogin (Abb. 2) war von dem Hofgärtner Theodor Klett zu Beginn der 1850er Jahre angelegt worden. Es handelte sich um einen romantischen *pleasure ground* mit den malerischen Architekturstaffagen der katholischen

1 Die Rückkehr der Flussgötter zur Kaskade

2 Der rekonstruierte Blumengarten der Großherzogin

3 Erster Schnee auf dem Rasenparterre

Kirche St. Helena, des separaten Glockenturmes (S. 39, Abb. 20) und des kleinen Pavillons. Im 20. Jahrhundert wurde er durch den Einbau einer Freilichtbühne weitgehend zerstört. Nach dem Rückbau der Bühne klaffte direkt neben dem Schloss eine unpassende Lücke in der Gartengestaltung. Um diese zu schließen, kamen die Experten der Schlösserverwaltung überein, den Blumengarten nach historischem Vorbild zu rekonstruieren. Bei den Vorbereitungen der Maßnahme konnten zahlreiche Schriftstücke, Rechnungen, Pflanzenlisten, jedoch nur wenige bildliche Darstellungen aufgefunden werden. Es gelang die Wiederherstellung der ursprünglichen Wegeverläufe und eine behutsame Bodenmodellierung, die durch Pläne[3] und Grabungsbefunde nachgewiesen werden konnten. Bei der heutigen Bepflanzung des Blumengartens handelt es sich um eine sensible Neuinterpretation, die auf der Grundlage der historischen Pflanzenlisten zusammengestellt worden ist. Zur Freude der Besucher fügt sich diese jüngste Gestaltung blühend in das Gartenkunstwerk Ludwigslust ein.

Das Parterre (Abb. 3) nördlich des Schlosses stellte schon immer eine der zentralen Schmuckflächen im Park dar. Der Fußballplatz an dieser prominenten Stelle war zwar bereits in den 1980er Jahren eliminiert und eine neue Rasenfläche angelegt worden, aber die schlechten Baugrundverhältnisse mit Bauschutt und Schotter bestanden weiterhin. Der Wuchs war daher kümmerlich und die Aktivitäten der Maulwürfe ließen die riesige Fläche eher einem Acker als einem gepflegten *pleasure ground* gleichen. Zudem war das Parterre mit einer Asbesteinfassung versehen, die es zu entsorgen galt. Auch dieser Wiederherstellungsmaßnahme gingen umfangreiche Archivstudien voraus. Ein Vermessungsplan von 1888 erwies sich als historische Quelle mit der größten Aussagekraft, die darüber hinaus durch Sondierungsgrabungen bestätigt werden konnte. Die Rekonstruktion erfolgte nach diesen Befunden. Die Auswahl der Kübelpflanzen richtete sich einerseits nach den verfügbaren Pflege- und Überwinterungskapazitäten. Andererseits waren Lorbeer, Oleander in verschiedenen Farbnuancen, Granatäpfel und Schmucklilien auch in den historischen Pflanzenlisten erwähnt und wurden deshalb ausgewählt. Die Rasenfläche selbst wurde mit einem Maulwurfsgitter vor dem Eindringen der Tiere in diesen Bereich geschützt. Technisch notwendige Einrichtungen wie Versorgungsschächte für Elektroanschlüsse wurden dezent in den Rasenflächen untergebracht. So stellt das Parterre heute einen ästhetisch anspruchsvollen, von Orangeriepflanzen gerahmten Rasenteppich dar und ist darüber hinaus dem modernen Nutzungsdruck als Veranstaltungsfläche besser gewachsen.

Die Linden für die »Hofdamenallee« (Abb. 4) holte man im Jahr 1769 aus einem Wald bei Waren.[4] Eine Baumschule gab es in Ludwigslust damals noch nicht. Die doppelreihige Allee wurde mit einer enormen Breite angelegt, die sich proportional der Länge des Weges von 600 Metern anpasst. Die Bäume der barocken Allee waren nie geschnitten. Allenfalls legte man Wert auf den »Himmelstrich«, den Korridor zwischen den beiden Baumreihen, in dem der Himmel sichtbar bleibt. Seit dem Bestehen der Allee fanden immer wieder Neupflanzungen statt, und auch im Zuge der jetzigen Maßnahme wurde sie an einigen Stellen verjüngt. Ein Baumgutachten bestimmte die weniger vitalen Bäume aus beiden Reihen, die gefällt werden mussten. Insgesamt wurden 43 Winterlinden nachgepflanzt und die erhaltenen Bäume behutsam gepflegt. Der Boden über dem Wurzelraum der Linden wurde abgesaugt, um das verbleibende Feinwurzelwerk zu schützen. Außerdem beeinträchtigten die konkurrierenden Kronen der angrenzenden Waldbäume diejenigen in der Allee. Daher wurden die zu beiden Seiten gelegenen Bereiche freigeschlagen, was den Linden in der Allee Licht und Platz zum Wachsen verschaffte. Die

4 Die Hofdamenallee in ihrer ursprünglichen Breite

5 Der wiederhergestellte Kaisersaal

Breite der Wegefläche von zwölf Metern war mit den Jahren zugewachsen, konnte aber anhand verfügbarer Pläne[5] und durch Grabungen im Vorfeld der Planung ermittelt werden. Sie wurde in den historischen Abmessungen mit einer verdichteten Kiesoberfläche erneuert, die auch heute, nach mehreren Jahren, kaum Abnutzungsspuren zeigt. Die weiß gestrichenen Lehnbänke aus Holz sind nach historischen Vorbildern gearbeitet worden, um ebenso dieses Detail der Hofdamenallee wieder in seinem ursprünglichen Charakter erscheinen zu lassen.

Auf halber Höhe der Hofdamenallee zweigt ein geschwungener Weg in westlicher Richtung ab. Darauf wandelnd eröffnet sich dem Betrachter ein überraschender Blick: Mitten im dichten Gehölz ruht ein anmutiger Platz – der »Kaisersaal« (Abb. 5). Erst vor wenigen Jahren tauchten Spuren dieses barocken Gartenraums auf und gaben den Anstoß für seine Wiederherstellung. Bereits der irische Reiseschriftsteller Thomas Nugent erwähnte diesen Platz mit zwölf römischen Kaiserstatuen, die »aus bloßer Pappe gemacht« waren.[6] Nach dem Diebstahl der Büsten im Jahr 1822 verwaiste der Ort. Hermann Willebrand zeichnete 1877 einen Entwurf mit Postamenten aus Sandstein und Terrakotta-Vasen als Aufsatz. Er wurde wenig später umgesetzt und ist in einem Vermessungsplan von 1888 überliefert.[7] Diese Gestaltung, deren räumliche Atmosphäre durch die an den Rändern gepflanzten Bäume gesteigert wird, erhielt sich samt Ausstattung bis etwa 1950. Danach verwilderte der Bereich. Die Postamente waren umgestoßen und vergraben worden. Die Vasen gingen verloren und schließlich war nichts mehr von diesem Gartenraum sichtbar. Im Laufe der nun abgeschlossenen Maßnahme gelang es, die Abmessungen des Raumes in seiner letzten Fassung von 1888 freizulegen. Anhand von Bodenbefunden konnten auch die historischen Standorte der Postamente ermittelt werden. Geborgene Originale wurden gereinigt, restauriert und wieder aufgestellt, fehlende wurden nachgefertigt. Die Vasen sind nach einem Musterblatt aus einem Berliner Katalog der Jahre 1880–1888 rekonstruiert worden.[8]

Der Kanal (Abb. 6) im Schlosspark entstand während des Siebenjährigen Krieges in den Jahren 1756–1760.[9] Er misst allein von der Steinernen Brücke bis zur sogenannten Haferwiese im Westen des Ludwigsluster Holzes fast zweieinhalb Kilometer. Die ausgewerteten Archivalien flößen Ehrfurcht vor der damaligen Leistung ein, die Wasserverbindung von der Lewitz bis in den Park herzustellen. Die jetzt unternommenen Wiederherstellungsmaßnahmen bezogen sich aber nicht allein auf die Instandsetzung des Kanals selbst. In bestimmten Bereichen waren seine Ufer einst aufwendig gestaltet, doch die barocke Anmutung war über die Jahrhunderte verloren gegangen. An der Steinernen Brücke konnte die strenge Geometrie der Dämme mit den eingelassenen Rasenbänken und rhythmischen Pflanzungen wiederhergestellt werden. Vorbilder waren dabei die Radierungen von Johann Dietrich Findorff und eine Vielzahl erschlossener historischer Pläne. Die Rasenbänke bestehen heute aus einer Stahlkonstruktion, abgedeckt mit außerordentlich haltbarem Accoya-Holz. Die Treppenabgänge aus Findlingsborden wurden rekonstruiert, noch verfügbare Originale geborgen und erneut eingesetzt. Die Sandsteinwangen der Treppen mit ihrem Muschelwerk und den Stalaktiten konnten nach erhaltenen Artefakten und Zeichnungen von Hermann Willebrand aus den 1870er Jahren restauriert werden.[10] Einige von ihnen waren im Laufe der Zeit als Sitzbänke umfunktioniert worden. Sie wurden gerettet, gereinigt und an den originalen Standorten wieder aufgestellt. So entstand aus wild-romantischen Uferbereichen wieder ein barock gestalteter Gartenraum.

Gegenwärtig fehlt die letzte große Attraktion der barocken Wasserkunst in Ludwigslust und damit auch der Höhepunkt in der ausgeklügelten Dramaturgie von lauten und leisen Geräuschen des Wassers. Den rauschenden Auftakt bereitet wie erwähnt die große Kaskade vor dem Schloss. Der Kanal fließt anschließend still vor sich hin, um den Besucher mit dem Wassersturz an der Steinernen Brücke zu überraschen. Plätschernd, mit abnehmender Intensität, fließt das Wasser weiter – zunächst murmelnd über die geschweifte kleine Kaskade, dann sprudelnd in der verspielten Fontäne des »Mönchs«. Danach breitet sich Ruhe aus, aber schon bald steigt der Geräuschpegel erneut im großen Becken mit den kleinen 24 Wassersprüngen an. Nur wenige Meter weiter setzte einst ein Meisterwerk der barocken Ingenieurskunst den grandiosen Schlusspunkt. Durch Zufluss

6 Der Kanal mit seinen wieder barock anmutenden Uferbereichen

7 Johann Dietrich Findorff, Die Klappschleuse im Park von Schloss Ludwigslust, um 1765, Radierung, 246 × 292 mm, Staatliches Museum Schwerin, Inv.-Nr. 1730 Gr

füllte sich dort eine Klappschleuse. Überstieg der Wasserstand eine gewisse Höhe, öffnete sich das Tor und gab auf einmal große Wassermassen frei, die sich mit voller Wucht über die ehemals vorgelagerten Felsen ergossen (Abb. 7). Dadurch entstand ein für diese flache Gegend unerhörtes Getöse. Die Wiederherstellung dieses technisch ausgefeilten barocken Wasserbauwerkes ist ein einzigartiges Rekonstruktionsvorhaben. Noch ist das Rauschen der Klappschleuse Zukunftsmusik. Mit ihrer Vollendung wird auch die große Wiederherstellungsphase im Park in einigen Jahren abgeschlossen sein.

Doch wie Lenné schon mahnte, gedeiht nichts ohne Pflege – vor allem kein Gartenkunstwerk. Für den Fortbestand benötigt dieses Denkmal die Aufsicht und Pflege von Gärtnern, die in sein Wesen eingeweiht sind. Deshalb haben die Staatlichen Schlösser und Gärten Mecklenburg-Vorpommern einen Gartenstützpunkt eingerichtet. Von hier aus erhalten die Landesangestellten das große Gartenkunstwerk Ludwigslust in seiner ganzen Schönheit.

1 Lenné 1824, S. 28.
2 Landeshauptarchiv Schwerin (LHAS), 5.2-1 Großherzogliches Kabinett III, Großherzogliches Sekretariat 1850 1918/45 – Teil I, 5.2.-1, Bd. 1, 2.4.2.3.3 Schlossgärten, S. 12–14, lfd. Nr. 171–194, 2.5.2.3.3, Sign. 171, Acta die Großherzoglichen Gärten und ihre Verwaltung betreffend, 1852–1884, Nr. 2, B Ludwigslust, Nr. 6.
3 LHAS, 12.12-2 Verzeichnis Karten, Pläne, Risse mecklenburg. Städte, Bd. 1, Ludwigslust, Sign. 29 VIII und 30 IX sowie LHAS, 2.26-2 Hofmarschallamt, 10.4 Wasserversorgung, Sign. 1689, Acta betr. die Anlegung einer Wasserleitung in Ludwigslust.
4 LHAS, 2.26-1/1 Großherzogliches Kabinett I, Band VIII, Sign. 5358, Acta die, behuf hiesiger Promenaden, von Wahren erforderlichen Linden betrfd., 1769.
5 LHAS, 12.12-2 Verzeichnis Karten, Pläne, Risse mecklenburg. Städte, Bd. 1, Ludwigslust, Sign. 29 VIII und 30 IX sowie LHAS, 2.26-2 Hofmarschallamt, 10.4 Wasserversorgung, Sign. 1689, Acta betr. die Anlegung einer Wasserleitung in Ludwigslust.
6 Nugent (1781/82) 1998, S. 330.
7 Siehe den Beitrag von Katja Pawlak im vorliegenden Band, S. 21–45.
8 Vgl. auch Thonwaaren-Fabrik 1869, Tafel 33, Nr. 215 a.
9 LHAS, 2.26-1/1 Kabinett I, Fürstliche Häuser und Gärten, Ludwigslust, Sign. 5309, Acta 1762 und 1763 Kanalrechnungen des Kastellans Becker nebst Belegen, Nr. 1; LHAS, 2.26-1/1 Großherzogliches Kabinett I, Band VIII, Sign. 13164, 1 Fasc. betr. Ausgabe Geld behuf der Canäle für das Jahr 1767.
10 LHAS, 12.3-1 Hofbauamt/Großherzogl. Vermögensverwaltung, Ludwigslust, Mappe 12a, Nr. 165/46; Tafel 129, Nr. 44, Treppenwangen am Canal zu Ludwigslust. H. Willebrand 1877.

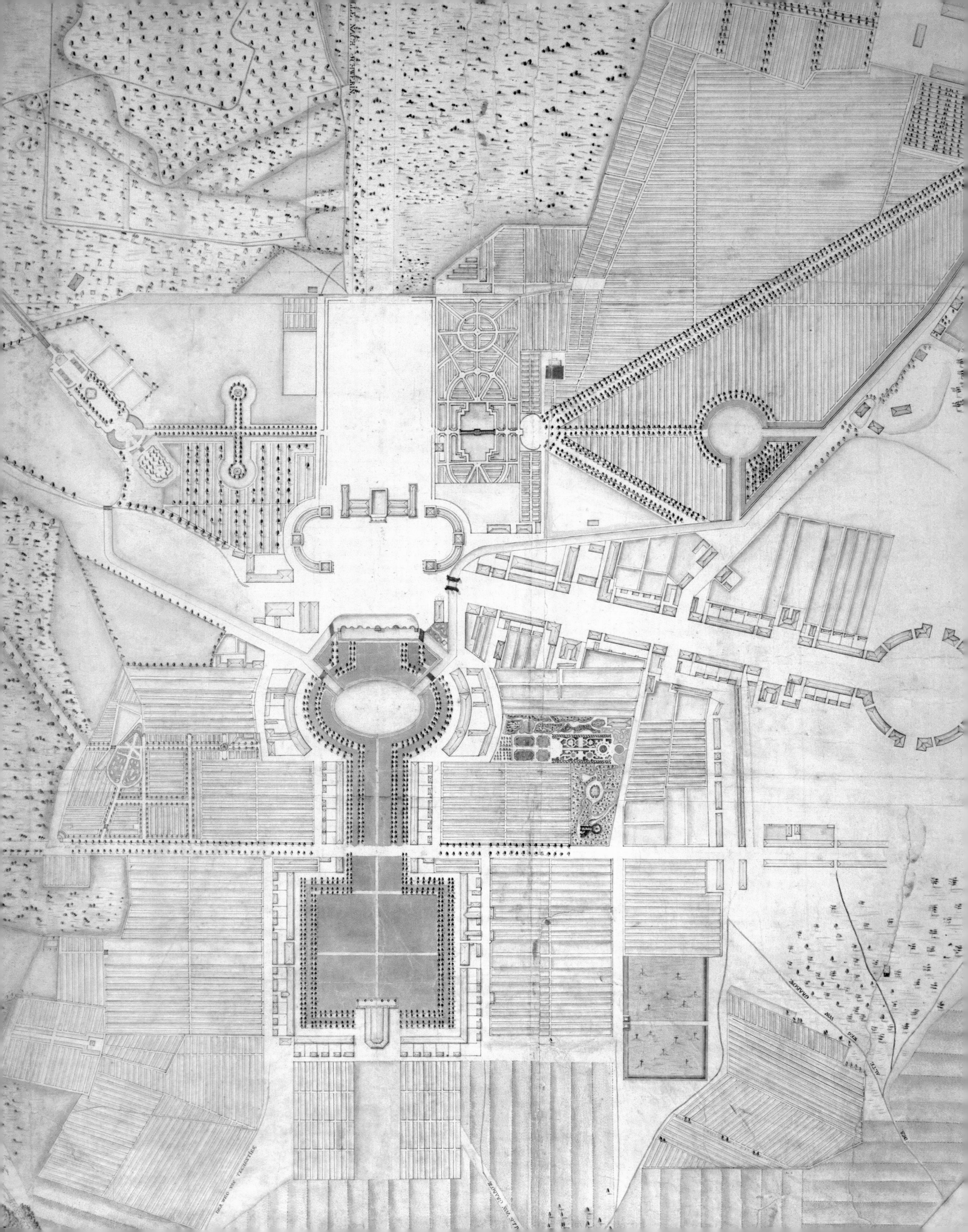

LLÉE, NACH, SCHWERIN
DER ALTE WEG VON GRABOW
DER WEG VON TECHENTIEN
VON GRABOW.

Sigrid Puntigam

Ludwigslust – Ein Schlossensemble zwischen Behauptung und Rückzug

Eine schnurgerade Straße führt den heutigen Besucher von Schwerin nach Ludwigslust.[1] Herzog Friedrich der Fromme ließ diesen nur dem Landesherrn vorbehaltenen »Herrenweg«[2] anlegen, um schneller von der alten Residenzstadt Schwerin zu seinem neu erkorenen Fürstensitz Ludwigslust zu gelangen. Der Gast kommt über die Schloßstraße mit ihren rhythmisch aufgereihten regelmäßigen Backsteinhäusern, passiert die Schlossbrücke und erst jetzt öffnet sich der Blick auf den Schloßplatz (Abb. 1). Rechter Hand zieht unvermittelt und imposant der mächtige Schlosskomplex die Aufmerksamkeit auf sich, linker Hand fällt vom Rauschen des Wassers angezogen der Blick auf eine breite Kaskade. Diese seitliche Annäherung gibt jedoch erst beim Betreten des Platzes den eigentlichen Kern der Anlage preis. Die Hauptachse erstreckt sich vom Schloss über die Kaskade hinweg; der Blick des Besuchers wird wie bei einer Theaterkulisse vor allem durch Lindenalleen, die platzartigen Weitungen und Verengungen auf einen zentralen Point de vue gelenkt, auf den Tempelportikus der Kirche (Abb. 2). Schloss und Kirche bilden die beiden Hauptpole der Anlage, während die seitliche Schloßstraße mit der heutigen Stadt lediglich als Auffahrt zum herrschaftlichen Zentrum dient.

Staunend fällt nicht nur dem heutigen Besucher auf, dass dieses Schloss und die gesamte Anlage in keine herkömmliche architekturgeschichtliche Schublade passen, es ist alles irgendwie anders und ›dazwischen‹. Schon 1803, einige Jahre nach der Errichtung des Schlosses, konstatierte Pastor Johann Christian Friedrich Wundemann in seiner Beschreibung von »Mecklenburg in Hinsicht auf Kultur, Kunst und Geschmack«: »Ludwigslust ist gegenwärtig die wirkliche Residenz der regierenden Herzöge von Mecklenburg-Schwerin. Ehemals war es nur ein Jagdschloß, das der Herzog Christian Ludwig mit einigen, zum Theil schon weggeräumten Nebengebäuden ganz einfach erbauen ließ, und das nur zur Zeit der Jagd die Durchl. Herrschaft aufzunehmen bestimmt war. Der leztverstorbene Herzog Friedrich aber gewann die Einsamkeit dieses Ortes so lieb, daß er hier für immer seinen Wohnsitz aufschlug, und in diese Einöde ein Prachtwerk hinzauberte, zu welchem die Natur allen Beistand versagt hatte.«[3] Doch müsse man »sich billig wundern, daß diese wüste Gegend zu einer solchen Anlage gewählt ward.«[4] Die Erklärung dafür findet Wundemann im Charakter Herzog Friedrichs: »Es gehörte gewiß ein starker Hang zum einsamen, selbstbeschaulichen Leben dazu, sich hier in dieser von aller Welt verlassenen und von der Natur ganz verabsäumten Gegend anzusiedeln; hier, wo jetzt freilich bey Anwesenheit des Hofes Lebens die Fülle ist, aber wo man sonst eher düstere Klause stumpfsinniger Anachoreten, als den Sitz eines glänzenden Hoflagers suchen sollte«.[5] Und ferner bemerkt er zugespitzt, dass das »Schloß selbst (…) von moderner und prächtiger, aber nicht ganz reiner Architektur (ist). (…) Der Bau ist, mit Beihülfe des hochseeligen Herzogs, dem man große Kenntnisse in der Architektur beimaß, von dem Hofbaudirektor Busch in den Jahren 1770 bis 1776 ausgeführt. Es steht also dahin, wem die Fehler wider die Regeln der Baukunst an diesem Schlosse in Rechnung zu bringen seyn mögen« (Abb. 3).[6]

Wundemann fielen also schon bald nach Fertigstellung des Gebäudes dessen Besonderheiten und seine baugeschichtliche Ausnahmestellung ins Auge. Er berührt mit

»Plan von Ludwigslust« mit den projektierten Seitenflügeln des Schlosses, um 1780, Feder, farbig laviert, Landeshauptarchiv Schwerin, Kartenabteilung 12.12-2 Kartenbestand Ort Ludwigslust, Nr. LXII

1 Blick von Osten auf den Schloßplatz und Schloss Ludwigslust, links die Kaskade und im Vordergrund die Schlossbrücke

seinen Äußerungen zur Ortswahl und zu den architektonischen Problemen sowohl des Schlossbaus als auch der gesamten Anlage genau die zentralen Fragen. Ist Ludwigslust ein Lust- oder ein Residenzschloss? Wie ist die Stellung der Gesamtanlage im Rahmen ähnlicher zeitgenössischer Bauprojekte zu bewerten? Welchen konzeptionellen Anteil hat der Bauherr Herzog Friedrich? Wie kommt es zu den Ungereimtheiten des Baus? Sind diese dem vielleicht überforderten, ungeschulten Architekten Johann Joachim Busch zuzuschreiben, der eigentlich ausgebildeter Bildhauer war und nun mit Bauaufgaben betraut und – bewusst oder unbewusst – vom Herzog gedrängt wurde, ein internationales Architekturformat zu erreichen? Oder sind diese Widersprüche dem Auftraggeber allein oder aber dem Zusammenspiel von Auftraggeber und Architekten geschuldet, die sich beide aus dem Ideenpool des zuvor vor Ort tätigen Architekten Jean Laurent Legeay und aus dem Fundus der reichhaltigen herzoglichen Bibliothek bedienten?

Im Folgenden sollen die Baugeschichte und Architektur der Ludwigsluster Anlage vorgestellt, die Nutzung und Funktion der Gebäude beleuchtet und ein neuer Blick auf den überregionalen baukünstlerischen Kontext und die Anspruchshaltung des mecklenburgischen Hofes in der Spätphase des Ancien Régime eröffnet werden. Mit der Berufung des französischen Architekten Jean Laurent Legeay nach Mecklenburg im Jahre 1748 verschob sich der Maßstab der mecklenburgischen Herzöge auf europäisches Niveau. Der Neubau des in der Spätphase absolutistischer Herrschaftsarchitektur errichteten Schlosses in Ludwigslust ist architekturgeschichtlich und semantisch zwischen Bauten wie dem Potsdamer Neuen Palais, dem Wörlitzer Schloss und Schloss Wilhelmshöhe in Kassel – zwischen die Pole von Rückzug und Behauptung eines regierenden Fürsten – einzugliedern. Mit ihnen und Ludwigslust sind vier Strategien dieses Rückzugs der höfischen Gesellschaft und der »Krise«[7] des Schlossbaus zwischen Residenz und neopalladianischem Country House zu beobachten.

Speziell in der ersten, aber auch in der zweiten Hälfte des 18. Jahrhunderts führte eine brisante politische Gemengelage in Mecklenburg[8] zu einer ehrgeizigen Planungs- und Bautätigkeit der Landesherren, wenn auch aus unterschiedlichen Motivationen heraus und mit abwechselnden Kontrahenten auf verschiedenen Ebenen. Außenpolitisch tobte der Machtkampf um die Vorherrschaft im Ostseeraum, im Umfeld Mecklenburgs bemühten sich die Standesgenossen um Rangerhöhungen. August der Starke erlangte die polnische Königswürde, der brandenburgische Kurfürst Friedrich III. krönte sich 1701 zum König in Preußen, Hannover erreichte 1692 die Kurfürstenwürde und dann 1714 den Aufstieg auf den englischen Königsthron. Ähnlich bemühten sich auch die mindermächtigen Grafen und Fürsten um Standeserhöhungen.[9] Diese Situation zwang die mecklenburgischen Herzöge zur Behauptung ihrer Souveränität, wollte man nicht Opfer einer kriegerischen Übernahme oder einer Annexion mittels dynastischer Verbindungen und Ämterverpfändungen werden. Die Standeserhöhung oder das aktive Konnubium waren dafür die griffigen Instrumentarien und mit ihnen ging die Darstellung der standesgemäßen Magnifizenz einher, die »Representatio Majestatis«. Herzog Carl Leopold von Mecklenburg-Schwerin bemühte sich 1713 um den Königstitel für Neapel und argumentierte mit der »Anciennität« und dem »Luster« des altehrwürdigen mecklenburgischen Geschlechtes und den bereits schon vorhandenen familiären Verbindungen zu königlichen Häusern. Auch durch eine geschickte Heiratspolitik versuchte das Haus Mecklenburg-Schwerin eine Rangerhöhung vorzubereiten. Als Beispiel lassen sich die Hochzeitsverhandlungen für Erbherzog Friedrich (den Frommen) zwischen 1735 und 1746 anführen, der durch eine Heirat nach England, Schweden, Dänemark oder Preußen auf königlicher Ebene positioniert werden sollte. Dies misslang und er ging 1746 schließlich die religionspolitisch und standesgemäß korrekte Ehe mit Luise Friederike von Württemberg[10] ein.

Schließlich bedingte der Hamburger Erbvergleich von 1701 eine Baustrategie der Mecklenburg-Schweriner Herzöge in Konkurrenz zu dem dadurch neu entstandenen Herzogtum Mecklenburg-Strelitz,[11] das plötzlich in Neustrelitz das modernere Residenzkonzept und durch eine geschickte Heiratspolitik einen steilen sozialen Aufstieg verwirklichte. 1726–1732 wurde dort eine anspruchsvolle Dreiflügelanlage mit unmittelbar benachbarter Planstadt geschaffen,[12] auf die Christian Ludwig II. mit dem Klenower Schloss – unter Maßgabe seiner bescheideneren Möglichkeiten – baupolitisch reagierte und damit versuchte, seinen zukünftigen Anspruch auf Mitbestimmung zu dokumentieren.

2 Blick vom Schloss auf die Kaskade und Kirche

3 Blick auf die Hoffassade des Schlosses

Eine weitere Konsequenz aus diesem Vertrag ergab sich aus der Einführung der Primogeniturgesetzgebung mit entsprechenden rechtlichen und baulichen Verpflichtungen und Anforderungen gegenüber den Nachgeborenen, die zu heftigen Machtkämpfen innerhalb der Dynastie führten. Der desaströse Bruderzwist zwischen Herzog Carl Leopold und Christian Ludwig II., in den die Ritterschaft und die Städte involviert waren, zerrüttete das Land zusätzlich.

Die katastrophale innenpolitische Situation und das angespannte Verhältnis der Landesfürsten zu den Ständen mündeten schließlich 1755 im Landesgrundgesetzlichen Erbvergleich,[13] der zur faktischen Entmachtung der Herzöge und später in der wissenschaftlichen Betrachtung zur Bezeichnung Mecklenburgs als »Ständemonarchie« führte. Die massiv gegen die Stände gerichtete Politik Herzog Carl Leopolds hatte auf Reichsebene 1717 bereits im Vorfeld die kaiserliche Reichsacht ausgelöst und die Einsetzung der kaiserlichen Kommission unter Führung von Kurhannover und Braunschweig zur Folge. Herzog Christian Ludwig II. übernahm ab 1728 als Landesadministrator und ab 1733 als kaiserlicher Kommissar die Regierungsgeschäfte, 1747 schließlich erlangte er nach dem Tode des Bruders Carl Leopold die Regentschaft bis zu seinem Tode 1756.

Die Ortswahl Klenow

Am Anfang der Geschichte in Klenow stand der besagte Bruderzwist im Hause Mecklenburg. In Klenow offenbart sich diese Situation auf dem Feld der Architektur. Der Streit zwischen Carl Leopold und Christian Ludwig (II.) muss unter dem Aspekt der unterschiedlichen Ambitionen und Interessen der Kontrahenten sowie im Zusammenhang mit dem Ständekonflikt gesehen werden. Herzog Friedrich Wilhelm hatte 1708 seinem jüngsten Bruder Christian Ludwig das Amt Grabow als Apanage geschenkt. Dazu gehörten alle Rechte, auch das der hohen und niederen Jagd.[14] Das Jagdrecht, eigentlich dem Fürsten als landesherrliches Regal zustehend, lag in Mecklenburg nach dem Hamburger Vergleich von 1701 und endgültig seit 1755 beim Grundherrn.[15] Als 1725 ein Brand das Schloss in Grabow vernichtet hatte, zog Christian Ludwig von seinem Apanagesitz nach Neustadt-Glewe.[16] Ab 1725 begann er, in Klenow, dann in Kummer und Multzau zu bauen.[17] Doch all diese Unternehmungen wurden von seinem Bruder Carl Leopold vereitelt, da Christian Ludwig das Gebiet trotz der offiziellen Schenkung von 1708 rechtswidrig beanspruchte. Erst unter dem Schutz kaiserlicher Truppen konnte Christian Ludwig in Klenow 1731–1735 auf Domanialgrund ein Jagdhaus[18] durch den Architekten Johann Friedrich Künnecke[19] bauen lassen. Der heftig entbrannte Bruderstreit um die Ortswahl und die Errichtung des Jagdhauses in Klenow ist folglich primär als Ausdruck des innerdynastischen Ringens um die landesherrliche Macht zu verstehen. Die politischen Ambitionen Christian Ludwigs betrachtete Carl Leopold als Affront und reagierte mit seinen Angriffen auf dessen usurpatorische Ansprüche. Als solche betrachtete er auch den Zugriff Christian Ludwigs auf das sensible Gebiet südlich der Residenz, spielte es doch im Rahmen einer erhöhten architektonischen Repräsentation im weiteren Umkreis Schwerins eine wichtige Rolle, da Jagdschlösser und Jagdgebiete zu den wesentlichen Elementen bei der Herausbildung einer Residenzlandschaft gehörten. Die Jagd galt als wichtiges Hoheitszeichen, war fester Bestandteil der Hof- und Festkultur;[20] Jagdschlösser wie Jagdsterne – sternförmig zusammengeführte Sichtachsen und Schneisen – dienten aber auch zur Besetzung von Territorien. Im Wildpark bei Klenow, zwischen Grabow und Neustadt, existierte etwa ein Tiergarten zur Haltung von Rotwild.[21] Und in Mecklenburg-Schwerin standen – wie zu dieser Zeit nur in ganz wenigen Reichsterritorien – drei aufwendige Jagdsterne zur Verfügung, die zur prestigeträchtigen Parforcejagd genutzt wurden.[22]

In einer Zeit, da Herrscherhäuser nach dem Dreißigjährigen Krieg europaweit ihre höfischen Repräsentationsansprüche und -formen weiter entfalteten und ihnen architektonisch Ausdruck verliehen, wollte sich auch der Mecklenburger Hof trotz aller politischen Katastrophen entsprechend positionieren. In Klenow und später Ludwigslust spitzte sich diese Situation zu. Über mehrere Herrschergenerationen, deren Protagonisten unterschiedlichen politischen Szenarien ausgesetzt waren, kam es zu Paradigmen-, Planungs- und Funktionswechseln der hier projektierten Architektur. Es führt somit kein kontinuierlicher Prozess vom Jagdschloss, das sich der apanagierte Prinz Christian Ludwig errichtete, zum landesherrlichen Lustschloss und schließlich zum residenzartigen Palast Herzogs Friedrich des Frommen in Ludwigslust. Wie bei den meisten Jagdschlössern und Sommerresidenzen des 18. Jahrhunderts – etwa Schönbrunn, Versailles, Ludwigsburg, Schleißheim, Nymphenburg oder Salzdahlum – gab es auch in Klenow/Ludwigslust eine historische und politische Zäsur, bevor das Jagdschloss zu einer großen Anlage ausgebaut wurde.

Der Bauherr Christian Ludwig und der Architekt Johann Friedrich Künnecke

Für den apanagierten Prinzen Christian Ludwig[23] war Klenow ein Schauplatz am Beginn seiner politischen Laufbahn, der sich im weiteren Verlauf seiner Karriere zum Nebenschauplatz entwickelte, an dem sich allerdings wie erwähnt auch der Stände- und Bruderzwist manifestierte. Die Errichtung des Jagdhauses wurde dabei zum Politikum; es war ein Jagdhaus, das mit zunehmender Macht des Prinzen und späteren Herzogs immer anspruchsvoller ausgebaut und im Rahmen der territorialen Gesamtgestaltung der Residenzlandschaft als Jagd- und Lustschloss eine deutlich architektonische Aufwertung erfuhr.

In den Jahren nach der Übernahme der komissionarischen Regentschaft 1728 beschäftigten Christian Ludwig seine eigentlichen politischen Hauptaufgaben, zu denen die Beendung der innerdynastischen Machtkämpfe, die Konsolidierung der Landesherrschaft nach außen und vor allem die Lösung des innenpolitischen Konflikts mit den Ständen gehörte. Jedes Mal, wenn eine politische Hürde genommen worden war, erfolgte auch eine entsprechende bauliche Manifestation. Nach der Einnahme von Schwerin 1735 wurden beispielsweise der Ausbau der Galerie und weitere Um- wie Erweiterungsbauten im Schloss realisiert,[24] nach seiner Herrschaftsübernahme 1747 wiederum gestaltete der international erfahrene Architekt Jean Laurent Legeay, den Christian Ludwig als neuer Herzog nach Mecklenburg berufen konnte, den Schlossgarten. Christian Ludwig II. zeigte nun mithilfe Legeays vor allem in Rostock demonstrativ baupolitische Präsenz, denn hier lokalisierte sich der Kampf mit den Ständen in besonderem Maße. In Rostock, der bedeutendsten Stadt des Landes – der er auch eine Art Residenzversprechen gab –, ließ er das herzogliche Palais ausbauen, eine fulminante Herrschaftsloge in der Marienkirche einrichten, die Wache, ein Auditorium sowie zahlreiche andere Bauprojekte planen und umsetzen.[25]

Durch die sichtbare Steigerung der höfischen Repräsentationsformen, zu denen die architektonische Selbstdarstellung ebenso gehörte wie die Anlegung von Sammlungen mit Kunstwerken und wissenschaftlichen Objekten,[26] versuchte Christian Ludwig II., das politische Machtvakuum zu kompensieren und seinen Herrschaftsanspruch zu dokumentieren. Seine staatsmännische Haltung und sein barockes Lebensgefühl spiegeln sich auch in seinen Porträtdarstellungen, die im Sinne von Staatsporträts nach französischem Vorbild[27] gestaltet sind (S. 12, Abb. 1).

Aufschlussreich ist es, dass sich der apanagierte Prinz Christian Ludwig für sein Bauvorhaben in Klenow von den im Lande zur Verfügung stehenden Baumeistern zunächst den Architekten Johann Friedrich Künnecke auswählte.[28] Was aber bewog ihn zu dieser Entscheidung? Künnecke hatte sich durch das Herrenhaus des Reichsgrafen Hans Caspar von Bothmer, das er 1726–1732 errichtete und das zu diesem Zeitpunkt die modernste und anspruchsvollste Anlage in Mecklenburg-Schwerin darstellte, besonders empfohlen.[29] Christian Ludwig wählte mit Künnecke bewusst einen profilierten Fachmann, der seine Ansprüche befriedigen konnte und zudem als freier Architekt nicht in Landesdiensten stand. Der Bezug des Bothmerschen Herrenhauses auf königliche Bauten aus Holland und England[30] galt dem Bauherrn von Klenow als ein durchaus ambitioniertes und angestrebtes Orientierungs- und Anspruchsniveau. Ein weiterer brisanter Aspekt in diesem Zusammenhang ergibt sich aus der Finanzierung des Bauvorhabens in Klenow. Eine erste Spur weist darauf hin, dass Christian Ludwig in der Zeit des Bruderzwistes und als kaiserlich eingesetzter Administrator nicht nur Schutz und Hilfe vor seinem Bruder durch die hannoverschen Truppen erlangte, sondern auch erhebliche Geldsummen vom König von Großbritannien, Georg I., borgte und erhielt,[31] und zwar genau in der Bauzeit von Klenow. Die politischen Verhältnisse und Intentionen trugen also auch zur Wahl des ersten Architekten bei. Mit dem Bau in Klenow schuf Johann Friedrich Künnecke die Grundlage für die Ludwigsluster Anlage. 1735 wechselte er in landesherrliche Dienste, verstarb jedoch schon 1738 im benachbarten Neustadt-Glewe.

Metamorphosen: Jagdhaus – Jagdschloss – Lustschloss

Ein Plan der Klenower Anlage von etwa 1731/32 (Abb. 4) zeigt die Situation, wie sie schließlich von Johann Friedrich Künnecke ausgeführt wurde. Nördlich des Hauptgebäudes erstreckte sich das Gartenparterre,[32] östlich davon lag später der Küchengarten und südöstlich, an der Stelle der heutigen Schloßstraße, das alte Dorf Klenow mit der Dorfkirche. Westlich des Gartenparterres eröffnete eine Allee den Weg in den sogenannten Kleinen Garten mit der Insel und den Lusthäusern (S. 22, Abb. 1).

Angesichts seiner begrenzten finanziellen Möglichkeiten ließ Christian Ludwig zunächst nur eine einfache und schmucklose offene Dreiflügelanlage aus Fachwerk mit

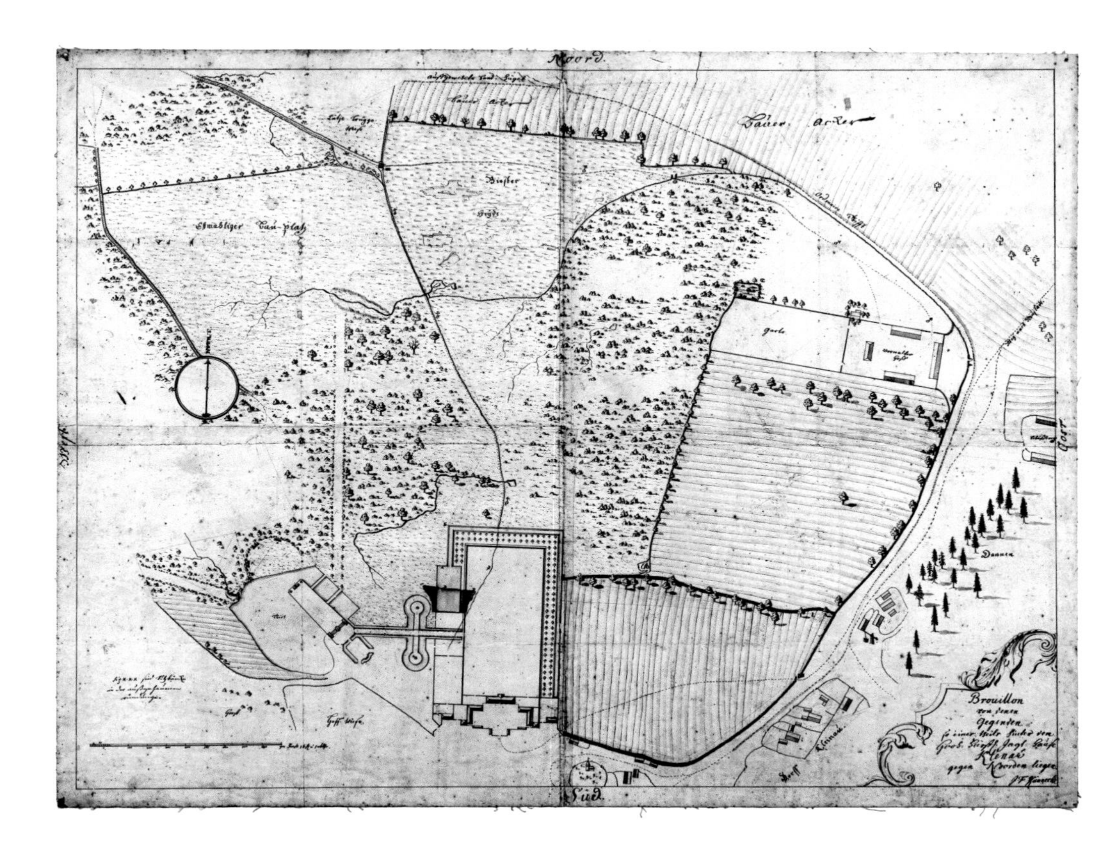

4 Johann Friedrich Künnecke, Entwurf (»Brouillon«) eines Situationsplanes der Klenower Anlage, um 1731/32, Feder, Landeshauptarchiv Schwerin, Kartenabteilung 12.3-7, Ort Kleinow, Nr. LXXI

5 Johann Friedrich Künnecke, Perspektivische Ansicht des Jagdschlosses Klenow, um 1731/32, Feder, laviert, Staatliches Museum Schwerin, Inv.-Nr. 457 Hz

Cour d'honneur (Abb. 5) errichten.[33] Sie lässt sich als stark vereinfachte Version des Hauses Bothmer ansehen,[34] die aber durchaus die Zusammenhänge und das Vorbild offenbart. Die eingeschossige Anlage mit dreiachsigem, erhöhtem Mittelrisalit wurde nach Süden ausgerichtet. Nur lose mit dem Hauptbau verbunden waren die niedrigen, bis ins 19. Jahrhundert noch existenten Seitenflügel mit zweigeschossigen Eckpavillons, die mit Baracken und den Corps de gards (Wachhäuser) die Cour d'honneur rahmten.

Ein Blatt Künneckes zeigt das später um zwei Achsen vergrößerte Gebäude im Grund- und Aufriss (Abb. 6). Nicht im Außenbau, dem man erst in einem zweiten Schritt besondere Aufmerksamkeit widmete, sondern in der wohlüberlegten Raumdisposition spiegelt sich das Anspruchsniveau. Der Grundriss zeigt ein Vestibül und einen Saal in der Hauptachse sowie symmetrisch angelegte, aber unterschiedlich große Treppenhäuser. Rechter Hand davon schließt das siebenteilige Appartement des Prinzen, linker Hand das wegen des größeren Treppenhauses nur sechsteilige Appartement der Gattin an. Im Inneren entstand eine Raumfolge, die typisch für eine Maison particulier war. Das französische Vorbild wurde hier nunmehr gegenüber den holländischen und englischen Prinzipien, wie sie Bothmer zeigt, bevorzugt. Denn eine landesherrliche Repräsentation und das damit verknüpfte Zeremoniell verlangten andere Strukturen, als dies bei landsässigen Grafen der Fall war. Es ist frappant, dass sich diese Raumdisposition mit den symmetrischen Treppen und der Gestaltung der Paradeappartements fast wörtlich in der Beletage des heutigen Ludwigsluster Schlosses wiederfindet.

Zahlreiche Entwurfsskizzen Johann Friedrich Künneckes im Staatlichen Museum Schwerin, im Landeshauptarchiv Schwerin und nun auch im »Mecklenburgischen Planschatz« der Landesbibliothek Mecklenburg-Vorpommern sowie darüber hinaus ein Inventarverzeichnis von 1754[35] geben Auskunft über die Planungs- und Entwurfsphasen, die Raumaufteilung und Ausstattung des Jagdhauses.[36] Diese Quellen verdeutlichen, dass das Herzogshaus sich seit den 1720er Jahren – man vergleiche das Skizzenbuch des Freiherrn Christian Friedrich Gottlieb von dem Knesebeck,[37] der ein genaues Bild der Architekturlandschaft Mecklenburg-Schwerins zu dieser Zeit gibt – um eine Intensivierung der höfischen Architekturvorhaben bemühte. Der Lustschlossbau spielte hierbei eine entscheidende Rolle. Dies bezeugen etwa ein Entwurf Andreas Schlüters[38] und auch das Schaffen Künneckes, von dem zahlreiche Entwürfe dieses Typus überliefert sind.

Der irische Reiseschriftsteller Thomas Nugent beschrieb den Bau bei seinem Besuch 1766: »Eigentlich ist Ludwigslust nur ein Jagdschloß, das Christian Ludwig II., Vater des jetzt regierenden Herzogs, erbauen ließ. Am Gebäude selbst ist, weil es nie zu einer Residenz bestimmt war, nicht die mindeste Pracht, indessen fällt es doch von außen ganz artig in die Augen. Es ist nur ein einziges Stockwerk hoch und hat zwei Flügel, die von Hofdamen und Hofkavalieren bewohnt werden. Das Hauptgebäude ist 65 Fuß breit und hat 14 Fenster in der Front. Man tritt durch einen kleinen Altan in einen großen Vorflur, wo die Herrschaften gewöhnlich speisen. Rechterhand sind des Herzogs Zimmer, zwar nur klein, aber doch bequem angelegt, ihrer sind in allem vier, schön möbliert und mit allerlei Natur- und Kunstseltenheiten angefüllt. Eins davon ist des Herzogs Studierzimmer, in welchem eine Menge mechanischer Instrumente steht. Die übrigen Zimmer hängen voll vortrefflicher Gemälde, die mehrsten davon sind Bildnisse (…). Mechanischer Kunst-

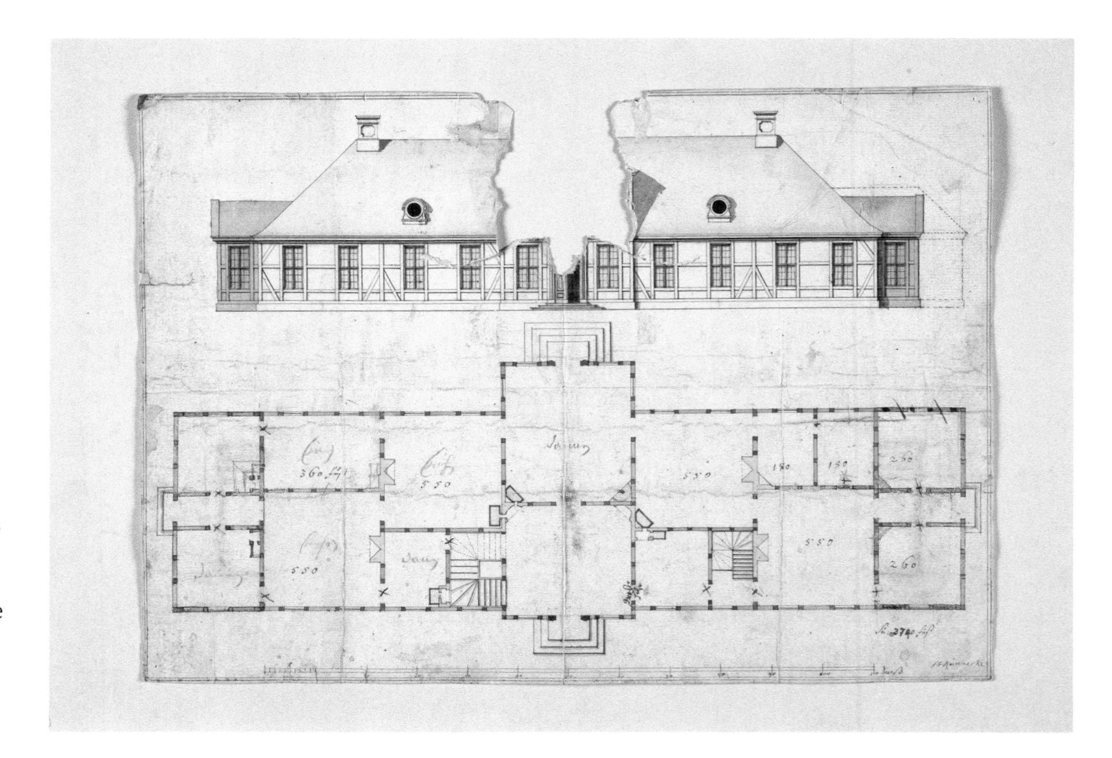

6 Johann Friedrich Künnecke, Aufriss und Grundriss des Jagdschlosses Klenow (Corps de logis), um 1731/32, Feder, laviert, Staatliches Museum Schwerin, Inv.-Nr. 443 Hz

7 Johann Alexander Thiele, Ansicht des Jagdschlosses Klenow, 1751, Aquarell, Staatliches Museum Schwerin, Inv.-Nr. 2134 Hz

8 Anton Wilhelm Horst, »Dessein wie 2 Althane vor und hinter dem Fürstl: Jagt=Schloss zu Kleinow gebauet werden könten«, um 1750, Feder, laviert, Landeshauptarchiv Schwerin, Kartenabteilung 12.3-7, Ort Kleinow, Nr. 187

werke sind hier so viele, dass es mir unmöglich fällt, sie hier alle zu beschreiben. Linkerhand sind die Zimmer der Herzogin von eben der Größe als die vorigen, aber schön möbliert. Indessen sind freilich all diese Zimmer für die Durchlauchten Herrschaften viel zu klein, der Herzog wird also an diesem seinen Lieblingsort bald einen prächtigen Palast bauen lassen.«[39] Das Inventarbuch des Schlosses von 1754 gibt zudem Auskunft über die Raumdisposition, die Ausstattung, die repräsentative Kunstsammlung, Gemälde und Kunstkammerstücke, die sich im Schloss und in dem Lusthaus im Garten befanden. Ein Aquarell von Johann Alexander Thiele (Abb. 7) zeigt die Anlage im Jahre 1751.[40]

Das Jagdschloss erfuhr im Laufe der Zeit eine stetige Verwandlung und Nobilitierung, wobei der Mittelrisalit die zentrale Bedeutung in allen Planungsphasen einnahm. Entwürfe für dessen Neugestaltung liegen sowohl von der Hand des Landbaumeisters Anton Wilhelm Horst[41] (Abb. 8) als auch des späteren Hofbaumeisters Johann Joachim Busch[42] vor, die aus den Jahren um 1750 stammen. Der Mittelteil sollte durch einen Säulenportikus und eine neue Instrumentierung den Bau aufwerten.[43] Die Geltung, die man dem Mittelrisalit beimaß, war sicherlich auch seiner Bestimmung als Schlossmitte geschuldet. Die Wahl eines dominanten Zentrums ermöglichte aber zudem, vom erhöhten Belvedere den panoptischen Herrscherblick über die Landschaft schweifen zu lassen.[44]

Bald darauf erfolgte ein deutlicher Schritt in Richtung einer Aufwertung des Gesamtbaus, wovon ein Entwurf (Abb. 9) zeugt, der bisher Johann Joachim Busch, jetzt aber aus stilistischen Gründen Jean Laurent Legeay zugeschrieben und um 1753 datiert wird. Legeays Entwurf des Schlosses, bereits frühklassizistisch geprägt und mit Obelisken, einem hoch aufragenden Uhrturm auf dem massiv in Erscheinung tretenden Mittelbau, einer prächtigen Auffahrt und einer skulpturalen Dekoration geschmückt, ist eine Fortschreibung des Altbaus, nun aber mit massiver Ummantelung in Stein. Er belegt eine weitere und entscheidende Aufwertung des Gebäudes, die auch die Aufschrift auf der Rückseite des Blattes verdeutlicht.[45] Der alte Fachwerkbau sollte ein elegantes, hochwertiges Kleid

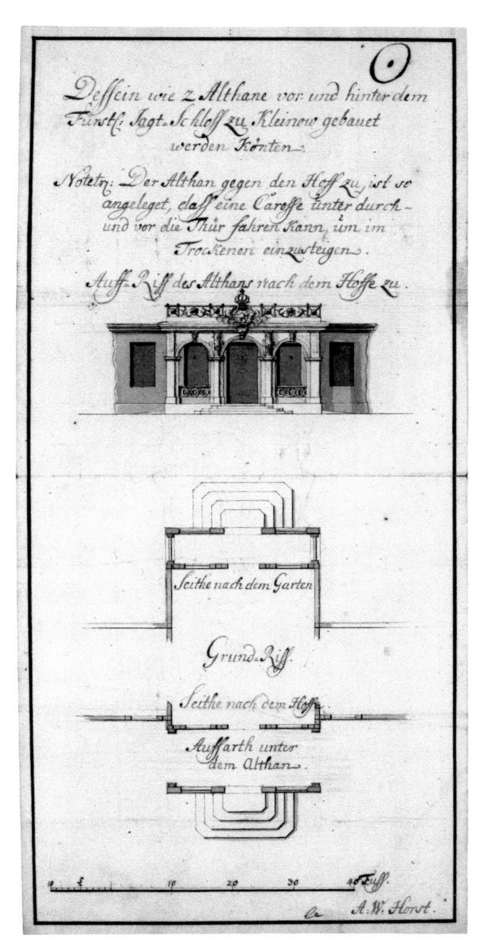

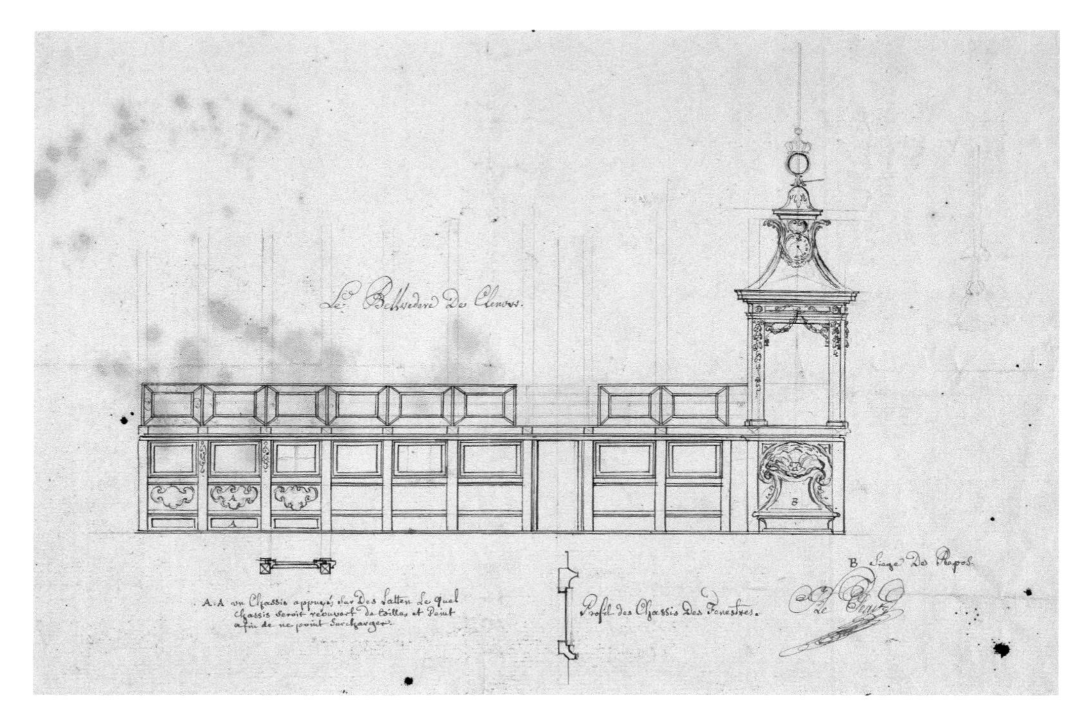

9 Jean Laurent Legeay, Entwurf zum Umbau des Klenower Jagdschlosses, um 1753, Feder, laviert, Staatliches Museum Schwerin, Inv.-Nr. 2035 Hz

10 Jean Laurent Legeay, »Le Bellvedere de Clenow« (Dachaufbau des Jagdschlosses mit Galerie), um 1753, Feder, Staatliches Museum Schwerin, Inv.-Nr. 458 Hz

aus massivem Stein erhalten und im neuen architektonischen Stil erscheinen. Dieser Entwurf, der als dezidierte Bedeutungsarchitektur aufzufassen ist, wurde jedoch nicht ausgeführt.

Seine Umsetzung fand aber Legeays Vorschlag[46] mit Belvedere und galerieartigem Aufbau (Abb. 10). Diese 1753 ausgeführte Aufstockung (»Altan«) ist auch auf einem Stich Johann Dietrich Findorffs von 1767 (Abb. 11) zu sehen. Eine bislang unbekannte Zeichnung im Staatlichen Museum Schwerin (Abb. 12) dokumentiert diesen Bau von der Rückseite mit Anschauung der Gartenanlage,[47] wie sie Peter Gallas 1741 geplant hatte[48] (S. 23, Abb. 2). 1752 wurden zudem der Pavillon für ein Druckwerk, ein Reservoir und erste Wasserspiele für den Garten errichtet.[49]

Ein weiterer spektakulärer Schritt – noch immer auf die Ummantelung des alten Jagdschlosses bezogen – lässt sich mit dem noch zu besprechenden Entwurf von Legeay im »Mecklenburgischen Planschatz« (vgl. Abb. 35) fassen.[50] Der auf dieser Zeichnung konzipierte turmartige Baukörper im Zentrum wird später im Rahmen der Neuplanung des Ludwigsluster Schlosses prägend für dessen heutige Gestalt.

11 Johann Dietrich Findorff, »Ansicht (…) nach dem Herzoglichen Hause in Ludwigslust«, 1767, Kupferstich, Staatliches Museum Schwerin, Inv.-Nr. 1633 a Gr

12 Jagdschloss Klenow von der Gartenseite nach dem Legeayschen Umbau mit Elementen der Gartengestaltung, Detail, um 1753, Feder, Staatliches Museum Schwerin, Inv.-Nr. 1993 Hz

Internationaler Architekt und mecklenburgisches Landeskind – Die Baumeister Jean Laurent Legeay und Johann Joachim Busch

Christian Ludwig II. suchte nach seiner Herrschaftsübernahme 1747 als offizieller und rechtmäßiger Regent von Mecklenburg-Schwerin einen talentierten Architekten, der auf europäischem Niveau dem nationalen Vergleich standhielt und den Anschluss des mecklenburgischen Bauwesens an die führenden politischen Zentren herstellen sollte. In Berlin fand sich zu dieser Zeit ein junger und äußerst begabter Franzose, ein Multitalent, das auch malte und radierte. Jean Laurent Legeay[51] entwarf dort für Friedrich den Großen 1747 die Stichserie für die Hedwigskirche. Nun holte man ihn nach Mecklenburg. Er besaß die internationale Erfahrung, die der Schweriner Hof wünschte. In Paris ausgebildet und mit dem Prix de Rome versehen, ging er für einen längeren Aufenthalt nach Italien, wo er ausgiebig die dortige Barockarchitektur und ihre Schöpfer Filippo Juvarra, Carlo Fontana oder Gian Lorenzo Bernini und natürlich die antiken Bauwerke studierte. Diesen Erfahrungsschatz und seine frühklassizistische französische Prägung brachte er

13 Georg David Matthieu, Hofbaumeister Johann Joachim Busch, um 1770, Öl auf Leinwand, Staatliches Museum Schwerin, Inv.-Nr. G 630

nach Mecklenburg-Schwerin, wo ihm der Aufstieg vom Baurat zum Hofbaumeister und Hofbaudirektor gelang. Doch im hiesigen Bauwesen musste sich Legeay mit den vorhandenen Gegebenheiten und dem Landbaumeister Anton Wilhelm Horst arrangieren, was in ständigen Streitigkeiten und höfischen Intrigen gipfelte. In seinen ersten mecklenburgischen Jahren, 1748–1751, wurde er für die Ausgestaltung der wichtigen politischen Schauplätze in Schwerin und Rostock eingesetzt. Die Planungen in Klenow erfolgten erst im zweiten Teil seiner Zeit in Mecklenburg, ehe er nach 1756 wieder nach Berlin ging, um dort die Communs für das Neue Palais in Potsdam zu entwerfen. 1766 trat er, ohne konkreten Auftrag und hoch verschuldet, auf der Suche nach einer Anstellung noch einmal mit den mecklenburgischen Herzögen in Kontakt und übermittelte aus London einen prächtigen Repräsentationsplan für Ludwigslust (vgl. Abb. 21),[52] der im Folgenden Berücksichtigung finden wird. Später ging Legeay nach Frankreich, wo er nach 1786 verarmt starb.

Im Gegensatz zu größeren Höfen im Reich, wo auf Akademien der Künstlernachwuchs geschult wurde und prestigeträchtige Persönlichkeiten im Lehramt standen, griff man in Mecklenburg-Schwerin auf begabte Landeskinder zurück, deren Unterweisung durch Hofkünstler vor Ort erfolgte.[53] Dazu gehörte auch Johann Joachim Busch, der Legeay in seiner mecklenburgischen Zeit als Hilfe im Baubüro zugewiesen wurde und bei ihm eine Schulung als Zeichner erhielt. Der 1720 geborene Busch[54] (Abb. 13) stammte aus einer Schweriner Künstlerfamilie, zu der auch Buschs Bruder Daniel Heinrich als Hofebenist gehörte. Er erhielt eine Ausbildung als Bildhauer, trat 1748 in den Dienst des Schweriner Hofes und war als Hofbildhauer tätig. 1756 wurde er in seiner Bestallungsurkunde verpflichtet, neben Bildhauerarbeiten auch Risse und Zeichnungen für Bauwerke auszuführen. Belege für eine professionelle architektonische Ausbildung und entsprechende Bildungsreisen sind nicht überliefert. Daher ist anzunehmen, dass er sich seine architektonischen Kenntnisse auch autodidaktisch angeeignet hatte und diese vor allem durch Legeay geprägt waren. Seinen Lehrmeister beerbte er 1758 in der Stellung als Hofbaumeister. 1779 ernannte ihn der Herzog – wohl in Anerkennung seiner Tätigkeit in Ludwigslust – zum Hofbaurat und Hofbaudirektor, 1796 ging er in den Ruhestand und verstarb 1802 in Plau.

Die Gesamtsituation der Schlossanlage um 1750 und die Namensänderung von Klenow in Ludwigslust

Die Situation des Jagdschlosses und des umgebenden Areals in der Mitte des 18. Jahrhunderts verdeutlichen vor allem drei aussagekräftige Situationspläne.[55] Besonders bemerkenswert ist die Herausstellung der Nord-Süd-Achse als dominanter Hauptachse, die zum zentralen Teil des ausgeklügelten Alleensystems der gesamten Anlage avancierte. Darüber hinaus wurden mit diesen Alleen, die die Pläne dokumentieren, die übergreifenden topografischen Bezüge zu den Residenzen Schwerin und Schloss Neustadt-Glewe[56] hervorgehoben. Diese Umstände veranschaulicht vor allem ein Plan in Stockholm (Abb. 14),[57] der in etwas schematischer Manier Künneckes Bau und die Gartenanlage von Gallas, westlich die Insel mit den Lusthäusern, östlich den Küchengarten mit der Allee nach Neustadt-Glewe und das alte Dorf aufführt. Ein topografisch ausgreifender und detaillierter Plan (Abb. 15) stellt ebenfalls den Zustand der Anlage nach 1741 dar. Er zeigt jedoch einige für die spätere Gestaltung grundlegende Unterschiede im östlichen und südlichen Bereich, wo mittels Tekturen, die wohl um 1750 aufgebracht wurden, ein Alleendreistrahl bzw. ein ovales Terrain eingezeichnet ist. Diese Veränderungen dürften auf Legeay zurückzuführen sein, der eine Detailzeichnung der Partie mit dem Dreistrahl im Osten vorgelegt hatte.[58] Eine aufwendig gezeichnete Vogelschau (Abb. 16) setzt die Verbindung zwischen Klenow und Neustadt-Glewe, die Ausgangspunkt für den erwähnten Dreistrahl war, in Szene und

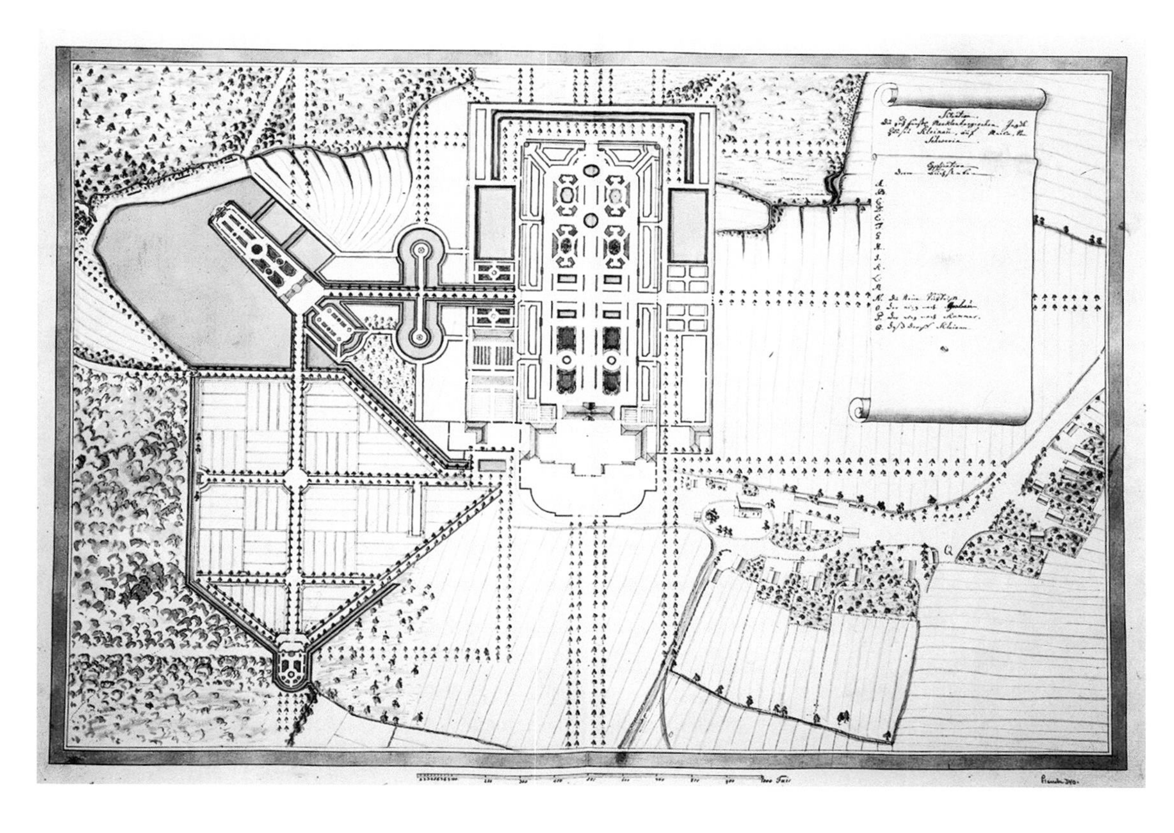

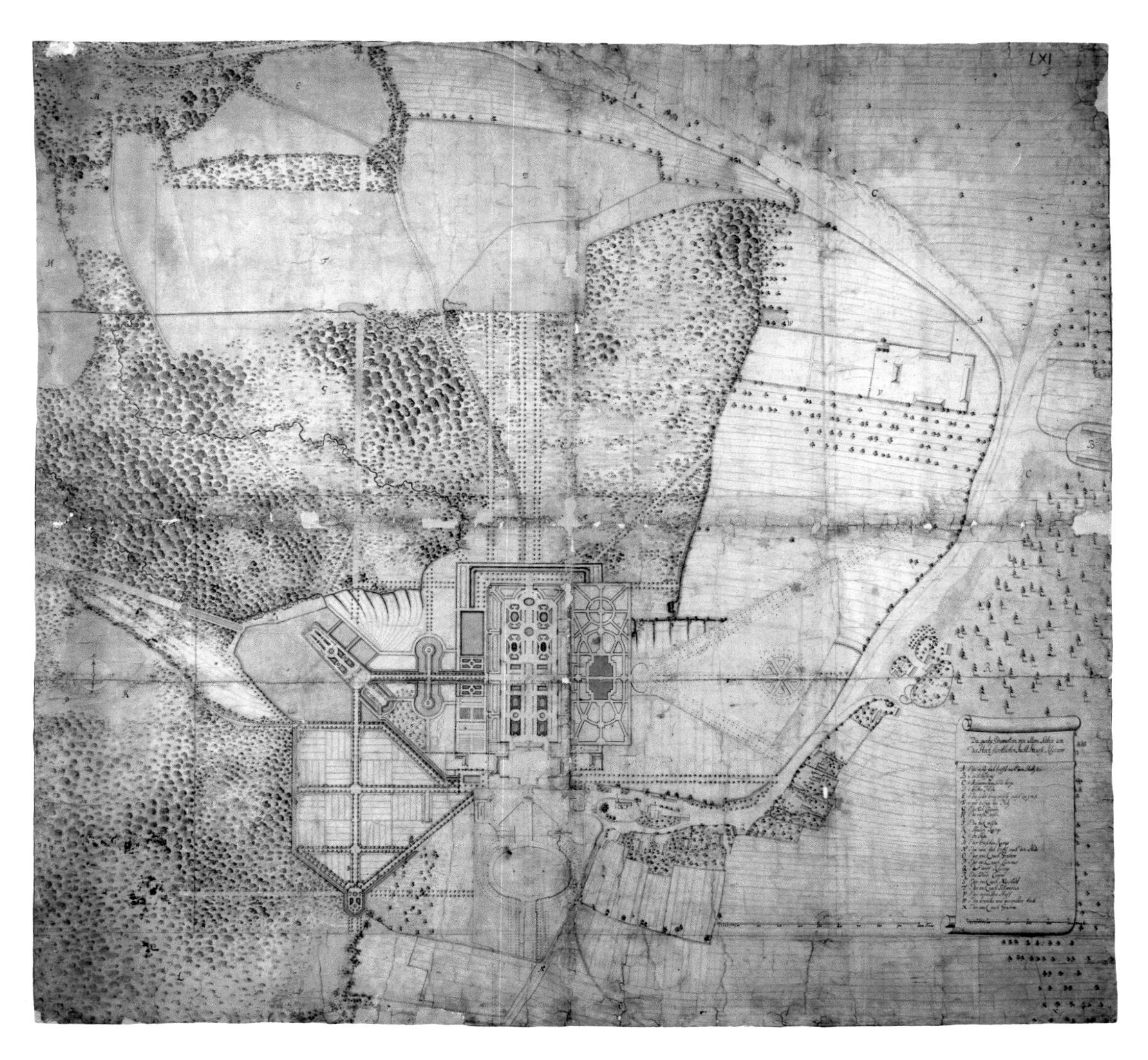

14 »Situation des hochfürstlich mecklenburgischen Jagdschlosses Kleinau«, um 1741, Feder, Stockholm, Nationalmuseum, Inv.-Nr. THC-340

15 Situationsplan der Gesamtanlage von Klenow mit Legende (»Die gantze Situation«), mit Tekturen, um 1741/50, Feder, teilweise laviert, Landeshauptarchiv Schwerin, 12.12-2 Kartenbestand Ort Ludwigslust, Nr. LXI

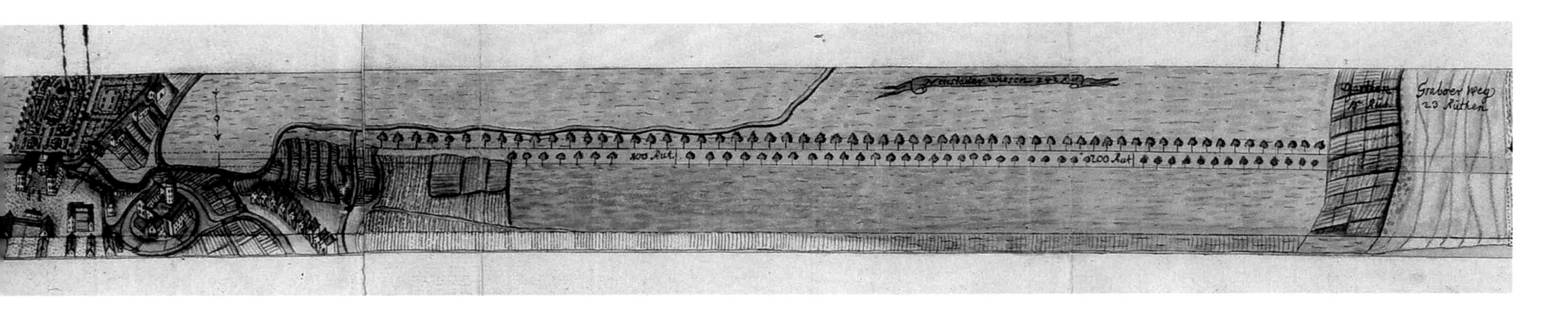

16 Perspektivische Darstellung der Allee zwischen Klenow und Neustadt-Glewe mit den Schlössern, Details, um 1750, Feder, aquarelliert, Landeshauptarchiv Schwerin, 12.12-2 Kartenbestand Neustadt-Glewe, Sign. 331, Teil 1 und 2

gibt am jeweiligen Ende der Allee die Schlösser wieder.[59] Eine bisher unpublizierte Zeichnung (Abb. 17), die laienhafte und schematische Züge trägt, deutet auf eine nächste Stufe der Entwicklung. Das Blatt zeigt die alte Anlage des »Lust Hauß(es)« mit seinem Garten und betont das Vorhaben zur Gestaltung einer Kaskade mit drei Obelisken (vgl. Abb. 34) im Vorfeld des Schlosses, die in einen von der Lewitz gespeisten Kanal eingebunden war. Dieser Kanal sollte weiter in den Garten zum westlich gelegenen 14-strahligen Jagdstern führen und in die Rögnitz münden. Bemerkenswert an dieser Skizze ist der Umstand, dass hier erstmals das bislang fehlende, später in Ludwigslust so bestimmende Element des Wassers im Garten durch den Kanal und die Kaskade angedeutet wurde. Der Kanal wurde 1756–1760 angelegt, die Kaskade ebenfalls 1760 fertiggestellt.

Am 24. August 1754 hatte Herzog Christian Ludwig II. die Umbenennung des Ortes in »Ludwigs-Lust« verfügt.[60] Diese Namensänderung war für diesen Herrscher, der die Jagd, die höfischen Feste, das Theater, die Musik und die Künste liebte und an diesem Orte zelebrierte, programmatisch. Sie stand aber vor allem für die neue politische Bedeutung von Ludwigslust. Denn es war zu diesem Zeitpunkt bereits absehbar, dass die Auseinandersetzung mit den Ständen mit Verlusten aufseiten der Landesfürsten enden sollte. Bereits ein Jahr später führte der erwähnte Landesgrundgesetzliche Erbvergleich zu einer weitgehenden Entmachtung der Herzöge. Damit versiegte auch Christian Lud-

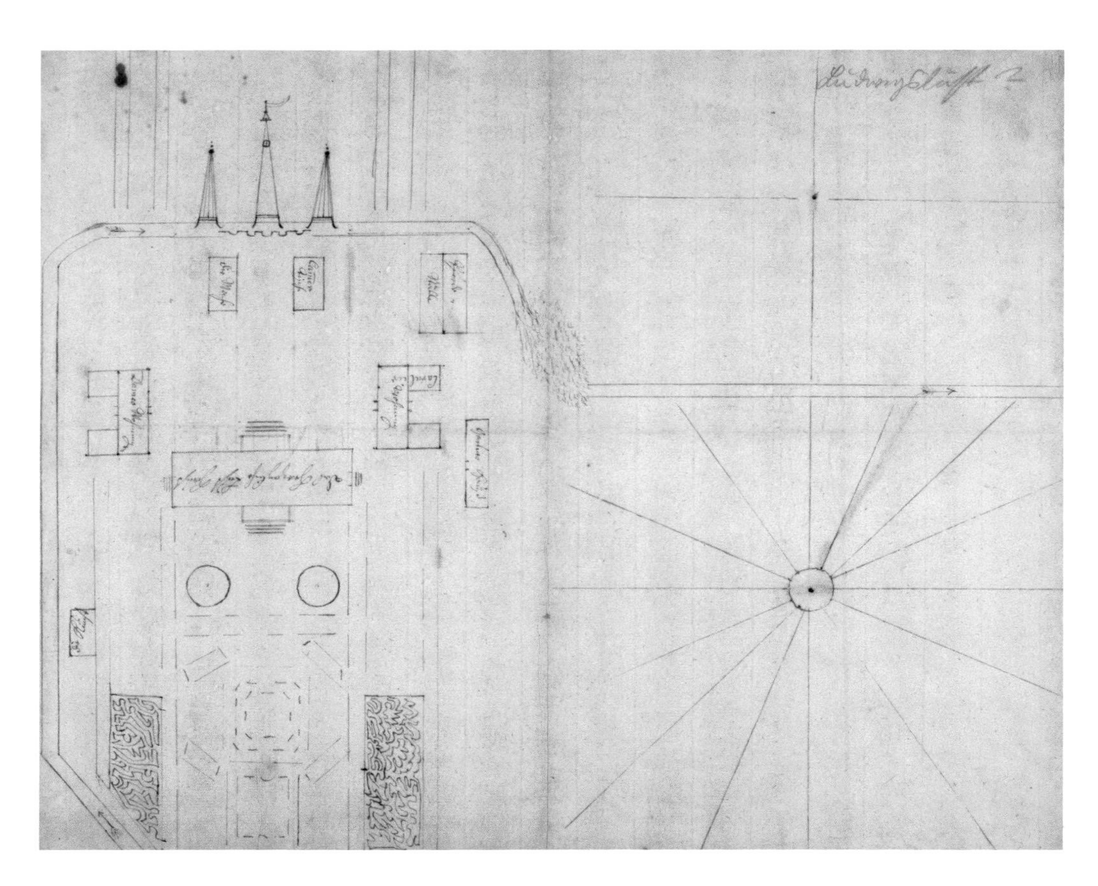

17 Situationsplan des Jagdschlosses Klenow mit Jagdstern, Garten und Kaskade, 1756/60, Feder, Landeshauptarchiv Schwerin, 12.12-2 Kartenbestand Ludwigslust, Nr. 143

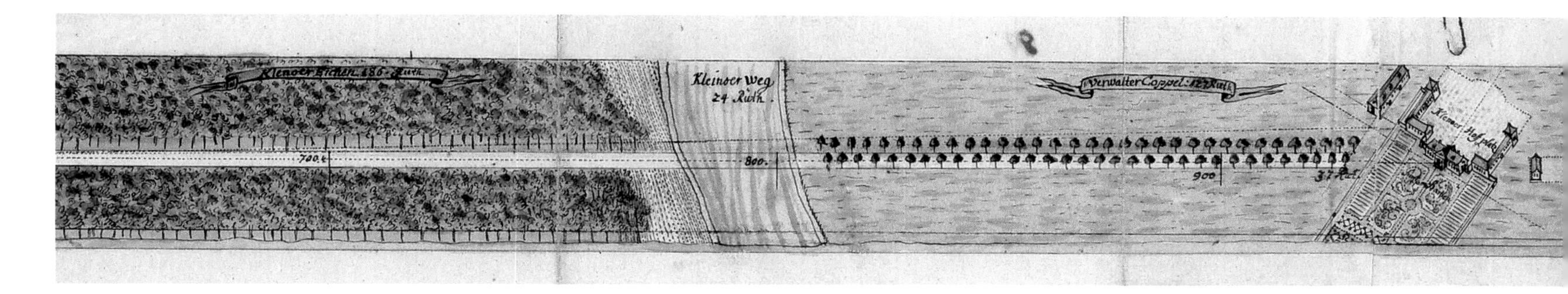

wigs Interesse an Rostock, so dass Schwerin und Ludwigslust nun wieder stärker ins Zentrum seiner Aufmerksamkeit rückten.

Es kann festgehalten werden, dass der bisher in seiner Bedeutung unterschätzte Vorgängerbau Christian Ludwigs II. nicht nur einen Funktionswandel vom Jagdhaus zum Jagd- und Lustschloss erfuhr, die speziell in seiner architektonischen Gestaltung Niederschlag fand, sondern auch für den heute bestehenden Neubau rezipiert wurde und für diesen in vielen Teilen bestimmend blieb – in der Ortswahl, dem Bauplatz, der axialen Ausrichtung, der Gartenanlage, dem Alleensystem mit seinen weitgreifenden territorialen Verbindungen und den Geh- und Sichtachsen. Einzelne Ausstattungselemente wie marmorne Kamineinfassungen, Spiegelrahmen und Boiserieteile wurden als Spolien in den Neubau übertragen. Besonders eindrucksvoll lässt sich die Kontinuität vom Vorgängerbau zum neuen Schloss an der Raumdisposition sowie der dominanten Mitte und ihrem Risalit beobachten (Abb. 8–12). Letzterer entwickelte sich zu einem eigenen Baukörper und lebt im heutigen Schlossbau (Abb. 1, 31–32) fort. Hier ist der Mittelrisalit ebenfalls ein herausgehobener Teil, der durch seine Höhe und Eigenständigkeit zur disparaten Erscheinung des Neubaus beiträgt. Es scheint fast so, als ob sich zwei Gebäude und zwei Konzepte – der Altbau und der Neubau – architektonisch und semantisch durchdringen.

Zäsur und Neuplanung unter Friedrich dem Frommen

Mit dem Tod Christian Ludwigs im Jahr 1756 zog mit seinem Nachfolger Friedrich dem Frommen[61] eine neue Ära für Ludwigslust herauf, die einen Funktions- und Konzeptionswechsel der Anlage und 1764 schließlich die Verlegung des Hofes nach Ludwigslust zur Folge hatte.[62] Das hier zu beobachtende Phänomen der sukzessiven Trennung von Haupt- und Residenzstadt ist auch andernorts im Reich zu dieser Zeit zu beobachten. Vielfach kann es als Abbild einer konfliktträchtigen Rivalität der Landesherren mit den Ständen und einer sozialen Distanzierung der Höfe im 18. Jahrhundert verstanden werden. Neben den Residenzverlegungen von Baden-Baden nach Rastatt, von Heidelberg nach Mannheim, von Speyer nach Bruchsal oder von Durlach nach Karlsruhe ist insbesondere Württemberg anzuführen, wo zwischen 1704 und 1733 mit Ludwigsburg ein Residenzneubau entstand, der Stuttgart ersetzte. Diese Residenzverlegungen waren – im Gegensatz zu Ludwigslust und anderen neuen Residenzbauten im späten 18. Jahrhundert – stets mit Stadtgründungen verbunden. Das Beispiel Ludwigsburg stand Christian Ludwig II. bei seiner Namenswahl möglicherweise besonders eindringlich vor Augen, war sein Sohn Friedrich (der Fromme) doch 1746 mit Luise Friederike von Württemberg[63] verheiratet und die Verbindung zu diesem Haus enger geknüpft worden. In der zweiten Hälfte des 18. Jahrhunderts kam zu den innenpolitischen Aspekten noch ein weiterer hinzu: der Rückzug der Herrscher aus den Residenzstädten. Als prominentes Beispiel sei hier die Genese des Neuen Palais in Potsdam angeführt, für das ein aufschlussreicher Standort-, Konzeptions- und Funktionswechsel zu konstatieren ist, der aus der

ursprünglich als Residenz für Berlin gedachten Planung[64] nach dem Siebenjährigen Krieg in Potsdam nun ein Sommer- und Familienschloss werden ließ, das 1763–1768 errichtet wurde. An dem Rückzug Friedrichs des Großen von Berlin nach Potsdam lässt sich zudem anhand seiner Baupolitik eine weitere Ausdifferenzierung der dortigen Schlosslandschaft veranschaulichen: Das Potsdamer Stadtschloss diente für offizielle Anlässe, Sanssouci den persönlichen Bedürfnissen und das Neue Palais war der Ort für große Gesellschaften; für Staatsempfänge jedoch wurde nach wie vor das Berliner Schloss genutzt. In Preußen offenbarte sich damit eine Abkehr vom öffentlichkeitsbezogenen monarchischen Repräsentationsmodell des frühen 18. Jahrhunderts, die aus militärisch-politischer und persönlicher Stärke heraus vollzogen wurde. Friedrich der Große bedurfte daher keines großen Hofstaates, der zeremonielle Aufwand der Zeit seines Großvaters Friedrichs I. war für ihn (zumindest bezogen auf die Öffentlichkeit) leerer Tand.[65]

Herzog Friedrich der Fromme fand 1756 bei seinem Regierungsantritt eine gänzlich andere Ausgangslage als sein Vater vor und entwickelte daher auch differierende politische Vorstellungen. Mit dem Landesgrundgesetzlichen Erbvergleich waren für ihn die politischen Fronten definiert. Dem Beispiel seines Vaters folgend hielt er sich kaum noch am Rostocker Hof auf und konzentrierte seine baulichen Aktivitäten auf Ludwigslust. Doch im Gegensatz zu Christian Ludwig II. beließ er dessen Bestimmung nicht bei der eines Jagd- oder Lustschlosses. Vielmehr kreierte Friedrich einen Konzeptionswechsel, der nun statt dem Umbau des Jagdschlosses einen anspruchsvollen, mit Pirnaer Sandstein ummantelten, residenzartigen Neubau vorsah. Doch Friedrich war innenpolitisch weitgehend entmachtet und außenpolitisch durch die Ereignisse des Siebenjährigen Krieges in Bedrängnis geraten, so dass seine Pläne zunächst durchkreuzt wurden. Er stellte sich gegen Preußen und musste in der Folge 1757–1762 zeitweise in Lübeck Exil suchen.[66] So entstand der neue, zeitlich verzögerte Planungsanspruch Herzog Friedrichs, der mit dem Rückzug aus Schwerin und dem Wunsch verbunden war, auf der eigenen Domäne ohne konfliktträchtige Partner einen ins Ideale gewandten Rückzugsort für sich und seinen Hofstaat zu errichten. Da das bisherige Jagdschloss kein Umfeld besaß, um die Entourage unterzubringen, wich Friedrich von der bisherigen Strategie des stetig wachsenden Schlosses ab und veranlasste ein großes Neubauprojekt. Der Planungs- und Baubeginn dürfte schon in die Zeit des Siebenjährigen Krieges fallen. Nachweislich reiste Johann Joachim Busch immer wieder zum Herzog nach Lübeck und rechnete viele Reisen nach Ludwigslust ab.[67] Aus dem Exil leitete der Herzog die ersten Schritte ein. Die Anlage des Kanals (Abb. 17) wurde begonnen, sukzessive entstanden Häuser für den Hofstaat, die Kirche und das Schloss.

Finanziert wurde der neue Hof zunächst aus der Schatullkasse des Herzogs. Friedrich baute Schritt für Schritt weiter und schaffte vollendete Tatsachen, die dann durch Sandverkauf, die Forst-Kasse und einen Baufond finanziert werden mussten.[68] Friedrich ließ das Schloss daher unter der Maßgabe relativer Sparsamkeit errichten und verzichtete weitgehend auf höfische Repräsentation. Er verkörperte aber auch einen anderen Typus des Herrschers[69] – ein Umstand, der jenseits der äußeren Zwänge Einfluss auf die Baugestalt des Ludwigsluster Schlosses gewann. Ließ sich Herzog Christian Ludwig II. noch im klassischen Herrscher- und Staatsporträt darstellen, so gibt eine auffallend große Serie des Hofmalers Georg David Matthieu[70] den Nachfolger Friedrich[71] eben nicht in erster Linie als Staatsmann, sondern vielmehr als aktiven Inventor, als guten Landesvater, als planenden Bauherrn und Architekten wieder. Diese Porträts zeigen ihn mit dem Ausblick auf die Ludwigsluster Kirche (S. 183, Abb. 8), als Architekten mit dem Zirkel in der Hand über dem Grundriss der Kirche (Abb. 18), als Bauherrn vor dem Schloss mit dem Plan des Gebäudes in der Hand (Abb. 19) oder als Studierenden mit Giovanni Battista Piranesis Werk »Il Campo Marzio dell'Antica Roma«.[72] Letzteres spiegelt die große Sammlung der Werke Piranesis in der fürstlichen Bibliothek und ist zudem ein Fingerzeig auf Friedrichs konzise Kenntnis und sein Interesse an der antiken Architektur. Mit der Dar-

18 Georg David Matthieu, Herzog Friedrich der Fromme mit einem Plan der Hofkirche in Ludwigslust, 1766, Öl auf Leinwand, Staatliches Museum Schwerin, Inv.-Nr. G 190

19 Georg David Matthieu, Herzog Friedrich der Fromme mit dem Schlossplan vor der Kaskade, 1772?, Öl auf Leinwand, Staatliches Museum Schwerin, Inv.-Nr. G 845

20 Herzog Friedrich der Fromme, Ludwigslust mit Kaskade und Kirche, um 1770, Kreide, Landeshauptarchiv Schwerin, 2.12-1/25 Verschiedene Angelegenheiten des Fürstenhauses, Nr. 216/24, Nr. 21

stellung des Fürsten als Architekten, die weit über die gängigen höfischen Porträts dieser Art hinausgeht, bezog sich der Herzog einerseits auf die im Mittelalter als gängiger Topos ausgebildete Vorstellung des »deus artifex«[73] – Gott als Architekt der Welt – und andererseits in Analogie dazu als Schöpfer seiner landesherrlichen Bauten[74] und als Künstler.[75] Daher ließ er sich nicht nur mit vollendeten Bauten darstellen, sondern vielfach mit Plänen und unfertigen Architekturen. Er zeichnete auch selbst[76] (Abb. 20) und verfügte durch seine Ausbildung, seine Kavalierstour[77] durch Holland, Frankreich, England und das Reich (unter anderem Dresden, Berlin) in den Jahren 1737–1739 sowie seine reiche Bibliothek über einen großen architektonischen Sachverstand und baugeschichtlichen Erfahrungsschatz.[78] Dies spiegeln ebenso die Aussagen Wundemanns, der dem Herzog »große Kenntnisse in der Architektur« attestierte, und die Worte Nugents, der Friedrichs Begabung in den technischen Künsten hervorhob: »Dieser Herr (...) ist nämlich (...) selbst sehr stark in der Mechanik«.[79] Dieses mit den Porträts so ostentativ ins Zentrum gerückte Selbstverständnis Friedrichs als Ideengeber und Entwerfer lässt die Frage entstehen, welchen Anteil der Herzog als Architekt und Bauherr am Ludwigsluster Schloss besitzt.

Wer ist der Architekt des Ludwigsluster Schlossensembles?

Die Bildnisserie (Abb. 18–19, S. 183, Abb. 8) spricht eine deutliche Sprache: Nach dem Weggang Legeays übernahm der Herzog neben seiner Rolle als Bauherr auch jene des ideengebenden Architekten und wurde der Spiritus rector des Baus. Johann Joachim Busch, Legeays Schüler, blieb dagegen die Aufgabe, die Pläne auszuführen.[80] Karl Goß beschreibt dieses Phänomen eindrücklich: »Herzog Friedrich nahm an der ganzen Leitung persönlich den tätigsten Anteil. In einem einfachen blau mit Gold gestickten Kleide, begleitet von einem Kammerherrn und zwei nachfolgenden Dienern, einem Läufer und einem Lakaien, von welchem der letztere einen 5 Fuß langen Maßstab trug, besuchte er täglich die Baustelle, nahm dort alles in Augenschein und hielt mit eigener Hand Nachmessungen. Um 11 Uhr begab er sich in die Wohnung des Baumeisters Busch, um dort mit diesem einsichtsvollen Manne Beratungen zu halten.«[81] Die wesentlichste Frage, wie die Zentralisierung der fürstlichen Herrschaft an einem Ort mittels der axialen Ausrichtung, der räumlichen Abstände und Zusammenhänge der verschiedenen Bauten der Anlage zur Geltung zu bringen ist, wurde zwischen dem Herzog und Busch in Ludwigslust diskutiert und in der Ausführung berücksichtigt. Legeays in Mecklenburg verbliebene Entwürfe für den Schlossbau und sein 1766 nachgereichter Situationsplan (Abb. 21) – der die alte Idee vom Gegenüber von Schloss und Kirche aufgreift, sonst aber eine fiktive Situation entwirft – waren dabei der Steinbruch, aus dem sich der Herzog und sein Baumeister Busch bedienten.[82] Bei der Ideenfindung spielte zudem die herzogliche Bibliothek mit ihren zahlreichen Vorlagenwerken und architektonischen Traktaten eine entscheidende Rolle.

Sieht man die zittrigen Paraphen, mit denen Herzog Christian Ludwig II. die früheren Rostocker Baupläne approbierte, und die Briefe Legeays an den damaligen Erbprinzen Friedrich, so ist durchaus vorstellbar, dass dieser schon zu Lebzeiten des Vaters in engem Austausch mit Legeay stand.[83] Auch der Briefwechsel[84] 1756 zwischen beiden zeigt, dass der Herzog und der mittlerweile wieder in Berlin tätige Legeay sich weiterhin über die Ludwigsluster Planungen austauschten.

Insofern ist zu konstatieren, dass es nicht einen allein verantwortlichen Architekten des Ludwigsluster Schlosses gab, sondern das Zusammenspiel der genannten Personen und Faktoren – Herzog, Legeay, Busch und Vorlagensammlung – für die Gestalt der Anlage prägend war.

21 Jean Laurent Legeay, »Projet General de Ludewig Lustz«, 1766, Feder, laviert, Landeshauptarchiv Schwerin, 12.12.-2 Kartenbestand Ludwigslust, Nr. 65

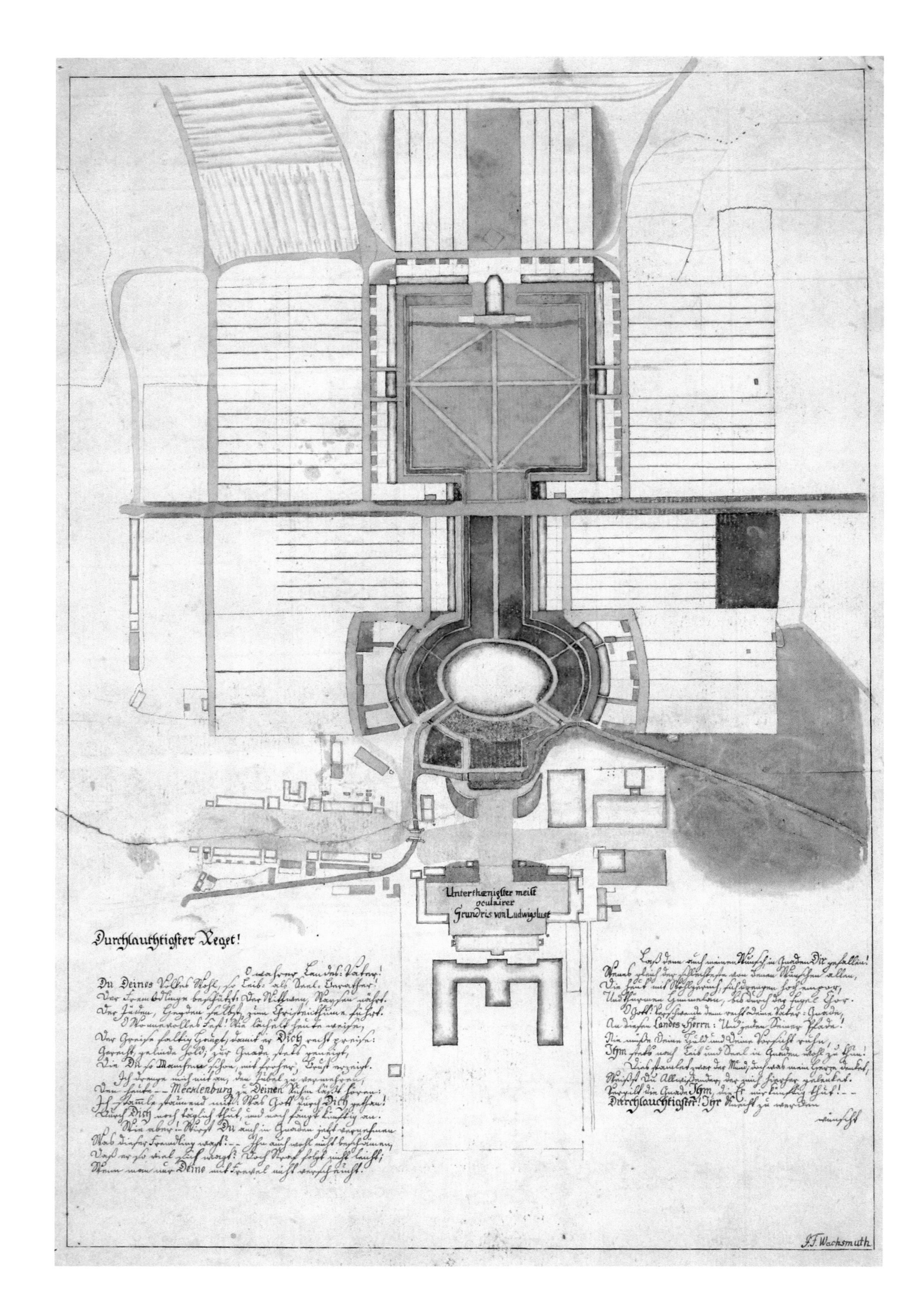
Unterthænigster meist
oculairer
Grundris von Ludwigslust
Durchlauchtigster Regent!
J.F. Wachsmuth

Ludwigslust: Lustschloss, Residenz oder Hofstatt?

Noch 1777 befand sich das alte, gelb und grau gestrichene Jagdschloss[85] direkt vor dem Neubau Friedrichs des Frommen (Abb. 22). Was genau bedeutete diese architektonische Situation, die nunmehr entstanden war und in den folgenden Jahren komplettiert wurde? In den Akten und den zeitgenössischen Staatskalendern wurde die Anlage als »Hofstatt« bzw. »Residenz« bezeichnet.[86] Ludwigslust war aber ein Hof ohne Kollegien und Regierungsorgane, die als politische Gremien in Schwerin verblieben, jedoch der ständige Sitz des regierenden Herrschers und sein Hauptschloss.[87] Sein Rückzug 1764 auf die Domäne Ludwigslust war deshalb die letzte verbleibende Lösung, seinen politischen Machtanspruch zu demonstrieren. Alles, was in Ludwigslust passierte, muss vor dem Hintergrund und als Folge des Landesgrundgesetzlichen Erbvergleiches von 1755 gesehen werden, wo abseits der eigentlichen Residenz und Hauptstadt Schwerin ein höfisches Zentrum installiert wurde. Architektonisch gewinnt diese diffizile Gemengelage ihren Ausdruck in der besonderen Gestalt des Schlosses, der Kirche, des Gartens und der räumlichen Beziehungen, die das höfische Areal in Ludwigslust entwickelte.

Auf der herrschaftlichen Domäne war kein Gemeinwesen gewollt, es gab keine Privilegien zur Ansiedlung oder für eine Stadtgründung. Nur der Hofstaat war auf dieser Domäne zugelassen. Jede einzelne Niederlassung wurde vom Herzog persönlich genehmigt, die Grundstücke blieben bis ins 19. Jahrhundert in herzoglichem Besitz. Erstaunlicherweise erfolgte auch keine Grundsteinlegungsfeier, keine Einweihungsfeier, keine Medaillenprägung für das Schloss.[88] Der Rückzug des Herzogs nach Ludwigslust war ein Abbild seiner politischen Schwäche, somit das eines Kompromisses mit den gegebenen Verhältnissen. Der residenzartige Schlossbau entstand zwar in der Distanz zur Hauptstadt Schwerin, bedeutete jedoch keine Abkehr in die »Intimität« oder die Natureinsamkeit. Vielmehr demonstrierten die Formen der Architektur den weiterhin aufrechterhaltenen politischen Anspruch des Herzogs als Landesherr, der sich mit seinem Hofstaat nach Ludwigslust zurückzog, dort aber nur ein reduziertes Zeremoniell und einen eingeschränkten höfischen Repräsentationsaufwand pflegte.[89] Ludwigslust war daher keine Residenz im eigentlichen Sinne, sondern lediglich das höfische Zentrum des Landes. Erst 1793 erhielt die Ansiedlung Marktfleckengerechtigkeit und 1876 das Stadtrecht.

Die Gegenüberstellung von Kirche und Schloss

Mit der Festlegung des Kanals 1756 muss bereits der Plan für den Schlossbezirk mit der dominierenden Nord-Süd-Achse festgestanden haben.[90] Ab 1763/64 begannen die Planungen für die Kirche und auch die Konzeption für die Platzabfolgen mit den Bauten des Hofstaates, die Wasserkunst, die Rasenbeete und die vierreihigen Lindenalleen, wie ein Idealplan Buschs aus dieser Zeit verdeutlicht (Abb. 23). Buschs Plan zeigt zudem eine dem Schloss vorgelagerte Ehrenhofsituation mit zwei Seitenflügeln in Nord-Süd-Richtung, von denen zwei konvex geführte Gitter ausgehen und den Hof zur Kaskade hin abschließen. Ein weiterer Plan aus der Zeit um 1780 dokumentiert die geplanten Seitenflügel in halbkreisförmiger Gestalt (Abb. S. 54). Diese Flügel, die aus finanziellen Gründen nicht zur Ausführung kamen,[91] hätten dem heute hybrid wirkenden Schloss eine platzartige Rahmung verliehen. Die tatsächlich umgesetzten Entwürfe spiegelt dann ein Plan des Geometers G. Schröder von 1790 (Abb. 24).

Vor der Ausführung des Schlossneubaus errichtete Johann Joachim Busch zwischen 1765 und 1770 die Kirche, für die mehrere unterschiedliche Entwürfe, unter anderem in Form einer Pyramide (Abb. 25), überliefert sind. Diese anfänglich geplante Staffage-Architektur spiegelt sich auch in dem heutigen Auseinanderfallen von Kirchenfassade und Kirchenschiff. Friedrich der Fromme ließ die Kirche, die er als seine Grablege be-

22 J. F. Wachsmuth, Dedikationsblatt für Herzog Friedrich den Frommen mit dem alten und dem neuen Schloss (Klenow und Ludwigslust), um 1777, Feder, teilweise aquarelliert, Staatliches Museum Schwerin, Inv.-Nr. 2006 Hz

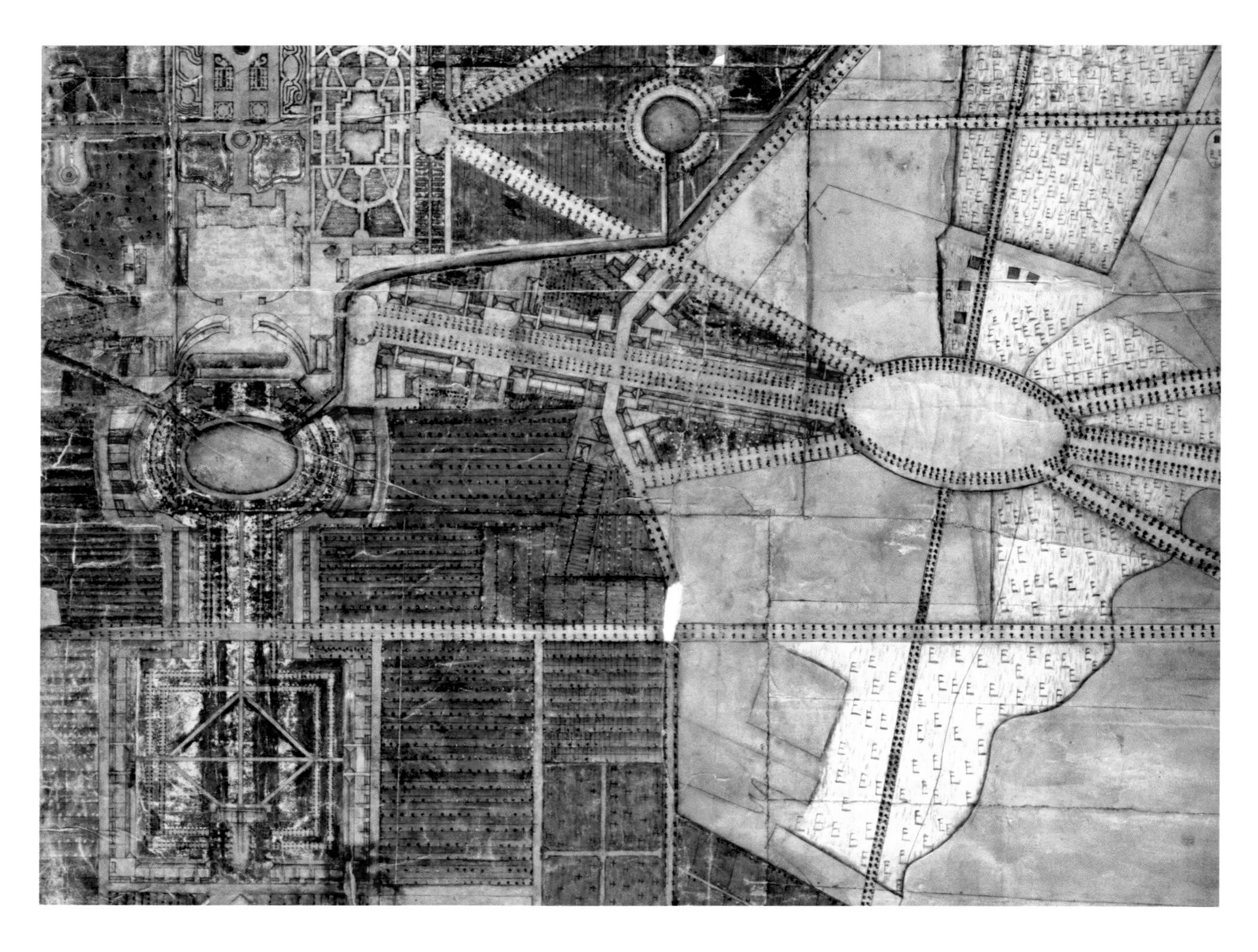

Dorff.
Kleinow
Ackerfeld.
Grenze mit dem Dorfe Techentien.
PLAN
von dem Herzogl. Mecklenburgischen Lustschlosse
LUDEWIGSLUST.
Vermessen und Gezeichnet 1790.
G. Schroeder.

23 Johann Joachim Busch, Idealplan der Gesamtanlage von Ludwigslust, 1763/64, Detail, Feder, aquarelliert, Landeshauptarchiv Schwerin, 12.12.-2 Kartenbestand Ludwigslust, Nr. 25 IV b

24 G. Schröder, »Plan von (...) Ludewigslust«, 1790, Feder, aquarelliert, Landeshauptarchiv Schwerin, 12.12.-2 Kartenbestand Ludwigslust, Nr. 1 a

25 Johann Joachim Busch, Entwurf der Kirche in Form einer Pyramide, um 1763, Feder, aquarelliert, Staatliches Museum Schwerin, Inv.-Nr. 2009 Hz

26 Blick auf die Fassade der Ludwigsluster Kirche von Nordosten

stimmte, axial gegenüber dem zu diesem Zeitpunkt noch bestehenden alten Klenower Jagdschloss platzieren. Auch der Schlossneubau stand in dieser Achse, so dass die sich gegenseitig bedingenden Pole von Kirche und weltlichem Herrschersitz überdeutlich in Szene gesetzt wurden. Die Kirche (Abb. 26–28) wurde als Putzbau aufgeführt, so dass sie trotz des eindrucksvollen und ihre wahre Breite verschleiernden dorischen Portikus in der Wertigkeit gegenüber der sandsteinverkleideten Fassade des Herrschersitzes und seiner architektonischen Ordnung wie Instrumentierung zurücktritt. Sie hatte anfänglich den Charakter einer Gartenarchitektur (»fabriques«). Für Norddeutschland war die Kirche ein ungewöhnlicher und moderner Bau, der französischen Vorbildern von Jean-François de Neufforge folgte.[92] In der Achse zwischen Kirche und Schloss verschwindet die seitlich ansetzende Siedlung Ludwigslust aus dem Blickfeld, alles ist auf die Polarität

27 Der Fürstenstuhl der Kirche

28 Blick auf den Altar der Kirche mit dem Sarkophag Friedrichs des Frommen

von religiösem und herrschaftlichem Zentrum gemünzt. In der Kirche saß der Herzog hinter der Gemeinde fast ebenerdig im Fürstenstuhl, dessen Formen das Schloss in die Kirche transponierten. In diesem Bild muss zugleich der in der verlängerten Achse befindliche Goldene Saal des Schlosses mitgedacht werden, der das Zentrum des Schlosses darstellt und dessen höherrangige korinthische Ordnung die eigentliche architekturmetaphorische Abstufung gegenüber dem Kirchenbau aufruft.[93] Die axiale Beziehung von Kirche und Schloss, wie sie in Ludwigslust realisiert wurde, hat ihre Wurzeln im 17. Jahrhundert und diente nach Hans Lange der eingängigen »Sichtbarmachung landesherrlicher Kirchenhoheit« an den evangelischen Höfen des Reiches.[94]

Der Außenbau: Ein Schloss »wider die Regeln«

Die Baupläne für das neue Schloss müssen 1768 vorgelegen haben, da zu diesem Zeitpunkt schon die ersten Sandsteine in Pirna[95] bestellt wurden und ein Finanzierungsfond eingerichtet worden war. Das Pendent zur Kirche, das Schloss, präsentiert sich mit seinem Corps de logis als symmetrischer, rhythmisierter und breit gelagerter monumentaler Baukörper über E-förmigem Grundriss. Seine Fassade, die ein repräsentativer zeitgenössischer Kupferstich[96] (Abb. 29) veranschaulicht, folgt einer klaren Gliederung: Die sechsachsigen Rücklagen und einachsigen Seitenrisalite werden von dem mächtigen, turmartigen Mittelrisalit überragt, dem alles untergeordnet ist (Abb. 29–32). Er wirkt wie ein eigenständiger Riegel, der den horizontalen Baukörper durchstößt. Den Mittelrisalit

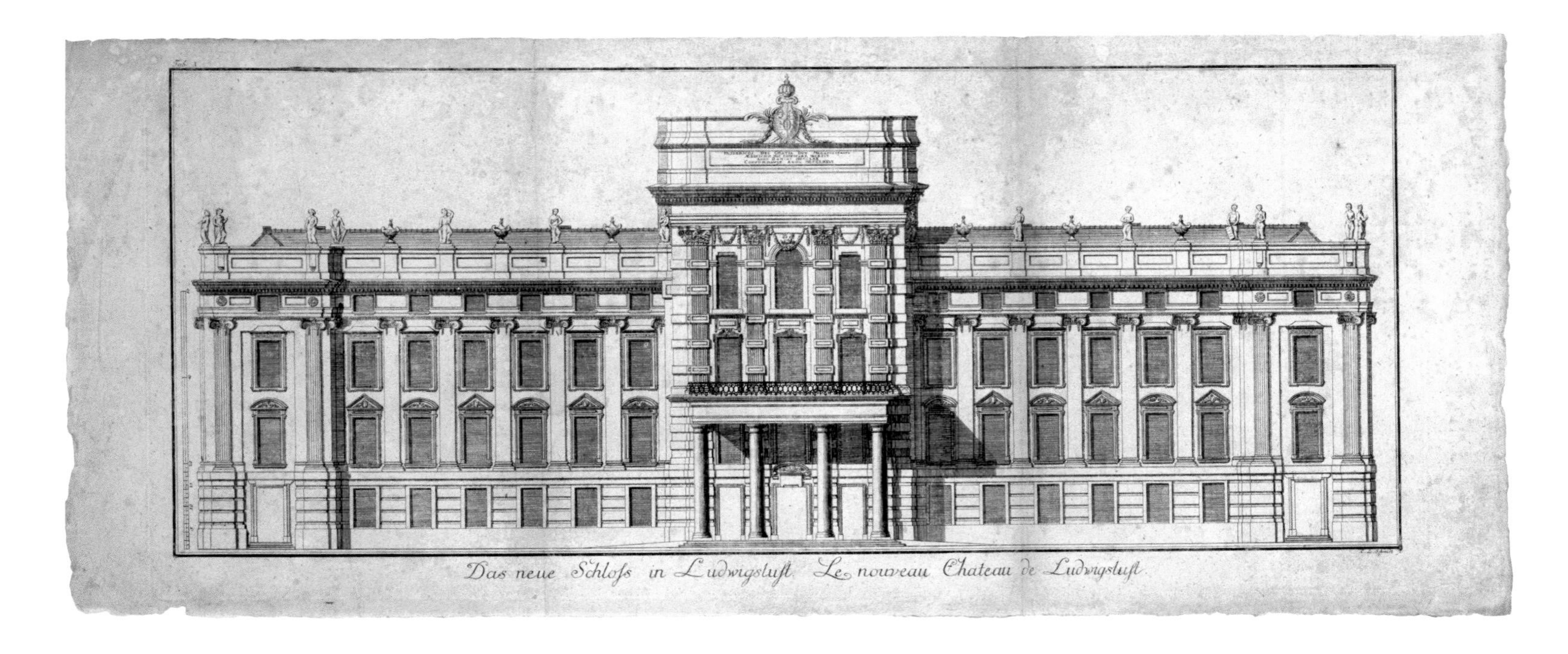

29 C. L. Schmidt, »Das neue Schloss in Ludwigslust«, Fassade, 1782, Kupferstich, Stiftung Preußische Schlösser und Gärten Berlin-Brandenburg, Inv.-Nr. GK II (1) Mappe Ludwigslust

30 Dekoration der hofseitigen Fassade

schmücken über der dorischen Säulenvorhalle gebänderte, bossierte und kannelierte Kolossalpilaster mit korinthischen Kapitellen und Festons (Abb. 29, 32). Die verkröpfte doppelte Attika trägt hofseitig die Inschrift »Fridericus Dei Gratia Dux Megapolitanus / Ædificium hoc ædificare incepit / Anno Domini MDCCLXXII / Consummauit Anno MDCCLXXVI«, die sich auf den Bauherrn Friedrich den Frommen und die Errichtung des Schlosses 1772–1776 bezieht. Darüber ist das mit dem Herzogshut bekrönte Staatswappen positioniert. Der Mittelteil rezipiert dabei in seiner Form mit den gebänderten Pilastern, der Attika und der Inschrift deutlich die Struktur und Gestaltung römischer Triumphbögen,[97] was dem Schloss eine gleichsam entzeitlichte, ideal-historische Legitimation verleiht.

Die dreigeschossigen Rücklagen hingegen werden über dem gebänderten Sockelgeschoss von einer ionischen Kolossalordnung mit Zapfenkapitellen gegliedert. An den Seitenrisaliten, die eigene Zugänge besitzen, sind diese Pilaster kanneliert. Die abschließende Mezzaninzone im Gebälk leitet zur figuren- und vasenbesetzten Attikazone über.

31 Ansicht der hofseitigen Fassade des Schlosses Ludwigslust

Die Bedeutung der Beletage heben die alternierenden Dreiecks- und Segmentgiebel in der Fensterzone hervor, die in ihren Feldern fantasievolle Knorpelwerkornamente zieren. Das darüberliegende Geschoss wird durch einfache Fensterverdachungen zurückgenommen. Der Reichtum der gesamten, von Martin Sartorius geschaffenen Fassadendekoration ist bemerkenswert: Fenster- und Portalrahmungen sind durchweg variantenreich, in erstaunlich hoher Qualität und mit zahlreichen präzise geschnittenen Details wie Rosetten, Voluten oder Muscheln ausgeführt (Abb. 30).

Die Gartenseite (Abb. 33) wirkt durch die deutlich ausgebildeten Stummelflügel und den plastisch ausgreifenden Mittelteil wie die eigentliche Hauptfassade des Schlosses. Der Cour d'honneur öffnet sich anscheinend gegen alle Konventionen der Architektur zum Park, während hofseitig der erwähnte Portikus ausgebildet ist. Vielleicht ist diese Form auch zeichenhaft zu verstehen, ist doch die Gartenfassade explizit zur Residenz Schwerin ausgerichtet und durch die »Hofdamenallee«, ein sich nördlich an das Parterre anschließender breiter, von Linden gesäumter Weg, angedeutet. Am Mittelrisalit mit zweigeschossiger Bänderung und Stichbogenfenstern befindet sich ein Balkon auf Konsolen. Die Seitenrisalite der Gartenseite springen dreiachsig vor und besitzen glatte Pilaster. Auf der Gartenseite gibt eine Inschrift an der Attika einen Hinweis auf die Regierungsjahre des Herzogs, in denen das Schloss errichtet wurde: »Fridericus Dei Gratia Dux Megapolitanus / Ædificium hoc ædificare Incepit / Anno dominatus Sui Decimo Sexto / Consummauit Anno Vicesimo«. Die Inschrift ergänzt jene auf der Hofseite, gemeinsam vermitteln sie ein geradezu staatstragendes Programm. Die östlichen und westlichen Seitenfassaden des Schlosses wirken harmonisch, geschlossen und entsprechen stilistisch dem frühen Klassizismus.

Das 1780 verwirklichte Figurenprogramm der Attika[98] – ein Werk von Rudolph Kaplunger – verkörpert eine Mischung von Allegorien der Künste und Wissenschaften und unterscheidet sich damit deutlich von eher konventionellen, mythologisch geprägten Figurenensembles wie zum Beispiel am Neuen Palais in Potsdam. Der Ludwigsluster Figurenschmuck zeugt dagegen von den unkonventionellen Vorstellungen des Bauherrn, der hier offensichtlich im Sinne einer Architecture caractère seine persönlichen Interessen manifestiert sehen wollte und auf diese Weise dezidiert diese Kennerschaft als Voraussetzung einer guten Regierung postulierte. Bewusst wurde bei der Positionierung der Figuren sowohl zwischen der Ost- und Westseite, wo sich in der Beletage die jeweiligen Appartements des Herzogs bzw. der Herzogin befanden, unterschieden als auch zwischen Hof- und Gartenseite differenziert.

Im Zusammenhang mit der Aufstellung der Figuren auf der Attika wurde die alte hölzerne Kaskade (Abb. 34) vor dem Schloss durch eine Kaskade aus Granit (S. 24–25, S. 116, Abb. 3) ersetzt und zugleich das figürliche Programm mit der Darstellung der Landesflüsse und der zentralen Positionierung des Wappens im Sinne eines Herrschafts-

32 Blick auf den Mittelrisalit der hofseitigen Fassade

33 (S. 84–85) Die Gartenseite des Schlosses

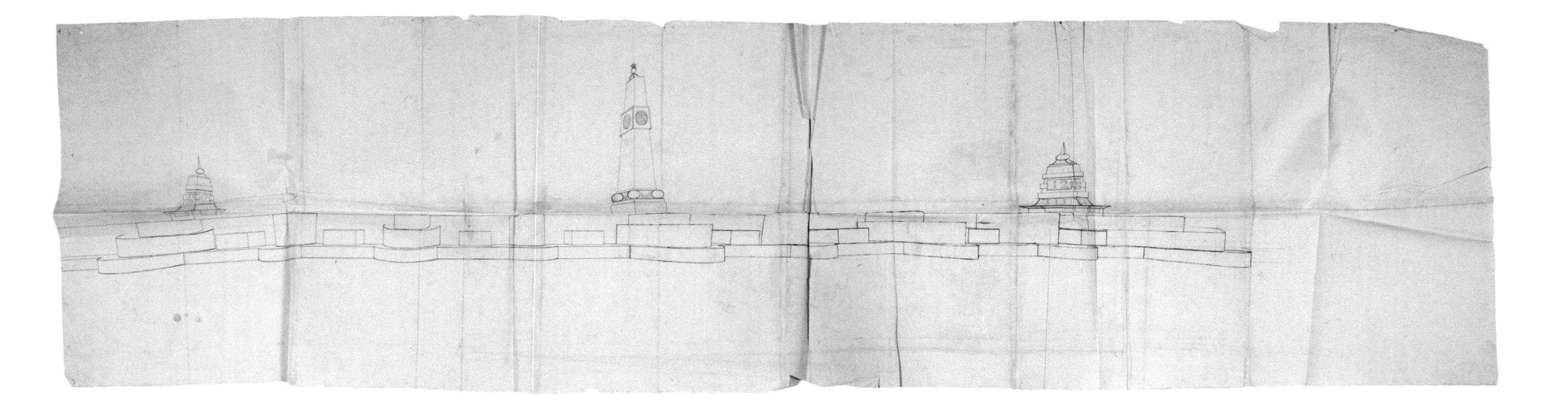

anspruches aufgewertet. Auch die auf den Schloßplatz führende Brücke ließ der Herzog aus Stein ausführen.

Woher aber stammen die Formen für diese Fassadengestaltung, der hochwertige Detailreichtum, die zwei unterschiedlichen Säulenordnungen an einem Gebäude und die ungewöhnlichen Brüche durch den eigenständigen Mittelbau, die schon Wundemann bemerkte? Wie nunmehr durch einen Entwurf (Abb. 35) im »Mecklenburgischen Planschatz« gesichert ist, geht der ausgefallen gestaltete Mittelrisalit auf Jean Laurent Legeay zurück, der allerdings noch für die Umgestaltung bzw. die Aufstockung des alten Schlosses gedacht war. Er wird für den Neubau fast wortwörtlich, aber in gleichsam aufgeblähter Form übernommen. Diese pasticciohafte Vorgehensweise trägt maßgeblich zur heterogenen Erscheinung des heutigen Baus bei.

Die Fassade wird gemäß der französischen Architekturtheorie durch die »Ordonnance«, die Säulenordnungen, strukturiert, wie etwa Pierre Patte und Giacomo Barozzi da Vignola dargelegt haben.[99] Sie gliedern das ganze Gefüge und prägen die Proportionen und das Dekorum des gesamten Baus. Das Besondere an der Ludwigsluster Fassade ist jedoch genau der Verstoß gegen diese Regeln. Die Begriffe der »convenance« und des »caractère«, wie sie Germain Boffrand[100] vertrat, bestimmen den residenzartigen Palastcharakter des Gebäudes. Nach Boffrand stehen die Säulenordnungen für die Funktion des Baus sowie den sozialen Status des Bauherrn. Die Mitte, das Herzstück des Schlosses, hinter deren Fassade sich der Goldene Saal – der Festsaal – verbirgt, ist deshalb nicht nur hervor- und emporgehoben, sondern auch durch die höchste Ordnung, die korinthische, ausgezeichnet, während die ionische Ordnung die Rücklagen charakterisiert und semantisch auch dem gelehrten Fürsten entspricht.[101] Die Gruppierung der Baukörper und ihre architektonische wie ornamentale Betonung evozieren eine Verschiebung und Differenzierung des Baucharakters hin zu einem betont nach außen wirkenden Palast. Dessen reiche Instrumentierung ist rang- und statusbedingt. Zu beobachten ist eine aus der französischen Architektur abzuleitende Modellierung der Fassade, die vom Flachrelief bis zum Hochrelief reicht, jedoch zugunsten des Baukörpers nivelliert wurde. Die Ludwigsluster Fassade ist in ihrem Charakter nach an die Fläche gebunden, jedoch reliefartig geschichtet.

Auch die Wahl des Materials ist für einen residenzartigen Palast aussagekräftig. Schloss Ludwigslust ist der einzige Herrschersitz in Mecklenburg, dessen Fassade gänzlich mit einer repräsentativen Natursteinfassade versehen wurde. Mit dem importierten Material des teuren Elbsandsteins aus Pirna wurde formal ein hoher Anspruch vorgetragen, der sich auch im sehr differenziert und präzise ausgeführten Steinschnitt widerspiegelt. Damit ließ sich im Norden, der traditionell durch Backsteinarchitektur geprägt ist, der Anschluss an die internationale Bautradition in Szene setzen.[102] Die Materialwahl war aber zugleich eine Manifestation höfischer Architektur gegen die traditionelle Baugestalt der Schweriner Residenz. Die Ordnungsarchitektur und der Detailreichtum der Ludwigsluster Fassade offenbart gleichsam die Auseinandersetzung mit dem Schweriner

34 Herzog Friedrich der Fromme, Entwurf für die Gestaltung der (alten) Kaskade vor dem Schloss Ludwigslust, um 1760, Feder, Staatliches Museum Schwerin, Inv.-Nr. 2000 Hz

35 Jean Laurent Legeay, Entwurf für den Umbau des alten Schlosses in Ludwigslust, Detail, um 1760, Feder, laviert, Landesbibliothek Mecklenburg-Vorpommern, Slg. 03, Plan 264

Schloss, die als Ziegel-Fachwerkbau von einer seriell verfertigten Terrakottadekoration geprägt war. Auch das Güstrower Schloss ist im Wesentlichen nur verputzt, es gibt lediglich eine partielle Verwendung von Pirnaer Sandstein an der Loggia und am Nordturm. Das Ludwigsluster Schloss verkörpert eine Ordnungsarchitektur, die eine Sandsteinfassade geradezu bedingt.

Außen und Innen: Ein Widerspruch

Der Bau ist in seiner äußeren Gestalt ein Hybrid, ein Pasticcio mit qualitativ hochwertigen Details, das sich an der französischen Architekturtheorie der ersten Hälfte des 18. Jahrhunderts orientiert, wie sie nur durch Jean Laurent Legeay vermittelt werden konnte.[103] Dessen Erbe offenbart sich in der Fassade und im Plan der Gesamtanlage von Ludwigslust – jedoch nicht in der Raumdisposition. Legeay prägte die anspruchsvolle Fassadengliederung und informierte den Herzog über die neuesten Entwicklungen. Hartmut Reck konstatiert: »Nur durch die Anwesenheit Le Geays kann erklärt werden, dass der Residenzbau, wie der Vergleich mit dem Stichwerk von Neufforge zeigt, an die modernsten, französischen Entwicklungen Anschluß nimmt, obwohl der Herzog das Traktat nicht besaß. (…) Somit hatte man in Ludwigslust zwar keinen berühmten Architekten, konnte aber diesen Mangel durch die Zusammenarbeit dreier verschiedener Persönlichkeiten (der inzwischen abwesende Legeay, Busch und Herzog Friedrich, Anm. d. Verf.) wieder ausgleichen, deren Anteile sichtbar am Bau hervortreten.«[104] Der Herzog legte die Architektur fest, er suchte aus seiner reichen Bibliothek mit Stichwerken die Vorlagen, die dann für den Pasticcio des Schlossbaus bestimmend wurden. Matthias Franke charakterisiert das Schloss im Unterschied zur Kirche als zur Bauzeit stilistisch schon veraltet,[105] was eine Folge dieser Konstellation und der Verzögerung der Bauausführung durch den Siebenjährigen Krieg gewesen sein mag.

Aufgrund des imposanten Fassadenauftaktes des Schlosses ließe sich eine raffinierte Raumfolge und Ausstattung erwarten. Gemäß der Architekturtheorie Jacques-François

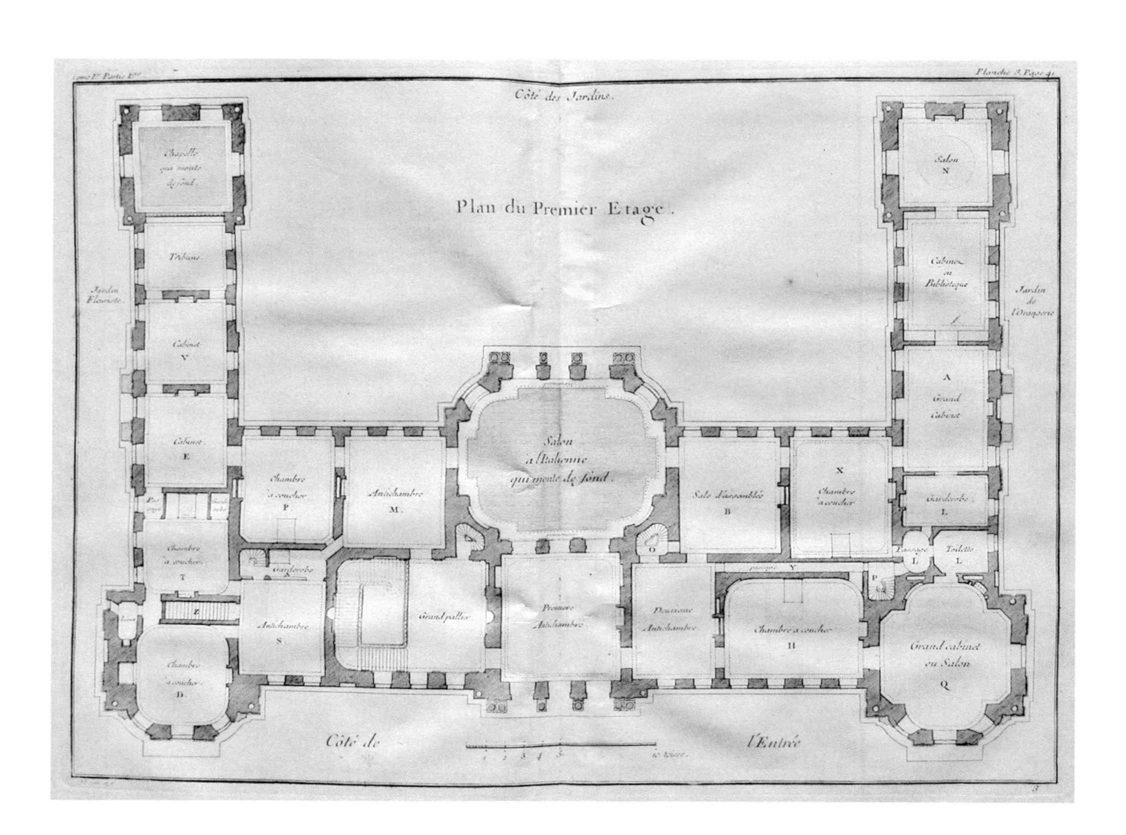

36 Jacques-François Blondel, Grundrissentwurf für eine Maison de plaisance, in: De la Distribution de Maison de Plaisance (Bestand der Bibliothek des Herzogs Friedrich, Nr. 693), 1737, Kupferstich, Landesbibliothek Mecklenburg-Vorpommern, Pb 140

37 Johann Georg Barca, Schloss Ludwigslust, Grundriss, 1822/24, Feder, Stiftung Preußische Schlösser und Gärten Berlin-Brandenburg, Inv.-Nr. GK II (1) Mappe Ludwigslust

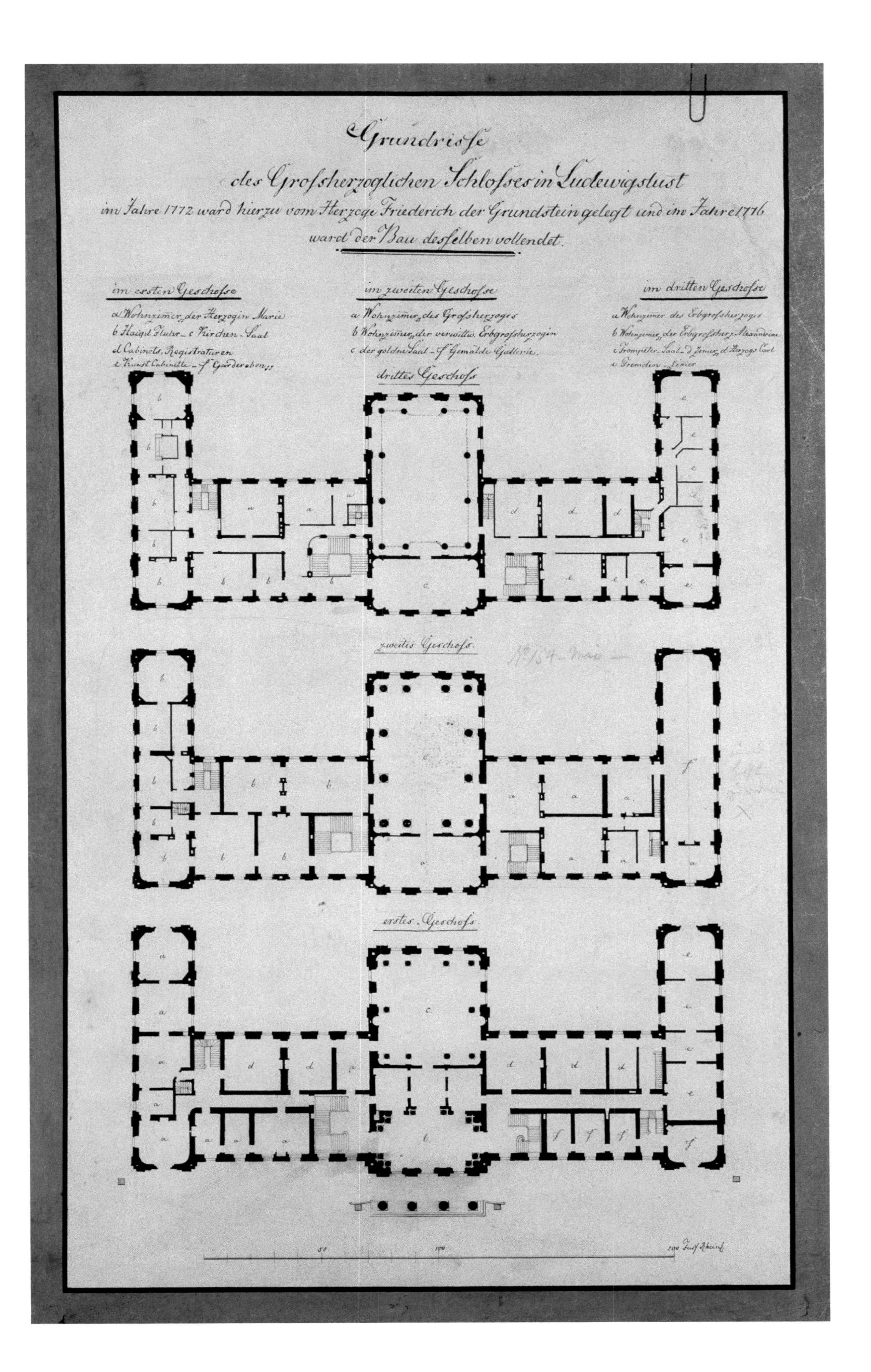
Grundrisse
des Großherzoglichen Schlosses in Ludewigslust
im Jahre 1772 ward hierzu vom Herzoge Friederich der Grundstein gelegt und im Jahre 1776
ward der Bau desselben vollendet.
im ersten Geschosse
a Wohnzimer der Herzogin Marie
b Haupt Flur – c Kirchen Saal
d Cabinets, Registraturen
e Kunst Cabinette – f Garderoben
im zweiten Geschosse
a Wohnzimer des Großherzoges
b Wohnzimer der verwittw. Erbgroßherzogin
c der goldne Saal – f Gemälde Gallerie.
im dritten Geschosse
a Wohnzimer des Erbgroßherzogs
b Wohnzimer der Erbgroßherz. Alexandrine
c Trompeter Saal – d Zimer d. Herzogs Carl
e Fremden Zimer
drittes Geschoß
zweites Geschoß
erstes Geschoß
50
100
200

38 Blick in das Vestibül des Schlosses

39 Blick in das westliche Treppenhaus

40 Das Vorzimmer im Gästeappartement I mit den Leoparden von Jean-Baptiste Oudry

41 Das Wohnzimmer im Gästeappartement III (sogenannte Königswohnung) mit Werken von Jean-Baptiste Oudry

Blondels sollten Innen und Außen aufeinander abgestimmt sein – in Ludwigslust ist jedoch ein Auseinanderfallen dieser Elemente zu konstatieren. Gravierende Fehler sind schon am Außenbau erkennbar: So sind die Läufe der Treppenhäuser außen sichtbar – ebenso wie der Korridorboden des dritten Obergeschosses, der genau in der Fensterzone des repräsentativen Mittelrisalits erscheint. Solche Mängel lassen sich nur durch laienhaft ausgebildete Architekten und Auftraggeber – Busch und Herzog Friedrich – erklären.

Die Ludwigsluster Grundrisskonstellation lässt keine eindeutige Typisierung des Baus als Land- oder Lustschloss oder Residenz zu, vielmehr hier ist ein Mischtypus zu konstatieren, dessen Nutzung als ständiger Wohnsitz des Herrschers – allerdings ohne Regierungsbehörden – das entscheidende Kriterium für die Bautypologie darstellt.[106] Während auf den ersten Blick der schon bei Gerd Dettmann und Matthias Franke[107] erwähnte Verweis auf Blondels Grundrissdisposition einer Maison de plaisance[108] (Abb. 36) für Ludwigslust besticht, so zeigt sich bei näherer Betrachtung auf den bislang frühesten überlieferten, etwa 1822/24 entstandenen Grundriss des Schlosses (Abb. 37), dass dieser Eindruck nicht ausschließlich zutrifft. Der grundlegende Unterschied ist schon in der Geschossverschiebung zu erkennen. Die Beletage befindet sich hier im Obergeschoss und nicht – wie sonst bei Land- und Lustschlössern üblich – im Erdgeschoss. Auch fehlen zwei wichtige Komponenten der Schlossarchitektur: die Schlosskapelle und der Theaterbau. Die Kapelle wurde obsolet, da ein eigener Hofkirchenbau errichtet worden war, das Theater lehnte der Herzog aufgrund seiner frommen Haltung ab. Die Sala terrena, das Vestibül, die Treppenhäuser, der Festsaal – die Schlossmitte – und die Appartements weisen jedoch noch auf einen anderen Ursprung, nämlich den Architekturtheoretiker und ehemals als Hofbaumeister in Mecklenburg tätigen Leonhard Christoph Sturm,[109] dessen Traktate[110] vollständig in der Hofbibliothek vorhanden und dem Herzog bekannt waren, und der zudem in der unmittelbaren Nachbarschaft im Schloss Neustadt-Glewe am Anfang des 18. Jahrhunderts eine vergleichbare Raumdisposition ausgeführt hatte.

Im Erdgeschoss nimmt die gesamte Tiefe des Mittelrisalits die zentral gelegene Raumgruppe mit Vestibül (Abb. 38) und Gartensaal (S. 134, Abb. 8) auf. Letzterer wurde in Ludwigslust temporär als Kirchensaal genutzt und 1878 von Hermann Willebrand zum Jagdsaal umgestaltet. Es schließen sich im Erdgeschoss Wohnungen im Westen und Sammlungsräume für die mecklenburgischen Altertümer im Osten an. Auf der Nordseite des Erdgeschosses befanden sich – nach Barcas Grundriss von 1822/24 (Abb. 37) –

in sechs Räumen auch die sogenannten »Cabinets-Registraturen«, die als Verwaltungsräume anzusprechen sind.

In das Hauptgeschoss führen jeweils zwei, über das Vestibül zu erreichende, mit reliefierten Wandfeldern geschmückte Treppenhäuser (Abb. 39), von denen jenes, das zum Appartement der Herzogin führt, wesentlich geräumiger ausfällt. Die schmiedeeisernen Geländer der Sandsteintreppen sind nach Entwürfen Blondels gestaltet und werden nach der Beletage – im Sinne einer hierarchischen Abstufung – als einfaches Holzgeländer weitergeführt, auch die Stufen sind dort nur noch aus Holz. Im Hauptgeschoss nehmen der Festsaal und der Gardesaal das Zentrum ein. Sie werden von den Paradeappartements des regierenden Herrscherpaares flankiert. Die herzoglichen Räume wurden als Appartements doubles gestaltet, das heißt in zwei Reihen parallel angeordnet.

Im darüberliegenden Stockwerk logierte im westlichen Bereich das Erbprinzenpaar, im östlichen Teil wurden Gäste – wie im 19. Jahrhundert die preußischen Könige (Abb. 40–42) – und Familienmitglieder, im Dachgeschoss die Dienerschaft untergebracht. In der Beletage besteht das Paradeappartement des Herzogs aus der in einer Enfilade angeordneten höfisch-traditionellen Raumfolge aus Vorzimmer, Audienz (mit Dais) und Kabinett (Abb. 43) und fand seinen Höhepunkt in der Bildergalerie. Aus dem Vorzimmer gelangte man nicht nur in das Paradeappartement, sondern auch in das hofseitig anschließende Appartement privé des Herzogs mit Wohn- und Schlafzimmer sowie Kabinett (Abb. 44). Die repräsentative Bildergalerie verklammerte beide Sphären des

42 Gästeappartement I im zweiten Obergeschoss

43 Blick aus dem Vorzimmer in die Enfilade des herzoglichen Appartements

44 Das Kabinett in der Beletage mit der Meissener Porzellangarnitur aus dem Neustädtischen Palais in Schwerin

Appartements, das, wie erwähnt, eine fast wortwörtliche Übernahme der Raumdisposition aus dem Vorgängerbau darstellt.[111] Die übereinander angeordneten Sammlungsräume der Altertümer im Erdgeschoss und der Bildergalerie in der Beletage ist im Kern als repräsentative Geste zu verstehen, zeugte sie doch von der Kunstliebe und Bildung des Herzogs und seiner erzieherischen Rolle als Landesvater. Ein separater Zugang im Erdgeschoss des Seitenrisalits ermöglichte den öffentlichen Besuch. Infolgedessen ergibt sich mit dem Goldenen Saal, dem Charakter des herzoglichen Appartements, den »Cabinets Registraturen« und den Sammlungsräumen ein residenzähnlicher Anspruch des Palastes.

Das Appartement der Herzogin[112] zeigt eine gänzlich andere Struktur[113] als die Räumlichkeiten des Herrschers, was sich bereits mit der erwähnten Größe der Treppenanlage ankündigt. Aufgrund der Anforderungen des höfischen Zeremoniells fanden in den an den Goldenen Saal anschließenden Zimmern des weiblichen Appartements (»Appartement societé«) gesellschaftliche Zusammenkünfte statt, weshalb es eine wesentlich höhere Anzahl an Zimmern, teilweise größere Räume und preziös ausgestattete Kabinette sowie eine Bibliothek[114] im westlichen Flügel umfasste.

Struktur und Ausstattung aller Appartements im Schloss waren bedingt durch die Anforderungen des höfischen Zeremoniells. Diesen Umstand spiegelt die hierarchische und repräsentative Steigerung der wandfesten und mobilen Ausstattung. Die von der Architekturtheorie geforderte Übereinstimmung der äußeren Gestalt und der Gliederung der Räume findet sich jedoch beim Ludwigsluster Schloss nur an einer Stelle, denn lediglich der Mittelbau zeigt in der Korrespondenz der korinthischen Ordnung einen strukturellen und semantischen Zusammenhang von Innen und Außen. In der Kongruenz der Fassade des Mittelrisalits und der Gestalt des Goldenen Saals offenbaren sich die Vorstellungen und Planungen Legeays, nicht jedoch in der allgemeinen Raumdisposition und -gestaltung.

Höfisches Zeremoniell: Wege und Blicke im Schloss

Das Alltagsleben im Schloss orientierte sich am Hofzeremoniell, offizielle Anlässe folgten wiederum dem Staatszeremoniell. Den Anforderungen des jeweiligen Zeremoniells entsprechend wurden in den Schlössern spezielle Raumgruppen (Appartement de parade, Appartement societé, Appartement privé), Wegführungen und Möglichkeiten der Nutzung entwickelt.[115] Dieser Tradition tragen die unterschiedlichen zeremoniellen Wegführungen und Zugänge im Schloss Ludwigslust Rechnung, obgleich offizielle Staatsempfänge in der Residenz Schwerin stattfanden. In den einzelnen Geschossen sind verschiedene Formen der Raumerschließung zu erkennen: Im Erdgeschoss sowie im zweiten und dritten Obergeschoss erfolgt diese durch einen Mittelflur, in der Beletage hingegen zeigt sich ein anderes Gefüge. Diese Diskrepanz in der Raumanordnung und Erschließung zwischen der Beletage und den übrigen Geschossen deutet darauf hin, dass die Stockwerke mit einer Erschließung durch einen Mittelflur in der Wertehierarchie untergeordnet waren und auf eine bequeme, praktische Nutzung abzielten, während die Disposition in der Beletage den zeremoniellen Anforderungen Genüge leisten musste.[116] Der zeremonielle Weg bei festlichen Anlässen konnte vom Vestibül (Abb. 38) über die Haupttreppe in den Gardesaal und in den Festsaal führen. Von dort aus erschlossen sich die seitlich angeordneten Paradeappartements des Herzogs und der Herzogin. Auf diesem Weg steigerten sich die funktional bedingte Raumhierarchie und die Ausstattungsqualität bis hin zum Festsaal als Mittel- und Höhepunkt der Schlossarchitektur.[117] Eine weitere Wegführung bot die Gelegenheit, vom Treppenhaus direkt – unter Aussparung der Schlossmitte (Gardesaal und Festsaal) – in das Herrscherappartement zu gelangen. Die Tapetentür im herzoglichen Appartement ermöglichte sowohl für den Herzog als auch für die Dienerschaft einen inoffiziellen Zugang zum Wohnsitz des Fürsten, der durch einen Nebengang und über die Nebentreppen (Escalier derobé und Degagements) erreicht werden konnte. Sie erlaubte auch die Möglichkeit für ein Inkognito des Herrschers.

Goldener Saal

Der als Goldener Saal bezeichnete Festsaal (Abb. 45) ist ein längsrechteckiger Kolonnadensaal mit zweigeschossiger Gliederung, Galerie, kolossalen korinthischen Pilastern und vorgestellten kannelierten korinthischen Freisäulen aus Holz. Den Raum überspannt auf mächtigem Gebälk eine mit vergoldetem Zierrat versehene Spiegeldecke.

Der Goldene Saal entspricht in seinem Dekorum und seiner Instrumentierung dem äußeren Mittelrisalit. Die Ornamente in der Deckendekoration sind im Gout antique

45 Blick in den Goldenen Saal

nach frühklassizistischen Vorlagen aus Neufforges »Recueil élémentaire d'Architecture« von 1757/68 gestaltet.[118] Fast gänzlich wird hier auf bildliche Darstellungen wie in früher entstandenen höfischen Festsälen verzichtet, sie sind nur in den Supraporten vorhanden und vermitteln mit Jahreszeiten, Elementen und Künsten eine eher konventionelle Ikonografie. Die Schlossmitte steht mit diesem Saal in deutlichem Kontrast zur übrigen Raumfolge. Der Typus des Kolonnadensaals, mit dem man auf den antiken, von Vitruv vermittelten Peristylsaal zurückgriff, ist nach Ausführungen von Franz Matsche[119] eine römisch-imperiale Bauform, ein bildloser Saal, der im Gegensatz zu den zuvor üblichen Kaisersälen mit ihren reichen Bildprogrammen steht. Er führte deren Tradition in architektonischer, zeichenhafter Sprache fort und löste die allegorischen Bildprogramme ab. Im Ludwigsluster Festsaal wurden durch die Wahl dieses Typus, der mit der korinthischen Säulenordnung und seiner Zweigeschossigkeit monumental ausgestattet ist, die Ambitionen und Ansprüche des Bauherrn und der Dynastie postuliert. Die hier ins Auge fallende höchstrangige architektonische Repräsentationsform sollte die »Anciennität«, die Fama und den Glanz des Hauses Mecklenburg demonstrieren. Der Goldene Saal sprengte damit die traditionelle Form eines Lust- und Landschlosssaals und vermittelte den Charakter eines Thron- und Festsaals als Zentrum des herzoglichen Hofes. Dass bei aller Pracht und distinktiv wirkender Semantik dabei – aus Unkenntnis oder billigend in Kauf genommen – funktionale Abstriche gemacht wurden, verdeutlicht auch das Fehlen einer vom Saal in die Appartements führenden Enfilade. Auch Wundemanns aufschlussreiche Beschreibung des Saals von 1803 bemerkt diese architektonische Problematik: »Er (der Saal, Anm. d. Verf.) geht durch zwey Geschosse und ist also von beträchtlicher Höhe. Der Plafond läuft in einer flachen Wölbung rund ab, und ist mit Rosetten, Vasen, antiken Köpfen und Laubwerk in halb erhabener Arbeit verziert. Fünf kristallene Kronleuchter werden durch ein leichtes Triebwerk an demselben auf- und abgewunden. Unten geht eine Colonnade korinthischer Säulen umher, die eine Galerie trägt, wo bey Hoffesten Zuschauer Platz fanden. Die Schäfte der Säulen sind von Holz, die Kapitäle aber, so wie die Rosetten, Vasen und anderes Schnitzwerk am Plafond von Ludwigsluster Carton. Weiß und Gold sind übrigens die einzigen Farben die man hier sieht, obgleich es sonst an mancherley Cartuschen Zierrathen nicht fehlt, die man lieber vermissen mögte. Schade ist es auch, dass der Saal, da er den mittlern Hinterflügel einnimmt, und also vorne an die Zimmer des Hauptgebäudes stößt, an dieser Seite verhältnismäßig zu wenig Licht hat, welches noch mehr durch die beiden andern Flügel, in deren Mitte sich der Saal befindet gemindert wird. Wenigstens kam es mir an den Eingangsthüren etwas dunkel vor. Es war aber auch grade ein trüber, neblicher Tag an welchem ich dies Zimmer sah; ohnehin wird es auch wohl nur zum Tanz und zu Abendbelustigungen gebraucht, wobey eine schöne Erleuchtung den Mangel des Lichts ersetzt.«

Entgegen der Tradition führt aus dem Goldenen Saal keine durchgehende Enfilade durch das herzogliche Appartement hin zu seinem repräsentativen Höhepunkt, der Galerie, sondern der Blick des Besuchers wird beim Eintritt in das Vorzimmer von der Mittelwand blockiert.

46 Blick in die Galerie

Die Galerie

Eine Galerie sollte bereits im Vorgängerbau Christian Ludwigs II. ein zentrales Element darstellen, die Entwürfe wurden jedoch nicht umgesetzt. Was aber verwirklicht wurde, waren die Lusthäuser mit Galerien im Garten auf der Insel, deren reicher Bestand an Gemälden im Inventarverzeichnis von Klenow aus dem Jahr 1754 nachgewiesen ist.[120] Auch in Schwerin, Neustadt-Glewe, Grabow und Rostock entstanden entsprechende Galerieräume. Dieser wesentliche Bestandteil der herrschaftlichen Repräsentation[121] fand seinen Niederschlag ebenso in der Galerie des Ludwigsluster Neubaus (Abb. 46).

Die Galerie war, wie erwähnt, als Zielpunkt der Enfilade nach französischem Vorbild – etwa dem Hôtel de Villars oder dem Hôtel de Lassay in Paris – in das Paradeappartement des Herzogs integriert. Ihre Baugestalt als langgestreckter Bewegungsraum ist auf der westlichen Seite durch eine geschlossene, aus Holz konstruierte Wand mit einem weiß-goldenen Sockel geprägt, die östliche Seite durch alternierende Fenster- bzw. Trumeauachsen mit Spiegeln. Die ornamentalen Zierleisten, die die Fensterlaibung rahmen, die Spiegelbekrönungen und die Gehänge auf den Türfeldern wurden aus Ludwigsluster Karton gefertigt.[122] 1781/82 führte der Hoftischler Friedrich Blieffert die Arbeiten am exzellenten Marketerieboden aus,[123] der gemeinsam mit der Boiseriegestaltung den Charakter des Raumes bestimmt. Dieses Gestaltungsprinzip findet sich in allen Innenräumen des Ludwigsluster Schlosses aus dem späten 18. Jahrhundert. Der damalige Bestand an Gemälden der Galerie ist durch ein Verzeichnis von Lenthe von 1821 und die Beschreibung Wundemanns überliefert.[124] Der Blickwechsel zwischen Innen und Außen, das durch die Fenster auf der Ostseite sichtbar ist, sollte in der Galerie das Schweifen zwischen der Sphäre des Artifiziellen und des Natürlichen ermöglichen und die zwischen den Fenstern angebrachten Spiegel den Reichtum der Sammlung optisch mehren. Die Galerie stand somit für den höfischen Repräsentationscharakter einer Gemäldekollektion und veranschaulichte zusammen mit den darunterliegenden Räumen der Sammlung mecklenburgischer Altertümer die Kennerschaft des Herzogs und sein Bestreben, Bildung auch für die Allgemeinheit zu ermöglichen. Insbesondere die Altertümersammlung[125] war für die historische Legitimation des Fürstenhauses von entscheidender Bedeutung, ihre Situierung unter der Gemäldegalerie lässt sich geradezu symbolisch als sichtbarer Beleg für die Anciennität der Dynastie deuten.

Aufgrund der veränderten Nutzung des Schlosses nach 1837, dem Jahr der Rückverlegung des Hofes nach Schwerin, wurde die Galerie 1880 durch Hermann Willebrand in Wohnräume unterteilt, so dass der Marketerieboden den Blicken entzogen war. Erst seit der Wiederherstellung der Galerie ist er in seiner vollen Wirkung und Pracht wieder erlebbar.[126]

Das Appartement des Erbgroßherzogspaares Paul Friedrich und Alexandrine

Die letzte künstlerisch bedeutende bauliche Veränderung im Ludwigsluster Schloss umfasste die Neugestaltung und -einrichtung des Appartements für das Erbgroßherzogspaar Paul Friedrich und Alexandrine von Preußen anlässlich ihrer Hochzeit 1822. Die Wohnräume lagen im Westflügel des zweiten Obergeschosses (Abb. 37). Aufgrund der hochrangigen Herkunft der Braut wurde das Appartement mit erheblichem künstlerischen und materiellen Aufwand dekoriert. Ein Großteil dieser Einrichtung hat sich erhalten, der von ihrem Ensemblecharakter zeugt. Der ehemalige Trompetersaal wurde als Marmorsaal in Stucco lustro umgestaltet und diente nunmehr als Auftakt der Wohnung. Paul Friedrich erhielt drei Räume auf der Gartenseite, Alexandrine belegte die Zimmer im Westflügel und auf der Südseite des Schlosses (Abb. 47). Mit der Umgestaltung, die

47 Johann Heinrich Hintze, Wohnzimmer der Erbgroßherzogin Alexandrine, 1822, Aquarell, Stiftung Preußische Schlösser und Gärten Berlin-Brandenburg, Aquarellslg. PK 3028

Johann Georg Barca[127] besorgte, scheute der Hof keine Kosten, um der Verbindung mit dem preußischen Königshaus einen adäquaten Rahmen zu geben. So wurden etwa die Boiserien und Möbel in Mahagoni ausgeführt, und eine reiche Korrespondenz belegt,[128] dass die Bestellungen für Kronen und Lampen bei der Berliner Firma Werner & Neffen, jene für Möbel- und Gesimsverzierungen bei Mencke in Berlin geordert wurden. Selbst die Tapeten[129] wurden im Austausch mit dem Berliner Hof bestimmt, auch Ofenentwürfe wurden von der Berliner Firma Feilner bezogen.[130] Die Möbel jedoch, die sich in ihrer Form und ihrem Dekor auf den Pariser Stil der Zeit um 1800 bezogen, ließ Barca wohl von einheimischen Ludwigsluster oder Schweriner Tischler herstellen.[131] Bedingt durch die Erlangung der Großherzogswürde 1815 und das fünfzigjährige Thronjubiläum Friedrich Franz I. 1835 kam es zu Neuausstattungen im Goldenen Saal und im herzoglichen Appartement. Entscheidend für die weiteren Veränderungen war aber die Rückverlegung des Hofes unter Paul Friedrich 1837 nach Schwerin. Seit diesem Zeitpunkt wurde Ludwigslust wieder als Jagd- und Sommerschloss genutzt. Herrmann Willebrand erstellte 1860 ein Inventarverzeichnis des Schlosses ebenso wie Grundrisse und führte in der Folge zahlreiche Umgestaltungen aus, für die Entwürfe überliefert sind.[132]

Ausklang und Relationen im Zeitkontext

In Ludwigslust lassen sich wie am Neuen Palais im Park Sanssouci, dem neopalladianischen Country House im Gartenreich Wörlitz und Schloss Wilhelmshöhe bei Kassel Strategien des Rückzugs von regierenden Fürsten aus ihren angestammten Residenzen in außerstädtische Gefüge in der zweiten Hälfte des 18. Jahrhunderts ablesen. Waren bei Friedrich dem Großen Rückzug und Regelverletzung auf der Basis einer starken politischen Position zu konstatieren, führte in Wörlitz[133] ein innovatives, auf Untertanenbildung abzielendes Reformkonzept den Fürsten Leopold III. Friedrich Franz von Anhalt-Dessau in sein Landhaus im Gartenreich. Auch in Kassel-Wilhelmshöhe entstand vor den Toren der Stadt ein neues Schloss, das in seinen verschiedenen Entwurfsphasen – die bis hin zu einer die Schlossmitte ersetzenden Ruine führten – die »Krise des Schlossbaus« im späten 18. Jahrhundert verdeutlichte.[134] Im Unterschied zu diesen angeführten Bauten und Gärten demonstrierte Herzog Friedrich der Fromme mit dem Schlossensemble Ludwigslust seine eigene Position des Rückzugs, mit der er in dieser späten Phase höfischer Architektur bewusst auf räumliche Distanzierung gegenüber der alten Residenzstadt Schwerin und auf soziale Distinktion gegenüber den Ständen setzte. Es entstand hier keine Planstadt, sondern lediglich zwischen Kirche und Schloss ein Gartenareal mit urbanistischen, hierarchisch abgestuften Elementen. Indem Friedrich sich einen residenzartigen Palast auf der eigenen Domäne mit einem reduzierten Hofstaat errichtete, wählte er einen Kompromiss zwischen herkömmlicher Residenz und Landschloss. Das geschah in einer Mischung aus politischen Motiven, aufklärerischem Impetus und Gründen der persönlichen Frömmigkeit.[135] Mit der Ludwigsluster Anlage und ihrer Polarität von Schloss und Kirche visualisierte Herzog Friedrich als guter Landesvater zudem die letzten verbliebenen Befugnisse seines Herrschertums, das Summepiskopat. Ludwigslust lässt sich daher als herausragendes, einmaliges und individuell geprägtes architektonisches Ensemble zwischen Rückzug und Behauptung interpretieren. In Norddeutschland entstand somit ein international bedeutender höfischer Architekturkomplex, der als zeitübergreifendes Denkmal der Memoria eines fürsorglichen Fürsten gelten kann.

1 Für anregende Gespräche und Hinweise danke ich Johannes Erichsen und Hans Lange, beide München, für die redaktionelle Unterstützung Jörg Meiner, Schwerin. Der Beitrag ist ein Zwischenergebnis auf der Basis der bisherigen Literatur, den Vorarbeiten der Autorin zur wissenschaftlichen Recherche von Schloss Ludwigslust und des in diesem Zusammenhang erfolgten Auffindens des »Mecklenburgischen Planschatzes«. Umfassende Ergebnisse und Beurteilungen – auch zu Schloss Ludwigslust – werden im wissenschaftlichen Bestandskatalog zum Projekt »Mecklenburgischer Planschatz« der Landesbibliothek Mecklenburg-Vorpommern publiziert. Grundlegende Literatur zu Ludwigslust: Goß/Kaysel (1852) 1927; Schlie 1899; Saubert 1899; Dobert 1920; Dettmann 1922; Dettmann 1929; Ohle 1960; Erichsen 1980, S. 243–366 (zu Legeay); Erouart 1982, S. 143–148; Krautwurst 1988b (Kirche); Krüger 1990; Holz 1990; Neumann 1996, besonders S. 65–99; Kramer 1997; Reck 1997; Kreuzfeld 1999; Ende 2003; Zimmermann 2004; Bock 2006; Van der Heyden 2009; Pentz 2010; Jennerjahn 2013 (Kirche); Hütten 2014; Bock 2014 (Zeit nach 1918); Asche 2015; Ende 2016. Vgl. auch LAKD-MV/LD, Objektakten Schloss Ludwigslust 1950–2016, Mappe 1–12.

2 Nugent (1781/82) 2000, S. 313; Wundemann 1803, S. 267. Zur restriktiven Nutzung dieses Weges vgl. LHAS, 2.26-1 Kabinett I, Straßen, Wege, Alleen, Nr. 1336.

3 Wundemann 1803, S. 267.

4 Ebd., S. 269.

5 Ebd., S. 270.

6 Ebd., S. 271–272.

7 Dittscheid 1987.

8 Karge/Münch/Schmied 2011. Vgl. auch den Beitrag von Torsten Fried im vorliegenden Band, S. 11.

9 Puntigam 1998.

10 Vgl. den Beitrag von Ulrike Wendt-Sellin im vorliegenden Band, S. 263–272.

11 Vgl. den Beitrag von Torsten Fried im vorliegenden Band, S. 11–12.

12 Hustaedt 1997; Jacobs 2004a; Drinkuth 2011.

13 Manke/Münch 2006.

14 Kramer 2000, S. 18–19.

15 Manke/Münch 2006; Busch 2013.

16 Nissen 1997. Dem architekturgeschichtlich und politisch bedeutsamen, in der Renaissance durch Ghert Evert Piloot begonnenen und durch Leonard Christoph Sturm zu Beginn des 18. Jahrhunderts erneuerten Schlossbau ist unter den landesherrlichen mecklenburgischen Schlössern besondere Beachtung zu schenken.

17 LHAS, 2.26-1 Kabinett I, 5250 / 44 (Bericht von Hector Johann Ernst Mithoff zur Baugeschichte von Klenow).

18 Neumann 1996, S. 70–99.

19 Neumann 1996; Heckmann 2000, S. 50–54.

20 Laß 2006, S. 13–25.

21 Krüger 1996, S. 11.

22 Almasi 2001, S. 32–37. Es existierten Jagdsterne bei Friedrichsmoor, Klenow und Buchholz. Vgl. die Karten in: Ausst.-Kat. Rostock 2015, S. 148, 170 u. 180.

23 Koolmann 2007.

24 Weingart 2009, S. 47–56 und Anm. S. 173–175.

25 Neue wissenschaftliche Erkenntnisse zu diesem Thema werden in dem Band zur Tagung »Mecklenburgischer Planschatz«, Schwerin, 8.–10. Oktober 2015, zu erwarten sein, der voraussichtlich 2018 erscheinen wird.
26 Schönfeld 2015; Seelig 2007.
27 Baudis 2007, S. 114–119.
28 Neumann 1996, S. 65–98.
29 Neumann 1996.
30 Ebd., S. 44–50 u. 131–132.
31 LHAS, 2.12-1/19 Hofstaatssachen, Schuldenwesen der Herzöge, Nr. 882 (»Die von dem König zu Großbritannien dem Herzog Christian Ludwig succesive ausgeliehene Geld.«).
32 Zum Garten vgl. den Beitrag von Katja Pawlak im vorliegenden Band, S. 21–23.
33 Dettmann 1922.
34 Vgl. Neumann 2011.
35 LHAS, 2.12-1/26 Hofstaatssachen, Fürstliche Schlösser und Häuser, 421, Inventarium derer im Hertzogl: Schloß zu Kleinow befindlichen Zimmer, Mobilien, Gemählde d. 11 Martii et segq. 1754. Vgl. Neumann 1996, S. 84.
36 Grundlegend zum Vorgängerbau: Dettmann 1922; Neumann 1996, S. 65–98.
37 »Kurtze Remarquen der Oeconomischen alß auch Prächtigen Baukunst« (Staatliches Museum Schwerin, Inv.-Nr. 293 Gr B). Vgl. Hinterkeuser 2009.
38 Hinterkeuser 2011.
39 Nugent (1781/82) 2000, S. 315–320; vgl. auch das Inventar von 1754 (LHAS, 2.12-1/26 Hofstaatssachen, Fürstliche Schlösser und Häuser, 421, Inventarium derer im Hertzogl: Schloß zu Kleinow befindlichen Zimmer, Mobilien, Gemählde d. 11 Martii et segq. 1754).
40 Neumann 1996, S. 83.
41 Trotz seiner langjährigen Tätigkeit am Mecklenburgischen Hof ist Horst bislang nicht näher erforscht worden. Dieses Desiderat wird jetzt schon durch die freundlichen Hinweise von Johannes Erichsen, München, behoben: Der Landbaumeister Anton Wilhelm Horst wurde am 1. August 1714 in Schwalenberg geboren und verstarb in Ratzeburg am 9. April 1789.
42 LBMV, Slg. 03, Plan 288 (»Mecklenburgischer Planschatz«).
43 LHAS, 2.12-1/26 Fürstliche Schlösser und Häuser, Nr. 413 (Bau Klenow/Ludwigslust 1750–1760).
44 Müller 2004, S. 390–393.
45 Staatliches Museum Schwerin, Kupferstichkabinett, Inv.-Nr. Hz 2035. Auf der Rückseite die Aufschrift: »Anschlag von diesem Gebäude, wenn es auswendig massive aufgemauert wird, die inwendigen Sperwende versohlet, die Decke neu begipset mit der Tischler Arbeit die sich ins besondere beziehet auf die außnehmung der Boiserie in den Zimmern, sie wieder Einzusetzen und auf neue Fenster Luchten erstrecket sich der Kostenvoranschlag auf 1800 biß 2000 rhd.« Die Zuschreibung wurde in Absprache mit Johannes Erichsen, München, festgelegt.
46 LHAS, 2.12-1/26 Fürstliche Schlösser und Häuser, Nr. 418 u. 419.
47 Die Zeichnung zeigt in ihrer Gesamtheit eine perspektivische Ansicht der Gartenanlage von Peter Gallas mit den Bosketts und dem Jagdschloss, das durch Legeay eine aufgesetzte Galerie und einen erhöhten Mittelturm erhalten hatte. Hierzu befindet sich noch eine weitere perspektivische Ansicht im Kupferstichkabinett des Staatlichen Museums Schwerin, Inv.-Nr. 1994 Hz. Das bei Dettmann 1922, S. 17, erwähnte Vorbild des Wiener Belvedere-Gartens für den Garten von Gallas in Klenow fand sich nun erfreulicherweise im Kupferstichkabinett des Staatlichen Museums Schwerin (Inv.-Nr. 7848 Hz).
48 Vgl. zum Garten die Beiträge von Katja Pawlak sowie Dietmar Braune und Sabine Webersinke im vorliegenden Band, S. 21–45 u. S. 47–53.
49 LHAS, 2.12-1/26 Hofstaatssachen, Fürstliche Schlösser und Häuser, Nr. 416, Quadrikel 11.
50 Der Entwurf wird im Bestandskatalog des »Mecklenburgischen Planschatzes« wissenschaftlich publiziert werden.
51 Zu Legeay vgl. Harris 1967; Erichsen 1980; Erouart 1982; Reck 1997; Heckmann 1998. – Hinsichtlich der Schreibung seines Namens ist zu bemerken, dass er sowohl auf den Zeichnungen als auch in den Schriftstücken mit »Le Geay« signiert. Die zusammengezogene Schreibung entstand erst im Laufe der Kunstgeschichtsschreibung.
52 Der zum Plan gehörige Brief Legeays in: LHAS, 2.26-1 Kabinett, Nr. 5250/44.
53 Hütten 2014, S. 85–87 u. 117.
54 Ende 2016 (hier die ältere Literatur).
55 Vgl. dazu die Beiträge von Katja Pawlak sowie von Dietmar Braune und Sabine Webersinke im vorliegenden Band, S. 21–45 u. und S. 47–53.
56 Insbesondere dem Bezug zu Neustadt-Glewe kam für Christian Ludwig besondere Bedeutung zu, war das Haus doch sein Apanagesitz und architektonisch bereits im Vorfeld von Leonard Christoph Sturm modernisiert worden. Vgl. Nissen 1997.
57 Köhler 2003, erstmals bei Holz 2009, S. 42, Abb. 16, publiziert.
58 LHAS, 2.12-1/26 Fürstliche Schlösser und Häuser, Nr. 413 Bau Klenow/Ludwigslust 1750–1760. Vgl. Zeichnungen zum Kanal im Staatlichen Museum Schwerin, Inv.-Nr. 1997 Hz–1999 Hz und 2002 Hz–2003 Hz.
59 Da die Darstellung bereits die 1748 in Neustadt-Glewe ausgeführte Gartengestaltung zeigt, dürfte der Plan um 1750 zu datieren sein.
60 Mecklenburgische Nachrichten, No. XXX (24. August 1754).
61 Wigger 1880; Asche 2006a; Schönfeld 2011.
62 Nugent konstatierte 1766 bei seinem Besuch in Schwerin: »Als ich mich nach dem hiesigen Hof erkundigte, so sagte man mir, dass der regierende Herr sich fast beständig zu Ludwigslust aufhielte, dass des Prinzen Ludwigs Durchlauchten samt Höchst dessen Frau Gemahlin wie auch die Durchlauchte Prinzessin Ulrike auf dem hiesigen Schloss residierten« (Nugent [1781/82] 2000, S. 302 u. 305).
63 Vgl. den Beitrag von Ulrike Wendt-Sellin im vorliegenden Band, S. 263–272.
64 Graf 2012, S. 1–2.
65 Vgl. Volz 1913, Bd. 1, S. 95–118.
66 Vgl. den Beitrag von Torsten Fried im vorliegenden Band, S. 12–13.
67 LHAS, 2.12-1/26, Hofstaatssachen, Kasten 3, Baumeister (Busch); ebd., Nr. 71 (Quadrikel 1–49).
68 LHAS, 2.26-2, Hofmarschallamt, Nr. 1023 (25 Quadrikel).
69 Schon Nugent beschreibt die Persönlichkeit des Herzogs und seine Beweggründe für den Rückzug aus Schwerin. Er führt dessen fromme, pietistische Haltung, seine Verantwortung als guter Landesvater für das Volk und die zerrütteten Staatsfinanzen an, die eine Sparsamkeit erzwangen: »mithin hielt er (Herzog Friedrich, Anm. d. Verf.) es für seine Pflicht, allen unnützen Aufwand zu meiden, um die Last seines Volkes zu erleichtern« und in Ludwigslust »könnte er fern von allen Zerstreuungen weit bequemer arbeiten als in Schwerin« (Nugent [1781/82] 2000, S. 340).
70 Vgl. den Beitrag von Tobias Pfeifer-Helke im vorliegenden Band, S. 161–165.
71 Schönfeld 2011.
72 Georg David Matthieu, Herzog Friedrich der Fromme mit einem Stichwerk Piranesis in der Hand, nach 1776, Öl auf Leinwand, Staatliches Museum Schwerin, Inv.-Nr. G 254. Piranesis Band befindet sich noch heute im Kupferstichkabinett des Staatlichen Museums Schwerin. Gezeigt ist auf Matthieus Gemälde die Tafel 69 (frdl. Hinweis von Johannes Erichsen, München). Die Werke Piranesis sind als historischer Bestand zahlreich im Schweriner Museum, der Landesbibliothek Schwerin und in der Universitätsbibliothek Rostock vorhanden.
73 Zum Topos des »deus artifex«: Zahlten 1979.
74 Nugent (1781/82) 2000, S. 315; Wundemann 1803, S. 271; Goß/Kaysel (1852) 1927, S. 41–42.
75 Vgl. zum Phänomen des Fürsten als Künstler: Warnke 2007.

76 Ein größeres Konvolut an Zeichnungen des Herzogs befindet sich im Landeshauptarchiv Schwerin: LHAS, 2.12-1/25, Nr. 216/24. Vgl. Schönfeld 2011.
77 Korthals-Altes 2004/05. Vgl. LHAS, Vgl. LHAS, 2.12-1/7 Reisen mecklenburgischer Fürsten, Nr. 296.
78 Vgl. das umfängliche Bücherverzeichnis Herzog Friedrichs des Frommen von 1769 (Bibliothekskatalog 1769).
79 Wundemann 1803, S. 271; Nugent (1781/82) 2000, S. 338.
80 Reck 1997, S. 22–28.
81 Goß/Kaysel (1852) 1927, S. 41–42.
82 Das zugehörige Schriftstück: LHAS, 2.26-1 Großherzogliches Kabinett I, Nr. 5250/44.
83 Kreuzfeld 1999, S. 228.
84 Die Schatullrechnungen Herzog Friedrichs belegen den Kontakt zwischen Potsdam und Schwerin 1756 (LHAS, 2.12-1/26-2 Hofstaatssachen, Etat- und Rechnungswesen, Nr. 32).
85 Die Datierung und beschreibenden Angaben zum Bau gehen aus einer Beschwerde der Tochter eines verstorbenen Malers von 1777 wegen noch ausstehender Zahlungen hervor (LHAS, 2.26-1 Großherzogliches Kabinett I, Nr. 5250/191 [Malerarbeiten auf dem Haus in Kleinow 1733/77]).
86 Nugent (1781/82) 2000, S. 314 u. 338–339, 342; Hütten 2014, S. 115–119 u. 88–100; Asche 2015. – Zum Begriff »Residenz« vgl. Asche 2015, S. 215–224.
87 Eine Kreidezeichnung Georg David Matthieus (frdl. Hinweis von Friederike Drinkuth, Schwerin) illustriert und belegt diese politische Situation: Die Räte Herzog Friedrichs sind um einen Tisch gruppiert, allein der Sitz des Herrschers bleibt leer, stellvertretend hängt dahinter sein Porträt mit der Kaskade von Ludwigslust. Man könnte diese Darstellung als Substitution des abwesenden Fürsten und als Verweis auf seinen Aufenthaltsort Ludwigslust interpretieren, wo er beständig weilte (Abb. bei Steinmann/Witte 1911, S. 61, Taf. XXXVIII).
88 Im Gegensatz dazu gab es für die Kirche sowohl eine Einweihungsfeier als auch nach dem Tode Friedrichs, zum Regierungsantritt Friedrich Franz I., eine Medaille, die den Kirchenbau als Motiv zeigt (vgl. den Beitrag von Torsten Fried im vorliegenden Band, S. 14, Abb. 4 b).
89 Stuth 2001, S. 403–404; Hütten 2014, S. 63–66 u. 116–118.
90 Kreuzfeld 1999.
91 Die Errichtung der Flügel war noch 1788 in der Diskussion.
92 Krautwurst 1988b; Kreuzfeld 1999, S. 235.
93 Vgl. Lange 2006, S. 144.
94 Ebd., S. 140. Vgl. besonders das Beispiel Karlsruhe, wo Markgraf Karl Wilhelm von Baden-Durlach in großen Dimensionen in seiner 1715 gegründeten, planmäßig angelegten Residenzstadt Karlsruhe die vom Schloss nach Osten gerichtete Hauptachse in der Konkordienkirche enden lässt. In diesem Zentralbau bestimmte der Herrscher seine Grablege vor dem Altar, so dass bis hierher die räumliche und semantische Beziehung zum Schloss als Sitz der Herrschaft gegeben war.
95 Am 11. Oktober 1768 wurden bereits die ersten Steine geliefert (LHAS, 2.26-1 Großherzogliches Kabinett I, Nr. 5250/185).
96 Das Blatt gehört zur 1782 bei Nicolai in Berlin verlegten Kupferstichserie »Vues du chateau et du jardin de Ludwigslust maison de plaisance de S. AA. M. Sgr. Le Duc de Mecklenborg-Schwerin«, die den Bau vor allem an den Höfen des Reichs bekannt machen sollte (Völkel 2001, S. 207–212). Vgl. eine Zeichnung im LHAS (2.26-2 Hofmarschallamt, Nr. 1000), die – trotz Unterschiede im Detail (seitliche Eingänge, Gestaltung der Seitenrisalite, Bossierung des Sockelgeschosses, Tektur) – möglicherweise als Vorlage für den Stich der Südfassade diente.
97 Reck 1997, S. 52–53.
98 Krüger 1964. Vgl. auch den Beitrag von Gerhard Graulich im vorliegenden Band, S. 118–122.
99 Reck 1997, S. 29–36.
100 Boffrand 1745.
101 Forssman 1961.
102 Vgl. Reck 1997, S. 61.
103 Ebd., S. 84; Franke 2008.
104 Reck 1997, S. 61.
105 Franke konstatiert, dass der Kirchenbau ganz an den aktuellen französischen Entwicklungen orientiert ist, das Dekorum des Schlosses hingegen auf Formen des 17. und frühen 18. Jahrhunderts (u. a. Jules Hardouin-Mansart) zurückzuführen ist (Franke 2008).
106 Katharina Krause definiert die Maison de plaisance von der Nutzung her (Krause 1996, S. 8–9).
107 Hinweis auf Blondel bei: Dettmann 1929, S. 44–47; Franke 2008.
108 Reck 1997, S. 62. Die Werke Blondels: Blondel 1737; Blondel 1752.
109 Küster 1942.
110 Vollständige Anweisung, Grosser Herren Palläste (1718); Vollständige Anweisung zu der Civil-Bau-Kunst (Goldmann, 1696); Ausführliche Anleitung zu der gantzen Civil Baukunst (Davilier, 1700); Prodromus Architecturae Goldmannianae (1714).
111 Dettmann 1929, S. 48.
112 Dettmann 1935, S. 50.
113 Zur grundsätzlichen Frage des weiblichen Appartements im 18. Jahrhundert: Bischoff 2002.
114 Vgl. den Beitrag von Ulrike Wendt-Sellin im vorliegenden Band, S. 263–272.
115 Druffner 1995.
116 Ebd., bes. S. 550.
117 Möhlenkamp 1991.
118 Vgl. Reck 1997, S. 70–71.
119 Matsche 2002.
120 LHAS, 2.12-1/26 Hofstaatssachen, Fürstliche Schlösser und Häuser, 421, Inventarium derer im Hertzogl: Schloß zu Kleinow befindlichen Zimmer, Mobilien, Gemählde d. 11 Martii et segq. 1754.
121 Vgl. allgemein zu Galerien: Strunck/Kieven 2010, insbesondere die Aufsätze von Eva Kremser und Katharina Krause S. 165–183 u. S. 311–325.
122 Vgl. den Beitrag von Sylva van der Heyden in diesem Band, S. 243–251.
123 LHAS, 2.26-2, Nr. 1632. Zu den Marketerieböden vgl. den Beitrag von Jacob Halfpaap im vorliegenden Band, S. 223–231.
124 Lenthe 1821; Wundemann 1803, S. 279–285. Vgl. den Beitrag von Gero Seelig in diesem Band.
125 Lisch 1837, Textbd., S. 4; Raabe 1857, S. 71. Die Wichtigkeit dieser Sammlung belegt auch die Tatsache, dass sie im Zusammenhang mit der Rückverlegung der Residenz 1837 ebenfalls ins Schweriner Schloss kam.
126 Zur Restaurierung der Galerie vgl. den Beitrag von Steffi Dahl, Andreas Baumgart und Michael Mikolajczyk im vorliegenden Band, S. 104–106.
127 Dobert 1920; Pentz 2010.
128 LHAS, 2.26-2, Nr. 1765, 999 u. 1011; LHAS, 2.26-1 Großherzogliches Kabinett I, Nr. 160.
129 Vgl. den Beitrag von Ines Zimmermann und Heiner Büld im vorliegenden Band, S. 213–221.
130 Mende 2013, S. 66, 306–307 u. 442.
131 Vgl. hinsichtlich des Mobiliars den Beitrag von Nico Janke im vorliegenden Band, S. 233–241.
132 LHAS, 2.26-2, Nr. 1750; 12.3-1, Pläne, Risse; 5.2-5 Vermögensverwaltung, Nr. 335.
133 Rüffer 2005.
134 Dittscheid 1987.
135 Asche 2015, S. 204–205.

Steffi Dahl, Andreas Baumgart und Michael Mikolajczyk

Vom Bewahren des Kunstwerks Schloss Ludwigslust

Es ist nicht bloß eine glänzende Hülle aus Stein, Holz, Vergoldung, Papiermaché, Farbe oder Seide. Schloss Ludwigslust ist ein Gesamtkunstwerk, beginnend mit dem Entwurf über seine Errichtung hin bis zu den wechselnden Phasen seiner kostbaren Innenausstattung. Dabei muss es als Ausdruck seiner Epoche und der Vorstellungen seiner herzoglichen Bauherren und Bewohner sowie seiner Funktionen bis ins 20. Jahrhundert verstanden werden. Daraus resultiert sein Rang als einmaliges Zeugnis mecklenburgischer Geschichte, das es zu bewahren gilt. Aus restauratorischer Sicht ist das vielgestaltige Kunstwerk Schloss Ludwigslust eine immerwährende Herausforderung – und dies nicht erst seit der Gegenwart. Von Beginn an gehörten Reparaturen, Ausbesserungen und Neugestaltungen zur Biographie des prächtigen Gebäudes. In den weit über 200 Jahren seiner Existenz haben sich dabei an den verschiedenen Materialien und Oberflächen in seinem Inneren sowie an der äußeren Hülle immer wieder Veränderungen und neue Schichten ergeben. All diese Faktoren müssen heute mit den Ansprüchen an ein öffentlich genutztes Gebäude in Einklang gebracht werden. Denn bei großen Wiederherstellungsmaßnahmen spielen Aspekte der Statik, der Bauphysik, des Brandschutzes, der Sicherheits- und Gebäudetechnik notwendigerweise eine ebenso große Rolle wie der Umgang mit der kostbaren historischen Substanz. Allein in den letzten zehn Jahren haben über 100 Handwerksbetriebe sowie Restauratoren unter der Leitung des landeseigenen Betriebes für Bau- und Liegenschaften an dem Projekt Ludwigslust gearbeitet. Es wurde saniert, konserviert, restauriert und rekonstruiert. Insgesamt sind bislang ungefähr 19 Millionen Euro investiert worden, die zum Großteil aus Fonds der Europäischen Union finanziert werden konnten. Am Beginn jeder einzelnen Maßnahme standen restauratorische Befunduntersuchungen. Ganze Bände, die den Zustand der jeweiligen Gebäudeabschnitte beschreiben, gingen daraus hervor. Dies diente nicht allein der Dokumentation und als Leitfaden für die geplanten Maßnahmen. Die Untersuchungen boten zugleich einen tiefen Einblick in die verborgene Geschichte sowie die Nutzung des Hauses und trugen daher maßgeblich zum kunsthistorischen Verständnis des Schlosses bei. Die Würdigung des Kunstwerks Schloss Ludwigslust zeigt sich auch in dem Auftrag erster kunsthistorischer Untersuchungen des Gebäudes durch die Schlösserverwaltung des Landes Mecklenburg-Vorpommern. Dabei haben sich zuletzt völlig neue Erkenntnisse ergeben, die wiederum maßgeblichen Einfluss auf die Planungsentscheidungen der Baumaßnahmen hatten.[1] Erst dieses Ineinandergreifen von Wissenschaft und Praxis stellte eine solide Grundlage für das Bewahren des Schlosses in seiner ganzen Komplexität dar. Die Fülle der Herausforderungen soll im Folgenden veranschaulicht werden.[2]

Die tragenden Außenwände des Ludwigsluster Schlosses bestehen aus einfachem Ziegelmauerwerk. Um dem Bau seinem fürstlichen Rang entsprechend eine repräsentative Fassade zu verleihen, ist er bei seiner Errichtung mit Sandstein der Cottaer Varietät aus Sachsen verblendet worden (Abb. 1). Dieses kostbare Material ist zugleich der reich gestaltete Träger der architektonischen Komposition. Das Schloss erhielt zur Krönung auf der mächtigen Attika ein Skulpturenprogramm aus 40 überlebensgroßen Sandsteinfiguren

Restaurierungsarbeiten im Goldenen Saal

1 Blick auf die restaurierte Fassade des Mittelrisalits von der Gartenseite

und 18 Sandsteinvasen von Rudolph Kaplunger.[3] Verschiedene Gutachten belegten, dass die mehr als 200 Jahre alte Sandsteinfassade ein komplexes Schadensbild aufwies. So war in offene Fugen Feuchtigkeit eingedrungen. Dies hatte die Korrosion der eisernen Anker, die die einzelnen Werksteine zum einen miteinander und zum anderen mit dem Mauerwerk der Fassade verbinden, nach sich gezogen, was wiederum zu erheblichen Schäden wie Rissen im Sandstein oder Absprengungen von ganzen Sandsteinstücken führte. Die Skulpturen auf der Attika waren wiederum von starken Verwitterungsschäden gezeichnet. Manchen fehlten gar die Gesichter oder Teile der Gliedmaßen. Eine Restaurierung der Fassade und des Skulpturenschmucks war daher unumgänglich. Sie fand in den Jahren 2004–2006 statt. Die Reinigung des Materials, das mit Moos bewachsen, von Vogelexkrementen und durch Ruß verschmutzt war, wurde schonend ohne chemische Zusätze vorgenommen. Die Sockelzone des Gebäudes musste komplett erneuert werden, da sie extreme Versalzungen und Absandungen aufwies. Neben der Reinigung und der Beseitigung der Schäden war das Ziel der Maßnahmen, den Sandstein zukünftig möglichst trocken zu halten und damit zu schützen. Dazu erfolgten die Instandsetzung des gesamten Fugennetzes und der Einbau von Abdeckungen zur Wasserableitung an der Fassade. Die Skulpturen auf der Attika wurden ebenfalls gereinigt, entsalzt und bildhauerisch ergänzt.

2 Die wiederhergestellte Haupttreppe im Ostflügel, vom ersten Obergeschoss aus gesehen

Lange vor dem Beginn der Restaurierungsmaßnahmen sind im Inneren des Schlosses Teile der Haupttreppe im Ostflügel aus Sicherheitsgründen gesperrt worden. Solche Treppen besaßen einst eine bedeutsame Funktion, die weit über die vertikale Erschließung des Gebäudes hinausging. Im Hofzeremoniell spielte bereits der Aufstieg hin zur Sphäre des Fürsten oder der Fürstin eine wichtige Rolle. Die Haupttreppe vom Erdgeschoss bis in das erste Obergeschoss, in dem sich die Gemächer des Herzogs und der Herzogin befanden, wurde auch deshalb als dreiläufige Treppe mit teuren Sandsteinstufen auf gemauerten Wangen gebaut (Abb. 2). Im zweiten Obergeschoss befanden sich die in der Hierarchie etwas niedriger angesiedelten Gästeappartements, weshalb die Treppe vom ersten bis in das zweite Obergeschoss als Holzkonstruktion ausgebildet worden war. Dieser hölzerne Abschnitt wies markante Schäden auf. Die Wangen und Stufen waren zum Treppenauge hin teils mehr als zehn Zentimeter abgesackt und die Holzverbindungen aufgerissen. Daher sperrte die Bauaufsicht diesen Bereich. Bei der Suche nach einer Lösung des Problems gab es zunächst Überlegungen, die hohen Anforderungen der Statik durch eine völlig neue Stahlkonstruktion im oberen Treppenteil zu erfüllen. Um aber den Denkmalwert der vorhandenen, historisch wertvollen Holzkonstruktion gerecht zu werden und auch den Gesamteindruck des Treppenhauses zu bewahren, wurde intensiv nach anderen Möglichkeiten gesucht. Letztendlich gelang es, die Holzkonstruktion zu reparieren und die Zwischenpodeste sowie jede Wange und Stufe den geforderten Verkehrslasten gemäß zu verstärken. Auch wenn die Anstrengungen dieser Sonderlösung nicht sichtbar sind, so stellen sie doch einen großen Erfolg der Restaurierungsmaßnahmen dar.

Das Herzstück des Schlosses bildet der Goldene Saal im ersten Obergeschoss. Mit seinen zwölf korinthischen Kolossalsäulen, seiner Galerie und seinen kostbaren Kristallkronleuchtern ist er bei einer Grundfläche von fast 280 Quadratmetern der größte und hierarchisch wichtigste Raum im Schloss. An der tragenden Holzkonstruktion stellten Gutachter erhebliche Schäden und Verformungen fest. Ohne umfassende Sanierungsmaßnahmen hätte der Saal dauerhaft gesperrt werden müssen. Schlossbesucher hätten ihn nur noch von außen betrachten, aber nicht mehr betreten dürfen. Konzerte, Lesungen oder Feierlichkeiten wären nicht mehr möglich gewesen. So wurde zunächst im Erdgeschoss, vom Jagdsaal aus, begonnen, die Decke zu ertüchtigen. Um im Goldenen Saal selbst an die Gebälkkonstruktion des Erdgeschosses zu gelangen, mussten der Marketerieboden, sein Unterbau, die Kamine und die Öfen komplett ausgebaut werden. An den historischen Doppelbalken aus Nadel- und Eichenholz traten starke Schäden durch holzzerstörende Pilze zutage. Dort, wo unter den Säulen verlaufende Balkenbereiche saniert werden mussten, erfolgte das Abfangen der Säulen mit einer speziellen Hilfskonstruktion, die auf benachbarten Deckenbalken aufgelagert wurde (Abb. 3). Einzelne Balken wurden mit Stahlträgern konstruktiv verstärkt. Die ausgebauten Marketerien, Kamine und Öfen waren zeitgleich sorgsam restauriert worden und konnten nach dem Abschluss der Arbeiten im Gebälk wieder eingebaut werden. Somit ist der Goldene Saal gerettet und die Besucher können seine ehrwürdige Atmosphäre wieder uneingeschränkt erleben.

Die Wiederherstellung der Bildergalerie ist wohl als die spektakulärste Restaurierungsmaßnahme im Ludwigsluster Schloss zu bezeichnen (Abb. 4). Der Besucher, der sich heutzutage von der lichtdurchfluteten Weite des Raumes beeindrucken lässt, wird sich nur schwer vorstellen können, dass die Bildergalerie vor weniger als zehn Jahren überhaupt nicht mehr existierte. Ursprünglich bildete der Raum den Abschluss und repräsentativen Höhepunkt des Paradeappartements von Herzog Friedrich dem Frommen. Darüber hinaus stellte er die Verbindung zum Appartement privé – den privaten Räumlichkeiten des Herzogs auf der Südseite – dar. Allerdings wurde die Bildergalerie bereits ab 1880 räumlich verändert. In mehreren Phasen entstanden Garderoben, Wohnräume,

3 »Schwebende« Kolosse im bodenlosen Goldenen Saal

Toiletten, Badezimmer und schließlich auch eine speziell abgedichtete Abhörkammer bei den Büros, in denen die Bürger zu DDR-Zeiten ihre Ausreiseanträge stellten. Da der Typus der barocken Bildergalerie in dieser Größe und Lage als außergewöhnlichster Raum in der ursprünglichen Ludwigsluster Grundrissdisposition zu klassifizieren war, fiel bei der Aufstellung des Restaurierungskonzeptes die Entscheidung, alle späteren Einbauten zu eliminieren, um das ausgreifende Raumkunstwerk wieder zum Leben zu erwecken. Der erste Schritt in diese Richtung war im Jahr 2012 der Abbruch aller jüngeren Wandeinbauten, die die Galerie zerteilt hatten. Damit war die volle Größe des 165 Quadratmeter messenden Raumes wiedergewonnen (Abb. 5) und auch der kostbare Marketerieboden aus der Bauzeit kam zum Vorschein. Die Furniere, die sich von der zentralen Sternrosette über die ganze Grundfläche der Galerie ausbreiten, beruhen auf höchst anspruchsvollen Musterentwürfen und erscheinen als zentrales Dekorelement des Raumes. Allerdings waren die sanitären Einbauten aus späteren Zeiten ohne jede Rücksicht auf die wertvollen Einlegearbeiten vorgenommen worden und das Schadensbild erwies sich stellenweise desaströs. Der kunstvolle Marketerieboden wurde daher in Gänze demontiert, um in einer Restaurierungswerkstatt fachgerecht aufgearbeitet zu werden. Bevor die Marketerien wieder eingebaut und an ihrem angestammten Platz ihre Pracht entfalten konnten, musste die darunterliegende Decke saniert und verstärkt werden. Auch die Wandbereiche der Bildergalerie bedurften einer umfangreichen Restaurierung. Nach dem Abbruch der Trennwände und der Abnahme jüngerer Leinwandbespannungen wurde die origi-

4 Die Bildergalerie nach Abschluss der Restaurierungsarbeiten

5 Die Bildergalerie im Rohzustand

6 Das wiederhergestellte Kabinett

nale, zunächst schwarz und später graugrün gefasste Holzverkleidung aus Tannenholzbohlen freigelegt. Dabei traten mit Kreide oder Bleistift geschriebene Inventarnummern von einst gehängten Gemälden zutage.[4] Die historische, graugrüne Farbfassung wurde lediglich gereinigt und mit Fischleim gefestigt. Zahlreiche Wasserränder konnten durch Auflegen von Kompressen reduziert werden. Aufgrund der verschiedenen Umbauten mussten mehrere Quadratmeter der Bohlen ergänzt und farblich dem Bestand in Leimfarbentechnik angepasst werden. Auf der Westseite konnte nachgewiesen werden, dass die dortigen drei Fensteröffnungen schon um 1780 zur Vergrößerung der Hängefläche durch den Einbau von beweglichen Holzbohlen und Paneelen abgedeckt wurden. Diese Läden waren mit den späteren Umbauten verloren gegangen und wurden jetzt wiederhergestellt. Zur Vervollständigung der historischen Raumfassung erfolgte auch die Restaurierung der großen Wandspiegel, des Kamins, der Vergoldungen und Anstriche.

Südlich der Bildergalerie schließt das Kabinett (Abb. 6) mit kostbaren Ausstattungselementen aus Meissener Porzellan an. Um 1880 wurden für das Neustädtische Palais, das Stadthaus der großherzoglichen Familie in Schwerin, ein Kamin, ein Kronleuchter, ein Spiegel sowie weitere heute verschollene Stücke aus Porzellan erworben. Vermutlich gelangten diese Ausstattungsobjekte Anfang des 20. Jahrhunderts nach Ludwigslust.[5] In den 1960er Jahren mauerte man die Kaminöffnung zu und baute einen kleinen Kohleofen vor, legte zuvor aber glücklicherweise die ursprünglichen Eisengusseinsätze im Feuerraum ab und vermauerte auch diese. Sie konnten bei der gegenwärtigen Restaurierungsmaßnahme geborgen und wieder eingesetzt werden. Der höchst seltene Kaminmantel aus Porzellan ist über und über mit Vögeln, Früchten, Blättern, Blüten und allerlei Insekten geschmückt. Aufgrund der filigranen Ausformung waren im Laufe der Zeit nicht nur die zarten Blütenblätter, sondern auch Früchte und Vögel verloren gegangen. Ziel der Restaurierung war neben der Reinigung und der Überarbeitung von Fugen die plastische Ergänzung von großen, sehr auffälligen Fehlstellen. Viele der kleinen fehlenden Blütenblätter blieben bewusst ohne Ergänzung. Alle Nachfertigungen wurden in Porzellan ausgeführt. Dazu sind Tonmodelle und Formen hergestellt oder frei modelliert und in Porzellan gebrannt worden. Die Glasuren und Bemalungen in Metalloxidfarben wurden nach vielen Farbproben passend zur Originalmalerei ausgeführt und gleichfalls gebrannt. Nach dem Ankleben der rekonstruierten Teile folgte die Aufarbeitung der Übergänge mit einer Porzellanergänzungsmasse, um das Gesamtbild so ungestört wie möglich erscheinen zu lassen (Abb. 7).

Ursprünglich existierte im Ostflügel des Schlosses neben der erwähnten Haupttreppe auch eine barocke Dienertreppe, die einst dem Hauspersonal einen unauffälligen Zugang zu den Appartements verschaffte. Die restauratorischen Untersuchungen ergaben, dass es sich hierbei um eine Holzkonstruktion mit gewendelten Läufen gehandelt hat, die vom Erdgeschoss bis in das zweite Obergeschoss reichte. Schon 1859 war die Dienertreppe aufgegeben worden, um Platz für zusätzliche Räume – zumeist Garderoben – zu gewinnen. Ein Schloss, das öffentlich genutzt wird, unterliegt heutzutage den gesetzlichen Brandschutzbestimmungen. Diese erforderten einen zweiten Rettungsweg für die museal genutzten Räume im ersten und zweiten Obergeschoss, zu dem die barocke Treppe ehemals führte. Auch die uneingeschränkte Nutzung des dritten Obergeschosses für die Museumsverwaltung setzte einen durchgängigen Rettungsweg voraus. Eine Stahlkonstruktion

7 Der Restaurator Steffen Richter beim Ausführen der Retuschen am Porzellankamin

8 Die neue Dienertreppe, vom Erdgeschoss aus gesehen

9 Verschiedene Tapeten im Befundfenster

an der Außenfassade des Gebäudes wäre die einfachste Lösung gewesen, hätte aber den authentischen Charakter des Baus gestört. Eine sensible Alternative, die gemeinsam mit Denkmalpflegern und Brandschutzsachverständigen gefunden wurde, war die Rekonstruktion der barocken Dienertreppe (Abb. 8) bis in das zweite Obergeschoss und eine Erweiterung in gleicher Bauweise bis in das dritte Obergeschoss. Die neue Eichenholztreppe wurde nach historischem Vorbild unter Berücksichtigung der brandschutztechnischen Anforderungen wiederhergestellt. So haben die restauratorischen Untersuchungen einen denkmalgerechten Rettungsweg möglich gemacht. Die Schlossbesucher kommen an der Dienertreppe entlang, werden aber kaum wahrnehmen, dass es sich um einen modernen Einbau handelt, der zu ihrer Sicherheit vorgenommen wurde.

Seit der Mitte des 18. Jahrhunderts eroberten Papiertapeten die Wohnräume des aufstrebenden Bürgertums wie auch des Adels. Im Zuge der Bestandsaufnahmen ließ sich im Ludwigsluster Schloss eine außergewöhnliche Fülle an Befunden teils sehr kostbarer

Papiertapeten nachweisen (Abb. 9). Die aufgefundenen Spuren ermöglichten eine nahezu lückenlose Dokumentation der historischen Papiertapetendekorationen über einen Zeitraum von 200 Jahren – von der Fertigstellung des Baus um 1780 bis in die Zeit um 1980. Die Spanne der Tapetenbefunde, die folglich aus drei Jahrhunderten stammen, reicht von gestalterischen und herstellungstechnischen Meisterleistungen historischer Tapetenkunst bis hin zur Massenware aus der zweiten Hälfte des 20. Jahrhunderts. Die hier in so dichter Weise dokumentierte Vielfalt an qualitativ hochwertigen Tapeten ist aus restauratorischer Sicht einmalig. Auf der Grundlage der Bestandserfassung wurden in einer Arbeitsgruppe konkrete Raumgestaltungskonzepte zur Rekonstruktion der historischen Papiertapeten erarbeitet. Hierbei rückte das zweite Obergeschoss des Ostflügels, das während seiner höfischen Nutzung überwiegend Platz für Gästeappartements bot, in den Fokus. Für diese Räume ließen sich höchst wertvolle Papiertapeten in den ursprünglichen Drucktechniken des 19. Jahrhunderts – im Handmodeldruck und im Maschinenleimdruck – rekonstruieren. Gleichzeitig sind repräsentative Originalbefunde nach ihrer Freilegung und einer konservatorischen Sicherung (Abb. 10) zur Anschauung belassen und in die Raumfassungen integriert worden. Für alle zu rekonstruierenden Tapeten wurden spezielle handgeschöpfte Büttenpapiere gewählt, die dem jeweiligen Original in Stärke, Struktur und Färbung entsprechen. Vor der Produktion mussten die aufwendigen Musterrapporte in detaillierter Abstimmung mit den Originalresten und Vergleichsstücken anderer Sammlungen neu gezeichnet werden. Alle nach diesen Vorbildern gefertigten Modeln entstanden in Handarbeit. Auch das Anmischen der Leimfarben verlangte eine intensive Auseinandersetzung mit den historischen Originalen. Die Kunst, diese papiernen Interieurdekore zu neuem Leben zu erwecken, beherrschen heute nur noch wenige Experten weltweit. Rekonstruiert wurde beispielsweise eine einfache, vom Anfang des 19. Jahrhunderts stammende Handdrucktapete auf Büttenpapier in Druckfarben mit einem Muster aus Streifen und Streublüten. Eine große Herausforderung stellten zwei Draperietapeten mit veloutierten Musterbereichen dar, die mit farbigem Wollstaub beflockt sind. Sie gehören zu den herausragenden Glanzpunkten historischer Tapetenkunst aus der Zeit des frühen 19. Jahrhunderts. Eine dieser Tapeten mit einer raumbeherrschenden Draperie stammte aus der bedeutenden Tapetenmanufaktur

10 Der Restaurator Lutz Walter beim Freilegen der historischen Tapeten

Dufour et Cie in Paris, die nachweislich diese Tapete 1810–1813 aufgelegt hatte. Für die Rekonstruktion der gesamten Raumgestaltung, die in Wandtapete sowie obere und untere Bordüre gegliedert ist, waren in diesem Fall neunzig verschiedene handgefertigte Model für den Mehrfarbdruck erforderlich. Eine weitestgehende Übereinstimmung des Druckbildes der neuen Tapete mit den originalen Vorlagen und damit die Wiederherstellung der Raumwirkung mit der Anmutung der Tapeten des frühen 19. Jahrhunderts ist nur über den Handmodeldruck und unter Verwendung von Materialien nach historischem Vorbild möglich. Zu den jüngeren Beispielen, die für den Ostflügel rekonstruiert wurden, zählt eine Papiertapete aus dem Jahr 1870, die eine Lederbespannung in den Farben Rot-Gold-Schwarz imitiert.

Ein weiteres kunsthandwerkliches Dekor aus zartem Papier spielt im Ludwigsluster Schloss eine Paraderolle – das Papiermaché (Abb. 11). Dieses Produkt wurde in der hiesigen herzoglichen Kartonfabrik hergestellt. Um es stolz zu präsentieren, fand das Papiermaché insbesondere in den bedeutendsten Räumen im Schloss Verwendung – im Goldenen Saal und den Appartements des Herzogs und der Herzogin im ersten Obergeschoss. Die Dekore aus Schichtpapier wurden mit Stärkeleim verklebt, mit Schellack getränkt und anschließend mit kleinen Eisenstiften, sogenannten Mückenfüßen, an Türen, Paneelen und Wandverkleidungen angenagelt. Als Rohstoff für die Produktion diente faserreiches Papier, das aus zerschnittenen Akten der herzoglichen Verwaltung gewonnen

11 Das Kabinett vor der Galerie mit Dekoren aus Papiermaché am Spiegel, an den Fensternischen, den Türen und den Wandpaneelen

wurde. Obwohl das Ausgangsmaterial nicht langlebig erscheint, haben sich die Formen aus Papiermaché bis heute hervorragend erhalten. Lediglich an Türen und Paneelen gab es Abriebe infolge mechanischer Beanspruchungen, Löcher durch sekundär montierte Schrauben oder Nägel sowie durch Umbauten bedingte Fehlstellen. Solche Schäden wurden gereinigt, Brüche mehrlagig mit säurefreiem, hadernreichem Papier und Methylcellulose hinterklebt, Reproduktionen mit Schellack beschichtet, das ausfransende Papier gefestigt und Löcher mit einem Papierbrei und Feinspachtel verschlossen. Bedingt durch die größeren Umbauten, die in der Bildergalerie 1880 eingesetzt hatten, mussten etliche fehlende Meter der verschiedensten Dekore reproduziert werden. Es stellte sich dabei als schwierig heraus, die Formen unter Druck zu pressen und ihnen gleichzeitig das Wasser zu entziehen. Nach zahlreichen Versuchen gelang es, dieser Anforderung gerecht zu werden und die Ergänzungen wurden gemäß der im 18. Jahrhundert angewandten Technik vorgenommen.

Die hier beschriebenen Restaurierungen zeigen lediglich einen kleinen Ausschnitt der vielfältigen Arbeiten, die in den letzten Jahren unternommen worden sind – und auch mit dem Erscheinen dieses Bandes werden die Wiederherstellungsmaßnahmen nicht vollendet sein. Die Staatlichen Schlösser und Gärten des Landes Mecklenburg-Vorpommern stellen sich weiterhin der Herausforderung, Schloss Ludwigslust zu bewahren.

1 Erste Untersuchungen sind von Christine Rehberg-Credé vorgenommen worden. Sigrid Puntigam, deren anschließenden Forschungen für Ludwigslust entscheidend waren, hat für diesen Band einen Beitrag zur Entstehung, Bedeutung und Funktion des Schlosses verfasst, S. 55–99.

2 Zu den Ausstattungen im Einzelnen siehe den Beitrag von Ines Zimmermann und Heiner Büld zu den Seidentapeten, S. 213–221, den Beitrag von Jacob Halfpaap zu den Marketerieböden, S. 223–231, und den Beitrag von Sylva van der Heyden zum Papiermaché, S. 243–251.

3 Siehe dazu den Beitrag von Gerhard Graulich im vorliegenden Band, S. 113–127.

4 Es konnte bislang jedoch kein zugehöriges Inventar aufgefunden werden, weshalb die heutige Hängung sich nicht an der barocken Originalhängung orientiert. Ein Dank gilt Gero Seelig für diese Auskunft.

5 Bei dem gegenwärtig gehängten Spiegel über dem Kamin handelt es sich um einen Ankauf, der den verlorenen Zustand annähernd wiederherstellt.

Gerhard Graulich

Zwischen Pietismus und Aufklärung. Zur Programmatik der Ludwigsluster Skulpturen im 18. Jahrhundert

Suchte Christian Ludwig II. bevorzugt das Gutshaus zu Klenow auf, um seiner Jagdleidenschaft in den umliegenden Wäldern zu frönen, so lag für seinen Sohn Friedrich der Reiz des Ortes in der Abgeschiedenheit und dem Rückzug gegenüber der Residenzstadt Schwerin. Als Christian Ludwig II. starb, übernahm Erbprinz Friedrich das nach Entwürfen von Johann Friedrich Künnecke[1] umgebaute Jagdschloss. 1772–1776 wurde das neue Schloss nunmehr nach den Plänen von Johann Joachim Busch errichtet.

Schloss Klenow – ab 1754 »Ludwigs-Lust« genannt – bot Herzog Friedrich die Möglichkeit, seinen religiösen, naturwissenschaftlichen und kulturellen Interessen nachzugehen. Inspiriert durch den Pietismus, strebte er danach, ein christlich-authentisches Leben zu führen.[2] Empfindsamkeit und Frömmigkeit bedeuteten ihm mehr als kirchliche Lehrsätze, worin er dem Hallenser Pietismus von Philipp Jacob Spener und August Hermann Franke folgte.[3] Entscheidend für ihn war die individuelle Beziehung zu Gott,[4] basierend auf einer persönlichen Glaubensaneignung und der Suche nach der wahren Bestimmung des Menschen. Anregungen erhielt Friedrich durch seine streng gläubige Tante Auguste von Mecklenburg-Güstrow, die auf Schloss Dargun residierte.[5] In Zusammenarbeit mit gleichgesinnten Pastoren entwickelte sie – durchaus in einem modernen Sinn – Ansätze zu einer kirchlichen Sozialarbeit, förderte die Verbesserung der Lehrerausbildung und des Gesundheitswesens. Friedrichs Pläne für Ludwigslust lassen sich vor diesem Hintergrund als pietistisches Reformmodell betrachten, wobei Elemente der Religion mit denen der Aufklärung, vor allem hinsichtlich Bildung, Technik, Justiz und Handel verbunden worden sind. Gegenüber Thomas Nugent äußerte Friedrich, dass er dort fern der Zerstreuungen in Schwerin konsequent für sein Land arbeiten könnte. So schreibt Nugent: »Ihm (Friedrich) wäre es die höchste irdische Glückseligkeit, sein Volk glücklich zu wissen, aber der Weg zu dieser Glückseligkeit wäre Sparsamkeit, Fleiß und vor allem wahre Verehrung der Religion.«[6]

Von Anfang an gehörten für Friedrich Schloss, Kirche, Park und Stadt zusammen, wobei diese Einheit im Sinne des barocken Gesamtkunstwerkes verstanden wurde. In einem Prospekt der 1760er Jahre, der zugleich als Allegorie der Architektur verstanden werden kann, zeigt Johann Heinrich Suhrlandt den eingeschossigen Vorgängerbau zu Klenow.[7] Im Vordergrund unterhalten sich drei Männer vermutlich über die geplante Neuerrichtung des Schlosses. Die Sicht weist von dem Ort der späteren Hofkirche auf das Areal des Bauvorhabens. Zu ihren Füßen liegen monumentale Relikte der Vergangenheit: Kapitell, Konsole und Baumstamm. Nach dem Vorbild der Antike soll gebaut werden, aber auch heimische Materialien wie Holz Verwendung finden, so lautet die vermeintliche Botschaft.

Friedrich beließ Ministerien, Hofadlige, Kaufleute und Handwerker in Schwerin, während seine Familie und das notwendige Personal in Ludwigslust weilten. Als Herzog bildete er das Zentrum, verstand sich aber primär als geistig-moralische Instanz. Ludwigslust war in den 1770er Jahren ein Ort der Utopie, wo Wissenschaft, Kunst, Musik und Literatur eine große Bedeutung zukamen. Die umfangreiche Bibliothek des Her-

Rudolph Kaplunger, Allegorie der Malerei, nach 1770, Sandstein, Attikafigur des Schlosses

1 Blick auf die Attikafiguren des Schlosses von Südosten

zogs bot die Möglichkeit zu umfassender Bildung und Information, sie enthielt aber auch Werke, deren Lektüre zur Abwägung politischer Entscheidungen nützlich war. Thomas Nugent beschreibt Friedrich nicht nur als Kenner theologischer Fragen, sondern ebenso der Physik, Metaphysik und kartesianischen Lehrsätze.[8] Bezogen auf das Ludwigslust-Projekt spiegeln sich einerseits seine Überzeugungen in der Form des architektonischen Ensembles, andererseits in der prononcierten Demonstration des umfassenden Skulpturenprogramms von Kirche, Schloss und Park. Besonders auffallend ist die enorme Zahl der Skulpturen auf der Attika des Schlosses (Abb. 1). Zweifelsohne diente Friedrich das Neue Palais in Potsdam als Vorbild, wo König Friedrich II. von Preußen 1763–1769 ein ähnliches Projekt realisiert hatte.[9] Johann Eckstein, Bildhauer der Schlosskirche, oder Rudolph Kaplunger, Bildhauer des Schlosses, wirkten zuvor in Potsdam, so dass unmittelbare Bezüge zur friderizianischen Bildhauerkunst – etwa zu Johann Peter Benckert und Gottlieb Heymüller – bestehen.[10] Das Ludwigsluster Figurenprogramm entwickelte Herzog Friedrich selbst, wie dies auch der preußische König für das Neue Palais tat.

Skulpturen im Park

Schloss und Kirche in Ludwigslust sind von dichten Wäldern umgeben, die zur Gartenseite in einen um 1785 angelegten englischen Landschaftspark übergehen. Johann Dietrich Findorffs Grafiken der 1770er Jahre zeigen, dass der Park wie jener des französischen Schlosses Marly-le-Roi, das von Jules Hardouin-Mansart für Ludwig XIV. errichtet wurde, zahlreiche Bassins, Kanäle, Kaskaden und Wasserspiele aufwies.[11] Marly interessierte Friedrich auf seiner frühen Grandtour in besonderer Weise. So schreibt er: »Ich bin auch zu Marli gewesen; welches mich besser wie Versailles gefällt, es ist daselbst die schönste vue von der Weld; schön promenaden und Wassers«.[12] Natürliche Wälder und idyllische Prospekte wechseln einander ab. Thomas Nugent notiert über seinen Besuch in Ludwigslust, »alles, was sich die morgenländischen Nationen unter dem Namen eines Paradieses vorstellen, findet man hier im Lustgehölze beisammen. Dies ist nämlich ein großes Revier voll Obst und wilder Bäume, bald stößt man auf die anmutigensten Spaziergänge, Alleen und Springbrunnen und bald hat man wieder ungekünstelte freie Natur, Wiesen und Gebüsch, voll Wild-, Reit- und Fahrwege vor sich.«[13] Eine skulpturale Besonderheit des Parks stellte der »Kaisersaal« dar (Abb. 2), dessen Gestaltung über Johann Dietrich Findorffs Grafik aus dem Jahr 1767 belegt ist. Nugent erwähnt, dass man von einem »Kanal (…) in den sogenannten Kaisersaal (kam), einen Platz, der seinen Namen von den zwölf römischen Kaiserstatuen hat, die hier in die Runde herumstehen. Alle diese Statuen sind aus bloßer Pappe gemacht, aber von der Witterung so gehärtet, als der dauerhafteste Stein.«[14]

Entlang einer Allee sind die Skulpturen zwischen Bäumen aufgestellt. Bei Findorff sind acht auf jeder Seite zu erkennen, so dass Nugents Beschreibung zu korrigieren ist und insgesamt wohl 16 Skulpturen ursprünglich das Ensemble bildeten. Zwischen ihnen

2 Johann Dietrich Findorff, Der Kaisersaal im Park von Ludwigslust, 1767, Radierung, 402 × 421 mm, Staatliches Museum Schwerin, Inv.-Nr. 14446 Gr

flanierten, wie es Findorffs Radierung verdeutlicht, die herzogliche Familie, die Hofgesellschaft und Gäste. Die Kaiserbüsten trugen zur Erbauung bei und regten an, über Philosophie oder Kultur zu sprechen. Bei den Büsten handelte es um Skulpturen in Überlebensgröße auf mächtigen Sandsteinsockeln. Natur und Antike standen in einem Dialog, wobei das Blattwerk und die Stämme der Bäume einen natürlichen Raum schufen, der an das Mittelschiff einer Kirche erinnert.[15]

Vor dem Schloss dominiert die große Kaskade mit den beiden Bassins, die von Johann Joachim Busch geplant wurden. Gestaltungen mit Wasser galten im 18. Jahrhundert als vornehmste Aufgabe der Gartenkunst, so widmete etwa Antoine-Joseph Dezallier d'Argenville einen beträchtlichen Teil seines Lehrbuchs von 1709 der Wassertechnik.[16] Die Ludwigsluster Kaskade bildet ein Parterre d'eau nach französischem Modell. Gleichwohl weicht sie von prominenten Vorbildern beispielsweise in Sanssouci oder Wien ab, weil sie stadtseitig ausgerichtet ist (Abb. 3). Rudolph Kaplunger gestaltete die Figuren der mittleren Skulpturengruppe. Die beiden Flussgötter, die das mecklenburgische Wappen halten, spielen auf Stör und Röcknitz an. Der Stör ist als Attribut ein Rehkopf, der Rögnitz ein Putto mit Fisch zugeordnet. Unterhalb des Wappens läuft das Wasser über zwei Stufen, während es rechts und links der Flussgötter ungebremst herabstürzt. Die Ecken der Kaskade markieren Allegorien der Natur aus Putten, Schilf, Baumstämmen und Wasservögeln. Die Wasserspiele im Garten wie »Circel Cascade«, »Deux Cascades Jet d'Eau« sowie die Waldkaskade werden mit Wasser aus dem Ludwigsluster Kanal gespeist.[17] Die Positionierung der Kaskade vor dem Schloss wirkt demonstrativ, wobei die Allegorien der Flüsse sowohl auf die ästhetische Gestaltung mit Wasser als auch auf die wirtschaftliche Bedeutung der Schiffbarmachung Bezug nehmen. Nugent überliefert, dass Friedrich Zeichnungen einer Kaskade an die Königin geschickt habe.[18] Zum einen lässt diese Notiz auf Entwürfe der früheren Kaskade schließen, zum anderen gibt die Erwähnung der Mechanik einer Uhr oberhalb des Obelisken Auskunft über die Relevanz dieser technischen Meisterleistung.

Johann Joachim Busch plante nicht nur die Kaskade, von ihm stammt auch der Entwurf der Steinernen Brücke von 1760, die Rudolph Kaplunger mit dekorierenden Aufsatzvasen versah. Sodann gab es im Park Skulpturen von Pierre-Philippe Mignot und Nicolas-François Gillet, die sich nicht erhalten haben.[19] Die Skulpturen standen Sabine Bock zufolge vermutlich im Gartenparterre.[20] Nugent bemerkt: »In diesem Garten sind Bas-

3 Große Kaskade auf dem Schloßplatz

4 Friedrich Wilhelm Alexander Benque, 12 Ansichten von Ludwigslust, um 1830, Lithografie, 480 × 590 mm, Staatliches Museum Schwerin, Inv.-Nr. 12560 Gr

sins mit figuriert gehauenen Steinen eingefasst und in jedem Bassin ist ein Springbrunnen. Auch hier sind viele schöne Statuen von Stein, Musik und Malerei vorstellend.«[21] Dem Ludwigsluster Schlossensemble kann eine Lithografie von Friedrich Wilhelm Alexander Benque zugeordnet werden, die sich aus zwölf Skizzen der zentralen Baukörper und einiger Follies im Park zusammensetzt (Abb. 4). In der dritten Reihe sind Grafiken der Ludwigsluster Ruine sowie der Grotte zu erkennen. Oberhalb der Ruine, 1785 nach Plänen von Busch angelegt, ist das von Joseph Ramée entworfene Helena-Pawlowna-Mausoleum[22] situiert, worüber wiederum eine Ansicht des Schlosses platziert wurde. Gegenüber der Ruine wurde auf der Lithografie die Grotte, 1788 in Raseneisenstein ausgeführt, lokalisiert.[23] Bringt man die Baukörper in einen Zusammenhang, der sich von unten nach oben aufbaut, so lässt sich Benques Rückblick im Sinne einer historischen Genealogie deuten, die von der Frühzeit bis zur damaligen Moderne weist. Mittig thront die evangelisch-klassizistische Schlosskirche oberhalb der katholisch-gotischen Kapelle. Zweifelsohne können in einem derartigen Modell aufklärerische Tendenzen gesehen werden, da verschiedene Zeit- und Zivilisationsstufen angesprochen werden. Buschs Ruine etwa im Stile einer verfallenen mittelalterlichen Burg verweist auf geschichtliche und literarische Aspekte eines verklärten Mittelalters, das gleichwohl überwunden ist.

Skulpturen der Kirche und des Schlosses

Die Ludwigsluster Schlosskirche (Abb. 5), 1765 von Johann Joachim Busch begonnen und 1770 vollendet, bezieht sich in ihrem Entwurf auf das römische Pantheon und die St. Hedwigskirche in Berlin, die Georg Wenzeslaus von Knobelsdorff 1746 geplant und Johann Boumann ausgeführt hatte. Bereits 1747 erscheint die Hedwigskirche in Stichen von Jean Laurent Legeay. Der Ludwigsluster Portikus bietet sodann auch Parallelen zu französischen Kirchenentwürfen etwa von Jean-François Thérèse Chalgrin und Jean-François de Neufforge. Äußerlich beeindruckt die Ludwigsluster Kirche durch ihre frühklassizistische Schlichtheit und Konzentration auf die Fassade, worin sie durchaus mit Friedrich Wilhelm von Erdmannsdorffs Wörlitzer Schloss[24] zu vergleichen ist.

Die Attika (Abb. 5, S. 77, Abb. 26) schmücken vier lebensgroße Evangelistenfiguren, die das offenbarte Wort Gottes symbolisieren. Insofern wird nicht ein vordergründiges Bild von Christus präsentiert, sondern die Evangelisten bezeugen sein Wirken, indem sie im pietistischen Sinn darauf hinweisen, dass »das Verlangen nach den Früchten der Predigt und des Glaubens« die zentralen Inhalte der Kirche verkörpern.[25] Positioniert sind die Figuren paarweise rechts und links neben dem klassischen Dreiecksgiebel auf der Attika. Die Evangelisten sind durch die Schriftrollen in ihren Händen namentlich zu identifizieren (Abb. 6–8). Die Faltenwürfe der Gewänder verleihen den auf Untersicht gearbeiteten Figuren eine Dynamik, die den Blick des Betrachters auf sich zieht. Das Gewand des Evangelisten Johannes (Abb. 8) beispielsweise scheint vom Wind bewegt, erstreckt sich doch eine mächtige Falte vom linken Oberschenkel zum rechten Standbein. Den Figuren eignet eine ausgeprägte Individualität, nur bedingt entsprechen sie der ikonografischen Tradition der Heiligen. Zwar wirkt Johannes erkennbar jugendlich, wohingegen Matthäus (Abb. 6) älter anmutet, doch bleiben sie – abgesehen von der inschriftlichen Bestimmung – offen in ihrer Zuordnung. Matthäus wirkt nach innen gekehrt, in der linken Hand hält er die Schriftrolle, während sein rechter Arm in Richtung des auf dem Kirchendach sich erhebenden Kreuzes weist. Wenig bewegt fällt das Gewand des Evangelisten herab, nur einige flache Falten lockern es auf, womit vielleicht auf sein introvertiertes Wesen Bezug genommen werden soll. Die vier Skulpturen schuf der in Mecklenburg geborene Johann Eckstein um 1770. Bevor er für den Ludwigsluster Hof verpflichtet wurde, wirkte er 1765–1768 am Neuen Palais in Potsdam.[26] 1768–1770 war er mecklenburgischer Hofbildhauer, wobei er sich primär als »statuaire« verstand.[27]

Die Attikaskulpturen des Schlosses formulieren gegenüber der Kirche ein rein profanes Programm. Der Umfang von vierzig lebensgroßen Skulpturen erhellt, dass sich Friedrich mit dem Neubau in besonderer Weise positioniert, um seinen fürstlichen Stand gegenüber dem Adel zu verdeutlichen. In ihrem Anspruch vergleichbare Schlösser gibt es in der zweiten Hälfte des 18. Jahrhunderts nicht in Mecklenburg. Fast alle Statuen stammen von dem 1746 in Bechin, Böhmen, geborenen Rudolph Kaplunger, der sich ab 1776 in Ludwigslust aufhielt. Nach Ecksteins Rückkehr nach Potsdam übernahm Kap-

5 Wilhelm Barth, Die Kirche zu Ludwigslust, um 1806, Gouache, 540 × 730 mm, Staatliches Museum Schwerin, Inv.-Nr. 8 Hz

6 Johann Eckstein, Der heilige Matthäus, um 1770, Sandstein, Attikafigur der Kirche

7 Johann Eckstein, Der heilige Marcus, um 1770, Sandstein, Attikafigur der Kirche

8 Johann Eckstein, Der heilige Johannes, um 1770, Sandstein, Attikafigur der Kirche

lunger den Posten des Hofbildhauers, der wie Busch in kongenialer Weise die Vorstellungen Friedrichs umzusetzen verstand. Herzog Friedrich interessierte sich sehr für mechanische Instrumente, die er als eine Art neuer Kunst betrachtete, wie Nugent bemerkt: »Mechanischer Kunstwerke sind hier so viele, daß es mir unmöglich fällt, sie hier alle zu beschreiben.«[28] Die Skulpturen des Schlosses fungieren zwar dienend gegenüber der Architektur, dennoch folgen sie einem inhaltlich fundierten Konzept.

Im 18. Jahrhundert war der Bildhauer in der höfischen Rangfolge dem Maler untergeordnet. Gleichwohl rekrutierten sich aus dem Stand der Steinmetze zumeist die Baumeister. Skulpturale Entwürfe wurden häufig von Malern als sogenannte »Visierungen« vorbereitet.[29] So schuf der Hofmaler Johann Heinrich Suhrlandt 14 zeichnerische Entwürfe im Hinblick auf das Attikaprogramm (Abb. 9). Johann Eckstein schickte eine Liste aus Potsdam und unterbreitete dem Herzog Vorschläge für 35 Figuren, wobei seinerseits eine große Zahl an Tugenden, Künsten und Wissenschaften genannt werden.[30] Interessant ist, dass seine Vorschläge zur Musik – er führt elf allegorische Figuren auf – mit einer Ausnahme nicht ins Programm übernommen wurden. Von den Vorschlägen Suhrlandts hat Eckstein fünf übernommen. Ab 1776 schuf Rudolph Kaplunger Bozzetti in Absprache mit dem Herzog. Wie etwa die Allegorie der »Dichtkunst« belegt (Abb. 10), strahlen die Modelle eine große Frische und bildhauerische Sensibilität aus. Suhrlandts Zeichnung »Die Dichtkunst« vom 16. Juli 1769 (Abb. 9) diente als Anregung und Vorbereitung der großformatigen Allegorie der »Poesie« (Abb. 11), die ihre Zwischenformulierung in dem Bozzetto fand.

Das Skulpturenprogramm verdeutlicht zur Stadtseite hin Grundlagen der naturwissenschaftlichen Erkenntnis (Abb. 12) wie etwa Rechenkunst, Geometrie, Optik; an der rechten Seite finden sich Technik und Landwirtschaft; zum Garten sind Geisteswissenschaften und Künste positioniert; an der linken Seite schließlich erscheinen die Tugenden und das Kriegswesen (Abb. 13).[31] An der Bekrönung des Mittelrisalits zur Stadtseite

9 Johann Heinrich Suhrlandt, Allegorien der Dichtkunst und der Musik, 1769, aus dem Skizzenbuch 1760–1824, Grafit, laviert, Staatliches Museum Schwerin, Inv.-Nr. 250 Hz

stehen sich die Personifikationen einer Sonnenuhr und einer mechanischen Uhr gegenüber.[32] In pietistisch-protestantischer Hinsicht wird somit ein »Carpe Diem« in den Mittelpunkt gestellt, womit im Sinne Hermann Franckes eine Verantwortlichkeit im Umgang mit der Zeit angesprochen wird. Die Allegorie der »Chronologie« wiederum entstand schon vor Kaplungers Ankunft in Mecklenburg und wurde bereits als fertige Figur angekauft. Das Tonmodell ist auf 1776 datiert, so dass sich Kaplunger damit in Ludwigslust beworben haben könnte. Hinsichtlich der Bekleidung weicht die »Chronologie« von den übrigen Allegorien ab, indem ihr Körper teilweise sichtbar bleibt. Friedrich bestand darauf, dass alle Skulpturen mit Tüchern bedeckt sind. In der Regel hat Kaplunger Schnürungen als Betonung der Taille der Figuren vorgesehen, um die Gewänder möglichst am Körper zu halten. Wie bei Ecksteins Figuren auf der Attika der Schlosskirche zeigen sich bei ihm differenzierte Faltenwürfe, unterschiedlichste Physiognomien, Haartrachten und Körperhaltungen. Wesentlich sind die Attribute, die in ihrer Größe und ihren Proportionen so gestaltet wurden, dass man sie auch von unten erkennen kann. Die Individualität der Figuren und die Stringenz der skulpturalen Formung sind bestechend, was die große künstlerische Qualität Kaplungers unterstreicht. Zuweilen fehlt es seinen Skulpturen an Eleganz und Leichtigkeit, was sicherlich der großen Anzahl geschuldet ist.

Die Figuren sind primär als Bauplastiken zu betrachten, die in einem deutlichen Zusammenhang zur Architektur stehen. Sie nehmen Bezug auf den Baukörper und seine Gliederung, indem sie die Pilaster der Fassadengliederung nach oben fortsetzen. Fassade und Figuren bestehen aus demselben Sandstein, insofern betonen sie die Homogenität des Gebäudes. Sandstein wurde entsprechend der zeitgenössischen Architekturauffassung als höherwertiger Werkstoff gegenüber dem Backstein betrachtet. Insofern hebt sich das Schloss über das Material von den umliegenden Häusern ab. Gemäß der Architekturtheorie Francesco Algarottis sollte die architektonische Form aus der »Natur und dem Wesen der Materie selbst« hergeleitet werden.[33] Darüber hinaus ist Johann Joachim Busch, der die Residenz entwarf, unter anderem von Charles Étienne Briseux, Jacques-François Blondel und auch Andrea Palladio beeinflusst worden. Die Bibliothek des Herzogs umfasste nahezu alle bedeutenden Architekturtraktate der Zeit.[34] Auf eine weitreichende Kenntnis der Architektur weisen sodann die Pläne, Risse und Karten hin, die sich in herzoglichem Besitz befanden.[35] Gleichwohl ging Busch sehr frei mit Vorlagen und Vorbildern um.

Zum Attikaschmuck gehören nicht nur die erwähnten Skulpturen, sondern auch zwei Vasentypen, die zwischen den Figuren stehen und die Serialität der Skulpturenreihung brechen. Die Vasen stammen vermutlich von Kaplungers Gehilfen Martin Sartorius. Kaplunger arbeitete 1776–1790 an den Attikaskulpturen, also über einen Zeitraum von 13 Jahren. 1796 waren noch nicht alle Figuren realisiert, was aus der Bewerbung des Bildhauers Franz Pettrich aus Dresden hervorgeht, der die noch fehlenden Skulpturen zu vollenden gedachte.[36]

10 Rudolph Kaplunger, Die Poesie, um 1776, Bozzetto (heute zerstört, historische Aufnahme, Archiv Staatliches Museum Schwerin)

11 Rudolph Kaplunger, Allegorie der Dichtkunst, nach 1770, Sandstein, Attikafigur des Schlosses

12 Allegorie der Hydrostatik, nach 1770, Sandstein, Attikafigur des Schlosses

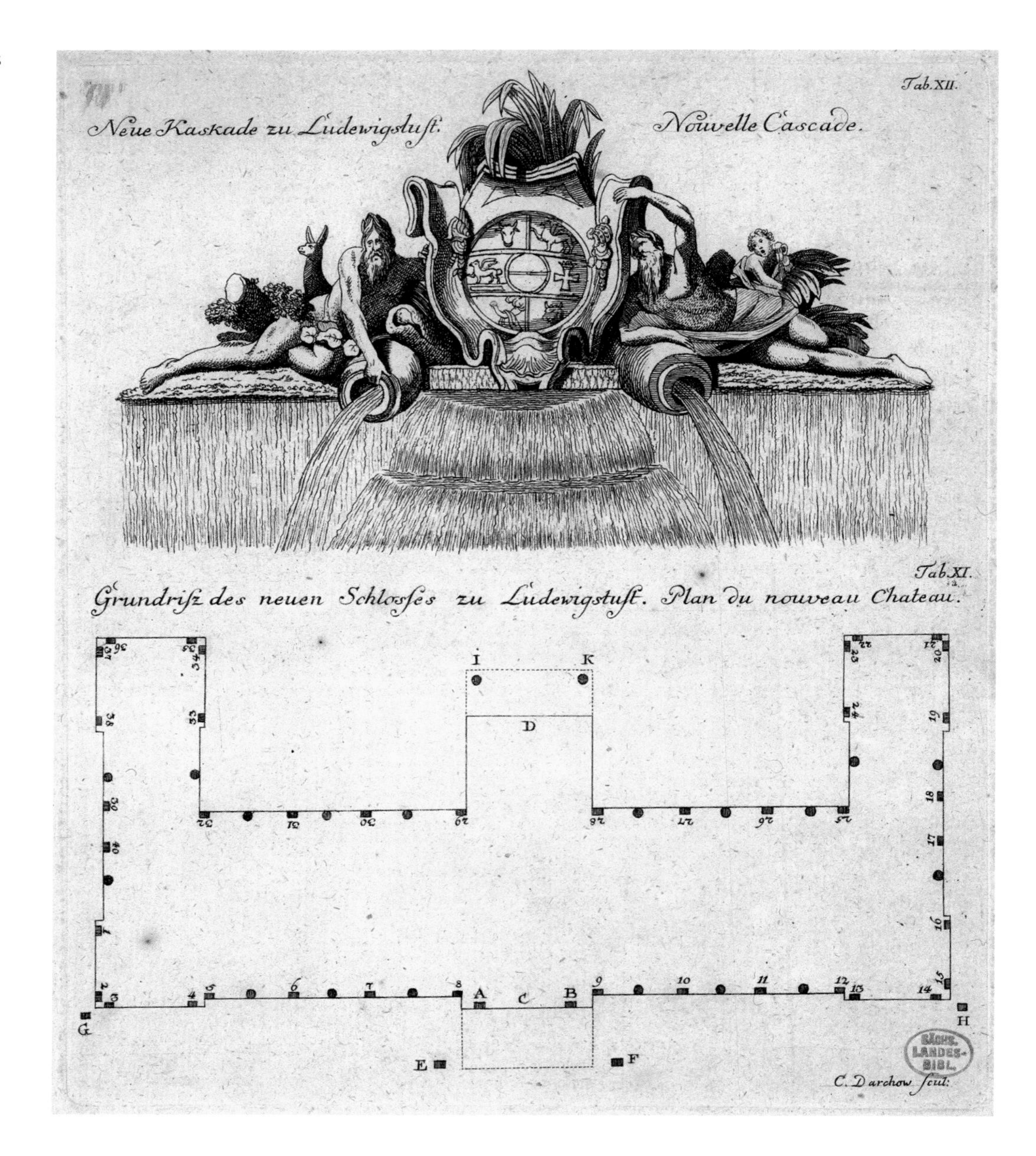

13 C. Darchow, Grundriss des neuen Schlosses zu Ludwigslust, 1782, Radierung, in: Vues Du Chateau et du Jardin de Ludwigslust, Berlin/Stettin 1782, wieder abgebildet in: Nugent (1781/82) 2000, S. 475

Das dezidiert wissenschaftlich-technische sowie künstlerisch-philosophische Programm der Attikaskulpturen erscheint mehr als ungewöhnlich im Kontext eines Schlossbaus des späten 18. Jahrhunderts. Inhaltlich spielt das Programm auf die Vielfalt des Wissens und das besondere Interesse seiner Bewohner an. In das Gesamtkunstwerk von Schloss, Kirche, Garten und Stadt integriert Friedrich die Allegorien der Skulpturen und veranschaulicht die Universalität des Wissens seiner Zeit, die als Maßstab seiner Regentschaft betrachtet werden kann.

Die Skulpturen Jean-Antoine Houdons

In den Jahren 1771 und 1773 hielt sich Jean-Antoine Houdon in Gotha auf, um mit den dort residierenden Herzögen Gespräche über Aufträge zu führen. 1775 besuchte den gefragten Bildhauer der Weimarer Erbprinz Carl August zu Sachsen-Weimar-Eisenach in Paris. Und auch Erbprinz Friedrich Franz von Mecklenburg-Schwerin, Neffe von Herzog Friedrich, weilte im November 1782 gemeinsam mit seiner Gemahlin Louise in Paris, um Houdon in seinem Atelier aufzusuchen.[37] Vermittler und Begleiter der Reise war Baron Friedrich Melchior Grimm, der nach einer Hauslehrertätigkeit in Diensten des Grafen August Heinrich von Friesen stand und in Paris lebte. Grimm informierte in seiner »Correspondence littéraire, philosphique et critique« über das gesellschaftliche Leben in der französischen Metropole.[38] Unter anderem weckten die Berichte über die alle zwei Jahre stattfindenden Kunstausstellungen des Pariser Salons das Interesse seiner Leser. Ebenso führte er Adlige zu Künstlern und machte sie miteinander bekannt.

Seit der Zeit Ludwigs XIV. entwickelte sich Paris zunehmend zum kulturellen und geistigen Zentrum in Europa.[39] Man orientierte sich hinsichtlich der Mode an Frankreich, so wurde die Contouche – auch Robe à la Française[40] genannt – zum vorherrschenden weiblichen Kleid in Europa. Einkäufe von Luxuswaren wie Geschirre, Silberservice, Tapisserien, Möbel oder Kunstwerke wurden in Paris getätigt.[41] Bekannt ist, dass der Prinz aus Mecklenburg auf seiner Bildungsreise auch das Institut des enfants trouvé besuchte, dem Jean-Jacques Rousseau seine eigenen fünf Kinder anvertraute.[42] Somit standen nicht nur kulturelle Interessen im Vordergrund, man verweilte ebenso an Orten, die eine gesellschaftliche und sozialpolitische Bedeutung besaßen. Während seines Aufenthalts gewann Friedrich Franz Einblicke in die Bibliothek des Königs in der Rue Richelieu, in der auch Houdon sein Atelier hatte. Zweifelsohne war das Paar bei ihrem Besuch des Künstlers beeindruckt von dessen bildhauerischen Werken, so dass sie Bildnisse in Auftrag gaben. Die erste Sitzung fand mit Louise statt, während sich Friedrich Franz noch in Versailles aufhielt. Louises Büste erscheint differenzierter als jene ihres Gemahls, was darauf hindeutet, dass Houdon für ihr Bildnis mehrere Sitzungen zur Verfügung hatte. Louises Haare erscheinen im Stile der Zeit einfach, und auch das Kleid wirkt schlicht. In Ansätzen bestehen Bezüge zur Büste der Kaiserin Katharina II. von Russland, wo ebenfalls eine noch barock anmutende Draperie über das Kleid gelegt wurde.[43] Über das Fortschreiten des Bildnisses schreibt Louises Begleiterin Juliane von Rantzau, dass die Gesichtszüge bereits innerhalb des Monats nachgebildet gewesen seien und auch keiner weiteren Perfektionierung bedurft hätten.[44] Friedrich Franz wiederum ließ sich in schlichter Uniform porträtieren. Als einzigen Schmuck trägt er den Orden und das Band des dänischen Elefantenordens, der jedoch von dem Revers seines Rocks zur Hälfte überlagert ist (Abb. 14). Der noch recht jugendlich wirkende Friedrich Franz blickt bestimmt nach vorne. Ein leichtes Lächeln ist den Zügen des Mundes zu entnehmen. Die Schlichtheit seines Porträts bringt ihn in Beziehung zu den Aufklärungsbildnissen Houdons, etwa den Büsten Condorcets, d'Alemberts oder Rousseaus (Abb. 15). Die Werke des Prinzenpaares wurden im Frühjahr 1783 im Pariser Salon ausgestellt.[45]

Friedrich Franz hegte im Bereich der Malerei wie der Skulptur ein ausgesprochenes Interesse an der Physiognomie, dem Houdon in seinen Bildnissen in besonderer Weise entspricht, steht er doch den empirischen Strömungen der Aufklärung nahe.[46] Dies hatte zur Konsequenz, dass Houdon ganz offensichtlich mit der »skulpturalen Lobrede« der Vergangenheit gebrochen hat.[47] Der Prinz bestellte nicht nur die eigenen Büsten, sondern noch zwölf weitere Kopien bereits vorhandener Skulpturen Houdons, darunter Porträts von Aufklärern, Naturwissenschaftlern und Philosophen, die das neue Denken und die gesellschaftlichen Veränderungen in Frankreich vorbereiteten.[48] Willibald Sauerländer nennt Houdon den »Ikonographen«[49] der französischen Aufklärung: »Aus Houdons Werk spricht eine neue physiognomische Neugier, die nach dem Gesicht als dem Spiegel einer modernen beweglichen Intellektualität und der Sentimentalität des Genies fragt.«[50]

Am 9. Januar 1783 vermerkte Fürst Ludwig Günther II. von Schwarzburg-Rudolstadt in seinem Tagebuch: »Es kahm den Nachmittag eine Estaffette (Nachricht), daß die Frau Schwester von der hiesigen Erbprintzeß, mit ihren Herrn den Erbprintz von Mecklenburg Schwerin, den 11. dieses alhier seyn wolten, wie sie es längst versprochen gehabt, sie haben vor den Jahr eine Reiße durch Holland nach Engeland, u. Franckreich gethan, u. kamen nun über Strasburg, Studcart (Stuttgart), Anspach (Ansbach) u. Coburg

14 Jean-Antoine Houdon, Erbprinz Friedrich Franz von Mecklenburg-Schwerin, 1783, Terrakotta, H. 60 cm, Staatliches Museum Schwerin, Inv.-Nr. Pl. 267

15 Jean-Antoine Houdon, Jean-Jacques Rousseau, 1778, Gipsabguss, getönt, H. 88 cm, Staatliches Museum Schwerin, Inv.-Nr. Pl. 281

zurück, um wieder nach Schwerin zu gehen.«[51] Im Gepäck befanden sich Kopien der von Houdon gefertigten Porträtplastiken, die als Geschenke für Louises Schwester gedacht waren.

Neben Houdon schuf der Bildhauer Johann Jürgen Busch Skulpturen für Friedrich Franz I. Er war der Sohn des Hofebenisten Daniel Heinrich Busch und Neffe des Ludwigsluster Hofarchitekten Johann Joachim Busch. Seine Ausbildung erhielt Johann Jürgen in Kopenhagen, dem damaligen Zentrum des Klassizismus, wo ihn der vielgeachtete Johannes Wiedefeld unterrichtete. Wiedefeld war ein Freund von Johann Joachim Winckelmann, der das Studium antiker Bildwerke in Rom empfahl. Johann Jürgen beendete 1782 sein Studium in Kopenhagen mit dem Preis der Kleinen Goldmedaille. Gemeinsam mit seinem Freund Asmus Jacob Carstens, und ausgestattet mit einem Stipendium Herzog Friedrichs, zog er 1783 nach Rom, um seine Ausbildung fortzusetzen.[52] In den folgenden Jahren weilte Busch ausschließlich in der Stadt am Tiber und betrachtete sie als seine eigentliche Heimat, wodurch er in Konflikt zu seinem mecklenburgischen Gönner geriet. Trotz Drohungen kehrte Busch nicht mehr in die Heimat zurück, um bildhauerisch in Ludwigslust tätig zu sein. Gleichwohl entstanden in Rom herausragende Bildwerke aus Marmor wie etwa die Büste der Aphrodite von Knidos oder der sogenannte Narciss oder Antinous, die Busch kopierte und nach Mecklenburg sandte. Im Laufe der Jahre entwickelte er zwar eine eigene akademisch-klassizistische Bildsprache, die jedoch von Friedrich Franz nicht sonderlich geschätzt wurde, sah dieser doch in den Skulpturen keine autonomen Kunstwerke.[53]

Aspekte der skulpturalen Reproduktion

Schon vor dem Bau des neuen Schlosses entstand in Ludwigslust eine Papiermaché-Werkstatt. Hier wurden Zierformen, Bilderrahmen, Kapitelle, Türornamente bis hin zu Tafelaufsätzen für den höfischen Gebrauch hergestellt. Der Manufaktur stand Johann Georg Bachmann vor, der in kreativer Weise hinsichtlich der Anwendungsmöglichkeiten und der Haltbarmachung mit dem Material experimentierte. Ab 1780 stellte er Kopien von Plastiken her, eignete sich doch Papiermaché auch in besonderer Weise für Abformungen. So wurden Skulpturen aus Ludwigslust in dem »Journal des Luxus und der Moden« angeboten.[54] 1784 ergänzte man das Skulpturenprogramm um Büsten von

16 Herzogliche Kartonfabrik, Venus Medici, 1790, Nachbildung der Marmorstatue in den Uffizien, Florenz, Papiermaché, weiß getönt, H. 155 cm, Staatliches Museum Schwerin, Inv.-Nr. Pl. 251

Aufklärungsphilosophen und Herrscherporträts, unter anderem des preußischen Königs Friedrich Wilhelm II. und des Herzogs Friedrich nach den Bildnissen von Rudolph Kaplunger. Die anderen Vorlagen bildeten Gipsabgüsse von Originalen, die man aus der Rostischen Kunsthandlung in Leipzig bzw. von Dominicus Seewald aus Berlin bezog.[55] Verkaufsverzeichnisse gab es ab 1783, worin 22 Büsten – 14 davon nach antiken Vorbildern – angeboten wurden. Unter den Büsten der neueren Denker befanden sich Kopien von Newton, Lavater und Lessing.

Nach dem Tod Herzog Friedrichs kamen die Abformungen der »Venus Medici« (Abb. 16) und Houdons »La Frileuse« (S. 249, Abb. 7) ins Programm. Die »Frierende« als Allegorie des Winters, 1781 von Houdon geschaffen, wurde 1783 im Pariser Salon abgelehnt, vermutlich aufgrund der erotischen Freizügigkeit. Houdon zeigt in der Darstellung des Winters ein junges Mädchen, obgleich die ikonografische Tradition eine alte Frau vorsah. Dies dürfte andererseits der Grund gewesen sein, dass die Skulptur erfolgreich verkauft wurde. So befindet sich noch heute eine Kopie im Bestand der Sammlung des Fürsten Ludwig Friedrich II. von Schwarzburg-Rudolstadt in der Version aus »Ludwigsluster Carton«. Damit erfuhr das Ludwigsluster Skulpturenprogramm eine Ausweitung auf die Sphäre anderer Höfe wie auch des gebildeten Bürgertums.

1 Johann Friedrich Künneckes Geburtsjahr ist bisher nicht geklärt; gestorben ist er in Neustadt 1738, zur Biografie: Neumann/Grigoleit 2006, S. 10.
2 Wiese 2005, S. 22.
3 Von Spener und auch Francke befanden sich Bücher in der Bibliothek des Herzogs; zur Verbindung von Augusta Herzogin zu Mecklenburg-Güstrow und Hermann Francke vgl. u. a. den Brief von 1709, in: Klosterberg 2013, S. 164.
4 Berlin 2004, S. 79.
5 Voss 2012, S. 127–143.
6 Nugent (1781/82) 2001, S. 340.
7 Vgl. dazu die Suhrlandt-Zeichnung aus dem Skizzenbuch von 1760–1824 im Kupferstichkabinett des Staatlichen Museums Schwerin, Inv.-Nr. 250 Hz.
8 Nugent (1781/82) 2000, S. 339.
9 Badstübner-Gröger 1972, S. 18; vgl. dazu auch Krautwurst 1988a. Ich danke Achim Bötefür und Dirk Handorf vom Landesamt für Kultur und Denkmalpflege Mecklenburg-Vorpommern, Landesdenkmalpflege, für die Möglichkeit der Einsicht.
10 Krautwurst 1988a, S. 9.
11 Hesse 2004, S. 83ff., mit Abbildung des Gemäldes von Pierre-Denis Martin, 1723, das Schloss Marly von der Südseite zeigt.
12 Friedrich im Brief an seinen Vater vom 24. Juli 1738, Landeshauptarchiv Schwerin (LHAS), 212-1/7, Nr. 296. Zitiert nach Schönfeld 2011, S. 186.
13 Nugent 1781 (2000), S. 328.
14 Ebd.
15 Zweifelsohne erscheint die »natürliche Kirche« auf dem Stich Findorffs als eine Art weiterentwickelte »Urhütte« im Sinne von Marc-Antoine Laugiers, Hesse 2004, Abb. S. 147.
16 Dezallier 1760, S. 179.
17 Vgl. dazu die Abbildungen in: Nugent (1781/82) 2000.
18 Ebd., S. 331.
19 Ebd., S. 328.
20 Vgl. die Anmerkung von Sabine Bock in: ebd.
21 Ebd.
22 Pentz 2010, S. 40.
23 Kreuzfeld 2001, S. 48ff.
24 DaCosta Kaufmann 1998, S. 455, bemerkt: »Der Architekt von Schloß Ludwigslust, Johann Joachim Busch, erbaute das Schloß in der Achse der von ihm 1765–1770 errichteten Stadtkirche, deren dem Schloß zugewandte Fassade mit ihrer pyramidalen Form eine gewisse Vertrautheit mit Piranesi verrät.« Weiterhin wird erwähnt, dass Busch denselben Kreisen nahestand, in denen Erdmannsdorff in Rom verkehrte.
25 Schmidt 1972, S. 33.
26 Krüger 1964, S. 54.
27 Krautwurst 1988a, S. 15.
28 Nugent (1781/82) 2000, S. 320
29 Warnke 1996, S. 244.
30 Krüger 1964, S. 54
31 Folgende Allegorien finden sich auf der Attika: Hydraulik (Frau in knielangem Gewand, die linke Hand auf einer archimedischen Wasserschraube); Hydrostatik (Frau, die aus einer Flasche Wasser auf eine schiefe Ebene gießt); Aerometrie (junger Mann, der versucht, die Magdeburger Halbkugeln auseinanderzuziehen); Mechanik (bärtiger Mann mit Seiltrommel und Zahnrad); Architektur (weibliche Figur mit Zirkel); Algebra (bärtiger Mann mit Tafel, auf der eine mathematische Formel steht); Trigonometrie (weibliche Figur mit Dreieck); Perspektive (weibliche Figur hält ein Blatt mit perspektivischer Zeichnung); Chronologie (bärtiger Mann mit Uhr); Hydrotechnik (junger Mann mit Urne, aus der Wasser fließt); Ackerbau (männliche Figur mit Pflug); Gärtnerei (weibliche Figur mit Sichel und Früchten); Kräuterkunst (bärtiger Mann mit Kräuterwurzeln und Bienenkorb); Chemie (bärtiger Mann mit Kapuze am Ofen mit Destillierkolben); Philosophie (alter bärtiger Mann im Disputiergestus); Rhetorik (bärtiger Mann im Redegestus); Poesie (weibliche Figur mit Buch und Leier); Historie (geflügelte Frau schreibt in ein Buch); Musik (weibliche Figur mit Musikinstrumenten); Bildhauerei (bärtiger Mann mit Büste der Athene); Gnomonik (weibliche Figur mit Buch); Geographie (junger Mann mit Krone und Erdkugel); Astronomie (älterer Mann mit Zylinder, auf dem Tierkreiszeichen zu sehen sind); Optik (junge Frau mit Tafel und Brennglas); Geometrie (weibliche Figur mit kleiner Pyramide); Mathematik (bärtiger Mann mit Tafel); Dioptrik (weibliche Figur mit Mikroskop); Katoptrik (weibliche Figur mit katoptrischem Zirkel); Festungskunst (junger Mann mit Zirkel und Festungsmodell); Artillerie (weibliche Figur neben Kanone); Gerechtigkeit (weibliche Figur mit Schwert und Waage); Weisheit (weibliche Figur mit Spiegel und Schlange); Freude (sich bekränzende weibliche Figur); Überfluss (weibliche Figur mit Füllhorn); Belohnung (weibliche Figur mit Urkunde); Fleiß (weibliche Figur mit Emblem und Pfeil); Genie (junger Mann, aus dessen Gewand ein Affe hervorschaut);

Feldmesskunst (weibliche Figur mit Ellenmaß); Nivellierkunst (weibliche Figur mit Wasserwaage und Tafel); Die Malkunst (weibliche Figur mit Palette); vgl. Krüger 1964, S. 57–61, dort auch weitere Spezifizierungen.
32 Nugent (1781/82) 2000, S. 475, insbesondere Anm. 311 von Lorenz Karsten.
33 Zitiert nach Poerschke, 2014, S. 57–58. Algarotti genoss in Deutschland eine große Popularität, er war um 1740 Berater Friedrichs II. von Preußen, mit dem er Reisen unternahm. Ab 1742 beriet er den sächsischen König August III., 1747 weilte er wieder in Berlin, wo er den preußischen König hinsichtlich seiner Bauvorhaben in Potsdam beriet. Zu Algarottis Bedeutung vgl. auch Haskell 1996, S. 487–505.
34 Denkmalpflegerische Zielstellung für Schloss Ludwigslust, Institut für Denkmalpflege Berlin, 28. Januar 1988, S. 10 u. Abb. 5. Algarotti brachte die Ideen Palladios nach Preußen, dazu Haskell 1996, S. 488 und 500.
35 Vgl. dazu den sogenannten Mecklenburgischen Planschatz in der Landesbibliothek, dem Landeshauptarchiv sowie dem Staatlichen Museum Schwerin, wo über 600 Zeichnungen und Grafiken aufgetaucht sind.
36 Krautwurst 1988a, S. 28.
37 Hegner 2000, S. 191.
38 Die von Grimm herausgegebene »Correspondence littéraire, philosphique et critique à un souverain d'Allemagne« war in fürstlichen Kreisen sehr beliebt und wurde z. B. in Gotha, Weimar, Hessen, Darmstadt und Preußen gelesen. Dazu Frank 2005/06, S. 182: »Ce qu'on nomme le grand monde de Paris«.
39 Frank 2006, S. 78.
40 Schlansky 2010, S. 111.
41 Vgl. das Reisetagebuch der Juliane von Rantzau 1782/83, LHAS, Nr. 4280, in: Steinmann 1911, S. 208; vgl. auch Solodkoff 2004, S. 8.
42 Steinmann 1911, S. 207.
43 Jean-Antoine Houdon, Büste Zarin Katharina, Staatliches Museum Schwerin, Inv.-Nr. Pl. 277.
44 Vgl. das Reisetagebuch der Juliane von Rantzau 1782/83, LHAS, Nr. 4280: »Au mois les traits étaint formés et n'attendaint que la main du maitre pour perfectioner«, zitiert nach Steinmann 1911, S. 208.
45 Ebd., S. 208, Anm. 1.
46 Sauerländer 2000, S. 9.
47 Ebd., S. 9–10.
48 Mansfeld 1955, S. 5.
49 Sauerländer 2000, S. 5.
50 Ebd., S. 6.
51 Zitiert nach Winkes 2014.
52 Lissok 2008, S. 36.
53 Hegner 2012/13, S. 58.
54 Ebd., S. 66.
55 Ebd.

Jörg-Peter Krohn

Der lange Weg zum Museum in Schloss Ludwigslust

Das Schloss im 19. Jahrhundert und die ersten öffentlichen Führungen in den 1920er Jahren

Als Großherzog Friedrich Franz I. von Mecklenburg-Schwerin nach einer mehr als fünzigjährigen Regentschaft 1837 starb, verlegte sein Enkel und Nachfolger Paul Friedrich die Hofhaltung nach Schwerin zurück. Dennoch wurde Schloss Ludwigslust weiterhin genutzt, von Mitgliedern der herzoglichen Familie bewohnt und für prachtvolle Festlichkeiten aufgesucht. So fand 1849 die Vermählung von Friedrich Franz II. mit seiner ersten Gemahlin Auguste von Reuß-Schleitz-Köstritz im Schloss statt.[1] Später sollte hier auch das erste Kind des Paares, Friedrich Franz, geboren werden. Zur Taufe im Mai 1851, die im Goldenen Saal vorgenommen wurde, war auch Friedrich Wilhelm IV. von Preußen zugegen. Weitere wichtige Feste richtete die herzogliche Familie zwischen 1843 und 1857 aus, in einer Zeit, in der das Schweriner Schloss einen grundlegenden Umbau erfuhr und man gern auf Ludwigslust auswich.

Die wachsenden Bedürfnisse und Ansprüche an den Wohnkomfort führten immer wieder zu Veränderungen am Schloss. Zum Beispiel plante 1859 der Landbaumeister Georg Friedrich Burtz den Umbau des Erdgeschosses im Ostflügel, um geeignete Wohnungen für die beiden ältesten Söhne des Großherzogs Friedrich Franz II., Friedrich Franz (III.) und Paul Friedrich, einzurichten.[2] Zu dieser Zeit war auch der Hofbaumeister Hermann Willebrand wiederholt mit Planungen zum Umbau des Schlosses betraut. Der große Raum der Bildergalerie etwa wurde 1880 aufgegeben und in eine Wohnung für den Erbgroßherzog Friedrich Franz (III.) umgestaltet.[3] Während der jüngst erfolgten Sanierung konnten diese Einbauten entfernt werden, so dass die Bildergalerie heute einen Eindruck ihrer ursprünglichen Gestalt vermittelt. Durch die umfassenden Baumaßnahmen Willebrands in verschiedenen mecklenburgischen Palais und Schlössern kam es auch zur Verlagerung von Raumausstattungen. Ein historistischer Porzellankamin mit Spiegel und Kronleuchter aus Meissener Porzellan, der aus dem 1878 ebenfalls umgebauten Neustädtischen Palais in Schwerin stammte, gelangte beispielsweise nach Ludwigslust.[4] Das Ensemble, ergänzt durch zwei Kandelaber aus Porzellan, fand seinen neuen Bestimmungsort im Kabinett südlich der Bildergalerie.[5] Willebrand verantwortete die Neuausstattung weiterer Räume, unter anderem gestaltete er 1878 den Kirchensaal in einen Jagdsaal um.[6] Wohl in den 1880er Jahren wurde weiterhin eine Warmwasserheizung[7] eingebaut, um 1900 folgte die Einrichtung von Bädern. Das Schloss erhielt 1910 elektrischen Strom.[8]

Die Revolution im Jahr 1918 zwang die herzogliche Familie, Schloss Ludwigslust zu verlassen. Am 14. November hatte der Großherzog von Mecklenburg-Schwerin Friedrich Franz IV. abgedankt. Die Familie ging ins Exil nach Dänemark und lebte auf Schloss Sorgenfri. Aus dem Herzogtum Mecklenburg-Schwerin wurde der Freistaat Mecklenburg-Schwerin. Im Rahmen des Auseinandersetzungsvertrages, der am 17. Mai 1920 in Kraft trat, erkannte man schließlich das Eigentum des Großherzogs an den beweglichen Objekten aus den herzoglichen Häusern und Schlössern an. Schloss Ludwigslust blieb

E. Conze, Das Vorzimmer des Herzogs in Schloss Ludwigslust, um 1930, Aquarell, 620 × 472 mm, Staatliches Museum Schwerin, Inv.-Nr. 7210 Hz

1 Blick in das Speisezimmer im ersten Geschoss des Westflügels von Schloss Ludwigslust, in: Brandt 1925, S. 126

2 Wohnzimmer der einstigen erbgroßherzoglichen Wohnung im zweiten Geschoss des Westflügels von Schloss Ludwigslust, in: Brandt 1925, S. 171

weiterhin im Besitz der herzoglichen Familie, die im Sommer und Herbst 1920 auch zurückkehrte.[9] Das Leben in Ludwigslust mochte von nun an wieder in ruhigeren Bahnen verlaufen und doch hatte es sich grundlegend verändert. Ab dieser Zeit hatte die Bevölkerung Zugang zum Schloss.[10] An ausgewählten Tagen fanden öffentliche Führungen durch einzelne möblierte Räume des Westflügels statt (Abb. 1–2). Die Ursprünge des heutigen Museums sind in diesen ersten Führungen und öffentlich zugänglichen Räumen zu sehen. Christian Ludwig schrieb in seinen Lebenserinnerungen: »Weihnachten 1920 feierten wir bereits in Ludwigslust, das bis 1945 unser ständiger Wohnsitz blieb. Wir wohnten im gesamten Ostflügel, einschließlich des Mitteltrakts. Der Westflügel wurde Museum. Man mußte in Kauf nehmen, daß an den Tagen, an denen Führungen stattfanden, der Haupteingang immer voller Menschen war.«[11]

Der Zweite Weltkrieg hatte auch Auswirkungen auf Schloss Ludwigslust. Schon vor den Luftangriffen der amerikanischen und britischen Streitkräfte im Rahmen der »Operation Gomorrha« auf Hamburg im Sommer 1943 waren in den früheren Hofdamenzimmern im dritten Geschoss Betten zur Aufnahme von Flüchtlingen eingerichtet worden.[12] In den letzten Kriegsjahren mehrte sich die Zahl der Personen, die im Schloss untergebracht wurden. Zu den Räumlichkeiten dürften auch die für die Öffentlichkeit zu besichtigenden Säle gehört haben.

Das Schloss nach dem Zweiten Weltkrieg

Der 1. Mai 1945, an dem die amerikanischen Truppen in Ludwigslust eintrafen, bezeichnet ohne Zweifel einen der bedeutendsten Tage innerhalb der neueren Geschichte des Schlosses (Abb. 3). Bereits am Abend des folgenden Tages unterzeichneten General Kurt von Tippelskirch, Oberbefehlshaber der 21. Deutschen Armee, und General James M. Gavin, Divisionskommandeur der 82. US-Luftlandedivision, im Goldenen Saal des Schlosses die Kapitulation.[13] Schon einen Monat nach Unterzeichnung der Kapitulation ging Ludwigslust von den Amerikanern in die Hände der englischen Militärverwaltung über, zu denen sich der mecklenburgische Herzog Christian Ludwig, der mit seiner Familie bis 1945 in Schloss Ludwigslust lebte, positiv äußerte: »Die Engländer erlebte ich selber. Der Brigadier, der mit seinem Stab im Schloss wohnte, war sehr korrekt«.[14] Kaum aber hatten sich die Menschen in Ludwigslust an die englische Administration gewöhnt, kam es zu erneuten, ganz grundsätzlichen Umwälzungen: Am 28. Juni 1945 marschierten die russischen Truppen ein und blieben schließlich bis zum 7. Mai 1992 in der ehemaligen Residenzstadt (Abb. 4). Herzog Christian Ludwig wurde gefangen genommen und überstand nach der Deportation nach Moskau die gefürchteten Gefängnisse Lubjanka und Butirskaja. Er war zu 25 Jahren Haft verurteilt worden, kehrte 1953 jedoch vorzeitig aus der Kriegsgefangenschaft nach Deutschland zurück und lebte danach auf dem Gut Eckernförde in Schleswig-Holstein.[15]

Die sowjetische Administration wurde in Schloss Ludwigslust angesiedelt. Aber auch zahlreiche Flüchtlinge und Vertriebene fanden in den Räumen zeitweise Unterkunft. Mit weitreichenden Folgen war die Bodenreform verbunden, die ab September 1945 in der Sowjetischen Besatzungszone realisiert wurde. Nicht nur Güter, Bauernhöfe und Grundbesitz, der mehr als 100 Hektar aufwies, sondern ebenso Mobilia wurden entschädigungslos enteignet – obwohl die Beschlagnahme dieser mobilen Güter vom entsprechenden Befehl der »Sowjetischen Militäradministration in Deutschland« (SMAD) nicht gedeckt war, was nach 1994 in allen Teilen der ehemaligen DDR zu zahlreichen und teils langwierigen Restitutionsverhandlungen und Restitutionen führte. Auf Befehl Nr. 209 der SMAD gewann man angesichts der schwierigen Baustoffbeschaffung für die Neubauernhäuser im Bedarfsfall Baumaterial aus abgebrochenen Gutshäusern. Von den circa 2300 Guts- und Herrenhäusern in Mecklenburg wurden durch einen Ministerratsbeschluss am 12. April 1952 nur 21 Guts- und Herrenhäuser unter Denkmalschutz gestellt und für eine Nutzung als Altersheim, Krankenhaus oder Schule empfohlen.[16] Das ehemals in großherzlichem Besitz befindliche Schloss bildete später, ab 1947, den Sitz der Verwaltung des Landkreises Ludwigslust.

Zwar hatte der historische Stadtkern Krieg und Zerstörung unbeschadet überstanden, doch hinterließ die neue Nutzung gravierende Spuren an den Kunstsammlungen und der Innenausstattung des Ludwigsluster Schlosses, wie man eindrücklich in den Akten des Landesamtes für Kultur und Denkmalpflege nachlesen und heute noch sehen kann. So wurden im Winter 1945/46 Möbel und die großherzogliche Bibliothek als Heizmaterial verwendet. Darüber hinaus ließ die russische Kommandantur Kunstwerke abtransportieren. Das Gemälde aus der Werkstatt von Thomas Gainsborough mit dem Porträt der Königin Charlotte von England diente gar als Schutzdach für einen Hühnerstall.[17] Bei einer Begehung des Schlosses am 4. September 1946 stellte der Landeskonservator Paul Viering fest, dass ein Großteil des Mobiliars, die Kronleuchter und viele Gemälde fehlten und nur wenige Stücke gesichert werden konnten.[18] Ein kleiner Teil der Bibliothek tauchte in den 1990er Jahren als Schenkung aus Privatbesitz an die Landesbibliothek Mecklenburg-Vorpommern wieder auf.

Am 29. Januar 1947 übergab die russische Kommandantur das Schloss dem Landrat des Kreises Ludwigslust, der von nun an auch das Inventar verwaltete. Da die erhaltene Übergabeliste nicht detailliert ausgearbeitet wurde, sondern lediglich Bestandsgruppen

3 Parade der Alliierten auf dem Schloßplatz im Mai 1945

4 Russische und amerikanische Soldaten im Juli 1945 im Schloss

aufführt – 34 Tische, 83 Stühle, 40 Schreibtische, 52 Bilder, 21 Büsten, eine Handvoll Gemälde, 55 Spiegel, 5 Uhren und Möbel – haben wir keine genaue Kenntnis über das zum damaligen Zeitpunkt übergebene Inventar.[19] Deshalb lässt sich durch diese, von der sowjetischen Verwaltung aufgestellte Liste der Verlust, den das Schloss erfahren hatte, nicht näher spezifizieren. Folgende Äußerung des Herzogs Christian Ludwig ist bekannt: »Um neun Uhr begann grosses Inventaraufnehmen im Schloss wobei alle helfen mussten. Lobsin, Lange und Schulz gingen ja mit mehreren Offizieren durch die Zimmer und nahmen den Inhalt in gr. Zügen zu Papier (...)«.[20] Heute können wir nur mehr konstatieren, dass das Schloss in der Zeit nach dem Zweiten Weltkrieg herbe Verluste in seiner einstigen Ausstattung erlitt. Über den bereits erwähnten Umgang mit der Einrichtung des Schlosses im Winter 1945/46 hinaus ist festzuhalten, dass auch kleine »Kriegssouvenirs« mitgenommen wurden. Der amerikanische Offizier Tom Graham führte beispielsweise im Mai 1945 zwei Fächer mit in die USA, die er 1991 im Rahmen eines deutsch-amerikanischen Schüleraustauschs zurückgab.[21]

Die Kreisverwaltung, an die durch die Bodenreform der ehemalige großherzogliche Besitz gefallen war,[22] entschied, das Schloss als Gebäude für die Verwaltung des neu gegründeten Landrats zu nutzen. Für Instandsetzungsarbeiten, Umbauten und die Erneuerung der Ausstattung wurden damals 60000 bis 80000 Reichsmark veranschlagt.[23] Seit der 1952 vorgenommenen territorialen Neugliederung des Landes Mecklenburg-Vorpommern in Bezirke wurden weitere Abteilungen des Rates des Kreises im Schloss untergebracht. Zur Sicherung der Kunstwerke gelangte ein Teil an das Mecklenburgische Landesmuseum Schwerin,[24] darunter viele holländische Gemälde und wertvolle Chippendale- und Roentgenmöbel.[25] Die Auswahl erfolgte nach künstlerischer Qualität und Unterbringungsmöglichkeit in den Schweriner Depots.

Das Schloss in den 1950er und 1960er Jahren

Neben den im Schloss beherbergten Verwaltungsbehörden wurden ab den 1950er Jahren bereits in zwei Räumen vor dem Goldenen Saal Kunstobjekte ausgestellt und der Öffentlichkeit zugänglich gemacht (Abb. 5). Hier waren die in Ludwigslust verbliebenen Kunstgegenstände zu sehen, die in den Besitz der Kreisverwaltung übergegangen waren.

5 Das Vorzimmer des Herzogs mit musealer Ausstattung 1969

6–7 Büros des Rates des Kreises Ludwigslust 1969

Das Inventar des Jahres 1965 dokumentiert die im Museum gezeigten Werke wie auch das nun in den Büros verwendete Mobiliar.[26] Diese Liste spielte 1994 bei den Verhandlungen um den herzoglichen Besitz im Ausgleichsleistungsgesetz eine entscheidende Rolle. 1952 konstatierte der damalige Landeskonservator Heinz Mansfeld:[27] »Hauptaugenmerk der Denkmalpflege ist die Erhaltung dieser für Mecklenburg einmaligen Einheitlichkeit. Das Schloss ist in seinem Bestand gut erhalten, das Inventar erlitt Verluste. Bei der derzeitigen Nutzung als Verwaltungsgebäude ist eine Einrichtung nach dem ursprünglichen Bestand nicht möglich.«[28]

Neben notwendigen verwaltungstechnischen Einbauten wie neuen Strom- und Telefonleitungen und der Errichtung von Öfen und Sanitäranlagen für die Mitarbeiter in den neu entstandenen Büros (Abb. 6–7) wurden 1955 auch die Wandverkleidungen ausgetauscht.[29] Proben der wertvollen Textilbespannungen wurden auf Befundtafeln sichergestellt und dem Institut für Denkmalpflege übergeben.[30] Sie bildeten im Zuge der 2015 abgeschlossenen Sanierungsarbeiten wichtige Grundlagen bei der Rekonstruktion der Wandbespannungen. In den 1950er Jahren nutzte man den Goldenen Saal für Betriebsfeste und Tanzveranstaltungen und im Gardesaal spielte die Gesellschaft für Sport und Technik (GST) Tischtennis.[31]

Schon bald zeichnete sich ab, dass die historische Bausubstanz nicht für Bürozwecke geeignet war. 1961 erwog man deshalb, die Verwaltung an einem anderen Ort unterzubringen und das Schloss wieder stärker museal zu nutzen. Gelder für die Sanierung des großen Baus standen jedoch nicht zur Verfügung. Der Konservator Walter Ohle schrieb an den Kreisarchivar Karl Schmieter: »man hofft doch, daß einmal eine Generation kommen wird, die die Möglichkeit – aber auch das Bestreben – hat, ein Städtchen, wie Ludwigslust wieder in einen Zustand zu bringen, der jedem Besucher mit Stolz gezeigt werden kann – und die auch den Mut hat, die Entgleisungen der älteren Generationen, wie das Postamt, die HO-Konditorei, aber auch die Automatenstraße usw. zu korrigieren.«[32] Leider blieb die Bewirtschaftung des Schlosses in den nächsten Jahren unverändert. Vielmehr zogen weitere Institutionen ein. Es erfolgte die Einrichtung einer Kantine der Handelsorganisation (HO) im Jagdsaal (Abb. 8) und einige Räume standen der Nationalen Front, der Arbeiter- und Bauerninspektion und einem Bauprojektierungsbüro zur Verfügung.

Ab 1967 konkretisierten sich die Pläne zur Umnutzung des Gebäudes. Dem Institut für Denkmalpflege kam die Aufgabe zu, ein Konzept für die Nutzung als Kreiskulturhaus zu erstellen.[33] So verkündete am 15. August 1968 die Norddeutsche Zeitung: »Schloss Ludwigslust wird Kulturhaus. (…) Das barocke Schloss, für dessen Wiederherstellung allein 1,5 Millionen Mark aufgewendet werden, wird dann der Bevölkerung als Kulturhaus zur Verfügung stehen. Das erste Obergeschoß mit dem Goldenen Saal soll vorwiegend Veranstaltungen vorbehalten bleiben, während die anderen Räume Museum, Archiv und Klubräume beherbergen werden.«[34] Zwar wollte man »die besonderen Räume in ihrer künstlerischen Aussagekraft«[35] bewahren, aber die überlieferten Pläne zeigen sehr deutlich, dass massive Eingriffe vorgesehen waren.[36] Im Erdgeschoss sollte ein Restaurant entstehen und die Kreisbibliothek untergebracht werden. Die Räume des ersten Geschosses, der ehemaligen Beletage, waren für die Öffentlichkeit bestimmt. Klubräume sollten den Goldenen Saal flankieren und der Westflügel ein Stadt- und Schlossmuseum aufneh-

8 Kantine der Handelsorganisation (HO) im Jagdsaal im Februar 1969

9–10 Fotografien von Filmaufnahmen für die Historienkomödie »Husaren in Berlin« 1970 auf dem Schloßplatz

men. Die zweite Etage des Westflügels war für die Kreismusikschule reserviert. Geplant waren weiterhin ein Ballettsaal mit Dusch- und Umkleideräumen sowie ein Direktionszimmer mit angeschlossenem Sekretariat. Zudem beabsichtigte man, im Ostflügel das Kreiskabinett für Kulturarbeit mit vier Arbeits- sowie Zirkelräumen für technische Arbeitsgemeinschaften, Textilgestaltung, Foto, Film und ein Atelier für bildende Kunst zu beherbergen.[37] Keiner dieser Pläne wurde wirklich umgesetzt. Für die 1970 gedrehte Historienkomödie »Husaren in Berlin« wählte man das Schloss als eindrucksvolle Filmkulisse (Abb. 9–10).

Der Aufbau des Schlossmuseums in den 1980er Jahren

In den 1970er und frühen 80er Jahren blieb die Nutzung des Schlosses im Wesentlichen unverändert, die Umgestaltung zum Schlossmuseum wurde erst in der zweiten Hälfte der 80er Jahren realisiert. Am 1. Januar 1986 ging die Rechtsträgerschaft für das Schloss auf das Staatliche Museum Schwerin über.[38] Die wertvoll ausgestatteten Räume sollten nun instandgesetzt, restauriert und schließlich museal genutzt werden, wofür eine entsprechende denkmalpflegerische Zielstellung erarbeitet wurde.[39] Vorgesehen war die Einrichtung des Hauses mit Kunstwerken des 18. und 19. Jahrhunderts, insbesondere mit Gemälden. Da kaum noch ursprüngliches Mobiliar existierte, war von Anfang an auf den Versuch verzichtet worden, die Räume authentisch zu rekonstruieren.[40] So interessant und weitreichend diese Gedanken hinsichtlich einer musealen Re-Konstruktion schienen, so schwierig gestaltete sich ihre Realisierung, waren doch bisher nur drei Räume als Ausstellungssäle bespielt und ein Großteil des Hauses zu Büros umgebaut worden.

Unter der Leitung von Volker Hoyer erfolgte ab dem Frühjahr 1986 eine erneute Bestandsaufnahme in den Büros und allen Nebengelassen. Und erstmals begann man, das Haus zumindest teilweise zu sanieren. Ab Mitte des Jahres 1986 wurden der Mittelteil des Schlossdachs und die Sandsteinfiguren restauriert.[41] Zwar war an eine Restaurierung der Räume nicht zu denken, doch gelang es 1988/89 wenigstens, die fünf Leuchter des Goldenen Saales durch die Denkmalpflege Schwerin überarbeiten zu lassen.

Mit dem Schloss war zugleich der Park dem Staatlichen Museum unterstellt worden, in dem gleichfalls erste Maßnahmen zu seiner Bewahrung eingeleitet wurden. Es wurden Sichtachsen wiederhergestellt, die zugewachsenen Architekturen des Parks freigeschnitten und 1988 der auf dem Rasenparterre angelegte Fußballplatz entfernt. Seit 1986 fanden in den drei damals museal genutzten Räumen die ersten Führungen statt. Zu diesem Zeitpunkt waren Besichtigungen des Goldenen Saals und des Parks schon in den Rundgang eingeschlossen (Abb. 11–12).

11 Das Wohnzimmer des Herzogs 1987

12 Volker Hoyer bei einer der ersten Führungen durch die historischen Räume 1987

13 Eröffnung der Ausstellung »Ludwigsluster Barock« 1989

Die Ziele des Staatlichen Museums Schwerin waren Ende der 1980er Jahre ehrgeizig. Die damalige Direktorin Lisa Jürß stellte am 14. Oktober 1988 ein Museumskonzept vor, demzufolge in den Räumen szenografisch gestaltete Wohnarrangements geschaffen werden sollten, um in idealtypischer Weise das Wohnen im 18. Jahrhundert zu illustrieren.[42] Grundsätzlich war somit geplant, das Schloss als Barockmuseum zu etablieren. Ein Schwerpunkt lag auf der Ausstattung mit Gemälden der Ludwigsluster Hofmaler Johann Dietrich Findorff, Friedrich und Gaston Lenthe, Georg David Matthieu, Christian Ludwig Seehas oder Heinrich und Rudolph Suhrlandt. Weiterhin sollten in Ludwigslust bedeutende Werke von Balthasar Denner oder Johann Alexander Thiele bewundert werden können. Den bedeutenden Bestand an Gemälden des französischen Hofmalers Jean-Baptiste Oudry und die Werke des Pariser Bildhauers Antoine Houdon plante man ebenso zu zeigen. Für den Jagdsaal war eine Ausstellung von Jagd- und Prunkwaffen vorgesehen. Auch an das leibliche Wohl der Gäste wurde gedacht. Im Erdgeschoss des Westflügels hätte sich nach den Entwürfen ein Café befunden.[43]

Die Gruppenführungen durch die drei musealen Räume, den Goldenen Saal wie durch den Park lockten im Jahr 1986 insgesamt 446 Besucher nach Ludwigslust. Über

diese Museumsarbeit hinaus wurden erste Ausstellungen etwa mit Gemälden der Berliner Künstlerin Eva-Maria Viebeg (1988) oder mit Werken des Ludwigsluster Barock aus dem Bestand des Schweriner Museums (1989) initiiert (Abb. 13). Zudem bot das Schloss Platz für Veranstaltungen wie Konzerte, Jugendweihen oder Zeugnisübergaben. Der Erfolg ließ nicht lange auf sich warten: Die Besucherzahlen stiegen von 10000 im Jahr 1988 auf fast 15000 im Jahr 1989.

Das Schlossmuseum ab 1990

Die politische Wende 1989 brachte einschneidende Veränderungen mit sich, die sich in Ludwigslust zunächst in den Besucherzahlen niederschlugen. In den Monaten nach dem 9. November fanden aufgrund des großen öffentlichen Interesses täglich fünf bis acht Führungen statt. Im Jahr 1991 besichtigten 55354 Gäste das Schloss.

Nachdem die letzten Verwaltungsbehörden das Gebäude im Jahr 1991 verlassen hatten, bot sich die Möglichkeit, weitere Räume museal zu erschließen.[44] Mit der Genehmigung von ABM-Stellen, den Arbeitsbeschaffungsmaßnahmen der Arbeitsämter, gelang es, dringend benötigte Elektriker und Tischler im Haus zu beschäftigen, so dass die Büros des ersten Geschosses rasch zu Museumsräumen umgebaut werden konnten. Bis 1994 hatte sich die Zahl der Räume unter der Direktorin Heike Kramer von ursprünglich drei auf insgesamt 19 erhöht (Abb. 14). Die Ausstellungssäle folgten einer Gliederung nach thematischen Gesichtspunkten. Beispielsweise wurde die Geschichte des Ortes Ludwigslust oder die Sammelleidenschaft der mecklenburgischen Herzöge vorgestellt (Abb. 15).

14 Das Vorzimmer der Herzogin mit der musealen Präsentation der 1990er Jahre

15 Das Orleanszimmer im zweiten Obergeschoss des Westflügels mit Porträts des Malers Balthasar Denner zum Hofstaat von Herzog Christian Ludwig II. und Figurentafeln des Hofmalers Georg David Matthieu

Auch der lang geplante Sonderausstellungsbereich konnte im Erdgeschoss des Westflügels realisiert werden. Seit den 1990er Jahren fanden und finden hier gut besuchte Präsentationen statt, sei es zum Ludwigsluster Papiermaché (1995 und 2002), zum Schloss und Park in alten Ansichten (1995), zur Malerfamilie Roos in Deutschland (1999), zur Jagd (2000), zur Uhrensammlung des Staatlichen Museums Schwerin (2001/02), zu Johann Joachim Busch (2002/03), zur holländischen Malerei des 17. Jahrhunderts (2006, Abb. 16), zu dem Hofmaler Johann Dietrich Findorff (2006, Abb. 17) oder dem Mecklenburger Künstler Carl Malchin (2007), zum Fürstenberger Porzellan (2008) und de Druckgrafiken des Barockkünstler Johann Elias Ridinger (2008).

Die Begeisterung über die Öffnung und museale Erschließung des Schlosses teilten die Mitarbeiter des Museums und die auswärtigen Besucher mit den Bewohnern der Region um Ludwigslust. Am 8. Februar 1992 gründete sich der Förderverein Schloss Ludwigslust e. V., der sich vorrangig zum Ziel gesetzt hatte, das Staatliche Museum bei Projekten im Schloss zu unterstützen. Dank des Fördervereins konnten wichtige Vorhaben wie die stimmungsvolle Außenbeleuchtung des Schlosses oder der Ankauf der Vitrine für den Tafelaufsatz, der zum Anlass der Eheschließung zwischen Erbherzog Friedrich Ludwig von Mecklenburg-Schwerin und der Großfürstin Helene Pawlowna gefertigt wurde, realisiert werden. Die finanzielle Unterstützung des Vereins ermöglichte auch die Instandsetzung der Schlossuhr, die Restaurierung der Trophäen im Jagdsaal, die Lokalisierung des mittlerweile rekonstruierten Kaisersaals im Park und den Erwerb des Gemäldes »Jagdhund«. Zu verdanken ist dem Verein zudem die Schenkung dreier Wandleuchter für das Wohnzimmer des Herzogs. Darüber hinaus setzte er sich für die

Ausrichtung der Schlossfeste 1992–1994 ein und trägt bis heute mit der Organisation der »Barockfeste« und der »Schlosskonzerte« wesentlich zum reichen kulturellen Angebot und zur hohen Wertschätzung des Schlosses Ludwigslust in der Öffentlichkeit bei.

Durch eine Vielzahl an Veranstaltungen wie die Schlossfeste, die Konzertreihe »Faszination Klassik« (später »Schlosskonzerte«), die Gastspiele des Musiksommers Mecklenburg-Vorpommern, die Kooperation mit den Festspielen Mecklenburg-Vorpommern, den beliebten Open Air Veranstaltungen mit Musik von Klassik bis Rock oder das »Kleine Fest im großen Park« konnte das Schloss seinen Bekanntheitsgrad vergrößern. Seit 1987 stiegen die Besucherzahlen kontinuierlich auf circa 600000 nach der Jahrtausendwende. Zugleich wuchs der Anspruch an die Qualität der musealen Präsentation aufseiten des Staatlichen Museums. Den Besuchern sollten die historischen Sammlungen des 18. Jahrhunderts anschaulich gezeigt und vermittelt werden, wofür in enger Zusammenarbeit mit den wissenschaftlichen Mitarbeitern des Staatlichen Museums die ständige Ausstellung um weitere Werke vervollständigt und veränderte Präsentationen der Gemälde, Skulpturen sowie des Mobiliars erfolgten.

2010 konnte mit der Restaurierung des ersten und zweiten Geschosses im Ostflügel begonnen werden. Überdies entwarf das Staatliche Museum Schwerin in den letzten Jahren eine völlig neue museale Konzeption für das gesamte Schloss Ludwigslust, mit deren gestalterischer Umsetzung das Büro arge gillmann schnegg aus Basel beauftragt wurde. Im Sommer 2014 gelang es, im Zusammenwirken der Beauftragten der Bundesregierung für Kultur und Medien, der Kulturstiftung der Länder und dem Land Mecklenburg-Vorpommern nach mehrjährigen Verhandlungen, rund 260 der größtenteils aus dem Schloss Ludwigslust stammenden Kunstwerke der Sammlung Herzogliches Haus Mecklenburg-Schwerin für das Land Mecklenburg-Vorpommern zu sichern. Im Bereich des Kunsthandwerks handelt es sich hierbei vor allem um Möbel. Zu den neuen Erwerbungen zählen ebenso Gemälde und Skulpturen von mecklenburgischen Künstlern des 18. und 19. Jahrhunderts, deren Schaffen eng mit den Residenzen Ludwigslust und Schwerin verbunden ist.

Mit den zwischen 2010 und 2015 entstandenen zusätzlichen 18 Räumen bietet sich erstmals die Möglichkeit, die historischen Sammlungen der Herzöge Friedrich und Friedrich Franz I. wie auch ihr Wirken als Landesherrn und Kunstmäzene umfassend zu präsentieren. Gezeigt werden beispielsweise die herzogliche Porzellansammlung oder die Kollektionen der Elfenbeine und Wachse. Im ersten Geschoss erfolgte die Neueinrichtung der Paraderäume und privaten Appartements der Herzöge Friedrich und Friedrich Franz I. (Abb. 18), deren Höhepunkt die Gemäldegalerie bildet. In diesem nun wiedergewonnenen Raum, der eine Vorstellung von der Einrichtung einer Galerie des 18. Jahr-

16 Führung durch die Ausstellung »Flämische Meisterwerke« 2006

17 Eröffnung der Ausstellung zum Hofmaler Johann Dietrich Findorff 2006

hunderts gibt, ist neben Gemälden die beeindruckende Sammlung an Korkmodellen antiker Bauwerke zu bewundern. Die Gästeappartements des zweiten Geschosses (Abb. 19) beeindrucken dank der Restaurierungsmaßnahmen wieder durch ihre Ausstattung mit wertvollen textilen Wandbespannungen und Papiertapeten. In diesem einmaligen repräsentativen Ambiente sind die Gemälde der Ludwigsluster Hofkünstler, die Werke des französischen Hofmalers Jean-Baptiste Oudry, die Skulpturen von Jean-Baptiste Houdon sowie kostbare Möbel der Zeit zu sehen. Ab 2017 werden die Zimmer des Westflügels restauriert. Neben Räumen im Erdgeschoss und der Wohnung der Großherzogin im ersten Obergeschoss wird es vor allem die erbgroßherzogliche Wohnung sein, welche den zukünftigen Besucher in ihren Bann ziehen wird. Eine hochwertige Mahagoniausstattung, textile Wandbespannungen, Vorhänge, Spiegel sowie Möbel aus der herzoglichen Möbel- und Bronzefabrik werden die restaurierten Räume vervollständigen.

18 Die Westwand im Vorzimmer des herzoglichen Appartements mit Gemälden von Jean-Baptiste Oudry im Jahr 2016

19 Das Wohnzimmer im Gästeappartement I im Jahr 2016

1 Saubert 1899, S. 22–29, auch im Folgenden.
2 Landeshauptarchiv Schwerin (LHAS), 5.2.-1 Großherzogliches Kabinett III, 160, Pro Memoria von Hofmarschall von Bülow vom 19. Juli 1854 sowie 2.26-2 Hofmarschallamt, 1001.
3 LHAS, 5.2-5 Großherzogliche Vermögensverwaltung, 335.
4 Freundliche Auskunft von Andreas Baumgart, leitender Restaurator für die Sanierung von Schloss Ludwigslust, am 20. August 2010.
5 Nicht übernommen wurden anscheinend zwei porzellanene dreilichtige Wandappliken. Vgl. eine Zeichnung von Friedrich Jentzen im Staatlichen Museum Schwerin, Inv.-Nr. 369 Hz, die den Raum im Neustädtischen Palais mit den Porzellanobjekten zeigt.
6 LHAS, 12.3-1 Baupläne, Risse. Hofbauamt / Großherzogliche Vermögensverwaltung (Bauabteilung), Mappe 12–131 u. 12–151.
7 LHAS, 5.2-5 Großherzogliche Vermögensverwaltung 335 u. ebd., Mappe 12–135.
8 LHAS, 5.2-5 Großherzogliche Vermögensverwaltung 335 sowie ebd., 12.3-1 Baupläne, Risse. Hofbauamt / Großherzogliche Vermögensverwaltung (Bauabteilung), Mappe 12–162.
9 Bock 2014, auch im Folgenden.
10 LHAS, 5.2-5 Großherzogliche Vermögensverwaltung, 337.
11 Herzog zu Mecklenburg 2003, S. 63.
12 LHAS, 5.2-5 Großherzogliche Vermögensverwaltung, 336.
13 Schultz-Naumburg 1990, S. 132.
14 Ebd., S. 135.
15 Herzog zu Mecklenburg 2003, S. 164.
16 Ohle 1952.
17 Landesamt für Kultur und Denkmalpflege / Archäologie und Denkmalpflege, Objektakte Ludwigslust, Schloss, Mappe 01.
18 Ebd.
19 LHAS, KT / Rat des Kreises, Ludwigslust, 1064a.
20 Bock 2014, S. 83.
21 Knuth 2014, S. 127–128.
22 LHAS, KT / Rat des Kreises, Ludwigslust, 1064a.
23 Ebd.
24 Ebd., 1336.
25 Ebd.
26 Landesamt für Kultur und Denkmalpflege / Archäologie und Denkmalpflege, Objektakte Ludwigslust, Schloss, Mappe 01, Inventar-Liste vom 4. Mai 1965.
27 Zur Rolle von Heinz Mansfeld: Knuth 2014, S. 147–160.
28 Bericht 1952.
29 Landesamt für Kultur und Denkmalpflege / Archäologie und Denkmalpflege, Objektakte Ludwigslust, Schloss, Mappe 01, Bericht vom 11. Mai 1955, Abteilung Kultur des Rates des Kreises.
30 Ebd.
31 Ebd.
32 Brief von Walter Ohle an Karl Schmieter 1961. Ebd.
33 Ebd.
34 Ebd.
35 Zander 1973.
36 Ebd.
37 Ebd.
38 Landesamt für Kultur und Denkmalpflege / Archäologie und Denkmalpflege, Objektakte Ludwigslust, Schloss, VEB Denkmalpflege Schwerin Projektierungsatelier, Schloss Ludwigslust, Generelle denkmalpflegerische Zielstellung, Schwerin, 5. Dezember 1987, Mappe 05.
39 Ebd.
40 Ebd.
41 Landesamt für Kultur und Denkmalpflege / Archäologie und Denkmalpflege, Objektakte Ludwigslust, Schloss, Mappe 05.
42 Ebd., Mappe 06, Museale Nutzungskonzeption für Schloss Ludwigslust, 14. Oktober 1988.
43 Ebd.
44 Ebd., Mappe 07, Nutzungskonzeptionen Schloss Ludwigslust, Lisa Jürß, 24. Juni 1992 und 1. Dezember 1991.

Gero Seelig

Schloss Ludwigslust und die Gemäldesammlung der mecklenburgischen Herzöge

Clara und ihre Gefährten in Ludwigslust

Im Jahr 1750 kaufte Herzog Christian Ludwig ein großes Konvolut an Gemälden von dem französischen Hofmaler Jean-Baptiste Oudry. In Lebensgröße waren exotische Tiere aus der Menagerie Ludwigs XV. dargestellt. Oudry fügte als letzten Posten seines Angebots[1] eine Leinwand hinzu, die kein Tier der königlichen Sammlung zeigte, sondern eines in Privatbesitz: Jungfer Clara war ein indisches Panzernashorn, das von seinem Besitzer, dem ehemaligen holländischen Kapitän Douwe Mout van der Meer, durch ganz Europa geführt wurde und auf Jahrmärkten gegen einen Obolus zu sehen war.[2] Noch 1762 bezieht sich Madame de Pompadour auf das Aufsehen, das das Tier 1749 in Paris erregt hatte, als sie dem Duc de Nivernais, dem französischen Gesandten in London, schreibt: »Ich meine, den Londoner Pöbel zu sehen, der Sie stieren Blicks anstarrt, als wären Sie das Rhinozeros (…).«[3] Auch Oudry hatte das Tier in Paris gesehen und porträtiert.

Christian Ludwig nahm alle angebotenen Werke, auch das Rhinoceros, und ließ Oudry sogar noch einen Löwen hinzufügen, damit auch der König der Tiere nicht fehle (Abb. 1). Möglicherweise war es der im Bau begriffene zweite Abschnitt der Bildergalerie am alten Schloss in Schwerin,[4] der dem Herzog den Mut gab, Gemälde von so beachtlichen Dimensionen anzukaufen. Spätestens als die Werke eintrafen, dürfte er sich allerdings gefragt haben, wo die großen Formate eigentlich gehängt werden könnten. Im Inventar der Schweriner Bildergalerie von 1752, das nach der Vollendung des Baus erstellt wurde, sind nur sieben der 13 Neuzugänge genannt, darunter die zwei kleinsten, die drei größten aber nicht.[5] Die Abmessungen der meisten Leinwände betragen 4 × 5 französischen Fuß (circa 130 × 160 cm). Zu diesen gehören drei Hochformate, die auch gehängt wurden, von den gleichgroßen Querformaten fanden nur die beiden Leoparden Eingang in die Galerie. Das Rhinoceros jedenfalls war einfach zu groß. Der Herzog ließ sich von Hofmaler Johann Dietrich Findorff eine Kopie malen, die das riesige Gemälde auf ein normales Maß verkleinerte (Abb. 2). Diese hängte er in seine Bildergalerie. Das Original ist zur selben Zeit an einem anderen Ort des Schlosses zu finden: in einem Schrank im Blauen Saal.[6] Ein ähnliches Schicksal sollte es noch mehrmals treffen.

Die nächste direkte Nachricht vom Porträt Claras stammt erst aus dem Jahr 1808. Zu diesem Zeitpunkt hatten die napoleonischen Truppen von Mecklenburg Besitz ergriffen, der Direktor des Musée Napoléon, Dominique-Vivant Denon, war in Schwerin gewesen und hatte etwa ein Drittel der Gemälde aus der Bildergalerie nach Paris entführt. Die geplünderten Wände sollten wieder gefüllt werden und man holte aus Schloss Ludwigslust 102 Gemälde. Die drei letzten auf der Liste waren Rhinoceros, Löwe und Tiger von Oudry. Das heißt, dass die drei Großformate bis 1808 in Ludwigslust gewesen sein müssen.[7] Wann sie dorthin gelangten, bleibt offen. Möglicherweise brachte bereits Christian Ludwig sie in sein Jagdschloss. Seine Unterbringung des Rhinoceros im Schrank in Schwerin weist allerdings kaum in diese Richtung. Einleuchtender wäre es, wenn Herzog Friedrich sein neues Schloss, das viel größer als der alte Bau war, mit diesen großen

Blick auf die südliche Wand der wiederhergestellten Bildergalerie

1 Jean-Baptiste Oudry, Löwe, 1752, Öl auf Leinwand, 307 × 258 cm, Staatliches Museum Schwerin, Inv.-Nr. G 1932

Formaten schmücken wollte. Tatsächlich gibt es ein Wandfeld im Speisezimmer, das genau die Breite des Nashorn-Gemäldes besitzt, so dass es dort Teil der Wanddekoration gewesen sein könnte.[8] Der lebensgroße Dickhäuter neben der Speisetafel wäre nicht nach heutigem Geschmack, doch finden sich kaum andere Plätze in Schloss Ludwigslust, die dafür in Frage kommen.

Ein direkter Beleg für die Anwesenheit von Oudrys Gemälden fehlt allerdings. Weder der Reiseschriftsteller Thomas Nugent, der 1766 den Vorgängerbau besuchte, noch Basilius von Ramdohr oder Johann Christian Friedrich Wundemann, die 1794 und 1803 das neue Schloss beschrieben, verlieren ein Wort über Gemälde Oudrys in Ludwigslust.[9] Dagegen erfahren wir später, dass die drei großen Werke ein weiteres Mal in Ungnade gefallen waren. Noch 1820 war der Galerieaufseher Thiel stolz darauf, dass er sie in Ludwigslust aus einem Depotraum geholt und für die Hängung in Schwerin hergerichtet hatte.[10] Es ist kaum anzunehmen, dass das Rhinoceros unter Herzog Friedrich von der Wand genommen worden war, wenn dieser es erst aufgehängt hatte. Am meisten Wahrscheinlichkeit besitzt die Annahme, dass der neue Herzog Friedrich Franz I. nach dem Regierungswechsel eine solche Veränderung vorgenommen haben könnte. 1836 jedenfalls stoßen wir auf das Nashorn in Friedrich Christoph Georg Lenthes Katalog der Schweriner Galerie, in der es hinter dem großen Galerieraum im »Cabinet rechts« hing. Ein Kabinett weiter befanden sich Löwe und Tiger.

Wir wissen also, dass die Menagerie weder in Schwerin noch in Ludwigslust als Zyklus gezeigt wurde. Vielmehr gehörten einige Gemälde zu der relativ stabilen Hängung im Schweriner Schloss, andere dienten anscheinend als Spielmasse, mit der man Ausstattungen ergänzte. Dies gilt auch für viele andere Werke Oudrys in Mecklenburg, die hier und da in den Inventaren der herzoglichen Wohnungen im 18. Jahrhundert genannt werden. Insbesondere Darstellungen von Hirschen von seiner Hand tauchen in solcher Vielfalt auf, dass es schwer zu beurteilen ist, um wieviele Arbeiten es sich eigentlich handelte. Auf der Nachlassauktion Oudrys 1755 erwarb der Mecklenburgische Hof eine Hirschjagd des verstorbenen Meisters, die dann im Jahr 1798 von Ludwigslust in das herzogliche Schloss Neustadt transportiert wurde.[11] Dieses Jagdbild, das heute verschollen ist, wird zum letzten Mal aktenkundig, als der für die Sammlungen verantwortliche Lenthe sich am 20. August 1822 an den Großherzog wendet, weil er in Neustadt etliche Gemälde vermisste. Er »erhielt von dem Castellan die Nachricht: daß der Oberförster Grohmann solche nach Friedrichs Moohr gehohlt hätte, und unter anderen auch das schöne Bild

2 Johann Dietrich Findorff, Das Rhinoceros, Kopie nach Jean-Baptiste Oudry, o. J., Öl auf Leinwand, 112 × 140 cm, Staatliches Museum Schwerin, Inv.-Nr. G 1515

3 Jean-Baptiste Oudry, Sterbender Hirsch, vor 1738, Öl auf Leinwand, 130 × 162 cm, Staatliches Museum Schwerin, Inv.-Nr. G 192

die Hirschjagd von Oudry an 100 L(ouis)dor wehrt, diese sind sämtlich auf einen Wagen ohne eingepackt zu werden, geladen und fortgebracht«.[12]

In Neustadt war aber schon 1735 »Ein Hirsch mit einem Stück Wild, aus Franckreich« verzeichnet, der in einer zweiten Nennung als Werk »Von udry« kenntlich wird.[13] Auch im Palais in Rostock ist 1753, 1755 und 1757 »Ein Hirsch von Oudry« bzw. »1 Stück mit Hirschen und Wild von Oudry in S(chwarzem) R(ahmen)« zu finden.[14] Es ist nicht deutlich, ob diese Notizen sich auf mehrere Bilder oder auf ein und dasselbe beziehen und ob es sich dabei um jenes großformatige Werk handelt, das Johann Gottfried Groth 1792 in der Schweriner Galerie verzeichnet. Das von Groth genannte Werk, »J. B. Oudry. Ein stehender Hirsch im Felde«, ist noch 1808 in der Galerie zu finden. Auch dieses Gemälde ist heute verschollen.[15] Keines der erwähnten Werke Oudrys ist mit dem heute noch existierenden »Sterbenden Hirsch« identisch, einem Lieblingsbild Herzog Friedrichs (Abb. 3). Dennoch ist nicht klar, ob dieser das Gemälde 1739 in Paris kaufte und nach Schwerin mitbrachte oder ob es auf der Nachlassauktion 1755 erworben wurde. Die sechs Gemälde Oudrys,[16] die mit den übrigen Stücken nach Napoleons Sturz aus Paris zurückkamen, wurden bereits im Februar 1816 von Ludwigslust, wohin zunächst alles gebracht worden war, wieder nach Schwerin gegeben.[17]

Was Clara, inzwischen in Schwerin, betrifft, so ist sie vermutlich bald nach 1842 wieder von der Wand genommen worden. In diesem Jahr verfügt Großherzog Friedrich Franz II., dass »da wo jetzt das größte Gemälde von Oudry ›das Rhinoceros‹ hängt«, die Gemälde von Balthasar Denner und Handzeichnungen von Oudry, die bis dato im ehemaligen Zimmer des Perpetuum mobile waren, gehängt werden sollten.[18] Nur zwei Jahre darauf, im Herbst 1844, musste das Schweriner Schloss ohnehin von Gemälden und anderen Kunstwerken geräumt werden, um den Neubau zu ermöglichen.[19] Die Sammlungen wurden in zwei Bürgerhäusern am Pfaffenteich beherbergt, wo sie der Öffentlichkeit zugänglich waren. Die räumlichen Verhältnisse müssen abenteuerlich eng gewesen sein. So nimmt es nicht wunder, dass in Eduard Proschs Inventar des Lokals von 1863 zu lesen ist: »Oudry. Ein Rhinoceros in Lebensgröße (in einer Kiste verpackt)«. Immerhin hingen noch die beiden anderen Riesen, Löwe und Tiger. Im 1882 eröffneten Museum am Alten Garten schließlich waren von Anfang an alle drei Großformate deponiert.[20] Der Tiger war laut Katalog von 1890 bis dahin wieder gehängt, doch Löwe und Nashorn blieben für die nächsten 120 Jahre verborgen.[21]

Die Galerie in Ludwigslust

Im Jagdschloss Ludwigslust, dem Vorgänger des heutigen Schlosses, sah Thomas Nugent bei seinem Besuch 1766 zahlreiche Gemälde: »(…) des Herzogs Zimmer, zwar nur klein, aber doch bequem angelegt; ihrer sind in allem vier, schön möblirt und mit allerlei Natur- und Kunstseltenheiten angefüllt. Eins davon ist des Herzogs Studierzimmer, in welchem eine Menge mechanischer Instrumente steht. Die übrigen Zimmer hängen voll trefflicher Gemälde, die mehrsten davon sind Bildnisse.« Auch ein Lusthaus im Park des Jagdschlosses war zu diesem Zeitpunkt »inwendig mit den schönsten Gemälden der berühmtesten Meister ausgeziert«.[22] Leider geht er allein auf einige Porträts der Charlotte von England näher ein.

Tatsächlich sind wir über den frühen Gemäldebestand in Klenow durch die bisher bekannten Quellen bemerkenswert schlecht unterrichtet, insbesondere wenn man die Situation mit den übrigen herzoglichen Residenzen und Häusern vergleicht. Es existieren jeweils mehrere Inventare aus unterschiedlichen Zeiten für die verschiedenen Schlösser und Häuser. Allein zu Klenow/Ludwigslust ist erst vor kurzem das einzige bekannte Gemälde-Inventar überhaupt gefunden worden. Es stammt aus dem Jahr 1754 und betrifft das Jagdschloss Herzog Christian Ludwigs und die umliegenden Gebäude, nicht das heutige Schloss Ludwigslust, das noch lange nicht im Bau war. Wie die meisten Gemälde-Inventare von Christian Ludwigs Wohnungen aus den Jahren 1752–1754 steht es offensichtlich im Zusammenhang mit der Fertigstellung der sogenannten Bildergalerie am alten Schloss in Schwerin Ende 1751. Die erheblichen Umwälzungen des fürstlichen Gemäldebesitzes, die mit der Ausstattung der neuen Räume in Schwerin einhergingen, schufen offenbar die Notwendigkeit den Status quo neu zu definieren, indem sukzessive der Bestand der Schlösser und Palais in Schwerin, Güstrow, Rostock, Klenow und Neustadt aufgenommen wurde.[23]

Mit Erstaunen findet man in dem relativ bescheidenen Jagdschloss Klenow über 570 Nummern Gemälde. Der Fachwerkbau diente also nicht bloß als Stützpunkt für Jagdausflüge, sondern war auch der musischen Unterhaltung gewidmet. Es mag sein, dass zahlreiche Werke, die in dem Inventar aufgeführt werden, einen geringen künstlerischen Wert hatten, etwa »6 alte Gemählde von simplen vorstellungen ohne Rahmen«, die sich in einem Gang zum Garten hin fanden, oder die Bilder »von Craack«, also wahrscheinlich aus dem Jagdschloss Kraak, nämlich »4 große Gemählde ohne Rahm«, sowie »6 St(üc)k dito mit Rahmen worauf allerhand wilde thiere«. Andererseits war unter den ganz wenigen identifizierbaren Werken eines der besten, die die herzoglichen Sammlungen besaßen.

4 David Teniers d. J., Daniel in der Löwengrube, 1649, Öl auf Leinwand, 88,2 × 121,2 cm, Staatliches Museum Schwerin, Kriegsverlust, Inv.-Nr. 3422

Es handelt sich um ein relativ großes Gemälde, das bis 1945 eines der Hauptstücke der flämischen Abteilung des Museums bildete. »Daniel in der Löwengrube« von David Teniers d. J. hatte bereits 1735 in Neustadt einen zentralen Platz eingenommen[24] und war zwischen 1735 und 1754 nach Klenow gekommen (Abb. 4). 1803 sah Wundemann es noch dort und fand es »von vorzüglichem Werth«. Bis 1821 muss das Bild nach Schwerin gelangt sein, wo Lenthe es 1836 katalogisierte.[25] Das Inventar von 1754 verzeichnet eine große Anzahl von Gemälden, die meisten ohne Künstlernamen und mit sehr kurzen Benennungen des Bildthemas. Unter den wenigen mit einem Künstlernamen aufgeführten Werken sind auch drei Gemälde von Oudry, zwei Darstellungen eines Jagdhundes und eines mit Wildschweinen, doch ist nicht deutlich, welche Werke damit gemeint waren.[26] Dies gilt auch für die übrigen mit Namen versehenen Arbeiten.

Fürsten haben stets ihren Rang auch mithilfe von prächtigen Kunstsammlungen der Welt vor Augen geführt. »Das Sammeln kostbarer, nicht nutzbarer Gegenstände – deren Zweckfreiheit – ist (...) wie jeglicher Luxus eine primäre Strategie fürstlicher Repräsentation und Kunstpatronage, den Prämissen der ›magnificentia principis‹«.[27] Allerdings sollte nicht vergessen werden, dass die Gemälde, wie es im 18. Jahrhundert üblich war, mit Kleinplastik, Grafik, Elfenbeinschnitzerei, Porzellan und Naturalien gemeinsam aufgestellt waren. Die Trennung nach Gattungen wurde erst später so streng durchgeführt, wie wir sie heute gewohnt sind. Zunächst waren die Gemälde ein integraler Bestandteil des gesamten Kunstbesitzes. Die Gemälde waren nicht einmal das kostbarste Gut. So manche Prunkwaffe und manches Stück der Silberschmiedekunst musste für wesentlich mehr Geld erworben werden als die Werke der Malerei, wenn diese auch wohl bereits eine hervorgehobene Rolle spielten.

Die größten unter den deutschen Fürsten des 18. Jahrhunderts, etwa die Kurfürsten von der Pfalz und von Sachsen oder der Herzog von Braunschweig schufen sogar eigene Gebäude für ihre Gemäldesammlungen. Häufiger jedoch wurden die Säle für die Gemäldesammlung in die Prunkappartements der Fürsten integriert. Eine architektonisch-zeremonielle Raumfolge bildete sich heraus, bei der die Galerie, wie sie fortan genannt wurde, eine doppelte Rolle spielte. Sie war nicht nur eine wichtige Station in einer Folge von Räumen, in denen sich das Hofzeremoniell abspielte. Die Besucher konnten die Galerie außerhalb des Zeremoniells ebenfalls betreten, indem Nebeneingänge und -treppen angelegt wurden.[28] Dies geschah selbst unter baulich eingeengten und finanziell bedrängten Bedingungen, wie sie in Schwerin zu dem Zeitpunkt herrschten, an dem Christian Ludwig das Schloss seiner Väter 1735 als Residenz übernahm.[29]

Der Neubau in Ludwigslust bot Herzog Friedrich die Gelegenheit, den im Schweriner Schloss sich abzeichnenden Baugedanken in sehr viel prächtigerer Form durchzuführen. Er reservierte ein ganzes Geschoss des Ostflügels für die Galerie. Es ist allerdings nicht sicher, ob der Galeriesaal zu Lebzeiten Herzog Friedrichs überhaupt vollendet und als solcher genutzt wurde. Durch Wundemann wissen wir dagegen, dass die Galerie 1803 tatsächlich ausgestattet war oder vielmehr eben gehängt wurde, denn er bemerkt: »Im zweiten Zimmer, einem sehr großen Saal, der beinahe den ganzen Flügel dieser Seite

5 Die südliche Westwand der Bildergalerie und die historischen Korkmodelle

einnimmt, ist der größte und vorzüglichste Teil dieser Gemälde aufgestellt; doch war zur Zeit meiner Anwesenheit nur die eine Seite erst geordnet und unter Nummer gebracht.«[30] Es wird sich wohl kaum um die erste Hängung gehandelt haben, sondern um eine Veränderung, die im Gang war. Aus dem 19. Jahrhundert sind dagegen diverse Pläne für unterschiedliche Einbauten in den Galerieraum erhalten, die ihn in mehrere Zimmer zu unterteilen beabsichtigten. Wie lange und zu welchen Zeiten der Raum eigentlich als Bildergalerie genutzt wurde, bleibt also noch zu klären.

Bis zu Lenthes Katalog der Galerie des Schlosses Ludwigslust aus dem Jahr 1821 haben wir außer den wenigen Gemälden, die von Ramdohr und Wundemann genannt werden, keine direkten Nachrichten über die dort vorhandenen Werke.[31] Das ist umso misslicher, als der Bestand durch den Regierungswechsel 1785 und die Folgen der napoleonischen Besatzung mit Sicherheit starken Wechseln unterworfen war. Daher lässt sich über die im Neubau des Schlosses versammelten Bilder, also die Hängung unter Herzog Friedrich, so gut wie nichts sagen. Von den 218 Nummern des Lentheschen Katalogs sind immerhin 206 noch heute identifizierbar, von denen allerdings 41 seit dem Zweiten Weltkrieg verloren sind. Unter den überlieferten Werken, die 1821 in Ludwigslust hingen, sind so viele zentrale Gemälde der niederländischen Sammlung des Museums, dass auf einen Versuch, sie heute wieder in Ludwigslust präsentieren zu wollen, verzichtet wurde – zumal 1752 mindestens ein Drittel und 1792 etwa die Hälfte davon in der Schweriner Galerie nachweisbar sind, sich also ursprünglich eher nicht in Ludwigslust befunden haben. Hinzu kommt, dass es praktisch keine Hinweise über die tatsächliche Ordnung in der Galerie in Schloss Ludwigslust gibt. Die wenigen mit Kreide eingetragenen Zahlen auf den Wänden, die bei der Abnahme der Tapeten im Zuge der Sanierung gefunden wurden,[32] ließen sich mit keinem bekannten Inventar oder Katalog in Verbindung bringen.

Bei der Hängung in dem nun erst wiedergewonnenen Saal (Abb. 5) wurde daher thematisch auf die Korkmodelle antiker Bauwerke Bezug genommen, deren Aufstellung an diesem Ort belegt ist.[33] Etliche Gemälde greifen das Thema der italienischen Reise und damit der Italiensehnsucht auf. Es ist zudem der Versuch unternommen worden, das Arrangement einer Galerie des 18. Jahrhunderts zu evozieren, ohne dieses aber nachschaffen zu wollen. Der Saal passt sich den Sehgewohnheiten des modernen Betrachters an, der in den übrigen Zimmern des Schlosses Meisterwerke in musealer Präsentation studieren, in der Galerie dagegen den Flair eines Galerieraums des 18. Jahrhunderts genießen kann.

1 Siehe Ausst.-Kat. Los Angeles 2007, S. 54.
2 In Leipzig beispielsweise waren die Eintrittspreise folgende: »Hohe Standes=Persohnen geben nach hohen Belieben. Andere einen halben Gulden, und 4. Groschen, nachdem Platz ist.« Siehe Ausst.-Kat. Los Angeles 2007, S. 91.
3 Madame de Pompadour 1999, Brief Nr. 178, S. 294.
4 Siehe Seelig 2007.
5 Der Löwe ist 1752 datiert, kann daher im Januar desselben Jahres, als das Inventar erstellt wurde, noch nicht geliefert worden sein. Nur dieser (9 1/2 Fuß), Rhinoceros (10 × 15 Fuß), Tiger (6 × 8 Fuß) und Hyäne (4 × 6 Fuß) sind größer als die übrigen Menageriebilder.
6 Landeshauptarchiv Schwerin (LHAS), 2.26-2 Hofmarschallamt, Nr. 1849, Inventar Schwerin, 20. März 1752, fol. 34: »Der so genannte blaue Saal (...) 1 großer Schrank von Tannen Holtz mit 4 Thüren(,) worinn das Contrefait von dem großen Rhinoceros«. Zuerst publiziert von Frank 2007, Anm. 37.
7 Auch in der umgekehrten Richtung gab es Bewegungen. Laut einer nicht datierten Liste Friedrich Christoph Georg Lenthes, die aus der Franzosenzeit stammen muss, werden unter 16 weiteren Werken auch zwei Jagdstillleben Oudrys von Schwerin nach Ludwigslust gebracht. LHAS, 2.26-2 Hofmarschallamt, Nr. 2298.
8 Leonard 2007, S. 116.
9 Nugent 1768; Ramdohr 1794; Wundemann 1803.
10 Downes 1822, S. 131: »A Rhinoceros, Lion, and Royal Tiger. Oudry. A vast number of pictures by this artist are disposed throughout the galleries (d. h. von Schloss Schwerin, Anm. d. Verf.). By some inconceivable neglect, these three were for a length of time suffered to lie in an under apartment of the palace at Ludwigslust, where they sustained considerable damage. They have, however, been repaired by Mr. T(hiel), who professed himself to be a dilettant, although not a regular artist.«
11 LHAS, 2.26-2 Akte 1783, Neustadt, Inventar vom 10. März 1784.
12 LHAS, 2.26-1 Kabinett I, Nr. 10293/16, Schreiben Lenthes an den Großherzog vom 20. August 1822. Auf die weitschweifigen Auslassungen über seine Autorität und Verantwortlichkeit antwortet der Fürst lakonisch »daß diese Gemälde Auf meinen Geheiß (...) transportiert worden, und ihm nur vergessen sey dessen Anzeige zu Machen.« Ebd. auf verso.

13 LHAS, 2.12-1/26 Hofstaatssachen, VI. Kunstsammlungen, Sachakten 300a, 4. Stück, Inventar Neustadt, 1735; sowie Sachakten 300a, 4. Stück, b.) Neustadt, Zeichnungen Christian Ludwigs.
14 LHAS, 2.12-1/26, III. Inventare, Nr. 1, Inventar Rostock, 14. Juli 1753 und Inventare Rostock, 18. April 1755 und 28. März 1757.
15 Groth 1792, (692) S. 106, Zimmer W, Nr. 2; LHAS, 2.12-1/26 Hofstaatssachen, VI. Kunstsammlungen, Sachakten, Nr. 300b, Inventar Schwerin 1808, Nr. 404.
16 Nach Paris gingen: Staatliches Museum Schwerin, Inv.-Nr. G 870, Antilope; Inv.-Nr. G 866, Hyäne; Inv.-Nr. G 213, Wolf in der Falle; Inv.-Nr. G 183 Stillleben, Schlie 1882a, Nr. 791, 792; und Paris, Musée du Louvre, Inv.-Nr. 7028, Jagdhund. Siehe Seelig 2009.
17 LHAS, 2.12-1/26 Hofstaatssachen, VI. Kunstsammlungen, Sachakten, Nr. 300b, 1. Stück, nach S. 64: »Nach Schwerin habe ich (F. G. Lenthe) von hier gesandt den 26. Febr. 1816 (...).«
18 LHAS, 2.12-1 Kabinett II, Kunst, Nr. 1325, Nr. 2, 30. März 1842, Pro Memoria von Prosch.
19 Siehe LHAS, 2.12-1/26 (Hofschatulle) Hofstaatssachen, – Kunstsammlungen, – Verwaltungssachen, Bündel 1, erstes Stück.
20 Dank der kleinen Museumsführer, in denen Friedrich Schlie den Aufstellungsplatz der Gemälde nannte, kann dies rekonstruiert werden (Schlie 1882b, S. XII; Schlie 1883, S. 49–51). 1882 sind in Saal II pauschal 26 Werke von Oudry angegeben, 1883 dieselbe Anzahl einzeln aufgeführt. Da 1883 alle drei Großformate deponiert sind, dürfte dies auch im Jahr zuvor der Fall sein.
21 Schlie 1890, S. 49. Der Tiger wurde im Zweiten Weltkrieg schwer beschädigt und war seitdem bis nach der Restaurierung, die im Jahr 2010 abgeschlossen war, nicht mehr ausgestellt. Die Restaurierung von Rhinoceros und Löwe wurde bereits 2007 beendet. Alle drei Restaurierungen wurden im Getty Conservation Institute, Los Angeles, durchgeführt.
22 Nugent 1768, Brief vom 21. November 1766, zitiert nach der Übersetzung: Nugent (1781/82) 1998, S. 320 und 328.
23 Chronologisch sind es folgende: Inventar Schwerin, 8. Januar 1752 (LHAS, 2.26-2 Hofmarschallamt, Nr. 1849); Inventar Güstrow, 19. August 1752 (2.12-1/26 Hofstaatssachen, IX. Fürstliche Schlösser und Häuser, Nr. 270); Inventar Rostock, 14. Juli 1753 (2.12-1/26 Hofstaatssachen, Inventare, Nr. 1); Inventar Klenow, 11. März 1754 (2.12-1/26 Hofstaatssachen, IX. Fürstliche Schlösser und Häuser, Nr. 421); Inventar Neustadt, 18. März 1754 (2.12-1/26 Hofstaatssachen, IX. Fürstliche Schlösser und Häuser, Nr. 555). Ich danke Regina Erbentraut, die mich auf das Güstrower Inventar aufmerksam machte, und Sigrid Puntigam, die mir ihre Transskription des Klenower Inventars zur Verfügung stellte. Die Frage, ob das Schloss zu dieser Zeit bereits Ludwigslust hieß, wird hier nicht diskutiert. Im Inventar wird es das »Hertzogl. Schloß zu Kleinow« genannt.
24 Siehe die Zeichnungen Christian Ludwigs zur Hängung in Neustadt; LHAS, 2.12-1/26 Hofstaatssachen, VI. Kunstsammlungen, Sachakten 300a, 4. Stück, b.) Neustadt, Zeichnungen Christian Ludwigs.
25 Wundemann 1803, S. 283; Lenthe 1836, Nr. 78; Schlie 1882a, Nr. 1005; Hegner 1998, Nr. 594.
26 LHAS, 2.12-1/26 Hofstaatssachen, IX. Fürstliche Schlösser und Häuser, Nr. 421: »(III. Das Audience Zimmer:) zwey Stück eins mit vorstehenden Hunde, von Udrie das andere mit einem liegenden Hunde. No 30–31«. Die beiden ähnlichen Stücke Inv.-Nr. G 743 und Schlie 1882a, Nr. 806 sind 1752 und 1792 am selben Platz in der Schweriner Galerie belegbar, so dass sie hier wohl nicht gemeint sein können. »(XVIII Oben in der 2ten Etage im Frontispice:) 1 groß Stück mit wilden Schweinen und Hunden von Uderi ohne Rahm No 324.« Ein solches Stück ist bisher unbekannt unter den mecklenburgischen Werken Oudrys.
27 Hirschbiegel/Wettlaufer 2005, S. 347.
28 Spenlé 2011.
29 Seelig 2007.
30 Wundemann 1803, S. 281. Ramdohr 1794, S. 7, spricht dagegen nur von »den Zimmern«, in denen Gemälde seien.
31 Lenthe 1821; Ramdohr 1794, S. 7–8; Wundemann 1803, S. 279–283.
32 Siehe den Beitrag von Steffi Dahl, Andreas Baumgart und Michael Mikolajczyk im vorliegenden Band, S. 104–105.
33 Wundemann 1803, S. 284–285, wobei er betont, dass sich die Feinheit der Modelle »noch mehr bey dem Betasten als bey der bloßen Ansicht« mitteilt.

Tobias Pfeifer-Helke

Die Hofmaler in Ludwigslust

Mit den ab 1776 jährlich im »Mecklenburgischen Staatskalender« publizierten Personenlisten hat sich eine faszinierende Quelle erhalten, die Aufschluss über das soziale Gefüge des Herzogtums im 18. Jahrhundert gibt.[1] Nach der Erwähnung der herzoglichen Familie und des engen Dienstpersonals findet sich die Kategorie der »Hof-Künstler und Handwerker«.[2] Es werden Juweliere, Uhrmacher, Goldschmiede, Ebenisten und auch weniger angesehene Handwerker wie Töpfer, Klempner oder Sattler namentlich aufgeführt. Die Liste des Jahres 1777 beginnt mit dem Hofporträtmaler Georg David Matthieu, es folgen der Zeichner Johann Heinrich Krüger und der Skulpteur Christian Ludwig Sievert.

Die Nennung der Hofmaler im Staatskalender veranschaulicht, dass zwischen den bildenden Künstlern und den Handwerkern am mecklenburgischen Hof nicht unterschieden wurde, wenngleich man die Hofmaler offensichtlich höher als die Töpfer oder beispielsweise die Uhrmacher schätzte. Mit Blick auf die Entwicklung der personellen Struktur im Herzogtum wird deutlich, dass binnen zehn Jahren der Anteil der Hofkünstler und -handwerker stieg – von insgesamt 37 Personen im Jahr 1777 auf 51 im Jahr 1787.[3] Die Anzahl erhöhte sich so, dass nun zwischen den »Hof-Künstlern« und den »Hofouvriers«, also den einfachen Arbeitern, unterschieden wurde. Zu Letzteren gehören Buchbinder, Büchsenmacher, Friseure, Glaser, Goldschmiede, Klempner, Kürschner oder Kupferschmiede, die für die Errichtung des neuen Schlosses in Ludwigslust dringend benötigt wurden.

Die Liste der Hofkünstler führte auch im Jahr 1787 der Porträtmaler an, gefolgt von dem Bildhauer, dem Kabinettmaler, dem Maler, dem Zeichner, Skulpteur, Vergolder, Lackierer, Uhrmacher, Hofjuwelier, Mechaniker, Buchdrucker, Apotheker, Steinschleifer und Feuerwerker. Die fehlende Unterscheidung zwischen Gewerken und den bildenden Künsten im Herzogtum Mecklenburg-Schwerin entsprach der gängigen Praxis im Europa des 18. Jahrhunderts. Doch lassen sich darüber hinaus konkrete Aussagen zum Leben der Maler am Hof in Ludwigslust treffen?

Die in den 1770er Jahren errichtete neue Residenz,[4] fünfzig Kilometer vom traditionsreichen Schwerin entfernt und inmitten von Wäldern und Seen gelegen, wurde zum privaten Rückzugsort von Herzog Friedrich (S. 70, Abb. 18). Das zeigt sich unter anderem am Fehlen städtischer und wirtschaftlicher Strukturen in der zugehörigen Siedlung, deren Funktion es allein war, alle zum Leben am Hof benötigten Aufgaben zu erfüllen.[5] In den meisten anderen Residenzen des Alten Reichs konnte sich in der zugehörigen Siedlung ein eigenes städtisches Leben entwickeln, von dem auch die Bevölkerung profitierte. Häufig sind dort Schloss und Stadt aufeinander bezogen. Das Fehlen eines wirtschaftlichen und gewerblichen Lebens in Ludwigslust war für die Existenz der Maler nicht günstig, bot sich doch neben dem Hof keine weitere Einnahmequelle. Herzog Friedrich unterband den unkontrollierten Zuzug von Handwerkern auf die Großbaustelle Ludwigslust, die nach dem Siebenjährigen Krieg dringend Arbeit und Brot benötigten. Auch schränkte er den Erwerb von Grund und Boden strikt ein.[6]

In Ludwigslust gab es neben dem Schlosskomplex zunächst nur eine Reihe von einfachen Fachwerkgebäuden, die sich zwischen Schloss und Hofkirche befanden. Später

Christoph Friedrich Reinhold Lisiewsky, Selbstporträt bei Kerzenschein, um 1760, Öl auf Leinwand, 87 × 73 cm, Staatliches Museum Schwerin, Inv.-Nr. G 244

kamen weitere Gebäude entlang der Zufahrt zum Schloss – der heutigen Schloßstraße – hinzu, in der Handwerker, Diener oder Beamte mit ihren Familien lebten. Der besondere, ganz auf die Wünsche des Herzogs ausgerichtete Charakter der Siedlung wird ebenso daran ersichtlich, dass die staatlichen Behörden in Schwerin verblieben. Für die schnelle Reise in das Verwaltungszentrum ließ der Herzog eine geradlinige Chaussee bauen, auf der zwei Poststationen lagen, um ermüdete Pferde rasch wechseln zu können, so dass er angeblich in nur eineinviertel Stunden die Strecke bewältigt haben soll.[7] Aufgrund der fehlenden Handlungsfreiheiten konnte sich keine selbständig administrative Verwaltung des Ortes entwickeln. Diese Aufgabe übernahm bis 1801 Grabow. Ebenso mangelte es an wohlhabenden, adligen Familien, die weiterhin in Schwerin lebten. Für die Hofmaler wären diese Kreise als potenzielle Auftraggeber überaus wollkommen gewesen. Allein der Herzog entschied, wer sich in Ludwigslust niederlassen durfte. Er reduzierte den Hofstaat auf das notwendige Personal, das für Haushalt, Küche und die Bewirtschaftung der Stallgebäude, Anlagen und den Park zuständig war. So fehlten wichtige soziale Kreise wie Akademiker und Gelehrte, sieht man von den Mitgliedern des Geheimen Kabinetts, den Lehrern der Lateinschule und von Ärzten und Predigern ab. Den ganz auf den Herzog abgestellten Charakter der neuen Residenz unterstreicht auch die systematische Umsiedlung aller Bauern in ein Gebiet außerhalb des Schlosskomplexes.

In den großen Residenzstädten des Reichs setzte nach dem Siebenjährigen Krieg ein wirtschaftlicher Aufschwung ein, der von einer Institutionalisierung des Kunstbetriebs begleitet wurde. So wurde 1764 in Dresden eine Kunstakademie gegründet. Es gab für das an Geschmacksfragen interessierte Publikum erste öffentliche Ausstellungen, die Diskussionen über die bildende Kunst anregten, so dass sich auch die publizistische Kritik herausbildete. All diese Entwicklungen zeichneten sich in Ludwigslust nicht ab.

Die fehlende Infrastruktur verschärfte die finanziellen Probleme der Maler, die im Allgemeinen nur so viel Geld erhielten, dass sie gerade davon existieren konnten.[8] Häufig hielten außerdem die Finanzbehörden die Bezüge für ungerechtfertigt und vertraten die Meinung, dass Künstler ausschließlich Unkosten verursachten. So bereitete neben dem eigenen Auskommen die Versorgung einer Familie ernstliche Schwierigkeiten. Ein zusätzlicher Verdienst neben den Aufträgen für den Hof war in Ludwigslust wie erwähnt kaum möglich.

Der für den Schweriner Hof tätige Maler Balthasar Mahsius erhielt ein Gehalt von 350 Reichstalern, das ihm viermal jährlich ausgezahlt wurde.[9] Dagegen war mit Johann Wilhelm Lehmann kein festes Gehalt ausgehandelt worden.[10] Er wurde für jedes Gemälde gesondert entlohnt. Und im Vertrag mit Johann Dietrich Findorff war weder über die Höhe noch über den Preis eines Gemäldes eine Vereinbarung getroffen worden.[11] Im Gegenteil: Findorff hatte sich zu verpflichten, lebenslang am Hof zu bleiben und dem Herzog treu zu dienen. Wie schwierig es war, erfolgreiche und karrierebewusste Künstler zu gewinnen, zeigt das Beispiel von Georg David Mattieu, der mit dem Herzog gesonderte Preisabsprachen traf, die – im Vertrag ebenfalls anhand einer Zusatzklausel geregelt – gegenüber seinem Kollegen Findorff geheim bleiben mussten.[12]

Da die Bezahlung eines Hofmalers in ganz Europa als ein obrigkeitlicher Gnadenakt verstanden wurde, gab es auch in Ludwigslust keine verbindlichen Gehälter. Die Bedingungen wurden bei jedem Stellenantritt immer wieder neu ausgehandelt. So versuchten Maler, gut dotierte und auf Lebenszeit bestehende Verträge zu beerben. Dafür richteten sie an den Herzog ein Bewerbungsschreiben auf die Stelle eines älteren Kollegen für den Fall seines Ablebens. In den Briefen der Hofmaler an den Herzog ging es immer wieder um Gehaltserhöhungen, die mit misslichen Lebensumständen, Hunger, der Größe der Familie oder dem Hinweis auf die Einkommen der Kollegen begründet wurden.

Für Ludwigslust ist nur von einem einzigen Maler überliefert, dass er ein gutes Gehalt beziehe. Christoph Friedrich Reinhold Lisiewsky schrieb unumwunden am 16. Oktober 1786 an Anton von Heynitz nach Berlin, er hätte »Glück gehabt mit 500 Reichthaler

Wohnung und Holz«.[13] Durch Bittgesuche hatte er sein Einkommen von anfänglichen 300 Reichstalern N2/3[14] im Jahr 1779 auf 500 Reichstaler und das Doppelte an Brennholz aufgebessert. Als nicht weniger interessant erweist sich der Antwortbrief von Heynitz wenige Tage später, aus dem zu erfahren ist, dass Lisiewsky ein noch höheres Gehalt aushandeln wollte, das jedoch in Berlin nicht üblich war – weshalb von Heynitz ihm keine Aussichten auf eine Anstellung machen konnte.

Die sozialen Ungleichheiten in Ludwigslust waren teilweise erheblich und führten häufig zu drängenden finanziellen Nöten, aus denen Streit, Missgunst, Neid und Rivalitäten erwuchsen. Bereits die Hofordnung aus dem Jahr 1704 schuf hierzu die Voraussetzungen.[15] Die Kabinettmaler, die für allerlei Fassungen und Dekorationen herangezogen wurden, rangierten auf dem 20. Platz und waren damit den Büchsenspannern und Tapezierern gleichgestellt. Mit dem geringen Einkommen konnten sie weder sich noch eine Familie ausreichend ernähren. Dagegen nahmen die Porträtmaler den 13. Platz ein. Ihnen stand der Rang eines Kammerdieners zu. Ihr Gehalt war mit dem eines Professors oder Ratsherrn in Rostock gleichgestellt. Georg David Matthieu hatte einen solchen gut dotierten Posten in Ludwigslust inne, der noch durch weitere Vergünstigungen ergänzt wurde. Mussten sich die Kabinettmaler den Anweisungen des Herzogs unterordnen, konnten die Porträtmaler Forderungen stellen und Vertragsentwürfe vorlegen, die in einigen Fällen auch akzeptiert wurden. Beispielsweise handelte Georg David Matthieu neben Feuerholz, Lebensmitteln, Wohnraum und einem festen Gehalt auch eine gesonderte Bezahlung für jedes seiner Gemälde aus. Weiterhin war es ihm gestattet, für andere Auftraggeber tätig zu sein und dafür nach Schwerin zu reisen.

Die Porträtmaler genossen darüber hinaus das Privileg, am Kammertisch zu speisen und gehörten zur engeren »familia« des Hofs.[16] Sie besaßen eine hohe Anerkennung und verfügten über weitreichende, auch internationale Kontakte. Da sie Multiplikatoren für den Ruhm und das Ansehen waren, lag dem Herzog an einer Bindung des Malers an den Hof.

Im Folgenden sei anhand von Biographien ein Einblick in die unterschiedlichen sozialen Milieus in Ludwigslust gegeben. Mit dem Kabinettmaler Johann Heinrich Suhrlandt wird zuerst der niedrigste Stand des Hofmalers vorgestellt. Es schließt sich mit Johann Dietrich Findorff ein Außenseiter an, dem der Aufstieg innerhalb der festgefügten Ordnung äußerst erfolgreich gelang. Sein Beispiel verdeutlicht, welche Fähig- und Fertigkeiten in Ludwigslust gefragt waren, um als Maler zu reüssieren. Zu einer dritten Gruppe gehören die zwei angesehenen Porträtisten Georg David Matthieu und Christoph Friedrich Reinhold Lisiewsky, doch auch Christian Ludwig Seehas ist hier zu erwähnen, der am Hof einen bedeutend schwereren Stand hatte. Rudolph Suhrlandt und Friedrich Christoph Georg Lenthe vertreten wiederum einen neuen Typ des Hofmalers, der gleichzeitig der letzte in Ludwigslust war.

Der Kabinettmaler Johann Heinrich Suhrlandt

Johann Heinrich Suhrlandts Biographie veranschaulicht exemplarisch, wie eng die Grenzen gesteckt waren, wenn die Förderung durch den Hof versagt blieb. Sein Vater war ein überaus begabter Hochmechaniker.[17] Von den wenigen frühen Lebensumständen ist bekannt, dass er 1760 mit dem Vater nach Eutin reiste, um Arbeiten eines Goldschmieds mit dem Grabstichel zu verzieren. Suhrlandt hatte zunächst bei seinem Vater gelernt, ging für drei Jahre zum Hofmaler Johann Wilhelm Lehmann in die Lehre, wechselte zum Hofbaudirektor Johann Joachim Busch (S. 66, Abb. 13) und wurde schließlich von Johann Dietrich Findorff gefördert. Der Wechsel vom Kunsthandwerker zum Maler scheint sich nicht ohne Komplikationen vollzogen zu haben. Erst nach mehrmaliger Aufforderung des Herzogs ging er zu Findorff und erlernte hier die Zubereitung von Farben. Findorff war bei Christian Wilhelm Ernst Dietrich in Dresden gewesen, der ihm mit dem Naturstudium vertraut machte. So wies er auch Suhrlandt an, direkt in der Natur zu zeichnen. Bis dahin hatte er allein Kupferstiche kopiert.

Zur weiteren Förderung sollte Suhrlandt an eine Akademie geschickt werden, womöglich war die 1764 gegründete Dresdner Kunstakademie im Gespräch, doch schlug der Herzog dieses Ansinnen mit dem Hinweis auf die Gemälde in der eigenen Sammlung aus. Damit wurde dem Maler ein weiterer gesellschaftlicher Aufstieg verwehrt und sein Status als Kabinettmaler festgeschrieben. Er erhielt die klägliche Summe von 100 Reichstalern Courant, die sich nach häufigen Bittgesuchen um 50 Reichtalern erhöhen sollte, wurde verköstigt, bekam für die kalte Jahreszeit Feuerholz und freien Wohnraum, doch reichte dies kaum für die Existenz der sich vergrößernden Familie, die zuletzt aus sechs Personen bestand.[18] Für Farben und Pinsel musste er immer wieder um Geld bitten.

Dass der Herzog eine Verbesserung der Lebensumstände Suhrlandts nicht für nötig erachtete, bestätigte sich auch nach Findorffs Tod 1772, als er ihm die vakant gewordene Stelle seines Lehrers ausschlug. Ein Jahr später wurde ihm zugestanden, auf eigene Kosten die Prinzessin Sophie Friederike bis nach Rostock zu begleiten, wo sie sich nach Kopenhagen einschiffte, um Friedrich von Dänemark zu heiraten. Suhrlandt konnte so Schiffe, die offene See und Fernsichten eingehend studieren.

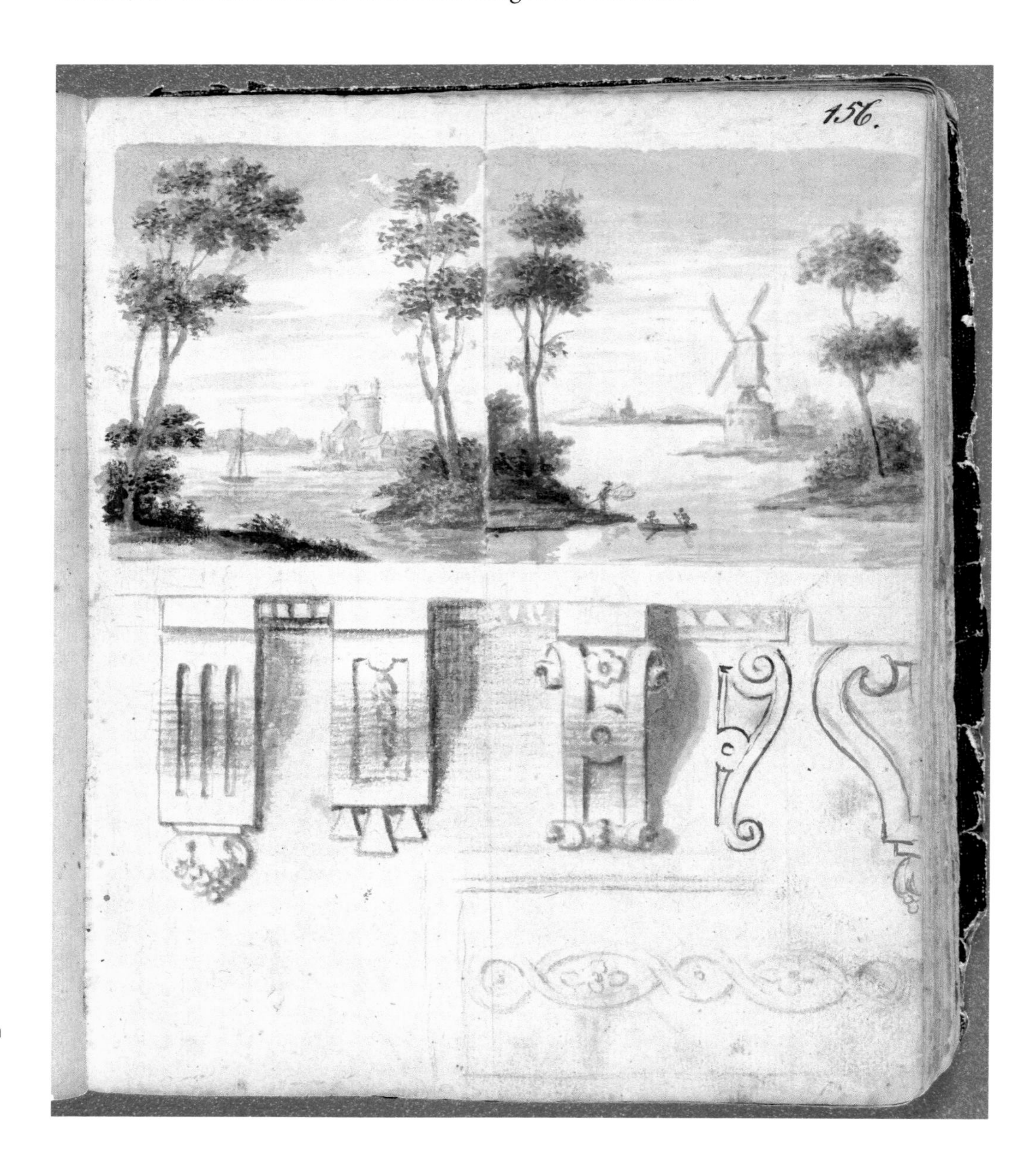

1 Johann Heinrich Suhrlandt, Motive zu Landschaftskompositionen und Konsolen aus einem Zeichenbuch, o. J., 202 × 170 mm, Blei, Kreide und Aquarell, Staatliches Museum Schwerin, Inv.-Nr. 250 Hz

2 Johann Heinrich Suhrlandt, Supraporte im Wohnzimmer des herzoglichen Appartements mit einem Papagei, 1815, Öl auf Leinwand, 73 × 145 cm

In Ludwigslust litt Suhrlandt unter bedrückenden Wohnverhältnissen. Der Herzog hatte ihm eine Unterkunft bei der Witwe Findorff angewiesen. Die räumliche Not führte jedoch immer wieder zu Streitigkeiten. 1777 ehelichte er die Tochter des angesehenen Rostocker Orgelbauers Christina Luisa Schmidt. Doch erst zwei Jahre später verbesserten sich seine Arbeits- und Lebensbedingungen durch eine neue Wohnung. Die niedrige Entlohnung muss ihn immer wieder schwer getroffen haben. Es war ihm durchaus bewusst, dass beispielsweise der aus Berlin angereiste, für kurze Zeit in Ludwigslust tätige Carl Friedrich Fechhelm mit 400 Reichtalern ein bedeutend höheres Gehalt bezog. Erst im Todesjahr des Herzogs 1785 gelang es Suhrlandt endlich, einen Anstellungsvertrag als Hofmaler zu erhalten, wenngleich ihm der Status eines Kammerdieners verwehrt blieb.[19]

Suhrlandt wurde für die Dekorationen des Schlossneubaus herangezogen. Er arbeitete als Maler, Anstreicher, Fassmaler und Kopist, verzierte Spiegel, Uhren, Vasen und Möbel (Abb. 1). Viele der Supraporten im neuen Schloss stammen von seiner Hand. Zu seinen beeindruckenden Werken gehören die vier Supraporten mit Papageien im Appartement des Herzogs (Abb. 2) sowie erste Entwürfe für die Attikafiguren des Schlosses (S. 120, Abb. 9). Der bedeutendste Auftrag war 1781 die Anfertigung eines Altarbildes für die Kirche in Ribnitz, das auf Geheiß des Herzogs nach einem Kupferstich mit der Beweinung von Annibale Carracci entstand.[20]

Mit dem Amtsantritt des kunstsinnigen Friedrich Franz' I. (Abb. 3) im Jahr 1785 änderte sich auch die Lage für die Hofkünstler. Der neue Herzog stand der stark pietistisch geprägten Residenz distanziert gegenüber. So begrüßte ihn bereits der Prediger und Professor der Theologie Ferdinand Ambrosius Fidler nach seiner Rückkehr aus Genf 1772 mit den Worten, es sei nun die Aufgabe, »einen Menschen und Christen aus ihm zu bilden«.[21] Friedrich Franz I. passte nicht in die frömmelnde Ludwigsluster Atmosphäre. Er versuchte, die Stadt zu öffnen, Reformen einzuleiten sowie Wirtschaft und Handel zu beleben. Den Herzog zog es eher in Orte wie das mondäne Seebad Doberan, wo er einen Großteil seiner Zeit verbrachte. Dennoch hielt er an der alten Residenz Ludwigslust fest.

Das teilweise durchaus angespannte Verhältnis des Herzogs zu seinen Hofkünstlern wird bei Johann Heinrich Suhrlandt besonders deutlich, der auch an den neuen Machthaber immer wieder Klage- und Bittbriefe für sich, seine Familie und die Söhne formulierte, ohne dass sich seine persönlichen Verhältnisse verbessert hätten. Das Ausmaß der Verstimmung verdeutlicht eine Formulierung des Herzogs, als ihn Suhrlandt wieder einmal um Geld für Öle und Lacke zur Ausmalung des Schweizerhauses bat. Der Herzog gewährte die Summe, um den Maler, wie er es gegenüber der Renterey-Casse formulierte, »nur los zu werden«.[22] Überraschend erhielt Suhrlandt 1793 den Auftrag, das

3 Daniel Woge, Friedrich Franz I. und Herzogin Luise mit ihren sechs Kindern, 1788, Öl auf Leinwand, 231 × 284 cm, Staatliches Museum Schwerin, Inv.-Nr. G 880

4 Johann Dietrich Findorff, Selbstbildnis, 1765, Radierung, 165 × 133 mm, Staatliches Museum Schwerin, Inv.-Nr. 14700 Gr

seit Jahren unvollendete Altarbild (S. 79, Abb. 28) seines ehemaligen Lehrers Findorff mit der Verkündigung der Engel an die Hirten in der Ludwigsluster Hofkirche zu vollenden. Bisher hatte der Herzog Gesuche zur Fertigstellung des Gemäldes von durchreisenden Künstlern stets strikt abgelehnt.

Die Frage, ob Friedrich Franz I. eine in die Jahre gekommene Kunstausübung in Ludwigslust nicht mehr unterstützten wollte, muss offen bleiben. So betonte der Maler Friedrich Lenthe, der Herzog habe die Galerie »sehr vermehrt«,[23] und auch ein Blick auf die Biographien und Lebensumstände der von ihm berufenen Künstler fördert ein differenziertes Bild zutage. Doch in der Tat war Johann Heinrich Suhrlandt 1802–1816 der einzige Hofmaler in Ludwigslust, ein Beleg dafür, dass der Ort nicht mehr im Zentrum der Aufmerksamkeit des Herzogs lag. Hochbetagt starb Suhrlandt 1827 im Alter von 85 Jahren in Ludwigslust.

Der Hofmaler Johann Dietrich Findorff

Dass im Rahmen des streng reglementierten höfischen Lebens ein sozialer Aufstieg möglich war, zeigt wiederum das Leben Johann Dietrich Findorffs (Abb. 4), des Lehrers von Johann Heinrich Suhrlandt. Voraussetzung dafür war die durch den Hof finanzierte auswärtige Qualifikation, die es Findorff ermöglichte, ein Netz aus zahlreichen Kontakten zu schaffen, das auch positiv auf das Ansehen des Herzogtums zurückwirkte.

Die Ausgangsbedingungen für den sozialen Aufstieg Findorffs waren alles andere als günstig, ja schlechter als jene von Johann Heinrich Suhrlandt, hatte er sich doch zunächst in seinem Anstellungsvertrag vom 28. März 1747 verpflichtet, den Hof nicht zu verlassen, »gleichwie andere vorhero schon gethan«.[24] Welch einschränkenden Kontrakt er mit dem Herzog schloss, wird auch anhand einer Klausel deutlich, die besagt, wenn er »in der Nähe oder Ferne verreisen sollte oder müsste, (dürfe er sich) in keine andere Dienste begeben, (…) es sei unter was Protest, Vorwand und Entschuldigung es immer wolle«.[25]

Mit anderen Worten: Der Herzog benötigte einen Hofmaler, der permanent am Hof für eine Vielzahl von Diensten jederzeit greifbar war. Dies zeigt gleichzeitig auf, dass sich in Ludwigslust durchreisende Maler vorstellten, ohne hier sesshaft zu werden. Johann Dietrich Findorff erhielt zunächst weder ein festes Gehalt noch kostenfrei Wohnung, Feuerholz oder Licht.

Findorff stammte aus einer Lauenburger Tischlerfamilie. Ab dem Sommer 1742 hielt er sich in Schwerin auf und arbeitete bei dem Tischler Christian Ludwig Sievert. Obwohl er in diesem Beruf erfolgreich war, wollte er Maler werden, und erhielt dafür auch das Vertrauen des Herzogs. Findorff wurde dem ab 1743 für den Hof tätigen Maler Johann Wilhelm Lehmann in die Lehre gegeben.[26] Da dieser weder den Titel eines Hofmalers führte, noch je eine Ausbildung als Maler erhalten hatte, musste sich sein Schüler autodidaktisch anhand der herzoglichen Gemäldesammlung schulen. Er fertigte kleine Gemälde und der kunstsinnige Christian Ludwig II. stellte ihn 1747 als Kopist auf unbegrenzte Zeit an. Erst als die Kopien zufriedenstellend ausfielen, gewährte er für jede Arbeit einen holländischen Dukaten. Findorff wohnte vor dem Umzug nach Ludwigslust im Schweriner Schloss im Zimmer Nr. 68, gleich neben anderen Künstlern wie dem Maler Lehmann und dem aus Hamburg stammenden Elfenbeinschnitzer Johann Peter Nonheim.[27]

Der talentierte Findorff wurde von Christian Ludwig II. zur weiteren Ausbildung nach Dresden geschickt, womit er der erste Hofmaler in der mecklenburgischen Geschichte war, der zur Fortbildung das Land verlassen durfte. Der Kabinettssekretär Roland richtete am 16. Juni 1746 ein Schreiben an den sächsischen Hofmaler Christian Wilhelm Ernst Dietrich, indem er vermerkt, dass Findorff »zu nichts mehr größere Lust, als zur Mahlerey hat, auch dazu gebohren zu seyn scheinet«.[28] Der mecklenburgische Hof hatte seit 1738 Kontakt in die sächsische Residenzstadt.[29] Hätte es in Dresden bereits die Kunstakademie gegeben – die erst nach dem Siebenjährigen Krieg 1764 gegründet wurde –, wäre Findorff möglicherweise dorthin geschickt worden. Dietrich malte in der niederländischen Tradition des 17. Jahrhunderts und fühlte sich sehr gekonnt in den Stil berühmter Meister ein. Dass er seinem Schüler Findorff diese Fähigkeit vermittelte, belegen Darstellungen eines trinkenden Bauerns und eines rauchenden Mannes mit Dreispitz, die in der Dresdner Zeit entstanden.[30]

Im Sommer 1751 weilte Findorff wieder in Schwerin. Der Herzog erhöhte sein Gehalt und erhob ihn in den Rang eines Kammerdieners – eine Position, die den zeitgleich wirkenden, erfolgreichen Hofporträtmalern Matthieu oder Lisiewsky vorbehalten war.[31] Damit verband sich ein sozialer Aufstieg, begann Findorff sich doch mit dem Titel aus dem Bereich des Handwerks herauszulösen. Die Verleihung änderte zwar nichts an seinen Aufgaben, doch stand er im Zeremoniell dem Herzog näher und genoss dessen Vertrauen. Auch hatte er sich besser zu kleiden und jederzeit dienstbereit zu halten.[32] Er war nun den Professoren und Ratsherrn gleichgestellt.

Welcher Art die malerische Qualität war, die den Herzog für Findorff einnahm, zeigt besonders eindrücklich die kleine Radierung einer Landschaft mit Bockmühle (Abb. 5), die sich an Blättern von Rembrandt orientiert und ein Beispiel für die Rembrandtbegeisterung des 18. Jahrhunderts ist. Findorff war nach seinem Aufenthalt in Dresden in der Lage, den Stil älterer oder zeitgenössischer Meister zu imitieren. Ebenso lernte er in Dresden, in der Natur zu zeichnen, wie beispielsweise seine Ansicht der Trave bei Lübeck zeigt (Abb. 6). Die realistischen Gemälde machten den Erfolg des Malers am Schweriner Hof aus, die 1781 durch Franz Christian Lorenz Karsten ausführlich gewürdigt wurden.[33]

Mit dem Ausbruch des Siebenjährigen Krieges ging Herzog Friedrich zu seiner eigenen Sicherheit nach Lübeck. Herzogin Ulrike Sophie blieb allein in Ludwigslust zurück. Ihrem diplomatischen Geschick war es zu verdanken, dass Ludwigslust nicht geplündert wurde. Inmitten dieser turbulenten Zeiten reiste Findorff 1760 in seine Heimatstadt Lauenburg an der Elbe, nach Segeberg und 1763 nach Hamburg. Findorff erhielt von dem pietistisch geprägten Herzog Friedrich die Aufgabe, nackte Figuren in Gemälden

5 Johann Dietrich Findorff, Kleine Landschaft mit Bockmühle, 1750er Jahre, Radierung, 44 × 108 mm, Staatliches Museum Schwerin, Inv.-Nr. 8767b Gr

6 Johann Dietrich Findorff, Gegend an der Trave bei Lübeck, 1761, Öl auf Leinwand, 54,5 × 77,5 cm, Staatliches Museum Schwerin, Inv.-Nr. G 237

des Niederländers Cornelis Poelenburg und Christian Wilhelm Ernst Dietrich zu übermalen.[34] Die Idyllen von Dietrich wurden in Hirtenlandschaften in der Art von Johann Heinrich Roos umgestaltet.[35]

In den Jahren nach dem Siebenjährigen Krieg dokumentierte Findorff den Baufortschritt in Ludwigslust (S. 53, Abb. 7). Seine Radierungen zeigen die neuen Anlagen im weitläufigen Park. Dabei waren entsprechend der gartenkünstlerischen Ideen des Herzogs die Grenzen zwischen Garten, Park, Wald und Besiedlung fließend und viele Be-

reiche nach dem Prinzip der Natürlichkeit und Einfachheit gestaltet. So verwundert es nicht, dass er auch bäuerliche Szenen aus dem Dorf Klenow mit einfachen Hütten und malerischen Eichen darstellte.[36]

Inmitten des Umbaus von Ludwigslust heiratete Findorff 1767 die 34-jährige Johanna Elisabeth Sophia Sommer aus Thüringen, eine Hofdame der Prinzessin Charlotte. Hinter dem Bassin und vor dem späteren Kirchplatz entstanden zwei sich parallel gegenüberliegende Häuserzeilen, die mit je einem einzeln stehenden Gebäude abschlossen. Auf Anweisung des Herzogs bezog Findorff mit seiner Gattin dasjenige auf der Ostseite, wo die Lakaien wohnten.[37] Das Haus ist auf seiner Radierung mit dem Blick aus dem Gewölbe der im Bau befindlichen Hofkirche rechts sehr deutlich zu erkennen (S. 65, Abb. 11).

7 Johann Dietrich Findorff, Die Opferung Isaaks, 1769, Blei, Feder in Braun, aquarelliert, 518 × 350 mm, Staatliches Museum Schwerin, Inv.-Nr. 2229 Hz

Kaum war die Hofkirche vollendet, erhielt Findorff 1770 den Auftrag, das Altargemälde für das neue Gotteshaus zu fertigen. Ein erster Entwurf zeigte die Opferung Isaaks (Abb. 7), doch ließ der Herzog das Konzept grundlegend überarbeiten.[38] Anstelle einer Szene, die den bedingungslosen Glauben an Gott thematisiert, zeigt das ausgeführte kolossale Altargemälde (S. 79, Abb. 28) die Verkündigung der Geburt Christi an die Hirten, die im Neuen Testament durch die singenden und jubilierenden Engel geschildert wird. Im Mittelpunkt der Darstellung steht der als Gloria in der abendländischen Liturgie und Kirchenmusik fest verankerte Hymnus »Gloria in excelsis Deo« (»Ehre sei Gott in der Höhe«, Lk 2,14). Musik und Gesang galten als zentrale Bausteine der pietistisch-spirituellen Glaubensgemeinschaft, die der Herzog in Ludwigslust zu formen gedachte.[39] Das rahmenlose und damit wie eine Theaterkulisse wirkende Altarbild gab dem himmlischen Gesang einen visuellen Ausdruck. Findorff begann, die große Aufführung mit den Engeln im Himmel malerisch umzusetzen, konnte jedoch die irdische Zone mit den Hirten nicht mehr vollenden. Er starb am 3. Mai 1772 im Alter von fünfzig Jahren. Ein Teil seines Nachlasses ging an den Schüler Johann Heinrich Suhrlandt. Eine kleine Grafiksammlung nebst 61 Gemälden verkaufte die Witwe an die herzogliche Sammlung.[40]

Die Hofporträtmaler Georg David Matthieu, Christoph Friedrich Reinhold Lisiewsky und Christian Ludwig Seehas

Die Biographie von Georg David Matthieu zeigt anschaulich, welche Bedingungen gegeben sein mussten, um am Hof als Maler Anerkennung zu genießen. Nach dem Ende des Siebenjährigen Krieges wurde der weitere Umbau von Ludwigslust zielstrebig in Angriff genommen. Zeitgleich, im Jahr 1764, erhielt der aus Berlin stammende Künstler eine Anstellung als Hofporträtist. Erstmals arbeitete nun in Ludwigslust ein Maler, der nicht nur einer der besten im deutschsprachigen Raum war, sondern der die gestiegenen repräsentativen Anforderungen des Hofes auch in seinen Bildern umzusetzen wusste. Mit Matthieus Gemälden konnte der Mecklenburg-Schweriner Hof an die europäische Porträtkunst anknüpfen.

Georg David Matthieu stammte aus einer angesehenen Berliner Familie von Porträtmalern. Sowohl die Mutter Dorothea Elisabeth Lisiewsky als auch der Vater David Matthieu waren überaus erfolgreich. Der Vater arbeitete am preußischen Hof und verfügte über beste Kontakte in die fürstlichen Kreise. So hatte er bereits 1737/38 den jungen Erbprinzen Friedrich von Mecklenburg-Schwerin auf seiner Grand Tour begleitet und fungierte als Cicerone während dessen zweiten Pariser Aufenthalts 1738/39.[41] Der Herzog kannte die Berliner Malerfamilie seit jener Zeit.

1762 hielt sich der 25-jährige Georg David gemeinsam mit dem gleichaltrigen Landschaftsmaler Jakob Philipp Hackert in Stralsund auf.[42] Beide wohnten bei dem kunstliebenden Adolf Friedrich von Olthof, dem Direktor der schwedischen Münze in Stralsund, der im Mai desselben Jahres den Frieden zwischen Schweden und Preußen ausgehandelt hatte. Matthieus überliefertes malerisches Werk beginnt in dieser Zeit. Er fertigte nicht nur Porträts der Familienmitglieder Olthofs und des pommerschen Adels. Sein erstes datiertes Porträt stammt aus dem Jahr 1762 und zeigt die Königin Charlotte von England, eine gebürtige Prinzessin von Mecklenburg-Strelitz.[43] Dieser Auftrag, der den jungen Maler rasch bekannt gemacht haben dürfte, könnte über die Familie von Olthof vermittelt worden sein, war doch der Vater von Adolf Friedrich Pagenhofmeister in Strelitz. Mit Blick auf die langjährige Verbindung des Herzogs mit der Familie Matthieu sowie die ehrenvollen ersten Aufträge Georg Davids in adligen und hochadligen Kreisen Pommerns und darüber hinaus erwies sich der Maler als idealer Kandidat für das Amt des Hofporträtisten in der neuen Residenz Ludwigslust.

Matthieu war möglicherweise schon ab 1762 für den Hof in Ludwigslust tätig,[44] sein Anstellungsvertrag ist auf den 7. Juni 1764 datiert.[45] Deutlich wird der besondere Status, den der Maler im Vergleich zu seinen Kollegen genoss. Ihm »und seine(n) Beiden leute(n)« wurde freie Kost und Logis am Kammertisch sowohl im Ludwigsluster wie im Schweriner Schloss gewährt. Er erhielt jährlich eine Gage von 280 Reichstalern N2/3 und überdies für jedes gefertigte Gemälde nochmals eine finanzielle Entschädigung. Letzteres durfte gemäß der geheimen Klausel gegenüber Findorff nicht kommuniziert werden. Auch wurde die Höhe des Preises je nach dem auszuführenden Werk – Miniatur, Porträt, Bruststück oder Kniestück – genauestens geregelt. Damit war es dem Herzog nicht möglich, nach Gutdünken zu entscheiden, wie er den Maler bezahlte. Matthieu durfte weiterhin frei nach Schwerin reisen und dort auf eigene Rechnung arbeiten.

8 Georg David Matthieu, Friedrich Franz von Mecklenburg-Schwerin mit seiner Schwester Sophie Friederike, Öl auf Leinwand, 206 × 138 cm, Staatliches Museum Schwerin, Inv.-Nr. G 175

9 Georg David Matthieu, Friedrich Franz von Mecklenburg-Schwerin und sein Erzieher Carl Christian von Usedom, 1767, Öl auf Leinwand, 225 × 160 cm, Staatliches Museum Schwerin, Inv.-Nr. G 220

10 Georg David Matthieu, Charlotte Sophie von Mecklenburg-Schwerin, 1769, Öl auf Leinwand, 145 × 100 cm, Staatliches Museum Schwerin, Inv.-Nr. G 191

In den folgenden Jahren wurde Matthieu aufgrund vieler Aufträge fest an den Hof gebunden. Er schuf in erster Linie Porträts der adligen Mitglieder des Ludwigsluster Hofes und der nächstjüngeren regierungsfähigen Generation, deren Entwicklung und Erziehung Matthieu mit seinen Gemälden begleitete (Abb. 8). Sie spiegeln die Ideale der herzoglichen Familie nach dem Siebenjährigen Krieg. So wurde der junge Thronfolger Friedrich Franz mit seinem Erzieher Carl Christian von Usedom dargestellt und Bücher als Attribute einer idealen Standeserziehung beigegeben (Abb. 9). Und ein Gemälde zeigt Charlotte Sophie, wie sie auf der Cister spielt (Abb. 10). Die von Matthieu erfassten Personen bestechen durch schillernde, kostbare Gewänder. Ein weiches Licht umspielt sie. Entsprechend ihres Standes sind die Porträtierten voller Grazie und Anmut wiedergegeben. Zu sehen sind Familienfeste, Soiréen oder Hochzeiten. Dass Matthieu mit seiner Malerei darauf abzielte, im Bild die reale Präsenz des Dargestellten zu evozieren, führen besonders die von ihm gefertigten Holztafeln vor Augen (Abb. 11). So betonte auch Franz Christian Lorenz Karsten die Fähigkeit des Malers, die Natur auf das Genaueste zu imitieren.[46] Der Erfolg Matthieus schlägt sich zugleich in den Werken Findorffs nieder, der den Duktus des Berliner Malers adaptierte (Abb. 12).[47] Matthieus Malweise lässt sich mit derjenigen von Antoine Pesne oder Alexander Roslin vergleichen, und es gelang ihm somit als erstem Hofmaler, die Ludwigsluster Gesellschaft in einer der europäischen Porträtmalerei der Zeit entsprechenden Weise darzustellen.

1767 erhielt Matthieu den jungen Christian Ludwig Seehas als Schüler, der ebenfalls Porträtist werden sollte.[48] Matthieu bewohnte wie die anderen Hofkünstler ein Zimmer im Schweriner Schloss.[49] In unmittelbarer Nachbarschaft wurde auch Seehas untergebracht. Matthieu wiederum überließ man nun einen weiteren Raum, den bisher Findorff als Atelier genutzt hatte, den dieser aber nur noch sehr selten aufsuchte, seitdem ihm in Ludwigslust ein Haus zugesprochen worden war.[50] 1772 verlobte sich Georg David Matthieu mit Elisabeth Lüders, Kammerjungfer der Prinzessin Charlotte. Das Paar erhielt eine eigene Wohnung in einem der Kavaliershäuser unmittelbar am Bassin vor dem Ludwigsluster Schloss. In diesem Gebäude wohnten weiterhin der Major Restorff und der Hofrat Boldt.

Als der Reiseschriftsteller Thomas Nugent 1766 Mecklenburg aufsuchte und auch in Ludwigslust weilte, zeigte ihm der Herzog Gemälde von Matthieu, allen voran zwei Porträts der englischen Königin Charlotte von England – der Nugent später seine gedruckten Reiseeindrücke aus dem Heimatland der Queen widmen sollte – sowie Porträts der beiden Kinder des Prinzen Ludwig.[51] Darüber hinaus war geplant, die Ahnengalerie der Herzöge von Mecklenburg-Schwerin für Nugents Publikation »Vandalia« von Matthieu malen zu lassen, wozu es jedoch nie kam.[52]

Matthieu, der für ein Porträt circa sechs Wochen benötigte, war als Maler sehr gefragt, so dass er um eine gesonderte Regelung bat, wichtige Arbeiten wie das Porträt des Herzogs für die Audienz des neu möblierten Hof- und Landgerichts in Güstrow bevorzugt anzufertigen.[53] Die Arbeitsbelastung, der Matthieu ausgesetzt war, thematisiert auch eine kleine Vignette, die ihn gefesselt im Schlafrock an einer Staffelei zeigt.[54] Im Alter von nur 41 Jahren starb Matthieu 1778 in Ludwigslust, nachdem er hier zwölf Jahre als Hofmaler

11 Georg David Matthieu, Prinzessin Amalie von Mecklenburg-Schwerin, Öl auf Holztafel, H. 150 cm, Staatliches Museum Schwerin, Inv.-Nr. G 207

12 Johann Dietrich Findorff, Zwei Porträtstudien, Grafit auf Bütten, 193 × 132 mm, Staatliches Museum Schwerin, Inv.-Nr. 2217 Hz und Inv.-Nr. 2218 Hz

13 Christoph Friedrich Reinhold Lisiewsky, Selbstbildnis mit dem Porträt seiner Tochter Friederike Juliane Lisiewsky, um 1790, Öl auf Leinwand, 105,5 × 82 cm, Berlin, Stiftung Archiv der Akademie der Künste Berlin, Inv.-Nr. DAK 3240

wirkte. An seine Stelle trat der zwölf Jahre ältere Onkel Christoph Friedrich Reinhold Lisiewsky, der am Hof bereits einen Namen hatte.

Christoph Friedrich Reinhold Lisiewsky (Abb. 13) übernahm die Stelle seines verstorbenen Neffen, da er dringend ein finanzielles Auskommen suchte. Der gebürtige Berliner war zunächst als Hofmaler des Fürsten von Anhalt-Dessau tätig, verschuldete sich jedoch so hoch, dass er wieder nach Berlin zurückkehrte, um hier gemeinsam mit seiner weitgereisten und bekannten Schwester Anna Dorothea Therbusch (Abb. 14) ab 1772 in einem gemeinsamen Atelier Unter den Linden zu arbeiten. Es entstanden die vielbeachteten und lebensgroßen Porträts der preußischen Königsfamilie für den Tschesme-Palast südlich von St. Petersburg. Doch nachdem Anna Dorothea 1782 verstorben war, musste Christoph Reinhold aufgrund drückender finanzieller Not immer wieder Bittgesuche an den preußischen Hof richten.[55] So bewarb sich Lisiewsky in Mecklenburg mit einem Schreiben, indem er auch seine verwickelten finanziellen Umstände erwähnte.[56]

Eine Antwort auf Lisiewskys Angebot wurde erst im August 1779 gegeben: Ihm wurde ein Gehalt von 300 Reichstaler N2/3 in Aussicht gestellt sowie freie Wohnung und vier Faden Holz für die kalte Jahreszeit.[57] Damit erhielt er fünfzig Reichstaler mehr als

Matthieu, jedoch weder die freie Verköstigung war eingeschlossen, noch wurde ein Preis für jedes gefertigte Gemälde gesondert berechnet. Auch sollte er unentgeltlich Schüler unterrichten. Lisiewsky bat den Herzog eindringlich, die Menge Holz für den Winter nicht auf den zugeteilten Umfang zu beschränken, da er schon im Voraus wisse, dass dieser nicht ausreichen werde. Darüber hinaus hoffte er, für die Ausbildung eines Lehrlings entlohnt zu werden und verwies darauf, dass dies an anderen Höfen mittlerweile so üblich sei.[58] Es gibt keinen Hinweis, ob der Herzog auf die Bitten des Malers einging.

Lisiewsky übersiedelte 1778 nach Ludwigslust und bewohnte ein Haus in der Breiten Straße. Vor Ort versuchte er weiterhin mittels Bittgesuchen seine Lebensbedingungen zu verbessern. Ein Jahr später wurde sein Gehalt um 100 Reichstaler N2/3 aufgestockt, er erhielt die doppelte Menge Brennholz und zusätzlich 100 Reichstaler N2/3 für Farben und Pinsel.[59] Doch damit verbesserte sich die Situation von Lisiewsky keineswegs. Der Betrag für die Malutensilien reichte gerade einmal für ungefähr vier Gemälde.[60] Zudem war sein Bedarf an Medikamenten sehr hoch, die er auch mit Porträts wie demjenigen der Gemahlin des Hofapothekers Braun bezahlte.[61] Der Herzog bewilligte eine weitere Erhöhung seines Gehalts auf 500 Reichstaler.[62] Das Erschließen weiterer Einnahmequellen war in Ludwigslust kaum möglich.[63]

Für Friedrich Nicolai gehörte Lisiewsky »überhaupt unter die ersten Bildnismaler dieses Jahrhunderts«,[64] eine Einschätzung, der man sich mit Blick auf die erhaltenen Werke gern anschließen möchte. Dem Berliner Maler gelang es, mittels genauester Beobachtung

14 Anna Dorothea Therbusch, Selbstbildnis, 1768 mit Ergänzungen um 1779, Öl auf Leinwand, 148 × 118 cm, Klassik Stiftung Weimar, Inv.-Nr. G 69

15 Christoph Friedrich Reinhold Lisiewsky, Ulrike Sophie von Mecklenburg-Schwerin, 1780, Öl auf Leinwand, 65 × 51,5 cm, Staatliches Museum Schwerin, Inv.-Nr. G 599

16 Christoph Friedrich Reinhold Lisiewsky, Herzog Friedrich von Mecklenburg-Schwerin, o. J., Öl auf Leinwand, 31,5 × 24 cm, Staatliches Museum Schwerin, Inv.-Nr. G 1068

von physiognomischen Merkmalen auch psychische Aspekte der Dargestellten einzufangen und auf diese Weise eindringliche, unverwechselbare Bildnisse zu schaffen, die das Standesporträt des 18. Jahrhunderts hinter sich lassen.

In Ludwigslust malte Lisiewsky zunächst die obligatorischen Kopien nach Werken der Gemäldegalerie.[65] Sodann fertigte er das einfühlsame Porträt der Prinzessin Ulrike Sophie (Abb. 15), des Herzogs Friedrich (Abb. 16) sowie des Erbprinzen Friedrich Franz I.[66] Schon 1782 malte er die wunderbare Darstellung des alternden Preußenkönigs Friedrich II.[67] Das Gemälde belegt, dass Lisiewsky an dem Kontakt nach Berlin weiterhin festhielt und damit wohl auch die Hoffnung verband, in seine Heimatstadt eines Tages zurückkehren zu können.

Die Ängste der Hofmaler, die mit dem Amtsantritt Friedrich Franz I. 1785 verbunden waren, spiegeln sich in den Briefen von Lisiewsky. Er befürchtete, aus seinen Diensten entlassen zu werden, da sich der neue Herzog »aus der Kunst nichts mache«, wie der Maler an den Kurator der Berliner Akademie Friedrich Anton von Heynitz schrieb.[68] Er erlebte unmittelbar, wie in Ludwigslust das künstlerische Leben stagnierte, während es sich in seiner Heimatstadt rege entfaltete. 1786 wurde die Berliner Akademie der Künste unter der Direktion von Christian Bernhard Rode neu eröffnet und die erste öffentliche Kunstausstellung in Preußen veranstaltet. Lisiewsky wandte sich an Friedrich Anton von Heynitz und bewarb sich um die Stelle des Inspektors der Gemäldegalerie. Doch Heynitz antwortete, er könne für Lisiewsky wenig ausrichten, da der König »in allen Ecken und Orten mit Pensionsgesuchen bestürmt« würde.[69]

Trotz der Anstellung am Ludwigsluster Hof drückten Lisiewsky weiterhin Schulden, die er während seines gesamten Lebens nicht abzutragen vermochte. Zudem litt er Hunger und war häufig krank. Seine Frau Henriette Juliane Stöhr, die er bereits in Dessau

17 Godfried Schalcken, Apfelesserin bei Kerzenlicht, um 1682, Öl auf Holz, 32,5 × 24,9 cm, Staatliches Museum Schwerin, Inv.-Nr. G 2337

18 Barbara Rosina Matthieu-de-Gasc zugeschrieben, Mädchen mit Kerze, 1746, Öl auf Holz, 36 × 30 cm, Staatliches Museum Schwerin, Inv.-Nr. G 1393

geehelicht hatte, bekam drei Töchter, von denen eine frühzeitig starb. Diese Probleme, Sorgen und Nöte sind auf seinem Selbstporträt aus dem Jahr 1790 nicht zu erkennen (Abb. 13). Es zeigt ihn voller Stolz als Maler.

Bereits vier Jahre später, 1794, starb Lisiewsky im Alter von 69 Jahren. Der Tochter Friederike Juliane, die ebenfalls Porträts malte, gelang, was dem Vater verwehrt blieb: Vom Herzog mit einem Stipendium unterstützt, ging sie nach Berlin, wurde 1793 zum Ordentlichen Mitglied der Berliner Akademie ernannt und arbeitete als Meisterschülerin bei Christian Bernhard Rode. Nach dem Tod von Christian Ludwig Seehas bewarb sie sich 1802 erfolglos als erste Frau auf die Stelle eines Hofmalers, die der Herzog erst 1816 nach der Franzosenzeit mit Rudolph Suhrlandt wieder besetzen sollte.

Die sogenannten Kerzenlichtbilder, die Interieurs bei nächtlicher Beleuchtung zeigen, und ihre zahlreichen Kopien belegen die engen Verbindungen zwischen den Sammlungen und den malerischen Themen der Zeit. Das Sujet gehörte zu den schwierigsten, galt es doch nicht nur, die Farben des von einer Kerze erleuchteten Raums wiederzugeben. Vielmehr sollten die Bilder so wirken, als würden die Kerzen tatsächlich brennen.

Spätestens ab den 1760er Jahren arbeiteten die miteinander verwandten Malerfamilien Matthieu und Lisiewsky an Techniken, um diesen Eindruck zu erreichen.[70] Dafür konnten in der Schweriner Gemäldesammlung Werke des wohl wichtigsten Vertreters dieser Malerei, des Leidener Feinmalers Godfried Schalcken, studiert werden (Abb. 17). So war es möglicherweise zuerst Barbara Rosina Matthieu-de-Gasc, die zwölf Jahre ältere Schwester von Christoph Friedrich Reinhold Lisiewsky, die schon 1746 ein Mädchen mit brennender Kerze nach Schalcken kopierte (Abb. 18).[71]

Die jüngeren Lisiewsky-Geschwister befassten sich ebenso mit dem Thema des Kerzenlichtbildes. Das Selbstporträt von Anna Dorothea Therbusch zeigt im Hintergrund den Bruder Christoph Friedrich Reinhold in nächtlichem Kerzenschein an der Staffelei (Abb. 14). Im Jahr 1765 bewarb sich Anna Dorothea sogar mit einem Nachtstück um die Aufnahme an der Pariser Kunstakademie. Zeitgleich fertigte der 16 Jahre jüngere Neffe Georg David Matthieu, gerade in Ludwigslust als Hofmaler angestellt, eine kleine Radierung mit drei Damen beim nächtlichen Spiel (Abb. 19) und stellte die musizierende Ludwigsluster Hofgesellschaft bei Kerzenschein dar (Abb. S. 252).[72] Sein erfolgreichstes Werk war das Gemälde einer alten Frau mit Gebetbuch: »es scheint, als sehe man die sitzende Figur, den Hund, die Bücher und alle übrigen Gegenstände beim brennenden Licht in der Nacht«, schwärmte Franz Christian Lorenz Karsten.[73] Möglicherweise meinte Karsten das heute in Schwerin bewahrte Gemälde »Alte Frau beim Kerzenlicht in der Bibel lesend« (Abb. 20).

Aufgrund der Beliebtheit der Kerzenbilder verwundert es nicht, dass Christoph Friedrich Reinhold Lisiewsky als Nachfolger Matthieus noch im Jahr seiner Ankunft in Ludwigslust die Schalcken-Gemälde kopierte und auch Nachtstücke für den Hof fertigte.[74] Das wohl bedeutendste Beispiel der malerischen Auseinandersetzung mit den besonderen Eigenschaften des nächtlichen Kerzenscheins ist jedoch sein bereits um 1760 geschaffenes Selbstporträt (Abb. S. 152).

Wie schwer es ortsansässige Maler ohne weitreichende Empfehlungen hatten, am Hof eine Anstellung zu finden, wird an Christian Ludwig Seehas deutlich, der bis zum Tod

19 Georg David Matthieu, Drei Frauen bei Kerzenschein, 1765, Radierung, 185 × 235 mm, Staatliches Museum Schwerin, Inv.-Nr. 8977 Gr

20 Georg David Matthieu, Alte Frau bei Kerzenlicht, Öl auf Leinwand, 91,5 × 80,2 cm, Staatliches Museum Schwerin, Inv.-Nr. G 695

Matthieus dessen Lehrling war und auch bei dem Nachfolger Christoph Friedrich Reinhold Lisiewsky angestellt bleiben sollte.[75] Nur nach mehreren Bittgesuchen gelang es ihm, sich aus dem Schülerverhältnis zu lösen. Er erhielt ein Stipendium und ging zunächst nach Dresden, dann nach Wien und schließlich 1786–1790 nach Rom, von wo er regelmäßig seine Werke an den mecklenburgischen Hof sandte. Wieder zurückgekehrt nach Ludwigslust hoffte er auf die Hofmalerstelle des kranken Lisiewsky, die er 1794 endlich erhielt, selbst aber nur bis zu seinem Tod im Jahr 1802 innehaben konnte. Seiner Hand entstammen Supraporten mit italienischen Ansichten im Westflügel.

Eine neue Generation von Hofmalern: Rudolph Suhrlandt und Friedrich Christoph Georg Lenthe

Mit Rudolph Suhrlandt (Abb. 21) beginnt eine neue Epoche der Hofporträtmaler in Ludwigslust. Er genoss viele Freiheiten, war nicht nur künstlerisch begabt, sondern beherrschte mehrere Sprachen und hatte ein freundliches, weltgewandtes und zugleich zurückhaltendes Auftreten, das ihm Zutritt zu den adligen Kreisen verschaffte. Rudolph Suhrlandt war der Sohn des Kabinettmalers Johann Heinrich Suhrlandt. Der Herzog gewährte dem talentierten Maler 1799 ein Stipendium, mit dem dieser nach Dresden ging, um zunächst bei Joseph Grassi zu studieren. Danach wechselte Suhrlandt 1803 zu Heinrich Friedrich Füger nach Wien. In der österreichischen Metropole lernte er den italienischen Bildhauer Antonio Canova kennen, der ihn nach Rom und Neapel einlud. 1805 besuchte der Erbherzog Friedrich Ludwig von Mecklenburg-Schwerin die österreichische Metropole und beauftragte Suhrlandt mit einem Gemälde, das seine früh verstorbene Frau Helena Pawlowna mit den beiden Kindern zeigt (Abb. 22).

In Rom verkehrte Suhrlandt im Kreis der deutschen Künstler um Christian Daniel Rauch und Bertel Thorvaldsen. Auch lernte er den Kreis um die Familie Humboldt kennen. 1810 fertigte er das Historienbild »Theseus und Ariadne« (Abb. 23) für die Kunstausstellung auf dem römischen Kapitol. Das Bild hatte einen solchen Erfolg, dass Suhrlandt die Ehrenmitgliedschaft der römischen Akademie verliehen wurde. Friedrich Franz I. von Mecklenburg-Schwerin ernannte ihn daraufhin zum Hofmaler und verlieh ihm den Titel eines Hofporträtmalers. 1812–1816 ging Suhrlandt wie viele seiner Künstlerkollegen aufgrund der politischen Umstände in den Süden, nach Neapel, und porträtierte zahlreiche Persönlichkeiten des europäischen Hochadels.

Nach den Wirren der Napoleonischen Kriege wurde auf dem Wiener Kongress 1814/15 den Herzögen des Landes Mecklenburg-Schwerin der Großherzogtitel verliehen. Friedrich Franz I. band die Künste stärker in den Staatsdienst ein und vergab Stipendien für die auswärtige Fortbildung. Für diese neuen Entwicklungen stehen neben Rudolph Suhrlandt besonders die Maler Friedrich und Gaston Lenthe, Carl Christian Schumacher (Abb. 24), Theodor Schloepke (Abb. 25) und Friedrich Jentzen (Abb. 26), deren Wirken sich jedoch wieder auf Schwerin konzentrieren sollte, nachdem 1837 Ludwigslust als Residenz aufgegeben worden war.

21 Rudolph Suhrlandt, Selbstporträt, um 1810, Öl auf Leinwand, 69,2 × 55,7 cm, Staatliches Museum Schwerin, Inv.-Nr. G 635

22 Rudolph Suhrlandt, Helena Pawlowna, 1806, Öl auf Leinwand, 247 × 158 cm, Staatliches Museum Schwerin, Inv.-Nr. G 933

23 Rudolph Suhrlandt, Theseus und Ariadne, 1811, Öl auf Leinwand, 49 × 62 cm, Berlinische Galerie, Sammlung Grzimek

Rudolph Suhrlandt kehrte nach den Napoleonischen Kriegen 1816 nach Ludwigslust zurück und handelte seinen Anstellungsvertrag detailliert mit dem Herzog aus.[76] Festgeschrieben wurde, dass er jährlich ein Werk für die Galerie zu fertigen hatte und dass er für seine sonstigen Werke die Hälfte des bisherigen Preises vom Herzog verlangen könne, also einen zusätzlichen Gewinn mit dem Verkauf der Gemälde erwirtschaftete. Der Herzog sprach ihm ein Gehalt von 800 Reichstalern und 10 Faden Feuerholz für den Winter zu, darüber hinaus erteilte er Suhrlandt die Erlaubnis, sich jedes Jahr sechs bis acht Monate an einem Ort seiner Wahl aufzuhalten. Die gewährten Freiheiten waren so weit gefasst, dass sie sich mit keinem anderen Anstellungsvertrag in Ludwigslust vergleichen lassen. 1817 wurde Suhrlandt zudem als erster Mecklenburg-Schweriner Maler der Titel eines Professors verliehen.

Der Architekt Johann Georg Barca errichtete der angesehenen Familie des Künstlers ein Wohnhaus im klassizistischen Stil in der Kanalstraße 11 in Ludwigslust. Suhrlandt nahm seine Freiheiten rege in Anspruch, ließen sich doch nur so die ausgehandelten Privilegien künstlerisch verwerten. Er besuchte Hamburg und Lübeck und nahm hier Kontakt zu bürgerlichen Kreisen, Intellektuellen oder Künstlern wie Friedrich Overbeck auf. 1824 reiste er über Berlin, Dresden und Prag nach Wien. 1828 war er in Stockholm, 1830 gelangte er mit einem Empfehlungsschreiben der Großherzogin Alexandrine nach St. Petersburg und 1832 hielt er sich beispielsweise in London auf.

Die Napoleonischen Kriege wirkten auch in Ludwigslust nach. Eine Folge war die Beschlagnahmung von insgesamt 209 Gemälden und anderen Kunstobjekten der herzoglichen Sammlungen. Die Werke wurden in das Musée Napoleon gebracht und kehrten erst nach dem Wiener Kongress 1815 zurück.[77] Friedrich Franz I. hatte die Sammlungen dem Maler Friedrich Christoph Georg Lenthe unterstellt, der gleichzeitig als Direktor der Kartonfabrik fungierte und hier für den Zeichenunterricht verantwortlich war. Lenthe hatte zunächst in Rostock und Göttingen Jura studiert, ehe er an die Kunstakademie in Dresden wechselte und Malerei bei Giovanni Dominicus Fiorillo, Anton Graff und Joseph Grassi erlernte. In Dresden machte er die Bekanntschaft mit seiner späteren Frau Christiana Magdalena Hesse und ebenda kam auch der Sohn und spätere Maler Gaston Camillo zur Welt. 1810 ging die Familie nach Ludwigslust zurück und bewohnte ein Haus in der Schloßstraße. Friedrich Lenthe fertigte vor allem Kopien nach Alten Meistern sowie Porträts.[78] Überdies war er ab 1813 als Zeichenlehrer der Kinder der herzoglichen Familie tätig, zudem lehrte er in der Gewerbeschule, einer Einrichtung, die Karoline Luise Sachsen-Weimar, spätere zweite Frau des Erbherzogs Friedrich Ludwig, ins Leben gerufen hatte. Trotz der vielen Aktivitäten war Lenthe ständig in Geldnot und nahm gar eine Hypothek auf seine Ludwigsluster Dienstwohnung auf.

Der Herzog verlieh Lenthe, der sich um die Rückführung der Gemälde aus Frankreich große Verdienste erwarb, den Hofmalertitel. Des Weiteren übertrug er ihm das Amt eines Galeriedirektors, das auch Rudolph Suhrlandt gern in Anspruch genommen

24 Theodor Fischer-Poisson, Porträt des mecklenburgischen Hofmalers Carl Christian Schumacher, 1867, 63 × 50,5 cm, Öl auf Leinwand, Staatliches Museum Schwerin, Inv.-Nr. G 1306

25 Theodor Schloepke, Selbstporträt, um 1839, Öl auf Leinen, 166 × 158 mm, Staatliches Museum Schwerin, Inv.-Nr. 2686 Hz

26 Friedrich Jentzen, Selbstporträt, o. J., Öl auf Leinwand, 60 × 48 cm, Staatliches Museum Schwerin, Inv.-Nr. G 1658

hätte.[79] Lenthe engagierte sich für die Neuordnung und wissenschaftliche Erschließung der Bestände,[80] deren Nutzen er »in der Erweckung des Kunstsinns und zur Bildung des guten Geschmacks und richtigen Urtheils«[81] sah. Jeden Versuch, das Haus der Öffentlichkeit zugänglich zu machen, wehrte der Herzog jedoch entschieden ab. 1837, im Jahr der Verlegung der Residenz nach Schwerin, unterbreitete Friedrich Lenthe nach Studien der Galerien in Berlin und London dem Großherzog Paul Friedrich den Plan eines Museums nach Schulen, den dieser zwar »sehr schön« fand, aber aus finanziellen Gründen zur Seite legen musste.[82] Lenthes Vorstoß wurde somit zwar abgelehnt, aber die Art und Weise, wie nun die Künstler agierten und welche Haltungen und Interessen sie vertraten, verdeutlicht, dass ihre Stellung sich nicht mehr mit jener der Ludwigsluster Hofmaler um 1800 in Zusammenhang bringen lässt und sich ein neues Verständnis des Amtes als Hofmaler durchzusetzen begann.

1 Ganz herzlich möchte ich mich bei meinen Kollegen Torsten Fried, Gerhard Graulich, Peter Krohn, Karin Annette Möller, Gero Seelig sowie Kristina Hegner für die vielen Hinweise und Bemerkungen bedanken, die ich in Gesprächen sammeln konnte und die mir die Welt der Ludwigsluster Hofmaler zu erschließen halfen.
2 Staatskalender 1776–1930, 1777, S. 12–13.
3 Staatskalender 1776–1930, 1787, S. 12–13 sowie S. 15–16.
4 Ich folge dem »Mecklenburgischen Staatskalender«, der erstmals 1788 Ludwigslust vor Schwerin erwähnt und den Ort als Residenz bezeichnet. Staatskalender 1776–1930, 1788, S. 3. Zum Problem der Definition eines Ortes oder Schlosses als Residenz siehe beispielhaft Beck 2014.
5 Goß 1852, S. 43–61 zu Ludwigslust während der Regierungszeit des Herzogs Friedrich.
6 Ebd., S. 48.
7 Ebd., S. 61.
8 Dies trifft für die Mehrzahl der europäischen Höfe zu. Warnke 1996, S. 177.
9 Schumann 1963, Anhang, Nr. I. Landeshauptarchiv Schwerin (LHAS), 2.12-1/26-9 Hofstaatssachen, Hofpersonal, 1007 (unpaginiert), Anstellungsvertrag des Hofmalers Balthasar Mahsius vom 16. Oktober 1703.

Zum Vergleich: Ein Stempelschneider verdiente in Mecklenburg-Schwerin in der zweiten Hälfte des 18. Jahrhunderts jährlich ungefähr 310 Taler, wogegen ein Pferdeknecht mit nur circa 50 Talern jährlich auskommen musste. Virk 1988, S. 32. Für Hinweise danke ich Torsten Fried.

10 Ebd., Anhang, Nr. III. LHAS, 2.12-1/26-9 Hofstaatssachen, Kunstsammlungen, Angebote und Erwerbungen (unpaginiert), Anstellungsvertrag des Hofmalers Johann Wilhelm Lehmann vom 20. Dezember 1743.

11 Ebd., Anhang, Nr. IV und Baudis/Hegner 2005, S. 147. LHAS, 2.12-1/26-9 Hofstaatssachen, Hofpersonal, 995 (unpaginiert), Anstellungsvertrag des Malers Johann Dietrich Findorff vom 28. März 1747.

12 Steinmann/Witte 1911, S. 84, Nr. 4 und Schumann 1963, Anhang, Nr. V. LHAS, Kabinettsakten, Vol. 835 Kunst (Malerei).

13 Brief vom 16. Oktober 1786 an Anton von Heynitz. Ausst.-Kat. Dessau/Schwerin 2010/11, S. 249–250, Dok. 1. A, S. 8 vs.

14 Die Neu Zweidritteltaler (N2/3) besaßen einen stabilen Wert und waren deshalb eine beliebte Handelsmünze in Norddeutschland und dem Ostseeraum. Sie basierten ursprünglich auf der Maßeinheit des Leipziger Fuß. North 1995, S. 152. Für den Hinweis danke ich Torsten Fried.

15 Siehe dazu Baudis 2008, S. 34–35.

16 Warnke 1996, S. 255.

17 Zu Johann Heinrich Suhrlandt sen. siehe besonders Nugent (1781/82) 2000, S. 483, Anm. 341.

18 Dies geht aus dem Schreiben des Vaters an den Herzog vom 13. März 1771 hervor. Baudis 2008, S. 33. LHAS, 2.26-1/1 Großherzogliches Kabinett I, 10190 Akte zu Hofmaler Johann Heinrich Suhrlandt (unpaginiert).

19 Schumann 1963, Anhang, Nr. VII. LHAS, 2.26-1/1 Großherzogliches Kabinett I, 10190 (unpaginiert), Anstellungsvertrag des Malers Johann Heinrich Suhrlandt vom 24. März 1784.

20 Baudis 2008, S. 37–38.

21 Zitiert nach Schröder 1912, S. 26.

22 Zitiert nach Baudis 2008, S. 49. LHAS Hofstaatssachen, Bestallungen 5.2-1, K 40.

23 Lenthe 1821, S. X.

24 LHAS, 2.12-1/26-9 Hofstaatssachen, Hofpersonal, 995 (unpaginiert). Die Äußerung bezieht sich auf den Maler Georg Weissmann, der zur Ausbildung nach Dresden geschickt wurde, von dort aber nicht mehr an den Schweriner Hof zurückkehrte, sondern eine Stelle als sächsischer Hofmaler annahm. Seelig 2014.

25 Ebd.

26 Nugent (1781/82) 2000, S. 480, Anm. 341.

27 Möller 2000, S. 27.

28 Zitiert nach Michel 1984, S. 221.

29 Ab 1741 war der Leipziger Maler Georg Weissmann für Christian Ludwig II. in Dresden, kopierte Werke der Galerie und berichtete regelmäßig über das kulturelle Leben in der sächsischen Metropole. Seelig 2014.

30 Baudis/Hegner 2005, S. 121, WV 7 und WV 8. Staatliches Museum Schwerin, Inv.-Nr. G 1024 und Inv.-Nr. G 1025.

31 Ebd., S. 22, Anm. 29: LHAS, 2.12-1/26-9 Hofstaatssachen, Hofpersonal, 995 (unpaginiert).

32 Zu den Privilegien und Aufgaben eines Kammerdieners siehe Warnke 1996, S. 146.

33 Nugent (1781/82) 2000, S. 480–483, Anm. 341.

34 Hegner 2012, S. 46.

35 Baudis/Hegner 2005, S. 29

36 Ebd., S. 161, WV 16.

37 Goß 1852, S. 44.

38 Baudis/Hegner 2005, S. 140, WV 11 (Zeichnungen).

39 Busch 2014.

40 Baudis/Hegner 2005, S. 20.

41 Wigger 1880, S. 72 und Steinmann/Witte 1911, S. 21. Korthals Altes 2004/05 berichtet über die Grand Tour bis zum Mai 1738.

42 Günter Koslowski, Philipp Hackert – Matthieu – Goethe, in: Koslowski 1999, S. 89–94 sowie Bock 2007.

43 Steinmann/Witte 1911, S. 33, WV 1.

44 Nugent (1781/82) 2000, S. 479.

45 Steinmann/Witte 1911, S. 84, Nr. 4 und Schumann 1963, Anhang, Nr. V. LHAS, Kabinettsakten, Vol. 835 Kunst (Malerei).

46 Nugent (1781/82) 2000, S. 480.

47 Vgl. Baudis/Hegner 2005, S. 139, WV 2 und WV 4.

48 Schreiben Matthieus an Herzog Friedrich vom 7. September 1767. Steinmann/Witte 1911, S. 85, Nr. 6.

49 LHAS, 2.12-1/26-14 Hofstaatssachen, Hofpersonal, 1008 (unpaginiert).

50 Schreiben des Hofmarschallamts vom 10. Oktober 1767 an Matthieu. Ebd., S. 85, erwähnt bei Nr. 6.

51 Nugent 1768, Bd. 2, S. 260.

52 Ebd., S. 280.

53 Schreiben an Herzog Friedrich vom 27. April 1772. Steinmann/Witte 1911, S. 86, Nr. 8.

54 Ebd., S. 66, WV E 7.

55 Bartoschek 2010, S. 80.

56 Brief vom 5. Januar 1779. Ausst.-Kat. Dessau/Schwerin 2010/11, S. 253, 1 C.

57 Schumann 1963, Anhang, S. VI a sowie Ausst.-Kat. Dessau/Schwerin 2010/11, S. 254, 1 D. LHAS, 2.26-1/1 Großherzogliches Kabinett I, 10185, Nr. 2, Anstellungsvertrag für den Maler Christoph Friedrich Reinhold von Lisiewsky vom 12. August 1779.

58 Brief vom 7. September 1779. Ebd., S. 255, 1 E.

59 Schumann 1963, Anhang, Nr. VI.

60 Schreiben des Herzogs vom 20. April 1785 an Lisiewsky. Erwähnt in Ausst.-Kat. Dessau 2010, S. 207, WV 121. LHAS, 2.26-1/1 Großherzogliches Kabinett I, 10185 (unpaginiert).

61 Börsch-Supan 2010, S. 37 und Ausst.-Kat. Dessau/Schwerin 2010/11, S. 205, WV 112.

62 Dies geht aus dem Schreiben an Anton von Heynitz vom 16. Oktober 1786 hervor. Ebd., S. 249–250, 1 A, S. 8 vs.

63 Dies bemerkte er ausdrücklich im Schreiben vom 16. Oktober 1786. Ebd., S. 249, Dok. 1 A, S. 8 vs.

64 Nicolai 1786, S. 149.

65 Ausst.-Kat. Dessau/Schwerin 2010/11, S. 207, WV 116–120.

66 Ebd., S. 205, WV 110b und Abbildung. Staatliches Museum Schwerin, Inv.-Nr. G 772.

67 Ebd., S. 206, WV 113.

68 Brief vom 16. Oktober 1786. Ebd., S. 249, Dok 1 A.

69 Brief vom 31. Oktober 1786. Ebd., S. 249, Dok 1 A, S. 7.

70 Küster-Heise 2008, S. 104–117.

71 Aufgeführt in Ausst.-Kat. Dessau/Schwerin 2010/11, S. 221, WV A 4 und S. 47, Abb. 43. Das heute in Schwerin verschollene Gemälde Schalckens in Hegner 1998, S. 110, Kat. 518 und S. 111, Abbildung sowie bei Seelig 2010, S. 274. Gero Seelig bezweifelt die Zuschreibung an Barbara Rosina Matthieu-de-Gasc und geht eher von einem regionalen Kopisten aus. In der Tat zeigt das Gemälde erhebliche qualitative Unterschiede zu den Werken der Malerin. Zu den Gemälden Schalckens in der Gemäldegalerie Schwerin siehe ebd., S. 200–202.

72 Ausst.-Kat. Dessau/Schwerin 2010/11, S. 48, Abb. 45 sowie Ausst.-Kat. Schwerin 1978, S. 53, WV 25 und WV 26. Staatliches Museum Schwerin, Kupferstichkabinett, Inv.-Nr. 2355 Hz und Inv.-Nr. 2317 Hz.

73 Nugent (1781/82) 2000, S. 479, Anm. 341.

74 Savelsberg 2010, S. 43 sowie Ausst.-Kat. Dessau/Schwerin 2010/11, S. 207, WV 116, WV 121 sowie S. 235–236, WV B 11.

75 Zu Seehas siehe Schumann 1963, S. 12–14.

76 Baudis 2008, S. 116–118 und Schumann 1963, Anhang, Nr. IX, zwei Anstellungsentwürfe von dem Hofmaler Rudolph Suhrlandt vom 11. Dezember 1816. LHAS Kabinett II, Personalien (Maler + Künstler).

77 Seelig 2009.

78 Zu Friedrich Lenthe siehe Lent 2012.

79 Schumann 1963, Anhang, Nr. X und Nr. XI. LHAS, 2.26-2 Hofmarschallamt, 5510 (unpaginiert), Anstellungsvertrag für den Hofmaler Friedrich Georg Lenthe vom 13. November 1815.

80 Lenthe 1821 und Lenthe 1836.

Karin Annette Möller

Die angewandte Kunst in Ludwigslust

Die Schlösser der mecklenburgischen Herzöge waren standesgemäß ausgestattet. Eine Reihe von Möbelstücken, Porzellanfiguren, Tafelservice, Gläsern oder Waffen aus ihrem Besitz haben sich erhalten. Diese Werke der sogenannten angewandten Künste waren zum einen für den praktischen Gebrauch bestimmt, zum anderen kamen ihnen im Rahmen des höfischen Zeremoniells repräsentative Funktionen zu. Im einstigen Jagdschloss Klenow und auch im neuen Schloss in Ludwigslust orientierte sich die Gestaltung und Nutzung der Objekte an den Gepflogenheiten des 18. Jahrhunderts, doch lassen sich bei Mitgliedern der mecklenburgischen Herzogsfamilie ebenso ausgeprägte persönliche Präferenzen für einzelne Gattungen oder bestimmte Materialien feststellen. Die Werke gelangten auf sehr verschiedene Weise in herzoglichen Besitz: durch Ankauf, Auftrag, Erbschaft oder als Geschenk zu festlichen Anlässen. Mit ihren prachtvollen Brautschätzen erwiesen sich hochadelige junge Frauen als Botschafterinnen ihres Landes.

Kostbarkeiten des Herzogs Christian Ludwig II. in Schloss Klenow

Herzog Christian Ludwig II. von Mecklenburg-Schwerin war ein Liebhaber der angewandten Künste. Der Blick auf die Ausstattung selbst des Jagdschlosses Klenow[1] lässt seine diesbezüglichen Vorlieben erahnen. Neben den für eine Nutzung unabdingbaren Möbeln, darunter englischen und französischen, sind im Klenower Inventar von 1754 ebenso Pretiosen und Schaustücke belegt.[2] In den 1740er und frühen 1750er Jahren hatte der Herzog vor allem von Hamburger Kunsthändlern zahlreiche figürliche Porzellane der Meissener Manufaktur erworben. Harlekine (Abb. links), Soldaten, »Asiaten« und viele Tiere von der Hand des Modellmeisters Johann Joachim Kaendler und seiner Mitarbeiter waren im Schloss zu finden. Ob einige dieser Statuetten unter den im Staatlichen Museum Schwerin erhaltenen Werken zu finden sind, lässt sich nicht mit Sicherheit bestimmen.[3] Von den Geschirren ist ein Kaffee- und Teeservice »von feinsten Dresdener Porcellain weiß mit Carmosien roth Zeichnungen« zu nennen, bei dem es sich möglicherweise um das im Schweriner Museum bewahrte Service handelt (Abb. 1). Die Leidenschaft Christian Ludwigs II. für fein gearbeitete Tabatieren – Schnupftabakdosen – aus kostbaren Materialien belegen die in dem genannten Inventar notierten Dosen aus grünem Jaspis, Achat und Tomback und wohl Schildpatt.

Auffallend ist die einst im Schloss Klenow befindliche Fülle von Gläsern mit Wappen, Büffelkopf oder Devise: Pokale, Biergläser, Karaffen und ein explizit als »kost baar« benanntes Schreibzeug. Unter dem Aspekt der repräsentativen Funktion im fürstlichen Zeremoniell erscheint ein aufwendig dekoriertes Glas von besonderem Interesse: »Ein Mund Glaß mit vergoldeten Rand und doppelten Ordens Kette, mit der Überschrift, ad augusta 1749 per angusta«. Unter dem Leitspruch waren somit die Ketten des 1749 an Christian Ludwig II. verliehenen russischen Andreas-Ordens und des dänischen Elefantenordens, den er 1737 bekommen hatte, angebracht. Einige Ordensgläser aus der Zech-

Porzellanmanufaktur Meissen, Harlekin mit Dudelsack, Modell: Johann Joachim Kaendler, vor Juli 1736, Ausformung vermutlich 1736/38, Porzellan, 12,9 × 6,1 × 8,2 cm, Staatliches Museum Schwerin, Inv.-Nr. KG 1021

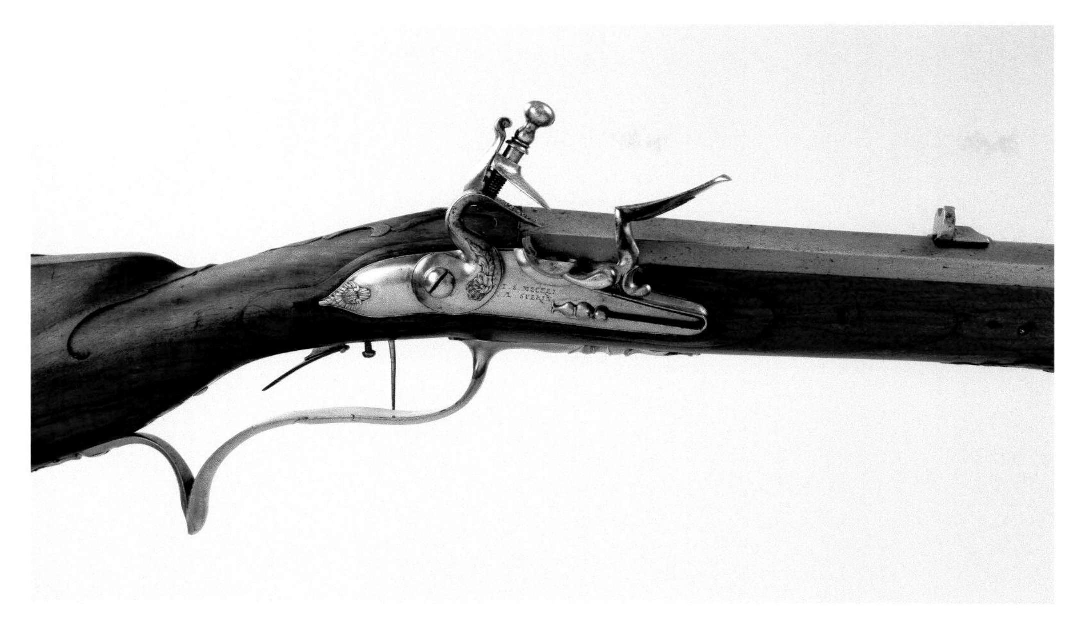

1 Porzellanmanufaktur Meissen, Kaffee- und Teeservice mit umlaufenden Landschaften in Purpurcamaieumalerei, Ausformung und Dekor um 1730, Fassung: Elias Adam, Augsburg, 1732/33, Porzellan, vergoldetes Silber, H. Kaffeekanne 20 cm, Staatliches Museum Schwerin, Inv.-Nr. KG 2561–2575

2 Zechliner Hütte, Ordensgläser für Herzog Christian Ludwig II. von Mecklenburg-Schwerin, (nach) 1749, Glas mit Schnitt und Vergoldung, H. max. 21,5 cm, Dm. max. 9,5 cm, Staatliches Museum Schwerin, Inv.-Nr. KG 588–594, 609–611

3 Johann Samuel Meckel, Jagdflinte des Herzogs Christian Ludwig II. von Mecklenburg-Schwerin, Schwerin, um 1735, Eisen, Stahl, Messing, Nussbaumholz, Bein, L. 105,5 cm, Staatliches Museum Schwerin, Inv.-Nr. KJ 2706

liner Hütte, wo der Herzog nachweislich 1755 bestellte, sind bewahrt geblieben (Abb. 2).[4] Üblicherweise kamen entsprechende Gläser und Karaffen im Rahmen der sorgfältig geplanten Ordensfeste oder bei hohen Anlässen wie Staatsbesuchen, Hochzeiten oder anderen familiären Ereignissen zum Einsatz.[5]

Zu den Kostbarkeiten des Herzogs im Schloss Klenow gehörten des Weiteren einige Muschelpokale, ein Perlmutt-Kalender und lediglich zwei Uhren. Einige wenige vergoldete Silberobjekte waren zum liturgischen Gebrauch bestimmt und wurden in der Garderobe verwahrt. Das Inventar nennt jedoch keinerlei Waffen, was angesichts eines Jagdhauses erstaunt. Wie ein Beispiel vom Hofbüchsenmacher Johann Samuel Meckel zeigt, sind Schusswaffen von Christian Ludwig II. aber durchaus überliefert (Abb. 3). Ein jagdlicher Bezug besteht bei insgesamt 15 Tierhatzen aus Ton, von denen sich allein fünf im Schlafzimmer des Herzogs im Schloss Klenow befanden.[6]

Von mechanischen und anderen Künsten – Interessen des Herzogs Friedrich

Die Liebe zur Kunst teilte Christian Ludwig II. mit Friedrich, seinem ältesten Sohn und Nachfolger.[7] 1737–1739 unternahm Friedrich seine Prinzentour durch Europa, bereiste die Niederlande, England und Frankreich, wo er die meiste Zeit verbrachte. Mit Begeisterung berichtete er seinem Vater in zahlreichen Briefen von Sehenswürdigkeiten, Gemälden, Skulpturen, Tapisserien und Schätzen aller Art, von Gärten oder Menagerien.[8] Darüber hinaus nahm der Prinz an den verschiedensten Orten die Gelegenheit wahr, sich neben der Kunst auch auf Feldern zu informieren, die ihn ebenso interessierten, etwa auf technischem, naturwissenschaftlichem oder musikalischem Gebiet.

Eine besondere Leidenschaft entwickelte Friedrich für physikalische Phänomene.[9] Als der irische Reiseschriftsteller Thomas Nugent 1766 Ludwigslust besuchte, war Friedrich seit einem Jahrzehnt Herzog und hatte die ehemaligen Räume seines Vaters auf der Ostseite des einstigen Jagdschlosses bezogen. Zwei Verzeichnisse aus den 1760er Jahren zeugen von der Möblierung der Zimmer: Ein Flügel im Speisezimmer, zwei Orgeln in der sogenannten roten Audienz, ein Klavier im kleinen Schlafzimmer sowie eine »Electrisir Machine« – die frühe Form eines elektrostatischen Generators – fallen als persönliche Ausstattungsstücke des neuen Herzogs auf.[10] Nugent zufolge befanden sich in Friedrichs vier Zimmern »allerlei Natur- und Kunstseltenheiten«.[11] Sein Studierzimmer sei mit zahl-

4 Die Automaten Jacques Vaucansons: Flötenspieler, Ente und Trommler, Kupferstich, Frontispiz, in: Vaucanson 1738, Niedersächsische Staats- und Universitätsbibliothek Göttingen

reichen mechanischen Kunstwerken gefüllt. Viele dieser Objekte stammten offenbar aus dem bereits bestehenden Fundus des herzoglichen Archivs. Nach einem Verzeichnis aus dem Jahr 1760 waren auf Friedrichs Befehl eine Fülle von »Mathematischen und sonstigen anderen Instrumenten so Serenissimo auf Höchst Dero mündlichen Befehl aus Dero Archiv verabfolget worden«, das heißt, sie wurden ihm ausgehändigt.[12] Unter den 68 notierten Positionen finden sich Astrolabien, Kompasse, Sonnenuhren, Brennspiegel, Gläser zur Camera obscura, ein Erdglobus, ein Winkelmaß, eine Waage, Modelle einer Festung und des Schlosses Neustadt, ferner Straußeneier und Hirschgeweihe.

Nugent lobte überdies die »künstliche Wasseruhr von des Herzogs eigener Erfindung« auf der Kaskade sowie die Schleuse im Park, und er betonte, der Herzog sei »sehr stark in der Mechanik«.[13] Unter den zahlreichen Zeichnungen Friedrichs ist in der Tat auch die Darstellung einer Wasseruhr zu entdecken.[14] Schon während seiner Kavalierstour hatte Friedrich Wasserspielen in Gärten besondere Aufmerksamkeit gewidmet und die ausgedehnten Anlagen in Versailles besucht, die von der berühmten Maschine in Marly gespeist wurden. Nicht nur dieses aus zwei hydraulischen Pumpwerken bestehende technische Faszinosum, sondern auch die Anlage von Saint-Cloud mit seiner großen Kaskade und Fontäne konnte er in Augenschein nehmen.[15]

In Paris fesselte den jungen Prinzen 1738 »etwas, das alle Vorstellung übertrifft, und auch wohl das einzige auf der Weld ist, neml. eine Statue in lebens größe« eines Querflöte spielenden Satyrs.[16] Der aus Genf stammende Jacques de Vaucanson hatte sie nach einem Marmorbildwerk von Antoine Coysevox geschaffen. Vaucansons Flötenspieler war ein Automat, der täuschend echt musizierte und über ein Repertoire von zwölf Stücken verfügte.[17] Im Inneren des hölzernen Körpers und des Sockels verbarg sich ein aufwendiger

Mechanismus – ein Uhrwerk, wie Friedrich notierte. In einer Epoche, in der die Welt, Tier und Mensch, schließlich auch der Staat mit einem Uhrwerk verglichen wurden und beispielsweise Julien Offray de La Mettrie seine Schrift »Der Mensch als Maschine« publizierte, musste eine solche Erfindung breite Aufmerksamkeit finden.[18] Wenige Jahre später verkaufte Vaucanson seine mechanischen Kunststücke: den Flötenspieler sowie eine Ente, die diverse Lebensfunktionen imitierte, und einen Trommler, der zugleich auf einer kleinen Flöte blies (Abb. 4). Als sie 1746 an einigen Orten in Europa präsentiert wurden, führte ihr Weg auch in das nahe Mecklenburg gelegene Hamburg.

Ob der schon für die vorherigen beiden Herzöge Carl Leopold und Christian Ludwig II. in Rostock und seit 1778 für Friedrich in Ludwigslust tätige Hofuhrmacher Johann Heinrich Berg Gelegenheit fand, sich dort die Automaten anzusehen oder ob er vielleicht davon gelesen oder – möglicherweise von Friedrich – gehört hatte, ist nicht bekannt. Über viele Jahre verfolgte Berg ein ähnliches Projekt, dem der Erfolg aber offensichtlich versagt blieb.[19] Auch er befasste sich mit der Herstellung eines mechanischen Flötenspielers, doch die Reste dieser Figur, die aus dem Nachlass des Sohnes 1817 in herzoglichen Besitz übergingen, sind verschollen.

Die bereits erwähnten Zeichnungen Friedrichs ermöglichen Einblicke in seine vielfältigen Studien zu naturwissenschaftlichen Fragestellungen, zu Mechanik, Perspektive oder Farben. So zeigt eines der Blätter einen mecklenburgischen Stierkopf als »Uhr die durch eigenes Gewicht gezahnten Stange herunter gehet« (Abb. 5).[20] Die Mechanik bewirkt, dass »die Augen sich bewegen und der Perpendickel stelt die Zunge vor.« Das Zeichnungskonvolut des Herzogs enthält zudem Skizzen von Uhrwerken und Zifferblättern. Nicht nur Berg, auch Johann Conradt Beneke war bereits für Friedrichs Vater tätig gewesen und wirkte ab 1748 als Hofuhrmacher.[21] Beide sind durch ihre Werke mit Schloss

5 Herzog Friedrich von Mecklenburg-Schwerin, Entwurf für einen Stierkopf-Automaten, Bleistift, Feder, 22,5 × 36,5 cm, Landeshauptarchiv Schwerin, 2.12-1/25 Verschiedene Angelegenheiten des Herzogshauses, Nr. 216, Nr. 24, fol. 41

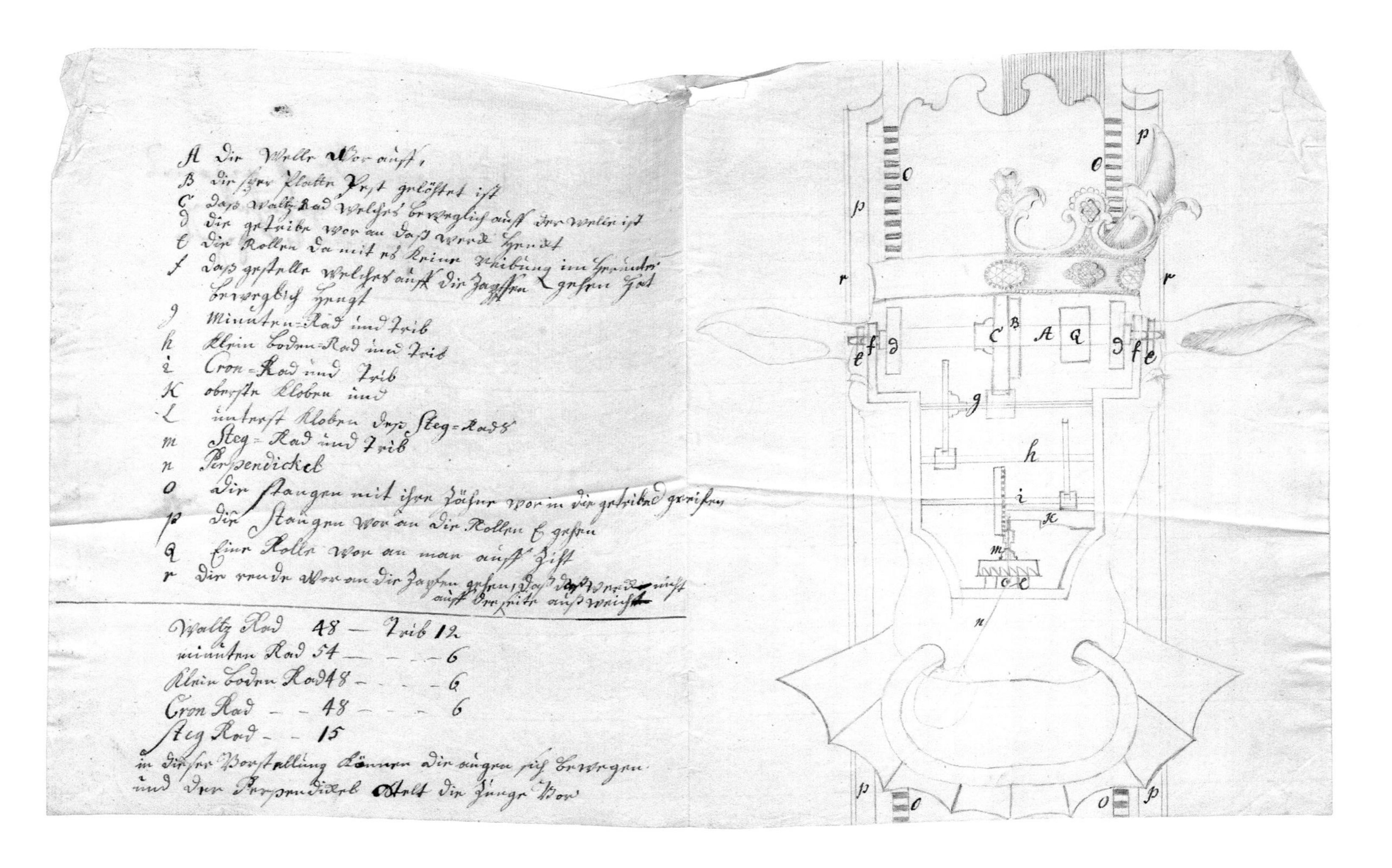

Ludwigslust verbunden. Während Berg vor allem als Schöpfer der Ludwigsluster Schlossuhr zu nennen ist, fertigte Beneke beispielsweise in Gold und Weiß gefasste Standuhren mit Verzierungen aus Papiermaché, die die ortsansässige Kartonfabrik lieferte. Eine dieser Uhren ist nachweislich in den Jahren des Schlossbaus entstanden (Abb. 6). Das Gehäuse in Form eines kannelierten Pfeilers korrespondiert mit den Pilastern im Goldenen Saal, wodurch die enge Bindung von Interieur und Architektur sichtbar wird.

Auch der Baumeister des Herzogs Friedrich, Johann Joachim Busch, entwarf nicht nur Uhrgehäuse, sondern führte sie ebenso aus – zumindest in seiner Zeit als Bildhauer.[22] In Buschs Zeichnung eines Wandaufrisses bildet eine große Kompassscheibe den oberen Abschluss eines Spiegels.[23] Es liegt nahe, dass er sich mit Friedrich über Fragen der Mechanik austauschte.

An technischen Lösungen waren zudem weitere Hofangestellte beteiligt: der schon für Christian Ludwig II. tätige Hofmechaniker Johann Friedrich Suhrlandt[24] oder Johann Friedrich Meinshausen, der ab 1781 Hofschlossermeister war und zwei Jahre später Suhrlandts Nachfolger wurde. In der Hofhierarchie stieg er somit von den Handwerkern zu den Künstlern auf. 1796 schließlich wurde er zum Ober-Hofmechaniker ernannt.[25] Friedrich Ludwig Neumann wiederum bescheinigte der Autor seines Nachrufs ein glücklicheres Händchen bei mechanischen Arbeiten und dem Verkauf von Uhren als in seiner eigentlichen Profession als Hofcellist.[26]

6 Johann Conradt Beneke und die Herzogliche Kartonfabrik, Bodenstanduhr, Ludwigslust, wohl 1776, Kiefernholz, Messing, Stahl, Papiermaché, 224 × 62 × 29,5 cm, Staatliches Museum Schwerin, Inv.-Nr. KH 772

Daneben erwarb der Herzog in seinem letzten Lebensjahrzehnt zahlreiche Uhren von auswärtigen Händlern und Uhrmachern. Allein sieben Taschenuhren kaufte Friedrich 1780 vom Kaufmann Jean Philippe in Hamburg, darunter mehrere goldene Exemplare und eine Uhr, die explizit im »nouveau gout«, im neuen Geschmack, somit im Stil des Louis-seize, gestaltet war.[27] Im Mai 1777 sandte der Münchener Uhrmacher Joseph Gallmayer eine von ihm gefertigte Taschenuhr.[28] Sein Schreiben schloss eine Skizze, Hinweise zum Gebrauch und die dringende Bitte an den Herzog ein, »niemand eine Kenntniß da von zu ertheilen«. Offenbar verfügte die Uhr über einen automatischen Aufzug, zu dessen Erfindern Gallmayer gehörte.[29]

Modernität und Raffinement waren sicher Kriterien, die auch die Pendule in Form eines Säulenstumpfes erfüllte (Abb. 7).[30] Das Uhrwerk des Uhrmachers Ferdinand Berthoud ist jedoch verloren, erhalten hat sich das feuervergoldete Gehäuse.[31] Luise Friederike, die Gemahlin Friedrichs, erwarb diese Uhr im Jahr 1770 in Paris. Nach einer Quittung vom 16. Oktober kaufte sie dort bei Berthoud »eine kleine Uhr in Säulenform« für 430 Livres sowie eine zweite, heute verlorene Pendule für 360 Livres, die als »eine Uhr mit einem Kind und Hahn«,[32] an anderer Stelle als »Pendule a Leyr«, somit in Lyrenform, beschrieben wird.[33] Der aus der Schweiz stammende Uhrmacher Berthoud hatte durch die Verbesserung der Präzision von Uhren und Navigationsgeräten für die Marine Bekanntheit erlangt.[34] Seine Veröffentlichungen »L'art de conduire et de régler les Pendules et les Montres« aus dem Jahr 1759 gehörte um diese Zeit bereits zur Bibliothek des Herzogs, vielleicht auch schon sein »Essai sur L'Horlogerie« in zwei Bänden von 1763.[35] Die säulenförmige, klassizistisch gestaltete Uhr erscheint prominent auf einem repräsentativen, 1772 datierten Porträt des Herzogs, das sein Hofmaler Georg David Matthieu schuf (Abb. 8). Friedrich hatte das für das Hof- und Landgericht in Güstrow bestimmte Gemälde allerdings bereits am 23. April 1771 beauftragt[36] – somit nur wenige Monate nach dem Eintreffen der Uhr in Ludwigslust. Nicht mehr erlebt hat Friedrich hingegen die Ankunft der bedeutenden astronomischen Uhr des Pfarrers Philipp Matthäus Hahn, der aus der württembergischen Heimat Luise Friederikes stammte und wie der Ludwigsluster Herzog Pietist war.[37]

Wie ein Brief Friedrichs belegt, schloss sein technisches Interesse ebenso Waffen ein. Im Jahr 1750 kaufte er für seinen Vater in Paris eine Flinte »von welcher Ahrt wie eine für den König, und eine für den (…) grossen Mogol gemacht worden« zum Preis von 576 Livres.[38] Dieses Jagdgewehr begeisterte ihn durch seine Geschwindigkeit im Gebrauch;

man könne damit auf 600 Fuß schießen und 18 Schüsse zugleich laden.[39] Die hohe Qualität seines eigenen Jagdgeräts dokumentiert ein aufwendig mit Gold verzierter Hirschfänger mit dem Monogramm F (Abb. 9).

Im selben Brief verlieh Friedrich seiner Begeisterung über »so gar viel schöne Sachen an Tischen, Buros Schräncken Uhren« in Paris Ausdruck.[40] Bislang konnten keine archivalischen Quellen gefunden werden, die klären, ob eine 1748 datierte Tapisserie aus der Manufaktur in Beauvais auf ihn oder vielleicht auf Friedrich Franz I. zurückgeht (Abb. 10).[41] Auch für viele aus Schloss Ludwigslust überkommene Möbel müssen verschiedene Provenienzen in Betracht gezogen werden, solange keine eindeutigen Belege konkrete Anhaltspunkte liefern. Da meist zeitgenössische Werke gekauft wurden, könnten ein Paar Lack-Encoignuren (Eckschränke), die der Pariser Ebenist Jacques Dubois um 1745 schuf, noch auf Friedrichs Vater Christian Ludwig II. zurückgehen.[42] Offen ist auch der Weg, den eine von Jean-Pierre Latz gestempelte Kommode der Jahrhundertmitte genommen hat (Abb. 11).[43] Eine Zeichnung von Johann Heinrich Hintze veranschaulicht, dass die Kommode noch 1821, als architektonisch gegliederte Mahagonimöbel mit geraden Konturen die Schlosseinrichtung bestimmten, in das Interieur im Wohnzimmer des Großherzogs integriert war.[44] Die Entstehungszeit einiger Möbel aus der Manufaktur Köster im dänischen Altona um 1760/70 könnte für ihren Erwerb durch Friedrich oder seine Gemahlin sprechen, die überdies seit 1763 in Hamburg ein Sommerdomizil besaß.[45]

7 Ferdinand Berthoud (Uhrwerk) und wohl Robert und Jean-Baptiste Osmond (Gehäuse), Pendule in Form eines Säulenstumpfes, Paris, (vor) 1770, feuervergoldete Bronze, Uhrwerk verloren, Zeiger 2015 ergänzt, 36 × 16 × 16 cm, Staatliches Museum Schwerin, Inv.-Nr. KH 132

8 Georg David Matthieu, Porträt des Herzogs Friedrich von Mecklenburg-Schwerin, Ludwigslust, 1772, Öl auf Leinwand, 196 × 145 cm, Staatliches Museum Schwerin, Inv.-Nr. G 756

Nachdem das neue Schloss zwischen 1772 und 1776 im Rohbau fertiggestellt war, begannen die Möblierung und der Innenausbau, die sich noch bis mindestens etwa Mitte 1782 erstreckten. 1777 wurden Überlegungen zur Gestaltung von Thronsessel und Dais (Baldachin) angestellt.[46] In diesem Zusammenhang ist auch die Rede von einer Reise Buschs nach Berlin und Potsdam. Nachdem zwei Jahrzehnte zuvor die preußischen Truppen im Siebenjährigen Krieg verheerende Spuren in Mecklenburg hinterlassen hatten und zu einer Zeit, in der noch immer Ämter an Preußen verpfändet waren, mag diese Orientierung erstaunen.

Die meisten Arbeiten führten Kunsthandwerker aus der Region aus. Der Stuhlmacher Andreas Boldt aus Schwerin lieferte 1781 allein dreißig »Pariser Lehn-Stühle« und zwei Canapés.[47] Auch der Hofebenist Daniel Heinrich Busch, Bruder des Hofbaumeisters und Vater des klassizistischen Bildhauers, war beteiligt.[48] Vergoldungen von wandfesten Raumausstattungen wie auch von beweglichen Einrichtungsgegenständen lagen in den Händen des Hofvergolders und Lackierers Johann Lucas Ziegenhorn und seiner Mitarbeiter.[49]

Eine Besonderheit stellt das Mobiliar aus der in den 1770er Jahren gegründeten Herzoglichen Kartonfabrik dar.[50] Die erhaltenen Postamente und Konsoltische, zwei Standuhren und ein Schrank im Stil des Louis-seize bestehen aus Holz, ihre vergoldeten Dekorationen aus Papiermaché, die Tischplatten aus Marmor.[51] Die aufgelegten Verzierungen – Friese in Form des laufenden Hundes – finden sich auch in den Schlossräumen. Somit fügen sich die Möbel geschickt in ihre Umgebung ein. Skulpturen und Dekorationen aus Papiermaché kannte Friedrich bereits durch seinen ersten Parisaufenthalt.[52] Da die zur Papierherstellung benötigten Lumpen immer knapper und teurer wurden, hatte er sich nach dem Siebenjährigen Krieg für ein Ausfuhrverbot eingesetzt.[53] Vielleicht interessierten ihn auch deshalb alternative Werkstoffe: Schon bald nach ihrer Veröffentlichung im Jahr 1765 erwarb er beispielweise die ersten beiden Bände der »Versuche und Muster ohne alle Lumpen oder doch mit einem geringen Zusatze derselben Papier zu machen« von Jacob Christian Schäffer.[54] Aus Pflanzen und Stoffen wie Pappelwolle, Wespennestern, Sägespänen oder Moos hatte Schäffer Papiere fabriziert, von denen er die jeweiligen Proben zum Beweis beifügte.

Die von Herzog Friedrich favorisierte Kleinplastik veranschaulicht die sich wandelnde Wertschätzung verschiedener Materialien im 18. Jahrhundert. Elfenbein und Perlmutt,

9 Hirschfänger des Herzogs Friedrich von Mecklenburg-Schwerin, vor 1785, vergoldetes Eisen, Stahl, Tombak, Holz, L. 61,7 cm, Staatliches Museum Schwerin, Inv.-Nr. KJ 1759

10 Königliche Tapisseriemanufaktur Beauvais, Nereide und zwei Tritonen, Detail einer großen Tapisserie mit Neptun und Amymone, aus der Serie »Götterlieben«, Entwurf: François Boucher, Beauvais, 1748, Wolle, Seide, 105 × 157 cm, Staatliches Museum Schwerin, Inv.-Nr. KH 1376

11 Werkstatt von Jean-Pierre Latz oder von Pierre Roussel, Kommode mit Marketerien, Paris, nach 1754 oder um 1745/50, Eiche, Palisander, Amarantholz, feuervergoldete Bronze, Marmorplatte ergänzt, 84,5 × 64,5 × 140 cm, Staatliches Museum Schwerin, Inv.-Nr. KH 830

die sein Vater noch sehr schätzte, kamen aus der Mode. Sie entsprachen offenbar auch nicht Friedrichs Vorlieben, denn den Kabinettbildhauer Carl August Lücke d. J., der diese Materialien bearbeitete, beschäftigte er nach seinem Regierungsantritt 1756 nicht weiter. Stattdessen scheint Friedrich dem weitaus schlichteren Werkstoff Gips Interesse entgegengebracht zu haben. Schon im Jahr 1742 war der Bruder des genannten Bildhauers, Johann Christoph Ludwig Lücke in Dresden, gebeten worden, das zerbrochene Gipspferd Friedrichs zu reparieren. Lücke schlug eine Kopie nach dem »berühmten Sculpteur Balthasar« vor, die aber wohl nicht zustande kam.[55] Im August 1750 in Paris schenkte der Maler Jean-Baptiste Oudry Friedrich zwei Gipsabgüsse: Der nach dem Leben gefertigte Elefant eines italienischen Bildhauers ist zwar verloren, womöglich jedoch durch Skizzen Friedrichs bildlich überliefert; das Rhinozeros befand sich noch vor etwa 100 Jahren im Schweriner Museum.[56]

Wie gut informiert Friedrich über künstlerische Entwicklungen in Europa war, verdeutlicht eine Begebenheit, die sich ein Jahrzehnt später, im Jahr 1760, zutrug. Nach einer vergeblichen Bitte an den Bildhauer Jacques François Joseph Saly erhielt Friedrich schließlich über den Grafen von Bernstorff die königliche Erlaubnis, »das kleine Modell von der Statue zu Pferde Sr Königl. Majestat, in Gips gegoßen (zu) erhalten«.[57] Dieses Modell für die Reiterstatue des dänischen Königs Friedrich V. hatte der französische Bildhauer Saly im November 1758 vollendet. Erst 1771, fünf Jahre nach dem Tod des Königs, wurde das in Bronze gegossene Bildwerk auf dem zentralen Platz von Schloss Amalienborg aufgestellt.

Diverse Figuren aus Gips und Ton ließ sich der Herzog darüber hinaus von Christian Ludwig Sievert fertigen, darunter 1763 eine Allegorie der Baukunst.[58] Der im ersten Staatskalender von 1776 als »Hof-Sculpteur« genannte Bildhauer siedelte später nach Ludwigslust über und schuf kleine Modelle für die Kartonfabrik.[59] Möglicherweise ist er identisch mit dem Tischler gleichen Namens, der in den 1740er Jahren zahlreiche Bilderrahmen fertigte, und gehört somit zu einer Reihe von Handwerkern, die am mecklenburgischen Hofe zu Künstlern aufstiegen.[60]

Der Bildhauer Johann Eckstein, der in den Niederlanden, London und Potsdam tätig gewesen war und später in die USA übersiedelte, ist als Schöpfer der Attikafiguren auf der zwischen 1765 und 1770 erbauten Ludwigsluster Schlosskirche überliefert. Während seines zweiten Londonaufenthalts schrieb er dem Herzog 1769 begeistert von farbig gefassten Wachsreliefs, die er dort gefertigt hatte (Abb. 12).[61] Die Bezahlung der Materialien am 4. Dezember 1773 schloss den Ankauf von 15 solcher Arbeiten durch den Herzog ein, der später noch ein weiteres Relief von seinem Kabinettbildhauer Eckstein erwarb. Bei einigen verzichtete Eckstein auf eine farbige Fassung. Vor allem sind es Porträts – beispielsweise seines Neffen Friedrich Franz und dessen Schwester Sophie Friederike – sowie Schilderungen neutestamentlicher Szenen, die den Pietisten Friedrich besonders angesprochen haben werden. Neun der genannten Reliefs haben die Zeitläufte überdauert.[62]

Friedrichs Ankäufe schlossen selbstredend auch Objekte aus den als wertstabil geltenden Edelmetallen Gold und Silber ein. Schon kurz vor seiner Hochzeit wurde für den Erbprinzen 1745 in Berlin ein Silberservice für 2500 Reichstaler bestellt.[63] Im Juni 1771 wünschte er wiederum ein »completes silbernes faconirtes Tafel-Service«, für dessen Fertigung der bereits für Christian Ludwig II. tätige Martin Gabriel Mumm vorgeschlagen wurde. Offen ist, ob es zustande kam.[64] Von Mumm wie auch von dem 1770 zum Hofgoldschmied bestallten Johann Friedrich Drümmer, die beide in Schwerin ansässig waren, sind darüber hinaus lediglich Gelegenheitsarbeiten belegt.[65]

1762 kaufte Friedrich in Hamburg bei verschiedenen Kaufleuten feinste Arbeiten der Juwelierkunst.[66] Die neun aufgelisteten Tabatieren bestanden überwiegend aus Gold,

12 Johann Eckstein, Die Hochzeitsnacht, nach einem Kupferstich von Jean-Michel Moreau und Jean-Baptiste Simonet, Ludwigslust, 1773, Wachs, Holz, Kastenrahmen: 46,5 × 36,5 × 10,1 cm, Staatliches Museum Schwerin, Inv.-Nr. KH 2087

13 Porzellanmanufaktur Meissen, Potpourri-Vase mit plastischen Vögeln und Bronzemontierung, Ausformung: (vor) 1750, Montierung: Frankreich, vielleicht Paris, Porzellan, vergoldete Bronze, 27,5 × 25,7 × 16,5 cm, Staatliches Museum Schwerin, Inv.-Nr. KG 1098

einige waren mit Edelsteinen besetzt. Zwei Schnupftabakdosen waren wiederum aus Porzellan gefertigt, wobei eine die Form einer Zwiebel aufwies. Der Wert dieser elf Pretiosen belief sich auf die nicht unerhebliche Summe von 3638 Reichstalern. Doch alle diese Kostbarkeiten waren nicht etwa für Friedrich, sondern sämtlich als Geschenke während der Reise des Herzogspaares zur Verwandtschaft nach Mirow bestimmt.[67]

Schon 1750 hatte Friedrich aus Paris auch einige Porzellane mitgebracht: zwei Meissener Eichhörnchen-Statuetten, zwei kleine blaue Potpourris sowie zwei mehrteilige Kaminaufsätze mit plastischen Vögeln aus der Meissener Manufaktur.[68] Zumindest eines dieser Objekte ist im Schweriner Museum erhalten: eine Potpourri-Vase mit Blaumeise und Stieglitz und der seinerzeit sehr gefragten französischen Montierung aus vergoldeter Bronze (Abb. 13). Vielleicht hat ein überkommenes Eichhörnchen Kaendlers ebenfalls diese Provenienz.[69] Mit dem Kauf der Porzellane hatte Friedrich allerdings wiederum einen Wunsch des Vaters erfüllt.

Als Friedrich jedoch nach dem Siebenjährigen Krieg aus Lübeck zurückkehrte, ging er ambitioniert daran, auch die herzogliche Konditorei, die das Tafelgerät verwahrte, systematisch mit Porzellanen auszustatten. Jährlich sollten 200 Reichstaler aufgewendet werden, um Meissener Porzellanfiguren anzukaufen.[70] Diese waren als Dekorationen auf der Tafel bestimmt, wo sie das Thema eines Festes im Rahmen des Desserts sinnfällig illustrieren konnten und die weniger haltbaren Vorläufer aus Zuckerwerk ersetzten. 1766 jedoch musste der Tafeldecker Johann Gottlob Hering dem Herzog mitteilen, dass die Ankaufsorder nicht umgesetzt worden war. Daher stimmte Friedrich dem von Hering vorgeschlagenen Gelegenheitskauf von Tafelgerät für die Konditorei zu, darunter Meissener Figuren, Dessertgerät und 66 Teller aus der Berliner Manufaktur sowie neun Spiegelplateaus. Als Hering sechs Jahre später beklagte, die Spiegelplateaus hätten durch Bretter ersetzt werden müssen, und den Erwerb von 18 bis 20 neuen Spiegeln und von

Meissener Porzellanfiguren empfahl, lehnte Friedrich mit dem Hinweis auf einen wirtschaftlich klugen Umgang des Tafeldeckers mit den üblichen Jahresgeldern ab.

Nach den überlieferten Quellen scheint Herzog Friedrich das Erfordernis nach einer standesgemäßen Hofhaltung mit Bedacht umgesetzt zu haben. Aus den beiden Inventaren der Möbel im alten, nun bereits Ludwigslust benannten Schloss aus den Jahren 1760 und 1768 ist ersichtlich, dass sich die Einrichtung in diesem Zeitraum nicht grundlegend verändert hatte.[71] Dies muss überraschen, weil in diese Zeit sein Einzug in das ehemalige Jagdhaus nach dem Siebenjährigen Krieg fiel. Darüber hinaus hat Herzog Friedrich sich sowohl für Kunstwerke aus den tradierten, noblen als auch aus einfacheren, neu aufkommenden Materialien wie Papiermaché, Gips oder Wachs interessiert. Offensichtlich traten der geringe Materialwert und selbst die größere Vergänglichkeit dieser Stoffe hinter die ideelle Geltung der Kunstwerke zurück. Der Erfindung und Idee, die möglichst ausgeklügelt, möglichst ingeniös sein sollten, galten auch seine mechanischen Studien.

Pretiosen einer württembergischen Prinzessin – Besitztümer Luise Friederikes

1746 fand in Schwedt die Hochzeit des Erbprinzen Friedrich mit Luise Friederike statt. Die einstige württembergische Prinzessin besaß Kostbarkeiten aller Art. Während ihrer Schweriner Zeit als Erbprinzessin bestellte sie Werke sowohl bei den ohnehin für den Hof tätigen Künstlern vor Ort – wie der Miniaturmalerin Esther Denner, dem Maler Johann Wilhelm Lehmann, dem Juwelier August Ludwig Konow oder den bereits erwähnten Uhrmachern Berg und Beneke – als auch auswärts, etwa bei dem Maler Georg Liesiewski und dem Goldschmied Daniel Baudesson, jeweils in Berlin, oder dem Hofjuwelier Johann Friedrich Dinglinger in Dresden.[72] Seit sie als Herzogin 1763 in der Innenstadt von Hamburg – Ecke Jungfernstieg / Hohe Bleichen – ein Haus besaß, verbrachte sie dort alljährlich zwei bis drei Sommermonate mit ihrem Hofstaat.[73] Mitunter kam Friedrich

14 Schatzgräber, aus dem Nachlass von Luise Friederike von Mecklenburg-Schwerin, Deutschland, 1. Hälfte 18. Jahrhundert, Elfenbein, vergoldetes Silber, Edelsteine, 15,2 × 18 × 12,5 cm, Staatliches Museum Schwerin, Inv.-Nr. KH 1901

hinzu, und beide nutzten die Gelegenheit für vielfältige Erwerbungen bei den zahlreichen Kaufleuten, zu denen oftmals schon seit Christian Ludwig II. Kontakte bestanden.

Luise Friederike war gebildet, verfolgte die künstlerischen und kulturellen Entwicklungen ihrer Zeit, spielte Klavier und Laute. Die Schatullabrechnungen belegen einen fürsorglichen Umgang mit ihren Bediensteten, zu denen die »Zwergin Lisette Schacht«, der »Mohr Caesar« und der »Zwerg Hartwig Kremer« gehörten. Die letzteren beiden hielt der Hofmaler Georg David Matthieu bildlich fest. Archivalische Quellen offenbaren überdies ihre Leidenschaft für Tiere. So ist die Rede von indianischen Gänsen, englischen und blauen Hühnern, Finken, Pfauen, einer blauen Katze und wohl Hunden namens Badine oder Lütine, ferner Schafen und Kühen. Ihr Windspiel Berenice, das die Theaterliebhaberin vielleicht nach einer Tragödie von Racine benannte, starb 1782.[74] Zu Lebzeiten war die Hündin als Skulptur in Blei und auch in einem noch heute erhaltenen Gemälde des Hofmalers Findorff verewigt worden.[75] Mit der Fertigung eines Hundehalsbandes, das in ähnlicher Form auf Findorffs Bild zu sehen ist, beauftragte die Herzogin im Jahr 1777 den Hofgoldschmied Johann Friedrich Drümmer.[76] Im Todesjahr ihres Windspiels kaufte die Herzogin den Graupapagei Jacob, der aus Amsterdam beschafft worden war.[77]

Luise Friederike unternahm über ihre Aufenthalte in Hamburg hinaus zahlreiche Reisen, die nicht nur viele Anregungen und Bildungsmöglichkeiten, sondern auch Gelegenheiten zum Kunsterwerb boten. Nachdem sie 1750 mit Friedrich, dessen Schwester Ulrike Sophie und ihrer Entourage Paris besucht hatte, folgte im Jahr 1770 ein zweiter Aufenthalt inkognito »als Madame de Grabaut«[78] im Anschluss an eine Kur in Spa und Aachen. Neben der Besichtigung von vielen Sehenswürdigkeiten kaufte sie unter anderem die beiden erwähnten Uhren Berthouds, eine Dose von Beaulieu, einen Schreibtisch mit Marketerien von »Mr: St. Aubin«, Bücher und Modekupfer.[79] Auf diese Weise verpasste Luise Friederike allerdings die Einweihung der Ludwigsluster Hofkirche Anfang November 1770. Eine inzwischen verschollene Zeichnung des Hofmalers Matthieu, die zwei Jahre später entstand, zeigt das herzliche Wiedersehen mit ihrem Gemahl im Dezember.[80]

Vor allem die Nachlassinventare des Hauses in Hamburg und des Rostocker Palais, Luise Friederikes Witwensitz, geben Aufschluss über die Fülle und Vielfalt ihres kunsthandwerklichen Besitzes. Zahlreiche Kunstwerke in Rostock werden sich bis zum Tod Friedrichs 1785 in Luise Friederikes Räumen auf der Westseite des Schlosses Ludwigslust befunden haben. Viele der bis heute erhaltenen Objekte lassen sich erfreulicherweise mit großer Wahrscheinlichkeit identifizieren. Dazu gehören mit Edelsteinen verzierte Schatzkunststücke aus Elfenbein oder Perlen aus der ersten Hälfte des 18. Jahrhunderts (Abb. 14).[81] Unter den überkommenen silbernen Statuetten, die teils farbig emailliert sind, finden sich Darstellungen eines »Mohren«, eines »Asiaten« und einiger Tiere: Hirsch, Pferd, Löwe und Elefant.[82] Fünf filigran gefasste Achatschalen sind anscheinend von ursprünglich mindestens zwölf solchen Schaugefäßen erhalten geblieben (Abb. 15).[83]

15 Matthäus Baur II. und unbekannter Goldschmied, Fußschalen, wohl aus dem Nachlass von Luise Friederike, Augsburg, um 1695–1700 bzw. Süddeutschland, um 1700, Moosachat, vergoldetes Silber, z. T. Edelsteine, H. max. 15 cm, Staatliches Museum Schwerin, Inv.-Nr. KH 997, 996, 990, 993, 991

16 Anhänger in Form eines Köchers, aus dem Nachlass von Luise Friederike, Anfang 18. Jahrhundert, Bernstein, Köcher ohne Kette: 6,5 × 1,8 × 0,8 cm, Staatliches Museum Schwerin, Inv.-Nr. KH 1799

Ferner ist ein kleiner Köcher aus Bernstein überliefert (Abb. 16). Allein die mit Brillanten besetzten Pfeile sind verloren gegangen, die noch vor gut 100 Jahren den Inhalt des Köchers darstellten.[84] Diese und noch viele weitere Pretiosen, dazu Schmuck mit Brillanten, Diamanten und anderen Edelsteinen, Gläser sowie Gold- und Silberstücke hatte Luise Friederike 1757 von Johanna Elisabeth von Württemberg geerbt, ihrer Großmutter väterlicherseits, deren Witwensitz das Schloss Kirchheim gewesen war.[85] Unter einer Fülle von Geräten aus Edelmetall lässt sich im Nachlass Luise Friederikes auch das grandiose sogenannte Mecklenburger Toiletteservice nachweisen, das heute im Museum für Kunst und Gewerbe in Hamburg bewahrt wird (Abb. 17).[86] Die filigrane Kostbarkeit des in Augsburg entstandenen Ensembles im Stil der Régence resultiert aus dem feinen Fond der Feuervergoldung, auf der sich die weißgrundigen Emailplättchen mit Vergoldung (»Email de Saxe«) sowie gespinstartigem Bandelwerk und szenischem Dekor befinden: ein Glanzpunkt Augsburger Goldschmiedekunst der Régence!

Schon aus ihrem ersten Schweriner Inventar von 1748 geht hervor, dass Luise Friederike auch fünf Jagdgewehre besaß, darunter wohl ein französisches.[87] Überlieferte Gewehre mit ihrem Monogramm stammen von Schweriner Büchsenmachern wie Johann Samuel Meckel, Appollonius Mürmann und dem in Dömitz verstorbenen Johann Christoph Hoffmann.[88]

Unter den Porzellanen Luise Friederikes sind die Manufakturen in Meißen, Fürstenberg und Ludwigsburg vertreten. Aus der Meissener Fabrik besaß sie frühe Geschirre und ein Service mit dem Dulong-Relief sowie gemalten Blumen und Vögeln.[89] Vielleicht handelt es sich bei Letzterem wie auch bei dem sogenannten zweiten Gellert-Denkmal, das der Modellmeister Michel Victor Acier schuf, um eigene Erwerbungen der Herzogin, die auf ihrer Parisreise 1770 die »Moralischen Vorlesungen« des Dichters und Philosophen Christian Fürchtegott Gellert gekauft hatte.[90] Ein Vasensatz, in den modernen Formen des Louis-seize gestaltet und zeitgemäß mit antiken Denkern bemalt, entstand im heimatlichen Ludwigsburg.[91] Während einige Exemplare der seinerzeit gefragten Biskuitbüsten aus der Braunschweigischen Fabrik in Fürstenberg noch im Schweriner Museum existieren, sind die Bildtableaus dieser Manufaktur aus Luise Friederikes Besitz verloren.[92]

In Fürstenberg bestellte die Herzogin 1779 eine sehr persönliche Offerte für ihren angeheirateten Neffen: ein Paar Potpourrivasen mit den Blumenmonogrammen und den

Silhouetten von Friedrich Franz und Luise Friederike selbst (Abb. 18).[93] Französische Inschriften betonen darüber hinaus die enge Freundschaft und Treue von Schenkerin und Adressat, den die kinderlose Herzogin – wie auch ihr Gemahl – im Testament zu ihrem Universalerben eingesetzt hatte.[94] Am 14. Juli 1779 stellte der Oberfaktor der Manufaktur Ludwig Wilhelm Schulze die Rechnung für die Vase mit dem Porträt von Friedrich Franz aus, am 21. August folgte jene mit dem Bildnis Luise Friederikes.[95] Bei den Vasen handelte sich um das ganz aktuelle Modell »Pot pourri en Vase, Lit. S mit durchbrochenem Deckel« mit einem nach Aufwand für den Dekor festgelegten Preis zwischen 13 und 22 Reichstalern.[96] Die Herzogin wählte offenbar die kostspieligste Variante – sie zahlte für die Vasen je 22 Reichstaler und zwölf Schillinge!

Bereits im Rahmen ihres Ehevertrags waren Luise Friederike 5000 Reichstaler zugesichert worden, die im Falle ihres Witwenstandes für ein Silberservice eingesetzt werden sollten.[97] Im März 1786 schloss Johann Christian Mowitz, der Inspektor des Hamburger Hauses, im Auftrag der verwitweten Herzogin einen entsprechenden Vertrag mit dem Hamburger Goldschmied Johann Conrad Otersen. Nach einem Probeteller wurden zunächst zwölf Dutzend getriebene Teller mit dem gewählten Rosenrand bestellt, später war nur noch von 96 Stück die Rede. Für die Formen von Terrinen und Saucièren schlug Mowitz seiner Dienstherrin im April bewährte vorhandene Modelle aus Meissener Porzellan und Straßburger Fayence vor (Abb. 19).[98] Durch die zusätzliche Verwendung von

17 Johann Erhard Heuglin II., Johann Christoph Treffler II. und Christian Baur, Toiletteservice, aus dem Nachlass von Luise Friederike, Augsburg, um 1720, vergoldetes Silber, Email de Saxe, Spiegel: 62,7 × 49,7 cm, Museum für Kunst und Gewerbe, Hamburg, Inv.-Nr. 1949.71a–ee

altem Silber erweiterte sich das Service um Suppenterrinen mit Unterschüsseln, Schalen verschiedener Form, Saucièren, zahlreiche Bestecke, Lerchen- und Kramsvogelspieße,[99] Brotkörbe, Pfefferdosen und eine Spirituslampe. So erreichte es anscheinend einen Umfang von mehr als 300 Teilen, die bis in den November des Jahres geliefert wurden und von denen viele erhalten sind. Das eingravierte mecklenburgisch-württembergische Allianzwappen führte die Herzogin seit ihrer Hochzeit.[100]

Von den erhaltenen Schaustücken Luise Friederikes verdient eine imposante Uhr unbedingte Erwähnung. Wahrscheinlich war sie durch Erbschaft von ihrer Mutter im Jahr 1782 in ihren Besitz gelangt: »Eine köstliche Uhre von colossalischer Größe, mit einem Glockenspiel, welche der erste König von Preussen Friederich höchstihrer Frau Mutter, Königl. Hoheit geschenkt hatte. Atlas trägt die Himmelskugel; über welche unter einem stark vergoldeten Dais die großen porcellainen Glocken hangen« (Abb. 20).[101] Die gigantische Himmelskugel birgt die Uhr mit einem Zifferblatt in Form des Ordenssterns vom schwarzen Adlerorden, den der Schenker 1701 einen Tag vor seiner Selbstkrönung zum

18 Porzellanmanufaktur Fürstenberg, Paar Potpourri-Vasen mit farbiger Blumenmalerei und den Silhouettenporträts des Erbprinzen Friedrich Franz und der Herzogin Luise Friederike, Modell: (vor) 1779, Ausführung: 1779, Porzellan, Messingmechanismus im Knauf, Seidenband, 36 × 28 × 21,6 bzw. 22,2 cm, Staatliches Museum Schwerin, Inv.-Nr. KG 877–878

19 Johann Conrad Otersen, Terrine aus einem Tafelservice für Luise Friederike, Hamburg, 1786, Silber, 33,4 × 43,3 × 19,5 cm, Staatliches Museum Schwerin, Inv.-Nr. KH 2682

König gestiftet hatte; ein vergoldetes Postament ist erhalten, Baldachin (Dais) und Glocken sind verloren. Möglicherweise befand sich dieses beeindruckende Kunstwerk zuvor im Schloss Ludwigslust. Die Witwe schenkte die Uhr der Universität an ihrem Witwensitz in Rostock, zu deren Sammlungen sie bis heute gehört.

Unter den Besitztümern Luise Friederikes befanden sich auffallend viele kunsthandwerkliche Objekte, die künstlerisch und ebenso hinsichtlich ihres Materialwertes Kostbarkeiten darstellten. Vielfach handelte es sich um Erbstücke, die ihren Status als hochadelige Frau unterstrichen. Soweit bekannt, erfolgten die eigenen Erwerbungen gemäß dem Geschmack ihrer Zeit. Aus ihren Schatullabrechnungen ist jedoch zu ersehen, dass sie – selbst in Hamburg – nicht auffallend häufig Kunstankäufe tätigte. Hingegen ließ sie Waffen, Uhren oder auch ein Wachsrelief reparieren.

20 Johann Samuel Nahl zugeschrieben (Bildhauerarbeit), Atlantenuhr, vermutlich Berlin, nach 1701, Lindenholz, Metalle, H. ca. 175 cm, Universitätsarchiv Rostock, 8.04.4, Nr. 24

Aus Gegenwart und Vergangenheit – Erwerbungen des Großherzogs Friedrich Franz I.

Friedrich Franz, der zwischen 1766 und 1771 in Lausanne und Genf ausgebildet worden war,[102] zog es gleichermaßen nach Paris. Die Reise durch Europa unternahm er zusammen mit seiner Gemahlin Luise von Mitte August bis Dezember 1782. Das in französischer Sprache abgefasste Reisetagebuch des mitreisenden Justizrats August Georg von Brandenstein bringt neben den besuchten Sehenswürdigkeiten die Vorlieben des erbprinzlichen Paares zum Vorschein: Mit Wohlgefallen nahm der mecklenburgische Erbprinz an einer Hirschjagd mit dem englischen König teil; verschiedene Vögel, etwa in der Fasanerie in Kassel, einem Kuriositätenkabinett im Haag oder jenem des »Captain Cook« in London, werden vor allem auf das Interesse Luises gestoßen sein. In Antwerpen kaufte sie einen weißen Kakadu mit doppelter, zitronengelber Haube,[103] der – wie Herzog Friedrich ihr per Brief aus Ludwigslust berichtete – mitunter biss.[104] In Cambridge hielt Brandenstein einen Wandleuchter als Anregung für die Ludwigsluster Kartonfabrik zeichnerisch fest.[105]

Neben Kirchen, Palais, etappenweise dem Louvre, Versailles sowie kunst- und naturhistorischen Sammlungen sahen sie in Paris »die schönsten Tapisserien« in den royalen Manufakturen der Gobelins und der Savonnerie.[106] Sie besuchten den »Garde-Meuble de la Couronne«, das Möbeldepot der Krone, das die königlichen Schlösser mit modernsten Möbeln und Tapisserien ausstattete, und immer wieder saß Luise dem Bildhauer Jean-Antoine Houdon Modell für ihr Porträt. In Saint-Cloud interessierten sich die Reisenden nicht nur für die grandiosen Gemälde im Schloss und die »Grande Cascade«, sondern auch für die Porzellanmanufaktur, die allerdings schon 1766 Konkurs angemeldet hatte.[107] Luise erwarb dort »eine sehr schöne Gruppe« für einige Dutzend Louis d'or.[108]

Obwohl der Hinweg durch Neuwied führte, ließ die Reisegesellschaft die hier ansässige Roentgen-Werkstatt, die die Höfe Europas mit ihren raffinierten, exquisiten Möbeln belieferte, außer Acht, ebenso später die seit 1781 bestehende Filiale in Paris. Fraglich bleibt daher, wie die beiden aus Ludwigslust überkommenen konischen Bodenstanduhren von David Roentgen mit Uhrwerken von Peter Kinzing (Abb. 21) nach Mecklenburg gelangten. Ihre Entstehung zwischen 1785 und 1795 fällt zumindest bereits in die Regierungszeit von Friedrich Franz I.[109]

In Ludwigslust beschäftigte der Herzog Johann Heinrich Berg als Hofuhrmacher weiter, nach dessen Tod 1801 dann seinen Sohn Johann Georg Berg. Von einer außergewöhnlichen Uhr in Schloss Ludwigslust, die das »Portal vom Vatican in Rom mit den bekannten beiden Telamonen«[110] nachbildete, berichtete der Pfarrer Johann Christian Friedrich Wundemann zu Beginn des 19. Jahrhunderts. Sie sei in der »hiesigen Möbelfabrik verfertigt und verdient das Lob aller Kunstfreunde«.[111] Am 28. März 1797 hatte Friedrich Franz I. den Baron Gregorio von Werder engagiert, um die Herzogliche Möbel- und

21 David Roentgen (Gehäuse) und Peter Kinzing (Uhrwerk), Bodenstanduhr, Neuwied, zwischen 1785 und 1795, Eiche, Mahagoni, feuervergoldete Bronze, Messing, 185,2 × 53,2 × 20,2 cm, Sammlung Herzogliches Haus Mecklenburg-Schwerin

22 Jean-Henri Riesener, Eckschrank von einem Paar, aus dem Besitz der Königin Marie Antoinette von Frankreich, Paris, um 1780, in: Brandt 1925, S. 130

Bronzefabrik zu etablieren.[112] In der zwei Jahre später gegründeten Fabrik wurden verschiedene Steinarten wie Marmor und Alabaster, Metalle und Holz bearbeitet. Neben Uhren lieferte sie verschiedenste Objekte für die Raumausstattung, darunter Kaminblätter, Kronleuchter, Alabasterlampen, Bilder- und Spiegelrahmen oder sowie Möbel aus Mahagoniholz mit Bronzeappliken für Schloss Ludwigslust und für das Lieblingsdomizil des Herzogs in Doberan. Hier, unweit des von Friedrich Franz I. 1793 gegründeten ersten deutschen Seebades Heiligendamm, wirkte G. C. Gärtner als Hofuhrmacher. Er ist mit zwei Biedermeier-Bodenstanduhren fassbar, die beide aus dem Doberaner Palais stammen.[113] Vielleicht war es dieser Uhrmacher, der sich 1826 mit einer »Pendeluhr, mit künstlicher Verzierung« an der Berliner Akademieausstellung beteiligte.[114]

Der Einfluss des französischen Empire spiegelt sich deutlich an den Thronsesseln, mit denen sich Friedrich Franz I. vor allem nach 1815 als Großherzog porträtieren ließ.[115] Auf den beiden ganzfigurigen Bildnissen des Hofmalers Rudolph Suhrlandt in der Rostocker Universität und dem Doberaner Münster gehören die monumental wirkenden Möbel zu den bildtragenden Elementen.[116] Die Holzpartien der gerade konturierten Thronsessel und des Tabourets sind gänzlich vergoldet. Für die reiche plastische Verzierung mit figürlich gestalteten Stützen hielt unter anderem der 1801 veröffentlichte »Recueil de Décorations intérieurs« der Architekten Pierre Fontaine und Charles Percier Anregungen bereit. Dem Greif auf dem Rostocker Gemälde stehen Cherubim und der für die Ortsgründung so entscheidende, legendäre Schwan auf dem Doberaner Bild gegenüber, das seine Entstehung dem fünfzigjährigen Regierungsjubiläum des Großherzogs 1835 verdankt.

Für mehrere Möbel in Schloss Ludwigslust ist mit Marie Antoinette eine prominente Vorbesitzerin überliefert. Zwei mit ihrem gekrönten Monogramm und dem Stempel des Königlichen Möbeldepots versehene Encoignuren aus der Werkstatt des deutschstämmigen Pariser Ebenisten Jean-Henri Riesener standen um 1800 im Schlafzimmer von Herzogin Luise; ihr Verbleib ist jedoch seit der Mitte des 20. Jahrhunderts unbekannt (Abb. 22).[117] Seit fast 100 Jahren befindet sich allerdings ein künstlerisch herausragendes kleines Sitzmöbel in den Schweriner Sammlungen, das nachweislich für die französische Königin bestimmt war, aber offenbar nie von ihr genutzt wurde (Abb. 23). Durch die Signatur ist Georges Jacob als Hersteller gesichert,[118] der den »Garde-Meuble de la Couronne« vor allem mit zahlreichen, meist vergoldeten Sitzmöbeln des Louis-seize belieferte.[119] Die Herkunft des kleinen Möbels verrät ein zeitgenössischer Aufkleber: »Pour La Reine / à Compiègne. / Cabinet de l´angle au 1.er« – »für die Königin in Compiègne Eckkabinett in der 1. (Etage)«. Sogar der originale Bezug ist erhalten geblieben, für den Lieferungen von Desfarges et Compagnie in Lyon in der zweiten Jahreshälfte 1787 nachzuweisen sind.[120] In verschiedenen Quellen wird »ein violetter Fond mit Caméen aus weißem Satin, die mit Jagdmotiven bestickt sind, bestimmt für Compiègne« beschrieben.[121] Neben gestickten vegetabilen Motiven auf allen Seiten in einst Grün, Weiß und Gelb *en camaieu* (Ton in Ton) zeigen die zentralen, gerahmten Kartuschen auf der Sitzfläche einen Hund, auf der Rückseite eine Ente (Abb. 24). Aus den Quellen geht überdies die Funktion des Kleinmöbels hervor: Es war Teil eines Ensembles, das aus einem Canapé, vier Sesseln, zwei Stühlen, einem Kaminschirm und eben diesem »tabouret de pied à trois dossiers«, einem Fußstuhl mit drei Lehnen, bestand.[122] In der Folge der Revolution wurden diese Möbel zusammen mit den zugehörigen, gleichartigen Raumtextilien am 2. Oktober 1793 für 29203 Livres verkauft. Der Käufer Rocheux aus Paris erwarb die Objekte für den Händler Hebert aus Strasbourg, der seine Geschäfte insbesondere mit nordeuropäischen Höfen realisierte. Welchen Weg das bedeutende Möbelstück schließlich nach Ludwigslust nahm, bleibt allerdings offen. Ein gleiches Möbel Jacobs, dessen Bezug verloren ist und das wohl für die Sommermöblierung von Marie Antoinette in Schloss Versailles 1783 gefertigt wurde,[123] befindet sich im Louvre, ein Stück vom Bezug des zum Tabouret gehörenden Canapés in der Ermitage in St. Petersburg.

23 Georges Jacob, Fußstuhl (Tabouret à pied), aus dem Besitz der Königin Marie Antoinette von Frankreich, Paris, zwischen 1787 und 1793, Seidenbezug: Desfarges et Compagnie, Lyon, Buchenholz, Polimentvergoldung, bestickte Seide, 42,5 × 48 × 47,5 cm, Staatliches Museum Schwerin, Inv.-Nr. KH 133

24 Darstellung einer Ente auf der Rückenlehne, Detail von Abb. 23

Friedrich Franz I. war dem Leben zugewandt, liebte Bälle, das Kartenspiel, seine Mopshunde und auch die Jagd. Wie der Kammerherr Gottlob Karl Wilhelm Friedrich von Stein zeitgenössisch berichtete, verbrachte der Herzog zwischen August und Dezember mitunter mehrere Wochen bei der Hirsch- oder Saujagd.[124] Während aus dieser Zeit vor 1800 Flinten vom Rostocker Büchsenmacher Johann Peter Brockmann überliefert sind, stammen vom Ludwigsluster Hofbüchsenmacher Johann Peter Griecke zwischen 1803 und 1829 datierte Jagdgewehre – für den Herzog (Abb. 25), dessen Gemahlin Luise, den Sohn Friedrich Ludwig und den Enkel Paul Friedrich.[125]

Porzellane zum Gebrauch kamen im ausgehenden 18. Jahrhundert aus Berlin und Fürstenberg.[126] Im Jahr 1806 hielt sich der Porzellan- und Glasmaler Samuel Mohn in Mecklenburg auf. Mohn brachte auf Berliner Tassen die Silhouetten von Mitgliedern der herzoglichen Familie an, wodurch die Stücke zu sehr persönlichen, der Zeit der Empfindsamkeit verpflichteten Gaben wurden.[127] Der Künstler lieferte zudem farbige Scheiben mit dem mecklenburgischen Wappen und dem russischen Doppeladler für die neu erbaute katholische Kirche im Ludwigsluster Schlosspark.[128] Sie wurde 1809 zur Erinnerung an die Schwiegertochter von Friedrich Franz I., die früh verstorbene russische Großfürstin Helena Pawlowna, sowohl der heiligen Helena wie auch als Nebenpatron dem heiligen Andreas geweiht. 1812 empfing Mohn in Dresden darüber hinaus endlich die erbetenen Darstellungen aus Mecklenburg, die er als Vorlagen für transparente farbige Bemalungen auf einem geplanten Gläserensemble in einem Etui verwenden wollte. Darunter befanden sich Ansichten aus Ludwigslust und Doberan.[129] Erhalten sind andere Gläser als Beispiele seiner Kunst, »nach alter Art« auf Hohlgläser zu malen, die sein ab 1811 in Wien tätiger Sohn Gottlob Samuel Mohn fortsetzte.[130]

Im eigentlichen Sinne merkwürdige Kunstwerke durfte Pfarrer Wundemann um 1800 auf einem langen Tisch in der Bildergalerie des Ludwigsluster Schlosses bestaunen:[131] Bei Carl Joseph May hatte Friedrich Franz I. Architekturmodelle aus Kork erworben (Abb. 26).[132] Der in den Diensten des kurmainzischen Koadjutors Carl Theodor von Dalberg in Erfurt stehende Konditor May, zu dessen Metier die Fertigung von Tafeldekorationen gehörte, war selbst nie in Italien und kopierte maßstabgetreu vor allem Korkmodelle des Italieners Antonio Chichi. Am 9. August 1798 quittierte May die Bezahlung der ersten sieben Modelle für den mecklenburgischen Herzog: sechs römische Ruinen der Antike und ein gotisches Monument, das sogenannte Sibyllentürmchen vor dem Brühler

25 Johann Peter Griecke, Jagdflinte des Großherzogs Friedrich Franz I. von Mecklenburg-Schwerin, Ludwigslust, 1829, Eisen, Stahl, Nussbaumholz, Silber, Bein, L. 127,4 cm, Staatliches Museum Schwerin, Inv.-Nr. KJ 2713

26 Carl Joseph May, Triumphbogen des Septimius Severus in Rom, 1798, Kork, Nadelholz, Gips, Moos, Metall, Sand, Papier, 55,5 × 64,5 × 32 cm, Staatliches Museum Schwerin, Inv.-Nr. KH 2201

Tor in Erfurt. Die nächsten vier Modelle wurden um den folgenden Jahreswechsel und die restlichen bis 1800 geliefert, so dass Wundemann bereits die Gesamtheit der bis heute erhaltenen 29 Objekte vorfand.[133] Neben Konstantins- und Septimius-Severus-Bogen, Cestiuspyramide, Vestatempel und anderen antiken Monumenten, die Bildungsreisende auf ihrer Grand Tour in Rom aufsuchten, ist mit Donato Bramantes Tempietto überdies eine Renaissancekapelle vertreten, die jedoch der Antike verpflichtet ist. Die Porosität des Materials Kork und die feine, gut erhaltene Bemalung führen zu einer bestechenden Wiedergabe des ruinösen und verwitterten Zustands der Bauten. Korkmodelle sind somit atmosphärische Kunstwerke und architektonische Dokumente in einem; sie boten anregenden Gesprächsstoff an der Tafel und fungierten andernorts auch als Studienobjekte in Akademien.

Zum Jahreswechsel 1817/18 gelangten Tausende Kunstwerke nach Ludwigslust. Von dem Dresdener Medailleur Johann Carl Engel hatte Großherzog Friedrich Franz I. die

27 Melchior Paulus, Gebet Christi am Ölberg, vermutlich Köln, 1713, Elfenbein, vergoldetes Silber, Edelsteine, 16,5 × 12,6 × 1,9 cm, Staatliches Museum Schwerin, Inv.-Nr. KH 1878

einstige Sammlung des letzten Kölner Erzbischofs und Kurfürsten Maximilian Franz von Österreich angekauft. Die Kunstsammlung dieses Sohnes von Kaiserin Maria Theresia enthielt etwa 10000 Kupferstiche, 1500 Handzeichnungen, 54 Gemälde, 50 Gouachen sowie etwa 80 Elfenbeinschnitzereien, Arbeiten aus Bronze, Silber, Bernstein, Glas, Perlmutt und Porzellan. Das fein geschnitzte Relief mit der Darstellung des Gebetes Christi am Ölberg, das der Kölner Stuckateur Melchior Paulus im Jahr 1713 schuf (Abb. 27), kommentierte Engel treffend. Es ließe »sich ohne innige Theilnahme nicht anblicken«, und er fügte hinzu: »Dieses Lieblingsstück begleitete jedesmal den Churfürsten auf seinen Reisen.«[134] Zwölf subtil in Wedgwood-Manier gestaltete Reliefplatten aus der Königlichen Porzellanmanufaktur in Sèvres haben nach Engels Angaben ebenfalls eine prominente Herkunft: Sie sollen aus dem Besitz des Herzogs von Orléans hervorgegangen sein.[135] Louis Philippe II. Joseph de Bourbon gehörte zur französischen Königsfamilie und war überaus wohlhabend. Voller Anmut und Eleganz scheinen die weißfigurigen antikischen Gestalten der Reliefs vor dem strahlend blauen Fond zu schweben (Abb. 28). Solche Biskuitplatten wurden in Möbel oder Kamine eingesetzt und korrespondierten teilweise mit gemalten Wanddekorationen in dieser Art.[136]

Größtes Interesse brachte Friedrich Franz I. den mecklenburgischen Altertümern und somit der Geschichte seines Landes entgegen. Damit folgte er den patriotischen Strömungen der Zeit. Er nahm selbst an Grabungen teil, verbot Raubgrabungen im Domanium, seinem landesherrlichen Territorium, und sorgte dafür, dass die Ludwigsluster Sammlung im »Friderico-Francisceum« eine würdige Veröffentlichung erfuhr. Nach verschiedenen Widrigkeiten konnte das Tafelwerk im Todesjahr des Großherzogs 1837 schließlich durch den Altertumsforscher Georg Christian Friedrich Lisch vollendet werden.[137]

Durch die dynastischen Bündnisse des mecklenburgischen Herzogshauses gelangte europäisches Kunsthandwerk von Rang nach Ludwigslust. Eine besonders enge Verbindung bestand zum dänischen Königshaus. Die Eheschließung von Sophie Friederike, der Schwester von Friedrich Franz I., mit dem dänischen Erbprinzen Friedrich 1774 in Kopenhagen gab Hofmaler Matthieu zwei Jahre später zeichnerisch wieder.[138] Mehrfach war Friedrich von Dänemark in Ludwigslust, selbst nach dem frühen Tod seiner Frau.[139] Im März 1793, etwa ein Jahr vor Sophie Friederikes Tod, berichtete der Kammerherr

28 Königliche Porzellanmanufaktur Sèvres, Das Urteil des Paris, Sèvres, 1791, Biskuitporzellan, 18,9 × 29,2 × 2,5 cm, Staatliches Museum Schwerin, Inv.-Nr. KH 141

29 Königliche Porzellanmanufaktur Kopenhagen, Paar Deckelvasen mit den Silhouetten des dänischen Erbprinzenpaares Friedrich und seiner Gemahlin Sophie Friederike, Kopenhagen, 1783, Porzellan, 45,7 × 20,5 × 26,9 cm bzw. 44,2 × 21 × 25,6 cm, Staatliches Museum Schwerin, Inv.-Nr. KG 1001–1002

von Stein: »Diesen Sommer kommt die Erbprinzeß von Dänemark mit ihrem kleinen Mann hierher, um ihren Bruder, den Herzog, zu besuchen und den Brunnen hier zu trinken«.[140] Das 1783 entstandene opulente Vasenpaar aus der Königlichen Porzellanmanufaktur Kopenhagen mit den Silhouetten des Erbprinzenpaares war vielleicht ein Geschenk (Abb. 29). Der Sohn des Paares, der spätere König Christian VIII., heiratete 1806 in Ludwigslust seine Cousine Charlotte Friederike, Tochter von Friedrich Franz I. und Luise, und setzte das mecklenburgisch-dänische Bündnis fort, doch diese Verbindung endete mit einer Scheidung.

Pracht in Ludwigslust – Schätze der Zarentochter Helena Pawlowna

Ein weiteres bedeutendes Bündnis konnte Mecklenburg mit Russland erwirken. Friedrich Ludwig, der älteste Sohn von Friedrich Franz I. und Luise, hatte in Rostock studiert und war auch nach seiner Kavalierstour als Erbprinz vielfach in Europa unterwegs, oft in politischer Mission für seinen Vater.[141] Seine Reise nach St. Petersburg im Jahr 1799 fand jedoch aus Anlass seiner Hochzeit mit der erst 14-jährigen Großfürstin Helena Pawlowna, Tochter des russischen Zaren Paul I., statt.[142] Auf die Ankunft des Paares in Schwerin folgte fünf Wochen später am 14. März 1800 der von dort aus über zahlreiche Stationen führende festliche Einzug in Ludwigslust, der schließlich unweit des Schlosses durch den Bogen des Septimius Serverus, eine ephemere Architektur, führte.[143]

Welchen Reichtum brachte die Enkelin Katharinas der Großen nach Mecklenburg mit! Zunächst eine Million Rubel und eine Mitgift, die einen wahren Schatz darstellte: unermessliche Kostbarkeiten von den besten heimischen Kunsthandwerkern und Manufakturen.[144] Am 22. April 1799 stand dieser Brautschatz für Helena bereit. Enthalten waren Marmorkamine,[145] Kronleuchter, riesige Spiegel, zahlreiche prachtvolle Möbel – allein zwölf Mahagonikommoden[146] von Christian Meyer –, Porzellane, mehr als 1000 Gläser, Gold- und Silbergarnituren, Küchengerät, Stoffe, Kleider, Fächer, Schuhe, Pelze, Tisch-, Bett- und Leibwäsche, im Übrigen auch »pour l'homme«. Der einzigartige Juwelenschmuck wurde auf einen Wert von über einer halben Million Rubel beziffert.

Mehr als 1100 Teile umfasste das Speiseservice aus der Kaiserlichen Porzellanmanufaktur St. Petersburg (Abb. 30).[147] Seine Formen folgen dem von Katharina der Großen 1793 georderten, sogenannten Kabinettservice.[148] Dieses basierte wiederum auf ihrem Arabeskenservice, das schon 1782–1784 zu ihrem zwanzigjährigen Thronjubiläum von A. A. Wjasemski und Jacques Dominique Rachette gefertigt worden war. Formgleich, doch unterschiedlich in der Bemalung, sind die entsprechenden Service für drei von Helenas vier Schwestern, Alexandra, Maria und Katharina, gestaltet worden. Ein Band aus

30 Kaiserliche Porzellanmanufaktur St. Petersburg, Teile eines Tafelservices, aus der Mitgift der russischen Großfürstin Helena Pawlowna, St. Petersburg, (vor) 1799, Porzellan, glasiert, bemalt, vergoldet, H. Terrine mit Untersatz 37 cm, Staatliches Museum Schwerin, Inv.-Nr. KG 813, 828, 840, 838, 816, 827, 839, 848, 837

je zwei sich wiederholenden rosafarbenen Rosenblüten auf goldenem Fond ziert somit nur das Service Helenas.[149] Italienische Landschaften mit Tempeln, Ruinen, anderen Gebäuden oder Felsen in dezenten Farben füllen die goldgerahmten, runden oder ovalen Kartuschen auf Spiegeln und Wandungen. Die nach grafischen Vorlagen gemalten Orte sind auf den Unterseiten notiert.[150] Für die Tafelmitte während des Desserts schloss die Mitgift aufwendige Biskuittafelaufsätze auf 21 bronzegefassten Spiegelplatten ein.[151] Die figürlichen Darstellungen von Rachette waren nicht nur in Material und Stil, sondern auch thematisch dem Klassizismus verpflichtet, wie »zwei Tempel des Apollon auf Marmorstufen, in der Mitte ein Altar, und acht Musen«, Darstellungen von Cupido im Käfig oder mit Psyche, der Aldobrandinischen Hochzeit, von Vestalinnen oder Musen erkennen lassen.[152]

31 Kaiserliche Porzellanmanufaktur St. Petersburg, Dejeuner mit Vergoldung, bunten Blumen und farbigen Ansichten von Pawlowsk, aus der Mitgift der russischen Großfürstin Helena Pawlowna, St. Petersburg, (vor) 1799, Porzellan, H. Kaffeekanne 20,5 cm, Staatliches Museum Schwerin, Inv.-Nr. KG 1172–1180

32 Iwar Wenfeld Buch, Dejeuner, wahrscheinlich aus der Mitgift der russischen Großfürstin Helena Pawlowna, St. Petersburg, (vor) 1799, Gold, H. Kaffeekanne 26,7 cm, Privatbesitz USA

33 Alexej Sewerikoff und die Kaiserliche Teppichmanufaktur St. Petersburg, Hirtenszene, St. Petersburg, 1796, Tapisserie, Wolle, Seide, 251 × 313 cm, Staatliches Museum Schwerin, Inv.-Nr. KH 1353

Farbige Blumen auf Goldgrund und in Medaillon-Reserven gesetzte Ansichten von Pawlowsk, der gerade erst vor den Toren St. Petersburgs entstandenen Sommerresidenz Pauls I., zieren ein porzellanenes Dejeuner (Abb. 31).[153] Zu diesem neunteiligen Ensemble gehörte ursprünglich neben Löffel, Zuckerzange und Sieb aus vergoldetem Silber (Vermeil) auch ein »Tisch in Bronze mit Füßen einer Hirschkuh« und mit einer Porzellanplatte, die passend zum Geschirr bemalt war.[154]

Ähnlich umfassend sind auch zwei der drei Toilettegarnituren Helenas konzipiert.[155] Während jener aus Vermeil ein silberner Tisch zugehörig war, bildete ein solches Möbel aus Mahagoni mit blauer Glasplatte und zwölf Arabeskenreliefs den prachtvoll-angemessenen Rahmen für die Gefäße der Porzellan-Toilette. Ein ähnlicher russischer Konsoltisch mit einer Platte aus blauem Glas und Panthermonopodien, der vielleicht ein Geschenk darstellte, ist aus Schloss Ludwigslust überkommen.[156] Möglicherweise stammen einige Serviceteile mit dem goldenen Monogramm ihres Vaters Paul I. ebenfalls aus der Mitgift Helenas.[157] Von den einst dreißig Vasen ist lediglich eine Biskuitvase mit dem Flachrelief der neun Musen erhalten.[158]

34 Königliche Porzellanmanufaktur Berlin, Tafelaufsatz, Modelle: Johann Karl Friedrich Riese, Berlin, 1793 und 1798, Biskuitporzellan, Porzellan, vergoldete Bronze, Holz, Spiegelglas, 75 × 176 × 57 cm, Staatliches Museum Schwerin, Inv.-Nr. KG 2344–2369

Ein Dejeuner aus purem Gold schuf der St. Petersburger Goldschmied Iwar Wenfeld Buch in eleganten Empireformen; erhalten sind alle acht Gefäße, denen einst vier Paar Porzellantassen zugehörten (Abb. 32).[159] Des Weiteren sind drei großformatige Tapisserien mit monumentalen Schäferdarstellungen aus der 1717–1858 bestehenden Kaiserlichen Tapisseriemanufaktur in St. Petersburg überliefert (Abb. 33). Ob diese Wandteppiche Teil des Brautschatzes waren, ist nicht gesichert.[160]

Ein Geschenk voller Anmut und Eleganz, eine Hochzeitsgabe par excellence, erhielten die Neuvermählten vom preußischen Königspaar (Abb. 34). Die beiden Seitenstücke des dreiteiligen Biskuittafelaufsatzes aus der Königlichen Porzellanmanufaktur Berlin (KPM) wiederholten einen Tafelaufsatz, den Friedrich Wilhelm III. und seine Gemahlin Luise 1793 selbst zur Hochzeit bekommen hatten.[161] Sie zeigen erhöht im Zentrum auf einem marmorierten, purpurfarbenen Postament Amor und Psyche nach dem Bildwerk in den Kapitolinischen Museen, das schon Louis Boizot für die Porzellanmanufaktur in Sèvres modelliert hatte.[162] Junge Frauen, die eine Blütengirlande halten, umtanzen grazil, fast schwebend, das Liebespaar auf einem gemalten Wiesenterrain. Die größeren und kraftvolleren Biskuitfiguren des Mittelstücks, die wie die übrigen vom Modellmeister Johann Karl Friedrich Riese stammen, werden überdies durch ihre Anordnung auf einem Spiegelplateau hervorgehoben. Vier Gruppen mit je drei tanzenden Grazien, die eine durchbrochene Schale über ihren Köpfen halten, markieren die Ecken und umgeben die vielfigurige Hauptgruppe. Obwohl diese bereits 1798 fertiggestellt war, gelangte der Tafelaufsatz erst zwei Jahre nach der Hochzeit nach Mecklenburg. Die zentrale Gruppe wurde zunächst auf der Berliner Akademieausstellung des Jahres 1800 präsentiert und im Katalog folgendermaßen beschrieben: »Zephyr holt Psyche zu Amors Umarmungen ab. Nach dem Befehle des Orakels wurde Psyche von ihren Eltern, beiden Geschwistern und Freunden, auf einen hohen Felsen geführt. Dort holte sie Zephyr ab. Sie ist hochzeitlich leicht gekleidet, und wird eben durch Zephyr dem Anblicke der Ihrigen entrückt.«[163]

Nach dem frühen, allseits tief betrauerten Tod Helenas 1803 ging der Erbprinz sieben Jahre später eine zweite Ehe mit Karoline Luise von Sachsen-Weimar-Eisenach ein.[164] Ein Faltfächer mit dem Novemberlied Johann Wolfgang von Goethes (Abb. 35) eröffnet den Blick in ihre Lebenswelt, die von dem literarisch-künstlerischen Klima ihrer Heimat geprägt war.[165] Die im November 1783 verfassten Verse feierten in diesen Monat fallende

Geburtstage von verschiedenen Mitgliedern der Weimarer Hofgesellschaft, darunter von Goethes Freund Karl Ludwig von Knebel. Einem Brief an Knebel vom 16. Februar 1784 legte Goethe »einen Fächer zu Ehren der November Geburtstäge für deine Frl. Schwester« bei.[166] Die Beschenkte, Henriette von Knebel, war Erzieherin und vertraute Freundin Karolines und folgte dieser als Gesellschafterin auch nach Ludwigslust. Ein für Karoline gefertigter Toilettetisch mit einem von Leuchtern gehaltenen Spiegel und Lyrenstützen wurde 1811 im Journal des Luxus und der Moden musterhaft vorgestellt.[167] Der Verbleib des aus Mahagoni und mit reichen Bronzeverzierungen bestehenden Möbels vom Jenaer Hofebenisten Keck und den Gebrüdern Straube in Weimar ist unbekannt.[168]

Nach dem frühen Tod Karolines heiratete Friedrich Ludwig deren Cousine, Auguste Friederike von Hessen-Homburg. Von ihr kündet in den Schweriner Sammlungen – nicht von ungefähr – ein Buch mit ihrem Exlibris.[169] Auguste hatte Hölderlin unterstützt, war sehr belesen, wissenschaftlich interessiert und zeichnete.[170] Da Friedrich Ludwig schon nach drei Jahren Ehe 1819 starb, erzog sie ihre vier Stiefkinder, unter ihnen den Erbgroßherzog Paul Friedrich, viele Jahre als Witwe.

Wie die Beispiele zeigen, zogen die unter politischem Kalkül geschlossenen ehelichen Bündnisse der Herzogsfamilie von Mecklenburg-Schwerin mit anderen deutschen und europäischen Fürstenhäusern eine mitunter enorme künstlerische Ausstrahlung nach sich. Der Einzug einer russischen Großfürstin brachte den mecklenburgischen Hof jedoch auch unter Zugzwang, indem er ihr angemessene Wohnverhältnisse bieten musste. Zahlreiche Werke der angewandten Kunst Helena Pawlownas wurden vor allem nach dem Tod Friedrich Ludwigs an die Nachkommen vererbt und infolgedessen an verschiedene Orte verstreut. Ihr Juwelenschmuck allerdings bildete das prächtige Herzstück für den von Großherzog Friedrich Franz II. im Jahr 1854 etablierten Mecklenburg-Schweriner Hausschmuck.[171]

35 Faltfächer mit Goethes Novemberlied, Weimar?, zwischen Mitte November 1783 und Mitte Februar 1784, Aquarell auf Papier, Palisander, Bein, Messing, 28,2 × 50,5 cm, Staatliches Museum Schwerin, Inv.-Nr. KH 447

36 Friedrich Wilhelm Zehender, Toilettetisch, aus der Mitgift für Prinzessin Alexandrine von Preußen, Entwurf: Karl Friedrich Schinkel, Berlin, 1821/22, vergoldete Bronze, geschliffenes Spiegelglas ergänzt, 83,5 × 171 × 99,5 cm, Staatliches Museum Schwerin, Inv.-Nr. H 46

Einzug des Berliner Klassizismus – Kunstwerke für Paul Friedrich und Alexandrine

Bereits Paul Friedrichs Eltern, Friedrich Ludwig und Helena Pawlowna, hatten den Kontakt zum preußischen Königspaar, Friedrich Wilhelm III. und Luise, gepflegt.[172] Durch die Eheschließung Paul Friedrichs mit deren Tochter Alexandrine am 25. Mai 1822 wurde diese Verbindung wieder verstärkt und es gelangten viele Werke von seinerzeit tonangebenden Berliner Künstlern und Manufakturen nach Mecklenburg.

König Friedrich Wilhelm III, der seit 1810 Witwer war, äußerte mit Blick auf die Mitgift seiner Tochter, er wolle sie ausstatten »wie einer Prinzessin aus Unserem Königlichen Hause eignet und gebühret.«[173] Welcher Anspruch von europäischem Rang sich hinter dieser Absicht verbarg, verdeutlicht der Brautschatz, der wie stets zur materiellen Absicherung der Prinzessin beitrug. So nimmt denn die erste Position der »Trouseau-Sachen« eine Vermeiltoilette ein,[174] die kein Geringerer als Karl Friedrich Schinkel entworfen hatte. Das zugehörige Präsentationsmöbel bildete ein »Tisch, die Platte von Zink, gemahlt Lapis lazuli nach der Natur, der Fuß ächte Gold=Bronze« (Abb. 36).[175] Der Toilettetisch, der mehr als 3449 Reichstaler kostete, ist ein wahres Prunkmöbel: mit Adlern in Medaillons und Karyatiden, jeweils mit weit ausgebreiteten Flügeln, ferner mit Akanthuszier, Löwenfüßen und auf der Zarge der zum Anlass so passenden Rosenbordüre.[176] Mit der Ausführung der vergoldeten Bronzepartien wurde der Berliner Bronzier Friedrich Wilhelm Zehender beauftragt.[177] Die Herstellung der Platte oblag dem Kupferwarenfabrikanten Paalzow,[178] die Steinimitation dem Historienmaler Johann Gottfried

Niedlich[179] und der letzte Überzug dem Lackierer Kecht.[180] Nach 1900 wurde diese Platte jedoch durch geschliffenes Spiegelglas ersetzt. Für die aus vergoldetem Silber bestehende, ursprünglich 27-teilige Toilettegarnitur (Abb. 37) gingen weit über 7000 Reichstaler an den Berliner Goldschmied Jean George Humbert. Hauptstück und Fond der Toilette bildet ein monumentaler, drehbarer Spiegel.[181] Zwei Frauengestalten, die ihn flankieren, korrespondieren mit den Genien am Tisch. Das Monogramm A mit Krone und mit dem auf Preußen verweisenden Adler überfängt nicht nur das quer lagernde Spiegeloval, sondern bekrönt das Gesamtensemble. Auf den davor arrangierten Gefäßen kontrastieren die feinen Palmettenfriese, Rosetten, Perlborten oder Tatzenfüße mit den glatten Wandungen.

Eine zweite Toilette aus Silber wurde bei den Brüdern Johann Ludwig und Carl Adolph Gerike in Berlin für den deutlich geringeren Preis von 1647 Reichstalern geordert.[182] Zu der einst 31 Teile umfassenden Garnitur wurde hier »ein großer Mahagoni Tisch« beim Hoftischler Johann Christian Sewening in Auftrag gegeben.[183] Einige Objekte waren zudem für eine mobile Verwendung vorgesehen, darunter das »Waschbecken« und die »Wasser-Kanne« (Abb. 38), für die Sewening einen »Reise-Toilet Kasten von Mahagoni« lieferte. Von den wenigen überkommenen Stücken konnten nach 1989 der in seitlichen Girandolen eingehängte Spiegel und die Waschgarnitur nach Mecklenburg zurückgeführt werden.[184]

Besonders hervorzuheben ist ein prachtvolles Tafelservice, das Friedrich Wilhelm III. für seine Tochter wenige Monate später in der Königlichen Porzellanmanufaktur Berlin bestellt hat. Es basiert auf den Formen des zwischen 1817 und 1819 entstandenen Wellingtonservices, an dessen Gestaltung Johann Gottfried Schadow beteiligt war.[185] Von den einst mehr als 500 Teilen sind im Schweriner Museum nur noch wenige erhalten.[186] Allein die opulente, von einem Adler bekrönte Terrine (Abb. 39) weist die Manufaktur als eine wahrlich königliche aus: durch die von Noblesse geprägte Gestaltung, die charakteristische feine Veduten- und Blumenmalerei, letztere auf rosafarbenem Grund, die reiche Vergoldung mit subtilen radierten Friesen oder den strahlend blauen Lapislazulifond des Untersatzes.[187] Der gleiche Fond wurde auch für die gestuften Sockel von zwei vergoldeten, überwiegend aus Porzellan bestehenden Kandelabern verwendet, die nun als diesem Service zugehörig bestimmt werden können. Wie der Prunktisch zur goldenen Toilette wurden diese 127 Zentimeter messenden Standleuchter mit vielen anderen Kunstwerken 2014 vom Land Mecklenburg-Vorpommern aus der Sammlung Herzogliches Haus Mecklenburg-Schwerin erworben.[188] Die siebenlichtigen Kandelaber basieren auf einem

37 Vergoldetes Toiletteservice von Jean George Humbert mit dem zugehörigem Tisch von Friedrich Wilhelm Zehender, aus der Mitgift für Prinzessin Alexandrine von Preußen, Berlin, 1821/22, in: Luthmer 1903, Taf. 29

38 Johann Ludwig und Carl Adolph Gerike, Lavabo-Garnitur, aus dem silbernen Toiletteservice der Mitgift für Prinzessin Alexandrine von Preußen, Berlin, 1821/22, Silber, Kanne: H. 31,1 cm, B. 12,9 cm, Staatliches Museum Schwerin, Inv.-Nr. LG KH 12–13, Leihgabe der Ernst von Siemens Kunststiftung

39 Königliche Porzellanmanufaktur Berlin, Terrine mit Ansicht des Königlichen Schlosses in Berlin, aus einem Tafelservice für Alexandrine, Erbgroßherzogin von Mecklenburg-Schwerin, von ihrem Vater, Friedrich Wilhelm III. von Preußen, Berlin, 1822, Porzellan, Terrine: 37 × 43 × 31,8 cm, Untersatz: 10 × 36 × 28 cm, Staatliches Museum Schwerin, Inv.-Nr. KG 866/860

40 Königliche Porzellanmanufaktur Berlin und wohl Berliner Bronzier, Tisch mit der Ansicht des Alten Museums in Berlin auf der Porzellanplatte, Berlin, 1832, Aufnahme im Schloss Ludwigslust um 1920/30, Herzogliches Archiv Mecklenburg Hemmelmark

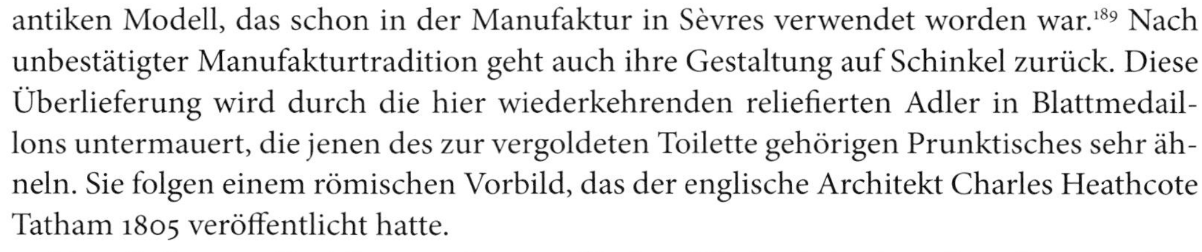

antiken Modell, das schon in der Manufaktur in Sèvres verwendet worden war.[189] Nach unbestätigter Manufakturtradition geht auch ihre Gestaltung auf Schinkel zurück. Diese Überlieferung wird durch die hier wiederkehrenden reliefierten Adler in Blattmedaillons untermauert, die jenen des zur vergoldeten Toilette gehörigen Prunktisches sehr ähneln. Sie folgen einem römischen Vorbild, das der englische Architekt Charles Heathcote Tatham 1805 veröffentlicht hatte.

Eine Reihe von Bestellungen des preußischen Königs bei seiner Porzellanmanufaktur ging nach der Hochzeit Paul Friedrichs und Alexandrines vermehrt an verschiedene Adressaten in Ludwigslust. Unter diesen Objekten findet sich ein Tisch, der einst für die Erbgroßherzogin bestimmt war und durch eine Fotografie bildlich überliefert ist. Im Kontobuch der KPM ist unter dem 14. Januar 1832 »1 große runde Tischplatte in der Mitte mit coul. Prospekt vom Museum und Umgebung in Gold grav. Schilde, umgeben von coul. Blumen« verzeichnet, die mit einem vergoldeten Gestell zum Tisch gefügt wurde (Abb. 40).[190]

Für weitere aus Ludwigslust überkommene Möbel lässt sich eine Herkunft aus Berlin nachweisen, beispielsweise zwei Etageren zur Präsentation von Porzellanen.[191] Von der um 1805 entstandenen sogenannten Widderkopfservante auf rechteckigem Grundriss sind Exemplare aus dem Potsdamer Stadtschloss und in Berliner Schlössern bekannt;[192] ein Vergleichsstück der runden Etagere lässt sich um 1840 im Chamoiszimmer des Kronprinzenpalais Unter den Linden nachweisen.[193]

In Ludwigslust fanden viele dieser Schätze ihren Platz im zweiten Obergeschoss des Westflügels, in der erbgroßherzoglichen Wohnung, der der ehemalige Trompeter- und nun Marmorsaal genannte Festsaal zugehörte. So sollten die beiden Toiletteservice 1822 jeweils vor dem Spiegel platziert werden, »weil durch den Wiederschein im Spiegel, diese Gegenstände besonders gehoben werden dürften«.[194] Die Aufstellung der vergoldeten Toilette wurde im Ankleidezimmer, die Platzierung der silbernen Toilette, die ausdrücklich zum täglichen Gebrauch gedacht war, im Schlafzimmer vorgesehen; der erwähnte Tisch mit Porzellanplatte ist um 1840 im blauen Vorzimmer überliefert.[195] Anlässlich der Hochzeit war diese Raumgruppe auf höchstem Niveau und unter Verwendung der modernen Holzbronze aus der Fabrik von Carl August Mencke in Berlin umgestaltet worden.[196] Die Ausstattung leitete der an der Berliner Bauakademie ausgebildete mecklenburgische Hof- und Landbaumeister Johann Georg Barca. Nach einer Zeichnung mit Erläuterungen entwarf er beispielsweise das von der noblen Eleganz des Empire geprägte Bett (Abb. 41), von dem Teile erhalten sind.[197] Die vergoldeten Bronzedekorationen kommen vor dem dunklen Mahagonifond wirkungsvoll zur Geltung. Das Kopfstück war ehemals von einem Adler auf zwei Flambeaus (Fackeln) bekrönt. Nachdem ein vorhandenes Adler-Modell als zu klein befunden worden war, schuf die Berliner Firma C. G. Werner & Neffen ein größeres, das wegen der Aufstellung an der Wand in einer Nische sehr flach gehalten war.[198] Die auf der Zeichnung vorgesehenen zwei zum Kranz gebundenen Zweige darunter wurden in der Ausführung durch das mecklenburgische Wappen mit beiden Schildhaltern aus vergoldeter Bronze ersetzt, das dieselbe Firma lieferte.

Durch die Hochzeit von Alexandra Fjodorowna (Charlotte), Alexandrines Schwester, mit dem späteren Zaren Nikolaus I. gelangte so manches Geschenk aus Porzellan, Glas oder Malachit erneut von Russland nach Mecklenburg. Reisen führten das mecklenburgische erbgroßherzogliche Paar 1826 nach St. Petersburg, 1829 nach Paris und immer wieder nach Preußen.[199] Einen Besuch Alexandrines in der Berliner Eisengießerei memoriert eine Plakette aus dem Jahr 1830.[200] Mehrfach bedachte das Paar den Berliner Goldschmied Johann George Hossauer mit Aufträgen. Der zunächst als Klempner, dann in

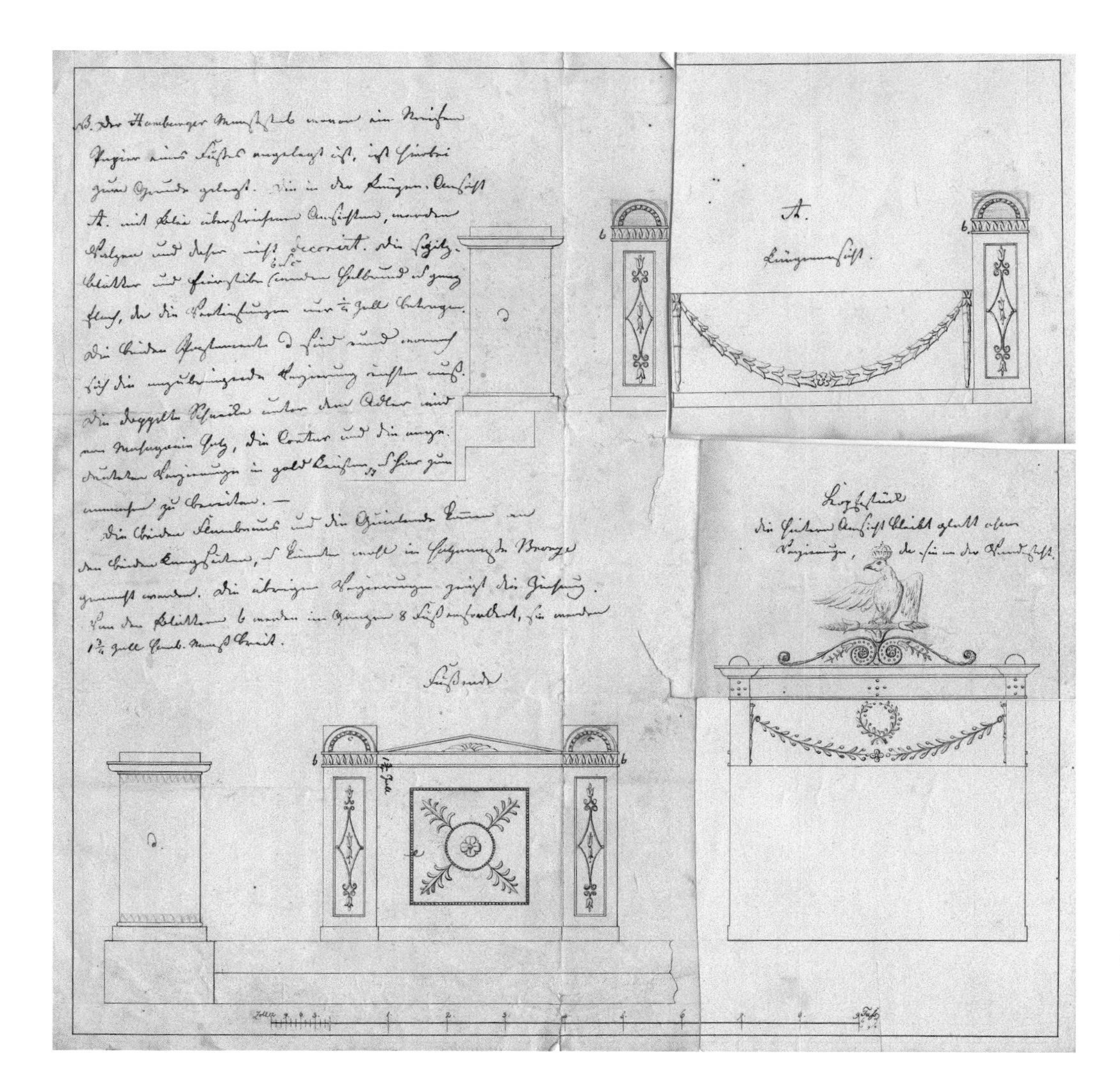

41 Johann Georg Barca, Entwurf des Bettes für die erbgroßherzogliche Wohnung in Schloss Ludwigslust, vermutlich Ludwigslust, 1821/22, Bleistift, Feder, 26,8 × 26,5 cm, Landeshauptarchiv Schwerin, 2.26-2 Hofmarschallamt, 1765

Paris zum Goldschmied ausgebildete Hossauer avancierte zum einzigen »Goldschmied seiner Majestät des Königs« und zum führenden Goldschmied Berlins. Er wurde mit der Fertigung von Pokalen zum sogenannten Alexandrinenrennen auf der Pferderennbahn in Doberan beauftragt.[201] Ein umfangreiches, wohl von Paul Friedrich bei Hossauer bestelltes Tafelservice fällt jedoch bereits in eine neue Zeit, denn 1837 nach dem Tod von Friedrich Franz I. zum Großherzog aufgestiegen, bestimmte er Schwerin zu seinem fürstlichen Wohnsitz.[202]

1 Auch Kleinow, bezeichnet nach dem slawischen Wort klen = Ahorn.
2 Inventarium derer im Hertzogl. Schloß zu Kleinow befindlichen Zimmer, Mobilien, Gemählde d. 11 Martii et segq. 1754, Landeshauptarchiv Schwerin (LHAS), 2.12-1/26 Hofstaatssachen, Fürstliche Schlösser und Häuser, 421, auch Zitate im Folgenden. Mein herzlicher Dank gilt Sigrid Puntigam für die Überlassung ihrer Transkription.
3 Möller 2006, vgl. Kat.-Nr. 15, 16, 124 sowie 51, 37 bzw. 46, 48.
4 Fischer 2011, Kat.-Nr. 109–118. Zu Bestellungen von Goldrandgläsern in Zechlin, teils nach hölzernem Modell, und Karaffen im Jahr 1755: LHAS, 2.12-1/26-9 Hofstaatssachen, Kunstsammlungen, Angebote und Erwerbungen, 135 Stropp, Zechlinsche Glashütte.
5 Haase 1988, S. 139, 141 und Kat.-Nr. 203–205 mit Abb.; zum Ablauf der Feste: Holzhausen 1954.
6 LHAS, 5.2-1 Großherzogliches Kabinett III, Gemäldegalerie Schwerin, Inventar Bildergalerie und Kunstkammer 1808, S. 49, Nr. 17, 18 sowie S. 60, Nr. 18–21 Jagdstücke, gebrannter Ton; GHE 127–134. Zum Vergleich: Fischer 2002, S. 221, Kat.-Nr. 1540–1547.
7 Schönfeld 2011; Korthals Altes 2004/05.
8 LHAS, 2.12-1/7 Hofstaatssachen, Reisen fürstlicher Personen, 296, Briefe Prinz Friedrichs an seinen Vater, paginiert, sowie ebd., 297, Diarium Prinz Friedrich, unpaginiert.
9 Kramer 2000.
10 LHAS, 2.26-2 Hofmarschallamt 1751, Inventar Möbel Ludwigslust vom Mai 1760, S. 2, 8, 17; ebd., Inventar Möbel Ludwigslust vom 16. August 1768, S. 1, 6, 8.
11 Nugent (1781/82) 2000, S. 320, 19. Brief aus Ludwigslust vom 21. November 1766.
12 Zitiert nach LHAS, 2.14-1 Herzogliches Archiv / Tabularia, Nr. 231, unpaginiert, 68 Nummern und drei Kupferstichplatten. Herzlich danke ich Antje Koolman, LHAS, für den Hinweis auf die Akte vom 30. September 2015.
13 Zitiert nach Nugent (1781/82) 2000, S. 321, 338.
14 LHAS, 2.12-1/25 Verschiedene Angelegenheiten des Herzogshauses, 216, Nr. 24, fol. 40.
15 LHAS, 2.12-1/7 Hofstaatssachen, Reisen mecklenburgischer Fürsten, 296, Briefe Prinz Friedrich an seinen Vater, sowie ebd., 297, Tagebuch Friedrichs.
16 Zitiert nach ebd., 296, Briefe Prinz Friedrichs an seinen Vater, fol. 62–63, Paris, 9. Juni 1738, auch im Folgenden; vgl. auch ebd., 297, Eintrag vom 3. Juni 1738.
17 Vaucanson (1738) 1748, S. 14; Priebe 2007, S. 47.
18 Mayr 1980.
19 Monatsschrift 1800a; Starsy 1991; Franke 1987.
20 Zitiert nach LHAS, 2.12-1/25 Verschiedene Angelegenheiten des Herzogshauses, 216, Nr. 24, fol. 41, auch im Folgenden.
21 Kramer 2000, S. 34, Möller 2000a; Möller 2000b, S. 140.
22 Kramer 2000, Abb. S. 33; LHAS, 2.12-1/26-2 Hofstaatssachen, Etats- und Rechnungswesen, 30b, Accord vom 20. September 1747.
23 Staatliches Museum Schwerin, Inv.-Nr. 463 Hz.
24 Zur Vita vgl. Möller 2013, S. 161, Anm. 5 sowie S. 206.
25 LHAS, 2.26-2 Hofmarschallamt, Hofhandwerker, Hofmechaniker, 5532; Kramer 2000, S. 34, 36.
26 Monatsschrift 1800b, S. 387; Meyer 1913, S. 155.
27 Zitiert nach LHAS, 2.12-1/26-9 Hofstaatssachen, Kunstsammlungen, Angebote und Erwerbungen, 112.
28 Ebd., 48, hier als »Gallenmeyer«.
29 http://www.uhrenhanse.org/sammlerecke/portraits/ort/ort_m.htm (letzter Zugriff 23. Februar 2015).
30 Fischer 2000, Kat.-Nr. 11.
31 Berthoud hatte sich das Gehäuse vermutlich zuliefern lassen, wie es üblich war, denn entsprechende Exemplare sind auch mit Uhrwerken anderer Uhrmacher nachweisbar: Vergleichsstücke zum Gehäuse: Kjellberg 2005, S. 185 und Nagel Stuttgart 365. Auktion, 26./27. September 1997, Lot 2218, ohne Vase, Londoner Uhrmacher.
32 Zitiert nach LHAS, 2.26-1/1 Kabinett I, 3970: »une petite pendule a colonne« bzw. »une Pendule a Enfant avec un Cocq«.
33 Zitiert nach LHAS, 2.12-1/7 Hofstaatssachen, Reisen mecklenburgischer Fürsten, 321, Reisekosten Rechnung von Ihro Durchlaucht der regierenden Frau Herzogin Reise nach Pariß betr. im Jahr 1770, Quittung B von Berthoud.
34 Cardinal 1984.
35 Heute Landesbibliothek Mecklenburg-Vorpommern (LBMV), nach dem dort verwahrten Bibliotheksverzeichnis von Oluf Gerhard Tychsen von 1769 Nr. 1647. Da die Ersteinträge bei den Quartbänden bei Nr. 1100 enden, könnten die unter den Nr. 1122–1123 verzeichneten Bände Berthouds auch noch vor der Reise Luise Friederikes vorhanden gewesen sein. Freundliche Auskünfte zum Bibliotheksverzeichnis von Claudia Dietze über Sigrid Puntigam am 29. September 2015.
36 Steinmann/Witte 1911, S. 86, ferner S. 46–47, Nr. 42.
37 Rostock 1983, S. 43–46; Starsy 1994; die Uhr ist nicht erhalten.
38 Zitiert nach LHAS, 2.12-1/7 Hofstaatssachen, Reisen mecklenburgischer Fürsten, 304, Friedrich an seinen Vater, 18. August 1750.
39 LHAS, 2.12-1/26-9 Hofstaatssachen, Kunstsammlungen, Angebote und Erwerbungen, 109 Jean-Baptiste Oudry, Beleg vom 12. September 1750, Nr. 2; vgl. auch Seidel 1890, S. 108.
40 Zitiert nach LHAS, 2.12-1/7 Hofstaatssachen, Reisen mecklenburgischer Fürsten, 304, Friedrich an seinen Vater, 18. August 1750.
41 Möller 2013, Kat.-Nr. 79.
42 Staatliches Museum Schwerin, Inv.-Nr. KH 802–803.
43 Staatliches Museum Schwerin, Inv.-Nr. KH 830. Hawley 1970; Stiegel 2013, S. 4; ferner Kjellberg 2002, S. 526–536.
44 Staatliches Museum Schwerin, Inv.-Nr. 614 Hz.
45 Staatliches Museum Schwerin, Inv.-Nr. KH 689, 697, H 5, 30 Kommoden, KH 705 Spiegelschatulle, ggf. auch H 13, 14 Standuhren; Kratz 1988.
46 LHAS, 2.26-1/1 Großherzogliches Kabinett I, 5250, Nr. 211, fol. 2–3.
47 Ebd., fol. 43–44, 20. Januar 1781 und LHAS, 2.26-2 Hofmarschallamt 994.
48 LHAS, 2.12-1/26-2 Hofstaatssachen, Etats- und Rechnungswesen, 30a; Saubert 1899, S. 19; Kramer 1997, S. 32.
49 LHAS, 2.26-2 Hofmarschallamt, 994, unpaginiert.
50 Heyden 2009; siehe auch den Beitrag von Sylva van der Heyden im vorliegenden Band, S. 243–251.
51 Staatliches Museum Schwerin, Inv.-Nr. KH 1598–1599 und Z 3, KH 772 und Z 79, KH 1335, H 19 und Z 267 sowie KH 749.

52 Möller 2013, S. 182.
53 Stieda 1915, S. 167–168.
54 Möller 2013, S. 318. Beide Bände heute in der LBMV.
55 Zitiert nach LHAS, 2.12-1/26-9 Hofstaatssachen, Kunstsammlungen, Angebote und Erwerbungen, 120 Roland, Aufstellung des Kabinettsekretärs Roland in Dresden vom 19. März 1742.
56 Seidel 1890, S. 100, Anm. 44. LHAS, 2.12-1/25 Verschiedene Angelegenheiten des Herzogshauses, 216, Nr. 1 Skizzenbuch, fol. 43 r.
57 Zitiert nach LHAS, 2.12-1/26-9 Hofstaatssachen, Kunstsammlungen, Angebote und Erwerbungen, 13 von Bernsdorff. Saly hatte erklärt, er dürfe hier erst nach Fertigstellung des großen Modells Hand anlegen. LHAS, 2.12-1/26-9 Hofstaatssachen, Kunstsammlungen, Angebote und Erwerbungen, 121 J. Saly, darin Schreiben von 1768 wohl über eine andere Statue des Königs; für das Geschenk an Friedrich sollten dem Bildhauer Augsburger Silberobjekte – eine Plat de Menage und zwei Terrinen von Oertzens –, offeriert werden. Vgl. zudem Hegner 1998, Kat.-Nr. 175.
58 2.12-1/26-9 Hofstaatssachen, Kunstsammlungen, Angebote und Erwerbungen, 130 C. L. Sievers sowie ebd., 131 Chr[an] Siebert.
59 Hegner 2009, S. 32–33; Staatskalender 1776–1930, 1776, S. 16.
60 LHAS, 2.12-1/26-2 Hofstaatssachen, Etats- und Rechnungswesen, 30a–b.
61 LHAS, 2.26-1/1 Großherzogliches Kabinett I, Vol. 834, 10162.
62 Detailliert demnächst in dem in Vorbereitung befindlichen Bestandskatalog der Autorin zu den Arbeiten aus Wachs des Staatlichen Museums Schwerin.
63 LHAS, 2.12-1/26-2 Hofstaatssachen, Etats- und Rechnungswesen, 15a.
64 LHAS, 2.26-1/1 Großherzogliches Kabinett I, 7133.
65 Scheffler 1980, S. 368–371.
66 LHAS, 2.26-2 Hofmarschallamt, 2671 Reisen, 3 und 20. Bei jedem Objekt ist der Adressat vermerkt.
67 Die Mutter Friedrichs, Gustave Caroline, beispielsweise stammte aus dem benachbarten Herzogtum Mecklenburg-Strelitz, in dem Mirow gelegen ist. Siehe auch Möller 2013, S. 202.
68 LHAS, 2.12–1/7 Hofstaatssachen, Reisen mecklenburgischer Fürsten, 304 und 305, Nr. 61; LHAS, 2.12-1/26-9 Hofstaatssachen, Kunstsammlungen, Angebote und Erwerbungen, 109 Jean-Baptiste Oudry. Hinweis von Claudia Schönfeld am 30. November 2009.
69 Staatliches Museum Schwerin, Inv.-Nr. KG 1098; Möller 2006, Kat.-Nr. 29 und 118.
70 LHAS, 2.26-2 Hofmarschallamt, 2321. Möller 2006, S. 22–23, auch im Folgenden.
71 LHAS, 2.26-2 Hofmarschallamt 1751, Inventar Möbel Ludwigslust vom Mai 1760; ebd., Inventar Möbel Ludwigslust vom 16. August 1768.
72 LHAS, 2.12-1/26 Hofstaatssachen, Etat- und Rechnungswesen 30a.
73 Wendt-Sellin 2012, S. 287–298, hier S. 287.
74 LHAS, 2.26-1 Großherzogliches Kabinett 1, 3962, auch im Folgenden.
75 LHAS, 2.12-1/26-9 Hofstaatssachen, Kunstsammlungen, Angebote und Erwerbungen, 131 Chr[an] Siebert, unpaginiert; Baudis/Hegner 2005, S. 38–39 u. S. 122, Nr. 18, zudem S. 68 auch drei Bologneser Hunde der Herzogin, Farbabb. S. 70.
76 LHAS, 2.12-1/26-9 Hofstaatssachen, Kunstsammlungen, Angebote und Erwerbungen, 35 J. F. Drümmer.
77 LHAS 2.26-1 Großherzogliches Kabinett, 3962, Nr. 90 vom 15. Oktober 1782.
78 Eigentlich: Grabow, Kleinstadt bei Ludwigslust, wo Christian Ludwig mit seiner Familie ein Schloss bewohnte, bis es 1725 einem Brand zum Opfer fiel.
79 LHAS, 2.12-1/7 Hofstaatssachen, Reisen mecklenburgischer Fürsten, 321; LHAS, 2.26-1/1 Kabinett 1, 3970.
80 Steinmann/Witte 1911, S. 58–59, Zeichnungen Nr. 3 u. Taf. XXXV.
81 Möller 2000c, unter Kat.-Nr. 84–90 und 92–93, zudem Kat.-Nr. 139–140, hierzu: LHAS, Nachlass Luise Friederike 1791, 193 (Rostock), S. 51, Nr. 40–41; Möller 2013, S. 260–279, auch im Folgenden.
82 Staatliches Museum Schwerin, Inv.-Nr. KH 1931–1933, 1935–1937.
83 LHAS, Inventar Luise Friederike 1764, unter Cabinets Stück; LHAS, Nachlass Luise Friederike 1791, 193 (Rostock), S. 54, Nr. 68–79. Einst wohl zugehörig: Rudolph 1951, Kat.-Nr. 172, ferner 170, 171, 173, jeweils mit Abb.
84 LHAS, Nachlass Luise Friederike 1791, 193 (Rostock), S. 50, Nr. 27; GHE 320; Staatliches Museum Schwerin, Inv.-Nr. KH 1799.
85 LHAS, 2.11-2/1 Auswärtige Beziehungen, 5196, fol. 191–193, 197–200, 218–233; LHAS, Nachlass 1791, 193, Rostock.
86 Heitmann 1979, Kat.-Nr. 33; Baumstark/Seling/Seelig 1994, Kat.-Nr. 120. Vielleicht stammt die Garnitur auch von ihrer Großmutter.
87 LHAS, 2.26-2 Hofmarschallamt, 1851, »Vollständiges Inventarium (…) 10. März 1748«.
88 Waffen 2008, Kat.-Nr. 71; Waffen 2009, Kat.-Nr. 95, 129; Möller/Fried 2005, Kat.-Nr. 1237, 1476, 1485.
89 Staatliches Museum Schwerin, Inv.-Nr. KG 1081–1082, 1085–1086, 1088–1089; Nachlass Luise Friederike 191 (Hamburg), S. 30: 117-teiliges Dulong-Service.
90 LHAS, 2.26-1/1 Großherzogliches Kabinett I, 3970; Möller 2006, Kat.-Nr. 80.
91 Ludwigsburger Vasensatz, Staatliches Museum Schwerin, Inv.-Nr. KG 1213–1215, 1248–1249.
92 Möller 2002, Kat.-Nr. 141, 143–145.
93 Ebd., Kat.-Nr. 135–136.
94 Wendt-Sellin 2012, S. 345–346: Testamentsversionen von 1774 und 1786. Zu Friedrich: LHAS, 2.26-1/1 Großherzogliches Kabinett I, 3957.
95 LHAS, 2.12-1/26-2 Hofstaatssachen, Etat- und Rechnungswesen, 33b. Freundlicher Hinweis von Sigrid Puntigam vom 26. Oktober 2011.
96 Zitiert nach Krueger 2002, S. 19.
97 LHAS, 2.11-2/1 Auswärtige Beziehungen, 5196, fol. 99; Wendt-Sellin 2012, S. 344 und 374.
98 LHAS, 2.26-2 Hofmarschallamt, 2319.
99 Auch Krammets-Vögel: bestimmte Drosseln, die sich von Krammets- oder Wachholderbeeren ernähren, Krünitz 1773–1858, S. 757–784.
100 Wendt-Sellin 2012, S. 133. Das Service wurde bislang zwischen 1784 und 1791 datiert und das Wappen irrtümlich auf Friedrich Franz I. bezogen; Schliemann 1985, II, Nr. 469, Nr. 12–26 mit diversen Abb., in: Schliemann 1985, III. Staatliches Museum Schwerin, Inv.-Nr. KH 2682–2694.
101 Zitiert nach Tychsen 1790, S. 38; ferner Rostock 1983, S. 42; Zengel 2013; die angeblich von Louis le Roy stammende Uhr ist nicht mehr vollständig vorhanden.
102 Reimers 1868, S. 5–6; Raabe/Quade 1896, S. 461; Manke 2011, S. 191.
103 Zitiert nach LHAS, 2.12-1/7 Reisen mecklenburgischer Fürsten, 340, S. 43.
104 LHAS, 2.26-1/1 Großherzogliches Kabinett I, 3941.
105 Zitiert nach LHAS, 2.12-1/7 Reisen mecklenburgischer Fürsten, 340, S. 101.
106 Zitiert nach ebd., S. 128: »les plus belles tapisseries«, ferner S. 135.
107 Rondot 2010.
108 LHAS, 2.12-1/7 Reisen mecklenburgischer Fürsten, 340, S. 139: »un fort beau groupe«.
109 Fischer 2000, Kat.-Nr. 16; Stiegel 2013, S. 3; heute: Leihgabe im Staatlichen Museum Schwerin aus der Sammlung Herzogliches Haus Mecklenburg-Schwerin.
110 Zitiert nach Wundemann 1803, S. 279.
111 Ebd.
112 LHAS, 2.26-2, Hofmarschallamt, 2389. Vgl. den Beitrag von Nico Janke im vorliegenden Band, S. 233–241.
113 Fischer 2000, Kat.-Nr. 68 und Staatliches Museum Schwerin, Inv.-Nr. Z 193; Thielcke 1917, Abb. S. 59.
114 Zitiert nach Börsch-Supan 1971, 2, 1826, S. 108. Überliefert ist zudem ein Uhrmacher namens »N. Gärtner«.

115 Vgl. auch den früheren Thronsessel von Friedrich Franz I.: Staatliches Museum Schwerin, Inv.-Nr. KH 57; ferner Möller/Fried 2005, Kat.-Nr. 656 mit Abb.
116 Baudis 2008, S. 34, Nr. 64 bzw. irrtümlich unter verschollene Gemälde, S. 85, 153.
117 Wundemann 1803, S. 277; Brandt 1925, S. 28 u. Abb. S. 130, 131, 134; Baulez 2001; Vergleichsobjekte: Verlet/Stuckel 2005, Abb. S. 21, 23, 27, 31, Bascou 2014, Kat.-Nr. 162–163, ferner London, Wallace Collection, und im Kunsthandel; Kjellberg 2002, S. 735–755.
118 Staatliches Museum Schwerin, Inv.-Nr. KH 133, Signatur als Brandstempel gemäß den Karteiunterlagen, durch die spätere Überpolsterung von unten offenbar verdeckt.
119 Beurdeley 2002; Kjellberg 2002, S. 451–475.
120 Baulez 2007, auch im Folgenden. Für die kollegialen Auskünfte und die Zusendung des Beitrags im April/Mai 2015 gilt mein herzlicher Dank Gilles Grandjean, Conservateur en chef du patrimoine, Musées du Second Empire, Palais de Compiègne, für die spontane Hilfe bei der Übersetzung am 8. Mai 2015 Claudia Schönfeld, Schwerin.
121 Zitiert nach ebd., S. 44.
122 Bisher in Betracht gezogene Nutzungen als Sitzmöbel für ein Schoßtier oder als Kinderstuhl scheinen damit obsolet, Himmelheber 1979, Kat.-Nr. 118–120 bzw. Lange 2004, S. 63 u. Abb. 78.
123 Baulez 2001, S. 32, Abb. 4.
124 Fleischer 1999, S. 76–79, 93, 143, 170, 189–190. Von Stein war der Sohn Charlotte von Steins, der engen Vertrauten Goethes.
125 Waffen 2008, Kat.-Nr. 88, 94, 95; Waffen 2009, Kat.-Nr. 118, 120, 127, 141–143. Im Staatskalender 1776–1930, 1804, S. 12, als »Griek«; weitere Namensschreibweisen in: Heer 1982, S. 1993.
126 Möller 2002, S. 22.
127 Staatliches Museum Schwerin, Inv.-Nr. KG 2480, 6149, 6247; Lenz 1918; Netzer 2012.
128 Brandes/Diederich 2009, S. 67; Fischer 2011, S. 160–162.
129 Ein wohl in dieser Zeit entstandenes Glas mit dem Ludwigsluster Luisen-Mausoleum befindet sich in Weimar, Lichtenberg 2009, Abb. S. 64; vgl. hierzu auch Lenz 1918, S. 429–430.
130 Zitiert nach Börsch-Supan 1971, Bd. 1, 1816, S. 75–76, hier von der Witwe eingereicht; ferner Möller/Fried 2005, Kat.-Nr. 100.
131 Zitiert nach Wundemann 1803, S. 284.
132 Helmberger/Kockel 1993, S. 78, auch im Folgenden.
133 Staatliches Museum Schwerin, Inv.-Nr. KH 2182–2210; LHAS, 2.26-1/1 Großherzogliches Kabinett I, 10295/15 und ebd., Vol. 834, 10169. Allgemein: Stenger 1927, S. 14.
134 Möller 2000c, Kat.-Nr. 62.
135 Engel 1817, Nachtrag; Staatliches Museum Schwerin, Inv.-Nr. KG 141–144, 146–152; Verlust: Fischer 2002, Kat.-Nr. 337.
136 Birjukowa 1986, Abb. 183–185; Zick 1990, S. 13; Brunner 2003, S. 60–63.
137 Lisch 1837, Vorwort, S. III–VI.
138 Steinmann/Witte 1911, S. 61–62, Zeichnungen Nr. 7 u. Taf. XXXIX, verschollen.
139 LHAS, 2.26-1/3 Kabinett II, 1314, Besuche in den Jahren 1785, 1793, 1803, 1804. Vgl. auch das Familienbildnis von Jens Juel, Staatliches Museum Schwerin, Inv.-Nr. G 221.
140 Zitiert nach Fleischer 1999, S. 184.
141 Schröder 1900; Vierus 2012, S. 185–223.
142 Hirschfeld 1896a; Hirschfeld 1896b.
143 Ludwigslust (1800).
144 Kudrjawzewa 2000, bes. S. 173–179 mit Abb.; Ausst.-Kat. Weimar 2004; Pietsch/Witting 2010, Kat.-Nr. 178.
145 LHAS, 2.12-1/9 Eheschließungen, 729, Kopie Ehekontrakt, St. Petersburg, 22. Juli 1799, S. 56, Nr. 1 und 3; vgl. den Kamin im Schlafzimmer der Herzogin in Schloss Ludwigslust: Ausst.-Kat. Weimar 2004, S. 61, Abb. 060 sowie in der erbgroßherzoglichen Wohnung: Brandt 1925, Abb. S. 171.
146 Möller/Fried 2005, Kat.-Nr. 599–600. LHAS, 2.12-1/9 Eheschließungen, 729, Kopie Ehekontrakt, S. 59. Ausst.-Kat. Weimar 2004, S. 55, Abb. 047–048, Hinweis im Text auf eine Kommode im Stadtmuseum Berlin wohl aus Helenas Mitgift.
147 LHAS, 2.12-1/9 Eheschließungen, 729, Kopie Ehekontrakt, S. 37–40a.
148 Zick 2004, S. 117–118.
149 Staatliches Museum Schwerin, Inv.-Nr. KG 429, 801–823, 825–830, 833–846, 848–854 sowie Z 173–189; Verluste: Fischer 2002, Kat.-Nr. 368–372; Ausst.-Kat. Amsterdam 1999, Kat.-Nr. 84.
150 Vorlagen von Mechau/Reinhart 1792–1799 und nach freundlicher Auskunft von Mathias Schott vom 1. Oktober 2015 auch Giovanni Battista Piranesi.
151 Staatliches Museum Schwerin, Inv.-Nr. KG 4195, 4202; Verluste: Fischer 2002, Kat.-Nr. 381–433.
152 Zitiert nach LHAS, 2.12-1/9 Eheschließungen, 729, Kopie Ehekontrakt, St. Petersburg, 22. Juli 1799, S. 42, Nr. 2 »Deux Temples d'Apollon sur des degrès de marbre, au milieu un autel, et huit Muses«.
153 Staatliches Museum Schwerin, Inv.-Nr. KG 1172–1180. Das ähnliche Service Maria Pawlownas mit blauem Fond in: Pietsch/Witting 2010, Kat.-Nr. 179.
154 LHAS, 2.12-1/9 Eheschließungen, 729, Ehekontrakt, S. 45–46.
155 Ebd., S. 49–52.
156 Staatliches Museum Schwerin, Inv.-Nr. H 28; vgl. ferner in diesem Zusammenhang einen ovalen Tisch: Staatliches Museum Schwerin, Inv.-Nr. H 27 sowie zwei Tische mit Porzellanplatte einst in Ludwigslust: Brandt 1925, S. 171 bzw. Ausst.-Kat. Weimar 2004, S. 48, Abb. 034.
157 LHAS, 2.12-1/9 Eheschließungen, 729, Kopie Ehekontrakt, S. 46. Staatliches Museum Schwerin, Inv.-Nr. KG 425–427. Verluste: Fischer 2002, Kat.-Nr. 366–367 mit Abb. Nach Auskunft von Restaurator Richard Seyffart, Dresden, vom 2. Juni 1966 handelt es sich um Milchglas, nach Ingeborg Hohferber, ehemals Staatliches Museum Schwerin, wohl um Frittenporzellan.
158 Staatliches Museum Schwerin, Inv.-Nr. KG 4200; LHAS, 2.12-1/9 Eheschließungen, 729, Kopie Ehekontrakt, S. 57–59, hier S. 57, Nr. 3.
159 Nach freundlichem Hinweis von Mark Moehrke, ehemals Christie's New York, in einer E-Mail vom 17. Juli 2015. LHAS 2.12-1/9 Eheschließungen, 729, Ehekontrakt, S. 47. Zum Goldschmied: Rothemund 1971, S. 69–70, Nr. 1387. Die Schwestern Alexandra und Maria bekamen ebenfalls ein goldenes Dejeuner, das bis auf 6 Paar Porzellantassen dieselbe Zusammensetzung hat, freundliche Auskunft von Mathias Schott, Schwerin, im September 2015.
160 Staatliches Museum Schwerin, Inv.-Nr. KH 1353–1355; LHAS 2.12-1/9 Eheschließungen, 729, Kopie Ehekontrakt, S. 61–62, nicht unter »Tapisseries« aufgelistet, der Überschrift »Tapisserie de Haute Lisse« folgt kein Objekt. Für Auskünfte zur Manufaktur vom 14. Oktober 2015 danke ich Elena Tarkhanova, Helenika Center in St. Petersburg, herzlich.
161 Staatliches Museum Schwerin, Inv.-Nr. KG 2344–2369. Die Mittelgruppe und drei Körbe wurden wegen starker Beschädigung 1928 durch Neuausformungen der KPM ersetzt, bei der Restaurierung 1994/95 durch Uta Scholz, Potsdam, wurden wiederum vier Körbe von der KPM erneuert und zudem viele Details – allein mehr als 100 Finger – ergänzt.
162 Hirth 1911, Taf. 84; Brüning/Schnorr von Carolsfeld 1914, S. 172–173 u. Abb. 123; Köllmann/Jarchow 1987, 1, S. 129–132; Ausst.-Kat. Güstrow 1995, Kat.-Nr. 6.39; Fischer (2000).
163 Zitiert nach Börsch-Supan 1771, 1, 1800, S. 87; vgl. auch Bublitz 1913, S. 12 und 17 sowie Abb. S. 13.
164 Vierus 2012, S. 224–245.
165 Möller 1992, Kat.-Nr. 10; Möller (1999).
166 Zitiert nach Mandelkow 1987, S. 434.
167 Journal 1811, S. 217 und Taf. 8–9.

168 Das Möbel ist weder in Schwerin bzw. Ludwigslust noch in Weimar vorhanden, freundliche Auskunft von Dr. Gert-Dieter Ulferts, SWK, vom 17. September 2015.
169 Staatliches Museum Schwerin, Inv.-Nr. KH 83.
170 Wiese 2008.
171 Möller 2013, S. 49–50 und Kat.-Nr. 20–25. LHAS, 2.12-1/11 Acta Testamentorum, Vol. XXXIX, 229.
172 Bailleu 1900.
173 Zitiert nach Aukt.-Kat. München 2012, Kat.-Nr. 238, Quelle: GstA PK I, HA, Rep. 100, Nr. 1872, fol. 276.
174 LHAS, 2.12-1/26 Hofstaatssachen, Inventare 2, »Specification sämmtlicher Trouseau-Sachen Ihrer Königl. Hoheit der Prinzeßin Alexandrine von Preußen«, zitiert auch im Folgenden; GstA PK, I HA Rep. 100, Nr. 1876, fol. 244 v–245 r. Mein herzlicher Dank für die vorgenannte Quelle gilt Stefan Körner, Villa Grisebach, Berlin.
175 Vgl. auch Saubert 1899, S. 18. Auf ein weiteres, ähnliches Exemplar in den Königlichen Dänischen Sammlungen machte mich Prof. Dr. Winfried Baer um 2009 aufmerksam.
176 Staatliches Museum Schwerin, Inv.-Nr. H 46. Gefördert von der Beauftragten der Bundesregierung für Kultur und Medien aufgrund eines Beschlusses des Deutschen Bundestages sowie erworben aus Mitteln der Kulturstiftung der Länder und des Landes Mecklenburg-Vorpommern. Restaurierungen an den Rosen in den 1980er Jahren, Adlermedaillons an den Längsseiten offenbar nach 1969 verloren, vgl. Bock 2014, S. 90 u. 100–101, je Abb.; zwei Entwurfszeichnungen Schinkels: Staatliche Museen zu Berlin, Kupferstichkabinett, Inv.-Nr. SM 37b 103 und 37c.99; Hedinger/Berger 2002, Kat.-Nr. N. 18.
177 GstA PK, I HA Rep. 100, Nr. 1876, fol. 244 v–245 r sowie 254 v–255 r.
178 Helling 1830, S. 91.
179 Thieme-Becker 1907–1950, Bd. 25, S. 462–463.
180 Luthmer 1903, Taf. 29, freundlicher Hinweis von Frank C. Möller, Hamburg, im Sommer 2013.
181 Rückert 1960; Scheffler 1968, 1388, S. 298 (18 Teile). Ursprünglich waren auch 6 Kristall-Flakons enthalten.
182 LHAS, 2.12-1/26 Hofstaatssachen, Inventare 2; GstA PK, I. HA Rep. 100, Nr. 1876, fol. 244 v–245 r: 1647,2,3 Rtl.; Scheffler 1968, 1681, S. 378 (8 Teile). Auch hier mit 4 Kristall-Flakons sowie Nacht-Geschirr.
183 Zitiert nach LHAS, 2.12-1/26 Hofstaatssachen, Inventare 2, »Specification sämmtlicher Trouseau-Sachen«. Zu Sewening: Stiegel 2003, u. a. S. 76 u. 528–530.
184 Staatliches Museum Schwerin, Inv.-Nr. LG KH 1 Toilettespiegel, seit 1993 Leihgabe der Ostdeutschen Sparkassenstiftung, Inv.-Nr. LG KH 12–13 Waschgarnitur, seit 2012 Leihgabe der Ernst von Siemens Kunststiftung. Eine Diskrepanz besteht in der Markung des Spiegels von Gerike, während nach der Auflistung der Zahlungen die Firma Jean Godet & Sohn für 273 Reichstaler zu Buche steht, GstA PK, I. HA Rep. 100, Nr. 1876, fol. 244 v–245 r.
185 KPM-Archiv Berlin, Sign. Pretiosa 2, 1818–1850, Eintrag vom 31. Dezember 1822. Für die Überlassung ihrer Transkriptionen bedanke ich mich sehr herzlich bei Berna Bartel und Mathias Schott, Schwerin. Zu den sogenannten Feldherrenservicen: Köllmann/Jarchow 1987, 1, S. 156, ebd., 2, Abb. 319; Ausst.-Kat. Berlin 1988, bes. S. 11–21.
186 Staatliches Museum Schwerin, Inv.-Nr. KG 789–792, 855, 860, 862, 866–870, 881, 883, 887, 888, 8896; Verluste: Fischer 2002, Kat.-Nr. 50–66. Eine von Antje Marthe Fischer, Staatliches Museum Schwerin, für 2019 vorbereitete Ausstellung »Königliche Geschenke« wird sich den Offerten der KPM nach Mecklenburg widmen.
187 Einst gehörten vier Terrinen zum Service.
188 Staatliches Museum Schwerin, Inv.-Nr. Z 24, 25.
189 Ausst.-Kat. Berlin 1988, S. 21 und S. 63, Kat.-Nr. 17–18, auch im Folgenden.
190 Zitiert nach KPM-Archiv Berlin, Pretiosa 2, Conto Buch Sr. Majestät des Königs, 1818–1850, Archivsign. 353, Eintrag vom 14. Januar 1832; Bock 2014, S. 80, Abb. unten. Dargestellt ist das Alte Museum in Berlin.
191 Staatliches Museum Schwerin, Inv.-Nr. KH 797 und H 67; Bock 2014, S. 55 beide Abb. oben; vgl. zudem ein Paar Eck-Etageren, Staatliches Museum Schwerin, Inv.-Nr. KH 227–228.
192 Schmitz 1923, S. 222; ferner Luthmer/Schmidt 1822, Abb. 82; Stiegel 2003, S. 110–111, Abb. 64–67, ferner S. 501, Abb. 10; Exemplar im Kunsthandel: Weltkunst, Heft 23, 1. Dezember 1984, S. 3620.
193 Hedinger/Berger 2002, N. 2, Abb. links im Vordergrund.
194 Zitiert nach LHAS, 2.26-2 Hofmarschallamt, 1765, Schreiben Barcas in Ludwigslust am 8. März 1822 an von Bülow in Berlin, auch im Folgenden.
195 Ebd., 1901.
196 Vgl. den Beitrag von Sigrid Puntigam im vorliegenden Band, S. 95–96. Kramer 1997, S. 34; Pentz 2010, S. 65–66 und Abb. 62–63; Stiegel 2005.
197 LHAS, 2.26-2 Hofmarschallamt, 1765, auch im Folgenden; Staatliches Museum Schwerin, Inv.-Nr. H 66.
198 Die Bettnische ist nicht mehr existent.
199 Manke 2014a, S. 283–284.
200 Möller/Fried 2005, Kat.-Nr. 286.
201 Jonas 1998, vgl. Kat.-Nr. 58 und 69.
202 Ebd., Kat.-Nr. 6 u. Farbabb. S. 27; Staatliches Museum Schwerin, Inv.-Nr. LG KH 4–11 Teller, Leihgabe der Ernst von Siemens Kunststiftung, Staatliches Museum Schwerin, Inv.-Nr. KH 2720 Terrine, erworben mit Unterstützung der Kulturstiftung der Länder, der Rudolf-August Oetker Stiftung und des Ministeriums für Bildung, Wissenschaft und Kultur Mecklenburg-Vorpommerns, Inv.-Nr. KH 2721 Présentoir, erworben mit Unterstützung der Kulturstiftung der Länder, Inv.-Nr. KH 2754–2757 Teller, Inv.-Nr. KH 2764–2799 Besteck.

Ines Zimmermann und Heiner Büld

Restaurierung und Rekonstruktion der textilen Ausstattungen

Ohne Textilien wären Schlösser unbewohnbar. Sie finden sich als Wandbespannungen, Fensterdekorationen, Tapisserien, Teppiche und Kissen. Was wären Canapés, Fauteuils, Chaisen, Tabourets, Throne oder Betten ohne ihre Polsterung? Baldachine, Wand- und Kaminschirme zeigten einen heute unvorstellbaren Reichtum an Stilen und Techniken, ob gewebt, gestickt oder gewirkt. Auch die unzähligen Querbehänge, Schabracken, Troddeln und Raffhalter folgten einem oftmals sprunghaften Wandel von Bedürfnissen und Moden. Nicht zu vergessen die oft ebenso prächtige Ausstattung von Kutschen, Schlitten und Sänften. Rechnet man den Aufwand für täglich mehrmals wechselnde Gewänder für eine größere Hofgesellschaft sowie Livreen und Ausstattung ihrer Bediensteten hinzu, werden die Klagen im 17. und 18. Jahrhundert über die ausufernden Kosten verständlich. Der Wert der Rohbauten verblasse inzwischen gegenüber dem textilen Aufwand.

Textile Raumausstattungen hatten einen Lebenszyklus von etwa dreißig Jahren, Kleiderstoffe waren nach spätestens sechs Jahren nicht mehr aktuell. Nach dieser Zeit erlosch auch jeweils der Musterschutz. Kleider waren oftmals nur für eine Saison hoffähig. Andererseits konnte ein in die Jahre gekommenes Palais mit neuer Ausstattung auch einem geänderten Zeitgeist genügen. Auch die Aussicht auf Gäste höheren Ranges konnte Anlass einer Neuausstattung sein. Teile der älteren Dekoration konnten dann andere Schlösser der Familie aufwerten.

Luxustextilien sind empfindlich; schon die normale Nutzung bedroht den Bestand. Portieren und Vorhänge samt ihrem Zierrat verschleißen unter dem fortwährenden Öffnen und Schließen. Wie auch Bespannungen, Tapisserien und Stickereien zerreißen sie allmählich unter ihrem eigenen Gewicht, Polsterungen unter dem ihrer Nutzer. Das Tageslicht zersetzt die Substanz der Fasern und lässt Farben verblassen. Ruß von Kerzenlicht, Kaminen und Öfen zerreibt die Stoffe und macht sie unansehnlich. Motten und Fliegen hinterlassen Löcher, Schmutz, Säuren und Fette. Das Mauerwerk überdauert, die fragile Ausstattung nur selten.

Schloss Ludwigslust wurde bis in die jüngste Zeit durchgängig genutzt und ist daher in seiner Substanz erhalten. Die Wiederherstellung der Räumlichkeiten und Interieurs von 2012–2015 soll nun Lebenswirklichkeit und politische Rolle einer fürstlichen Residenz einem breiten Publikum nahebringen. Ausgangspunkt der Denkmalpflege ist nicht ein Idealzustand, sondern der tatsächlich erhaltene Bestand. Wo immer möglich, wird man Originalsubstanz restaurieren. Größere Fehlstellen können nach dem Original rekonstruiert werden, soweit die Befunde hinsichtlich Farbe, Material, Webart und Musterrapport eindeutig sind. Oft finden sich ergänzende Informationen oder auch das komplette Muster in Museen, Sammlungen oder Archiven. Wenn die verbliebene Substanz zu schmal ist, um das Original hinreichend zu definieren, und auch historische Abbildungen oder Beschreibungen nicht weiterhelfen, orientiert sich die Rekonstruktion an historisch vergleichbaren Ausstattungen.

Doch selbst bei größter Annäherung an das historische Vorbild erklären sich Bedeutung und Funktionsweise eines Fürstenhofes nicht mit dem Eintauchen in sein Fluidum.

Chinoiserie aus dem Pavillonzimmer, um 1735/45

1 Franz Huth, Das Wohnzimmer der erbgroßherzoglichen Wohnung, 1938, Pastell, Staatliches Museum Schwerin, Inv.-Nr. 5102 Hz

Neben Räumen, in denen die Rekonstruktion des Interieurs – von Wandbespannungen und Fensterdekorationen über Mobiliar bis hin zu Leuchtern und Gemälden – möglich ist, spielen deshalb Ausstellungsräume eine wichtige Rolle. Eingebettet in das historische Ambiente können begleitende Exponate die Eindrücke und Erkenntnisse der Museumsbesucher vertiefen und verdichten.

Die Restaurierung

In Ludwigslust (Abb. 1) erschien die Ausgangslage zunächst karg. Alle Fensterdekorationen und die gepolsterten Möbel aus dem Ende des 18. und frühen 19. Jahrhundert waren vernichtet oder unauffindbar. Erhalten geblieben sind allein raumfeste Elemente, also hauptsächlich textile Tapeten oder solche aus Papier sowie einige mobile Einrichtungsgegenstände. Die meisten stammen jedoch aus dem späten 19. und frühen 20. Jahrhundert. In der Nachkriegszeit wurden viele Räume mit einfachen Papiertapeten ausgestattet. Ein Großteil dieser Verluste konnte durch Inventare, historische Abbildungen und Berichte umrissen und dokumentiert werden. Ein glücklicher Fund erleichterte die Rekonstruktion vieler Räume: Im Archiv des Landesamts für Kultur und Denkmalpflege Mecklenburg-Vorpommern werden 27 Tafeln von zumeist 40 × 40 Zentimetern, teils auch größer, mit Mustern der historischen textilen Wanddekorationen aus dem Schloss Ludwigslust verwahrt. Identität und Herkunft der meisten Stoffe konnten durch Recherchen geklärt und wandfesten Befunden zugeordnet werden.

Der historische Wandaufbau dieser Epoche besteht aus einer Leinwandschicht und darüber einer Makulatur aus Kleister und altem Papier, beide meist recht eng genagelt auf einen massiven Rahmen aus Holz, der im Mauerwerk fest verankert ist. Darüber wurde die aus den einzelnen textilen Bahnen zusammengenähte Tapete angebracht. Nicht nur die Stoffe selbst, sondern auch Hand- oder Maschinennähte, handgeschmiedete oder industriell hergestellte Nägel, vor allem auch Zeitungen als Makulatur liefern wichtige Anhaltspunkte für die Datierung.

Bei einer Neuausstattung wurden intakte Unterbespannungen weitergenutzt. Die fest im Mauerwerk verankerten Rahmen überdauerten sogar Jahrhunderte. Wertvolle Stoffe und die damals teuren Nägel wurden oft wiederverwendet und deshalb sorgsam entfernt. Schwer zugängliche ältere Spuren wurden oft nur überdeckt, Reste der Bespannung einfach abgerissen. Hier finden sich Fragmente oder Nagelbefunde, das heißt unter Nagelköpfen verbliebene Stoffreste. Täfelungen, Ecken und Kanten, Tür- und Fensterrahmen sind deshalb ideale Fundorte für Vorzustände und ihre Abfolge (Abb. 2).

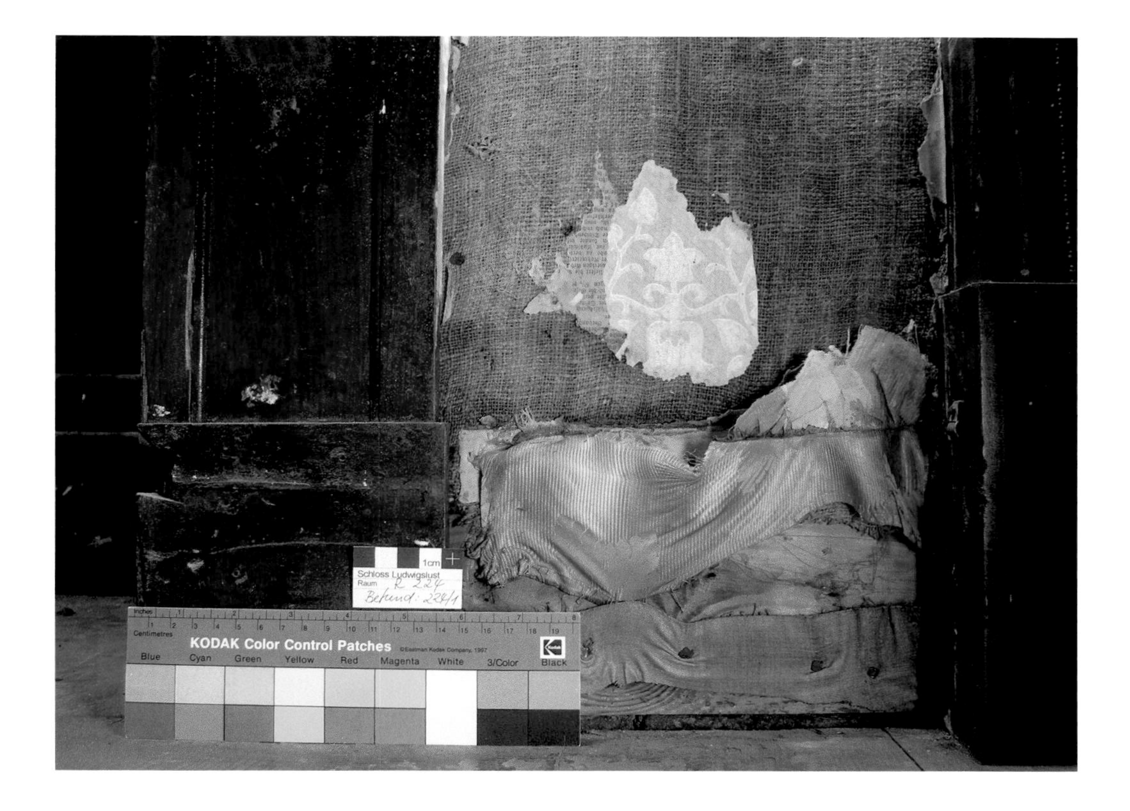

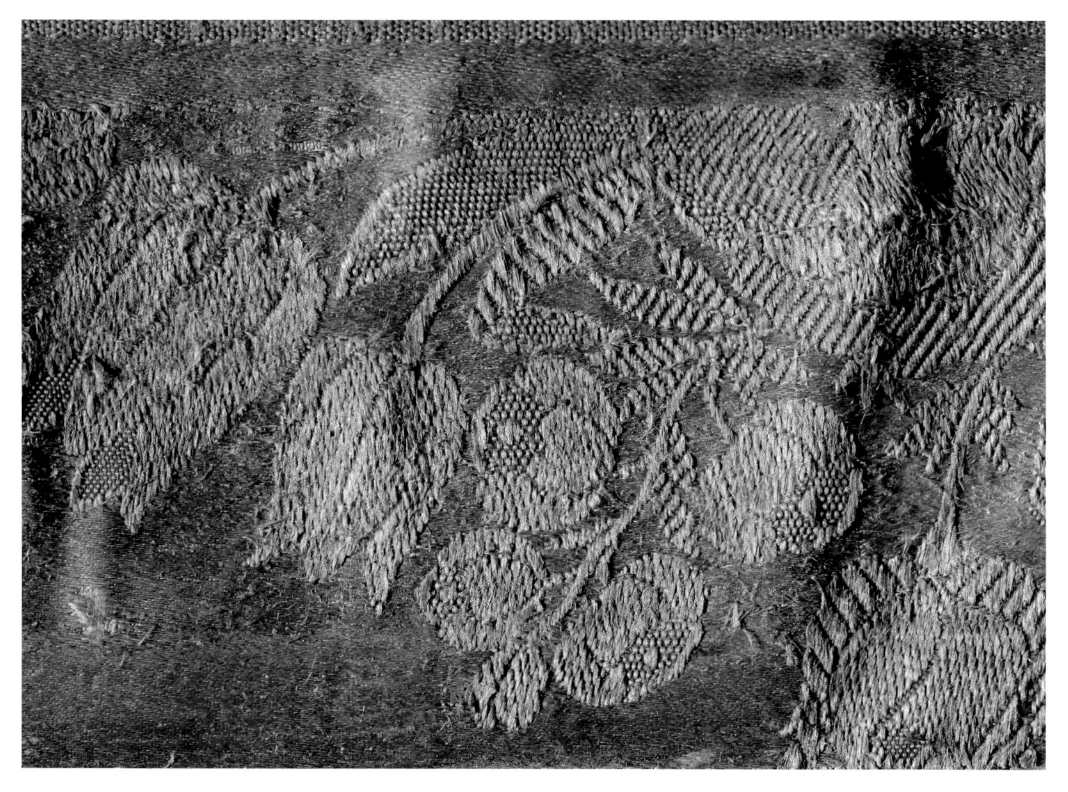

2 Befund im Ankleidezimmer der erbgroßherzoglichen Wohnung

3 Freigelegtes Fragment hinter der Fensterverkleidung im Schlafzimmer der erbgroßherzoglichen Wohnung

Gut geschützt vor Licht und anderen schädigenden Einflüssen zeigen Textilreste hinter nachträglich eingebauten Zierleisten, Verkleidungen oder Spiegeln oft noch ihre originale Farbigkeit (Abb. 3). Schicht um Schicht wird dokumentiert und mit Korrespondenzen und Archivalien abgeglichen. Auch Musterbücher und zeitgenössische Stilratgeber können wichtige Hinweise liefern. Im Idealfall lassen sich so Nutzung und Ausstattung aller Räume des Schlosses über die Zeiten hinweg nachzeichnen.

Der Rundgang

Wir beginnen unseren Rundgang in der Beletage, dem ersten Obergeschoss (S. 87, Abb. 37). Der Mittelbau beherbergt die Gesellschaftsräume, zum Park hin den doppelstöckigen Goldenen Saal und den nach Süden vorgelagerten Marmorsaal. Über das östliche Haupttreppenhaus betritt man die Räume des Herzogs.

Das Paradeappartement des Herzogs

Das Vorzimmer eröffnet die Folge der offiziellen, für Besuche und Empfänge genutzten Räume. Das gelbe Halbseidengewebe ist eine von vier erhaltenen Wandbespannungen. Aufgrund des als Makulatur verwendeten Zeitungspapiers lässt sich zumindest die Anbringung auf 1935 datieren. Unter der Makulatur fand sich eine Seidenfaser in Türkis älteren Datums, darüber Fragmente einer gelben Seide. Korrespondenzen von 1834 vermerken ihre ursprüngliche Verwendung im Audienzzimmer der Herzogin, das zu ihrem Appartement im Westflügel gehörte. Als einzige noch sichtbare originale Wandbespannung wurde sie restauriert und gibt ganz im Sinne der denkmalpflegerischen Zielsetzung den Charakter der historischen Ausstattung, im vorliegenden Fall den Zustand des 19. Jahrhunderts, wieder.

Aus dem Vorzimmer gelangt man in das Audienzzimmer des Herzogs, in dem sich ehemals der Thronsessel befand. Mit seiner rotfarbenen Polsterung korrespondierte als Zeichen der Macht eine Raumausstattung in Rot. Kleine Fragmente einer älteren roten Seide konnten nicht eindeutig zugeordnet werden. Jüngere Befunde an der Wand (Abb. 4) sowie eine Fotografie von 1926 zeigen einen roten Seidenlampas mit Blumenmuster in Creme- und Sandtönen. Dieser Stoff ist auch als Muster im Landesamt für Kultur und Denkmalpflege (Tafel Nr. 16) erhalten und datiert auf das Ende des 19. Jahrhunderts (Abb. 5). Im Zuge der Restaurierung wurde er für den Raum nachgewebt. Ein Lampas weist über dem Grundgewebe zusätzliche Systeme von Kette und Schuss auf. Dieser hohe Aufwand und die dadurch möglichen Muster und Effekte heben ihn gegenüber weniger komplexen Luxusgeweben hervor.

Auf das Audienzzimmer folgt das sogenannte Kabinett vor der Galerie. In der DDR diente dieser Raum längere Zeit als Werkstatt des Hausmeisters, bis er 1993 provisorisch als Museumsraum hergerichtet wurde. Dafür wurde der historische Wandaufbau vollständig entfernt und durch modernen Putz ersetzt. Ein historisierendes synthetisches Gewebe auf einer neuen Unterbespannung aus Molton als somit zweite erhaltene erhaltene Wandbespannung stand dem angestrebten Ensemble im Weg und musste weichen.

Um die historische Parade der fürstlichen Staatsräume vom Vorzimmer bis zur Bildergalerie wieder erlebbar zu machen, blieb nur die Rekonstruktion des historischen Wandaufbaus. Originale Befunde gab es hier nicht, sondern nur spärliche Beschreibungen der Raumfolge hinsichtlich Farbe und Materialität sowie Funktion und Status des Raums. Gestützt auf Analogien im Archiv von Le Manach in Paris, einer der letzten historischen Seidenwebereien, konnte eine Lösung erarbeitet werden. Auch Fensterdekorationen und Leuchterstrumpf wurden nach entsprechenden Vorbildern der Zeit um 1780 gestaltet. Zu

4 Befund an der Tapetentür des Audienzzimmers

5 Textile Tafel Nr. 16 mit der Stoffprobe aus dem Audienzzimmer des Herzogs

Farbe, Design und Details der Posamenten des Kabinetts gab es keinerlei Überlieferung. Deshalb wurden sie im Material der Wandbespannung einfarbig gefertigt. Den Abschluss der Staatsräume bildet die Bildergalerie, die nach Norden hin fast die gesamte Länge des Ostpavillons einnimmt. Hier gab und gibt es keine raumfeste textile Ausstattung.

Die privaten Räume des Herzogs

Nach Süden hin eröffnet ein Kabinett den Reigen der Privatgemächer des Herzogs. Das einzigartige Ensemble von Kamin, Spiegel und Lüster aus Meissener Porzellan kontrastiert wirkungsvoll mit dem vergoldeten Zierrat aus Ludwigsluster Papiermaché. Ein Baumwollgewebe in Beige, angebracht 1929 und bedruckt mit floralen Elementen und Vögeln in zartem Rot, war die dritte noch original erhaltene Wandbespannung.

Unter dieser Tapete fanden sich Spuren mehrerer Zeitebenen. Die älteste war ein Nagel mit anhaftenden grünen Seidenfäden. Sie gab den Ausschlag für eine Rekonstruktion des Raums mit grünem Damast. Bei dieser Webart entsteht das Muster aus dem Wechsel von kett- und schusssichtiger Bindung und changiert je nach Lichteinfall zwischen Positiv und Negativ. Im Archiv der eschke seidenmanufaktur in Crimmitschau fand sich ein adäquates Muster. Der Stoff aus dem 18. Jahrhunderts wurde nachgewebt und auch für den Leuchterstrumpf verwendet. Auf Fensterdekorationen musste wegen nachträglich eingebauter Fensterläden verzichtet werden.

Auf das Kabinett folgt das Schlafzimmer des Herzogs. Weiß übertünchte DDR-Tapeten verbargen hier zwei Zeitebenen. Unter Fragmenten einer farbig bedruckten Baumwolle in Beige fanden sich ältere grüne Seidenfragmente mit erkennbarer Damastmusterung.

Das benachbarte Wohnzimmer des Herzogs mit der vierten erhaltenen Wandbespannung zierte ein Jacquardgewebe mit Blumenmotiven in dunklen Braun- und Beigetönen (Abb. 6). Die Lochkartensteuerung von Joseph Marie Jacquard leitete die maschinelle Herstellung von mehrfarbigen Mustern und Effekten ein, die bis dahin nur in Handarbeit gefertigt werden konnten. Webart, künstlerischer Ausdruck und maschinell vernähte Gewebebahnen legen eine Entstehung der Tapete Ende des 19. oder Anfang des 20. Jahrhunderts nahe. Unter dieser Wandbespannung fanden sich einige handgeschmie-

6 Historischer Wandaufbau im Wohnzimmer des Herzogs

7 Nagel mit grünen Seidenfasern im Wohnzimmer des Herzogs

dete Nägel. Anhaftende grüne Seidenfasern (Abb. 7) entsprachen in Farbe und Material sowohl den Damastfragmenten des Schlafzimmers wie auch zwei textilen Tafeln im Landesamt für Kultur und Denkmalpflege (Nr. 2 und 3) mit scheinbar unterschiedlichen Mustern. Vergleichbare Stoffe unter anderem im Archiv der bereits seit 1829 bestehenden Seidenmanufaktur Le Manach in Paris, in der Textilsammlung der Stiftung Preußische Schlösser und Gärten Berlin-Brandenburg in Potsdam und im Kunstgewerbemuseum in Berlin führten die beiden aber als Teile eines gemeinsamen Musters zusammen, das im 18. und 19. Jahrhundert in verschiedenen Varianten Verbreitung fand. Wohn- und Schlafzimmer besaßen also einstmals identische Bespannungen. Um den jüngeren intakten Wandaufbau samt Bespannung nicht zu zerstören, wurde die Rekonstruktion des grünen Damasts über die jüngere Tapete montiert. Das Jacquardgewebe wurde gereinigt, die wenigen Schadstellen nähtechnisch gesichert, eine Zwischenschicht als Puffer eingesetzt und darüber dann die neue grüne Seide fixiert. Zusammen mit den ebenfalls rekonstruierten Fensterdekorationen samt Posamenten und einem Leuchterstrumpf gibt das Zimmer einen Eindruck von seiner Ausstattung im 18. Jahrhundert.

Die Wohnung der Herzogin

Über das westliche Haupttreppenhaus gelangt man in die Räumlichkeiten der Herzogin. Sie liegen ebenfalls im ersten Obergeschoss und nehmen den Westflügel ein. Die Staatsräume liegen nach Norden zum Park. Den Auftakt bildet der Speisesaal. Um Essengeruch nicht zu konservieren, blieb er üblicherweise ohne Bespannung.

Über das Vorzimmer betritt man die Wohnräume auf der Südseite des Schlosses. Vom Schlafzimmer der Herzogin mit dem Bett in einem Alkoven sind über vier Türen alle anderen Räume erreichbar. Den Abschluss der privaten Gemächer bildet ein kleines Kabinett im Westpavillon. Unter Resten einer Seide in Beige auf Rot fanden sich ältere Fragmente einer roten Seide. Sie gehören zu einer broschierten Seidentapete mit mehrfarbigen Chinoiserien, die als Höhepunkt der textilen Ausstattung von Schloss Ludwigslust gelten kann (Abb. S. 212). Erhalten haben sich fünf größere Ausschnitte;

ein größerer Teil des ursprünglichen Musterrapports von 4,20 × 0,78 Metern. Sie zeigen inselartig angeordnet exotische Tiere und Szenen von Tanz und Vergnügungen an einem Seeufer. Weltweit sind noch drei weitgehend vollständige Exemplare erhalten, eines auf grünem Grund befindet sich im Buckingham Palace. Handwerkliche und stilistische Details deuten auf eine Entstehung der Wandbespannung zwischen 1735 und 1745 in den Niederlanden, also deutlich vor Errichtung des Schlosses.

An die privaten Gemächer der Herzogin schließen sich das einstige Spiegelkabinett und zwei weitere Kabinette mit Kupferstichen an, die Bibliothek bildet den nördlichen Abschluss. Im Unterschied zum Ostflügel sind hier keine Tapeten im Original erhalten. Im gesamten Appartement finden sich unter übertünchten Papiertapeten der Nachkriegszeit Faserreste und Fragmente von Wandbespannungen von Mitte und Ende des 19. Jahrhunderts. Zusammen mit den textilen Tafeln im Landesamt für Kultur und Denkmalpflege und weiteren Archivalien ermöglichen sie die Rekonstruktion der Räume.

Die Gästeappartements

Das zweite Obergeschoss beherbergt die einstigen Appartements für Gäste oder Mitglieder der herzoglichen Familie. Der unmittelbare Zugang zu einem Haupttreppenhaus und den Festräumen erlaubte auch Bewohnern höchsten Ranges, in den Räumen standesgemäß zu wohnen. Die angemessene Ausstattung der Gästeappartements und ihre Ein-

8 Vorzimmer des Gästeappartements I nach der Rekonstruktion

9 Fragment der Bordüre im Wohnzimmer der erbgroßherzoglichen Wohnung

bindung in die zeremoniellen Wegführungen des Schlosses waren wichtige Voraussetzungen für die Aufnahme verwandtschaftlicher Beziehungen zum Zarenhaus 1799 und zum preußischen Königshaus 1822. Im Unterschied zur Beletage waren beide Flügel der Länge nach durch Mittelkorridore geteilt, was viele Möglichkeiten flexibler Aufteilung und Ausstattung von mindestens vier Appartements für wechselnde Bewohner eröffnete.

Die sogenannte Königswohnung als drittes und wichtigstes Gästeappartement liegt im Ostflügel über den Räumen des Herzogs. Archivalien belegen hochwertige Ausstattungen mit Tapeten aus Seide oder Papier sowie mehrfache Umgestaltungen. Leider ist die Befundlage recht dürftig. Im Wohnzimmer konnten Spuren einer Seide in Rot, Grün und Beige, im benachbarten Kabinett in Rot gesichert werden. Nach der Rekonstruktion anhand von Musteranalogien wurden beide Räume mit dem gleichen Lampas ausgeschlagen, das Wohnzimmer mehrfarbig, das Kabinett einfarbig in Rot.

Das erste, kleinere Gästeappartement des Ostflügels bestand aus Vorzimmer, Wohnzimmer und Schlafzimmer mit angrenzendem Dienerraum und Garderobe. Nagelbefunde und Fragmente aus allen Räumen ähnelten zwei textilen Tafeln (Nr. 4 und 5), die beide einen zweifarbigen Seidendamast in Seladon und Beige, aber unterschiedliche Dessins zeigen. Ein sehr ähnlicher Stoff im Archiv der eschke seidenmanufaktur in Crimmitschau ließ aber den Schluss zu, dass alle drei Räume identisch ausgestattet waren. Entsprechend diesem Muster konnte die Wandbespannung des Gästeappartements rekonstruiert werden (Abb. 8).

Im Westflügel lag die ehemalige erbgroßherzogliche Wohnung. Erbgroßherzog Paul Friedrich und seine Gemahlin Alexandrine, eine preußische Prinzessin, lebten hier nach ihrer Eheschließung 1822, bis sie im Jahr 1837 – nach dem Tod von Friedrich Franz I., dem Großvater des Erbherzogs – die Rückkehr des Hofes nach Schwerin veranlassten. Die Befundlage in diesem Appartement ist erfreulich reich und eindeutig. Zwei Aquarelle, textile Tafeln (Nr. 9, 17), historische Fotos sowie größere Fragmente für Wandbespannungen und Bordüren bilden die Grundlage von Rekonstruktionen (Abb. 9).

Jacob Halfpaap

Die Parkettböden in Schloss Ludwigslust

Die Entwicklung des Tafelparketts

Die Parkettböden von Schloss Ludwigslust beeindrucken in ihrer Qualität und Formenvielfalt auch heute noch die Besucher des Schlosses. Im Zuge einer 2012 begonnenen Restaurierung wurden die Schlossböden nicht nur instand gesetzt, sondern auch die Herstellungsmethoden und technischen Details untersucht. Auf diese Weise konnte die Fertigung des Ludwigsluster Parketts mit den zeitgleich üblichen Verfahren in Beziehung gebracht werden. Im 18. Jahrhundert waren reich ornamentierte Parkettböden besonders für die Ausschmückung repräsentativer Räume beliebt. Der Gebrauch von Holz als Bodenbelag reicht jedoch weiter zurück. Ab dem 15. Jahrhundert lässt sich eine zunehmende Verwendung des Materials beobachten.[1] Zuvor waren es meist Naturstein- oder Tonfliesen, welche die Böden von Profan- wie Sakralbauten schmückten. Diese Fliesenböden besaßen nicht selten eine den Raum füllende und auf dessen Mitte hin ausgerichtete Gliederung, die sich häufig an der Decken- oder Wanddekoration orientierte.[2]

Die ersten und einfachsten Holzböden bestanden aus gehobelten Dielenbrettern, die – stumpf nebeneinander gelegt – vor allem in Wohnräumen der Behaglichkeit dienten. Eine gestalterische Vielfalt war hier nur bedingt möglich. Intarsien oder Bemalungen an Dielenböden sind zwar bekannt, bilden jedoch eher die Ausnahme. Dank der stetigen Entwicklung handwerklicher Fertigkeiten und der Verbreitung neuartiger Holzverbindungen im 17. Jahrhundert, die das Konstruieren formstabiler Tafeln ermöglichte, konnte schließlich dem Verlangen nach ästhetischer Abwechslung nachgekommen werden: Das Parkett entstand.

Man unterscheidet zwischen Vollholzparkett und furniertem Tafelparkett. Beim Vollholzparkett wird das gewünschte Dekor durch die Anordnung massiver Hölzer oder auch massiver Tafeln erzeugt. Eines der frühesten und bekanntesten Ausführungen hierfür bildet das »Versailler Parkett«, das beispielsweise in einer Darstellung eines französischen Interieurs von 1686 zu erkennen ist (Abb. 1). Die Verbreitung des »Versailler Parketts« geht auf den französischen König Ludwig XIV. zurück, der in der zweiten Hälfte des 17. Jahrhunderts große Mengen an Parkett dieser Machart in Versailles verlegen ließ.[3] Solche aus Eichenholz gefertigten Tafeln fügten sich zu einer Art Flechtmuster, das aus Füllungen und Zwischenfriesen bestand.

Die technisch aufwendigere Variante stellen die Marketerieböden dar, bei denen die gewünschte Ornamentik durch »kostbare Hölzer mit verschiedenen Farben«[4] erzeugt wird. Die Furniere werden dafür nebeneinander angeordnet und mit den Blindtafeln verleimt. Entgegen einer Intarsie, bei der die Hölzer in den Träger eingelassen werden, besteht die Marketerie aus nebeneinandergelegten Furnieren, die das Blindholz vollständig verdecken. Der Vorteil dieser Böden ist neben ihrer Formstabilität die scheinbar grenzenlose Gestaltungsmöglichkeit. Nicht nur die Verwendung vieler unterschiedlicher Hölzer, sondern auch das Färben und Gravieren der Furniere half bei der Umsetzung von Dekoren. Die Ausführung des Parketts konnte somit maßgeblich zur Raumgestaltung

Goldener Saal mit aufwendig gestaltetem Marketerieboden

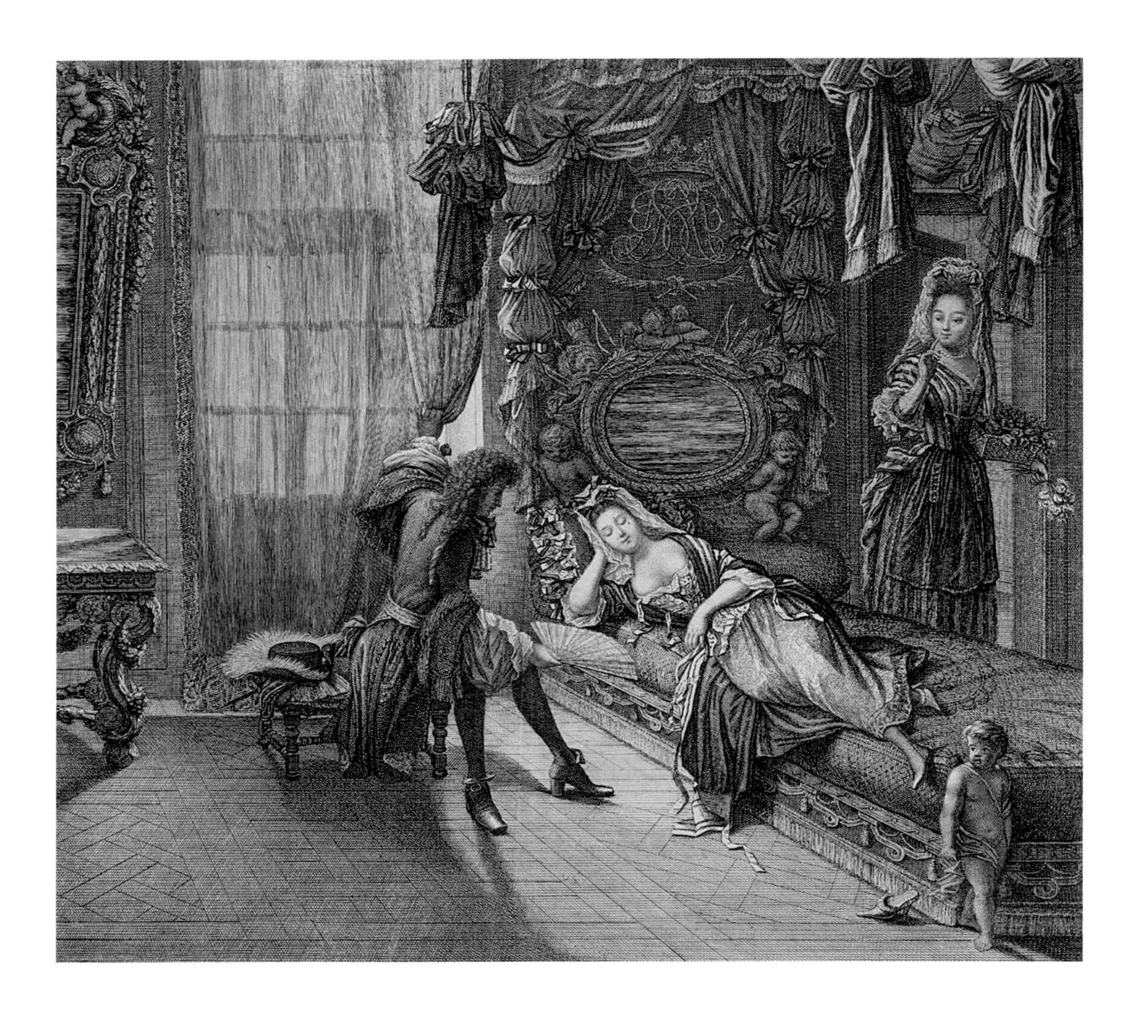

1 Jean Dieu de Saint-Jean, Schlafende Dame in einem Baldachinbett, 1686, Kupferstich, 356 × 391 mm, Paris, Bibliothèque nationale de France, Inv.-Nr. 44.1134

beitragen und – vergleichbar mit den älteren Fliesenböden – sogar in direktem Bezug zu den Wand- und Deckendekorationen stehen. Bei den dargestellten Dekoren orientierte man sich meist an klassischen geometrischen Motiven wie dem Würfel oder Rhombus, doch auch florale und figürliche Darstellungen fanden großen Anklang.

Die Vorlieben des europäischen Adels waren besonders im 18. Jahrhundert stark durch den französischen Hof geprägt, was das Interesse an Parkettböden förderte. Und auch die Kunsttischler selbst trugen mit Nachschlagewerken zur Verbreitung des Parketts bei. Der Ebenist André Jacob Roubo beschreibt etwa in seiner Abhandlung »Die Kunst des Schreiners« detailliert zahlreiche Handwerkstechniken, die für die Marketerieherstellung notwendig sind und gab anderen Handwerkern auf diese Weise die Möglichkeit, die Verfahren nachzuahmen. In der berühmten »Enzyklopädie« von Denis Diderot und Jean Baptiste le Rond d'Alembert werden gleichfalls Marketerien und Dekore thematisiert. Sie zeigen die Vorlieben des 18. Jahrhunderts.

Die Gestaltung und Funktion des Parketts in Ludwigslust

Die Ausstattung der Räume und somit auch die Gestaltung der Fußböden folgt in Schloss Ludwigslust klaren hierarchischen Ordnungen und Funktionstrennungen, was der gängigen Praxis des 18. Jahrhunderts entspricht: Beispielsweise war es üblich, das Vestibül, also denEingangsbereich, mit Steinböden zu versehen, während die Wohnräume Holzfußböden erhielten.[5] Je größer die Bedeutung eines Raumes war, desto aufwendiger wurde er ausgestattet, was sich sowohl am Wand- und Deckendekor als auch an der Fußbodengestaltung ablesen lässt. In den Fluren und Treppenhäusern sowie einigen Gästewohnungen des Schlosses wurde ausnahmslos Vollholzparkett – ein sogenanntes Zwischenfriesparkett (Abb. 2) – aus Eiche und Kiefer verbaut, das in seiner Ornamentik stark an das »Versailler Parkett« erinnert. Diese Art des Parketts benötigt für seine Herstellung im Vergleich zum furnierten Tafelparkett geringeres handwerkliches Geschick und erwies sich deshalb als kostengünstige Variante für weniger bedeutende Räumlichkeiten.

Die repräsentativen Säle des Schlosses besitzen hingegen Marketeriefußböden. Nicht selten verfügen sie über eine zentrierte, reich gestaltete Rosette. Das Motiv des Sterns (Abb. 3) dominiert, doch auch andere teils geometrische, teils florale Elemente fanden Verwendung.

Der Goldene Saal (Abb. 4), der als Festsaal mit seinen etwa 280 Quadratmetern das Herzstück des Schlosses bildet, ist sehr aufwendig im Stil des Rokoko und des Louis-seize gestaltet. Die zahlreichen Vergoldungen und die zwölf Säulen mit korinthischen Kapitellen verleihen ihm ein prachtvolles Erscheinungsbild. Die Ornamentik des Tafelparketts zeigt eine großflächige Würfelmarketerie mit zentrierter Sternrosette, die in abgewandelter Form auch in anderen Räumen des Schlosses aufgenommen wurde. Die Herstellung plastisch wirkender Würfel mithilfe verschiedenfarbiger Hölzer war bei Kunsttischlern des 18. Jahrhunderts ein weit verbreitetes – und bei ihren Kunden ein sehr begehrtes – Schmuckelement, das sich an vielen Möbeln und Fußböden jener Zeit nachweisen lässt und auch in zeitgenössischen Quellen wie der bereits erwähnten »Enzyklopädie« von Diderot und d'Alembert oder dem Werk von Roubo (Abb. 5) besondere Beachtung findet.[6]

Die Darstellung plastisch erscheinender Ornamente bestimmt auch Marketieböden in anderen Sälen des Schlosses. Im Wohnzimmer des Herzogs in der Beletage bildet das verarbeitete Furnier beispielsweise ein scheinbar gewobenes Geflecht aus scharfkantigen Hölzern, das eine eindrucksvolle, raumfüllende Illusion erzeugt. Der Boden des

2 Zwischenfriesparkett im Gardesaal

3 Der mit einer Sternrosette geschmückte Boden im Wohnzimmer des Gästeappartements III

4 Die Marketerie mit zentrierter Sternrosette im Goldenen Saal

5 Historische Vorlage für zwei verschiedene Ausführungen von Würfelmarketerien für das Tischlerhandwerk, in: Roubo 1769–1774 (2010), Teil 3, Taf. 286, Abb. 4–5

Kabinetts wiederum besitzt eine plastisch anmutende Rosette, bei der kreisförmig, übereinander angeordnete Kuben den Eindruck räumlicher Tiefe erzeugen. Die Fertigkeit der Kunsttischler, einer Fläche durch bestimmtes Anordnen von Furnieren eine dreidimensionale Wirkung zu verleihen, rief große Bewunderung hervor.

Neben den geometrischen Formen weisen die Marketerieböden auch florale Elemente auf. Die Bodenfriese unter anderem in der Bildergalerie zeigen stilisierte Blüten, die in ähnlicher Ausführung an den Wänden der Flure in Form von Stuckrosetten aufgenommen wurden. Im Goldenen Saal verfügt das Parkett des südlichen Eingangsbereichs über eine an ein Blumenbouquet erinnernde Gestaltung. Ein direkter Bezug zwischen den

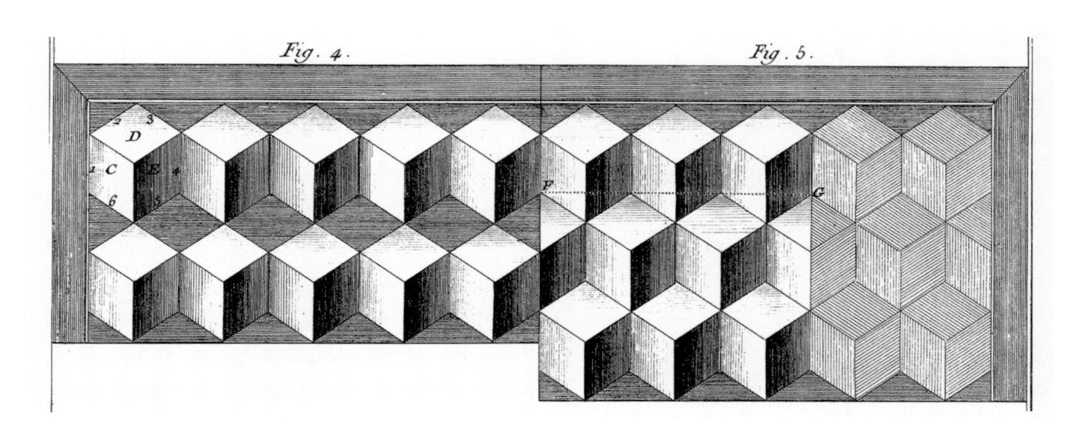

Furnierbildern dieser Marketerie und der übrigen Ausstattung des Raumes – sei es seine Form oder die Dekoration der Wände und Decken – besteht jedoch nicht. Generell setzen die Marketerieböden in Ludwigslust vielmehr einen eigenständigen gestalterischen Schwerpunkt.

Die Fertigung des Ludwigsluster Parketts

Nach der Vollendung des Baukörpers im Jahr 1776 erfolgte die Ausstattung der Innenräume von Schloss Ludwigslust. Für die Fußböden wurde bis auf wenige Ausnahmen Parkett verwendet, das in seiner Ausführung und Gestaltung für die Bauzeit sowohl typische als auch besondere Merkmale aufweist. Aus den überlieferten, im Landeshauptarchiv Schwerin verwahrten Rechnungen geht hervor, dass in Ludwigslust ansässige Hoftischler mit der Herstellung der Marketerieböden beauftragt wurden. Die Fertigung einiger Böden, unter anderem jener der Bildergalerie (Abb. 6), lässt sich auf 1781/82 datieren, was die Rechnungen des Hoftischlers Friedrich Blieffert belegen.[7] Für die Entwürfe der Innenausstattung, die auch die Marketerien einschließen, betraute man üblicherweise Künstler oder Architekten, die ihre Zeichnungen an Tischler lieferten und von diesen umsetzen ließen.[8] Die Praxis der Aufgabenverteilung beschreibt auch der Kunsttischler Louis Nosban im Jahr 1829: »die den verschiedenen Theilen zu gebenden Formen und Dimensionen sind vielmehr die Arbeit des Architekten, als des Tischlers, welcher eigentlich gar nichts Anderes zu thun hat als die Zeichnungen auszuführen, welche er dazu erhält.«[9] Weiteren Aufschluss vermag der 2010 und 2013 aufgefundene sogenannte Mecklenburgische Planschatz geben.[10] Neben Plänen für Bauvorhaben in Mecklenburg umfasst er Vorzeichnungen und Kupferstiche, die Entwürfe für das Schloss Ludwigslust zeigen. Unter diesen haben sich auch Originalzeichnungen von Dekoren für Marketerieböden erhalten. Es ist davon auszugehen, dass die zuständigen Hoftischler anhand dieser und ähnlicher Vorlagen im Schloss gearbeitet haben.

Im Hinblick auf ihre Fertigung weisen die Ludwigsluster Parkettböden zahlreiche Übereinstimmungen auf. Bei den verwendeten Furnieren handelt es sich vorwiegend um die einheimischen Laubhölzer Nussbaum, Esche und Ahorn (Abb. 7). In Friesen und Rosetten kamen häufig tropische, Mahagoni und Mahagoni ähnliche Holzarten (*cariniana spp.* und *calophyllum spp.*) zum Einsatz. In einigen wenigen Fällen imitierte man mithilfe schwarzer Beizen Ebenholz – eine Technik, für die als Ausgangsholz ab dem 17. Jahrhundert vornehmlich Birnbaum genutzt wurde.[11] Eine Abweichung weist das Parkett des Marmorsaals auf, bei dem man für das Konstruktionsholz nicht wie bei den anderen

6 Messbild des restaurierten Marketeriebodens mit ovaler Sternrosette in der Bildergalerie

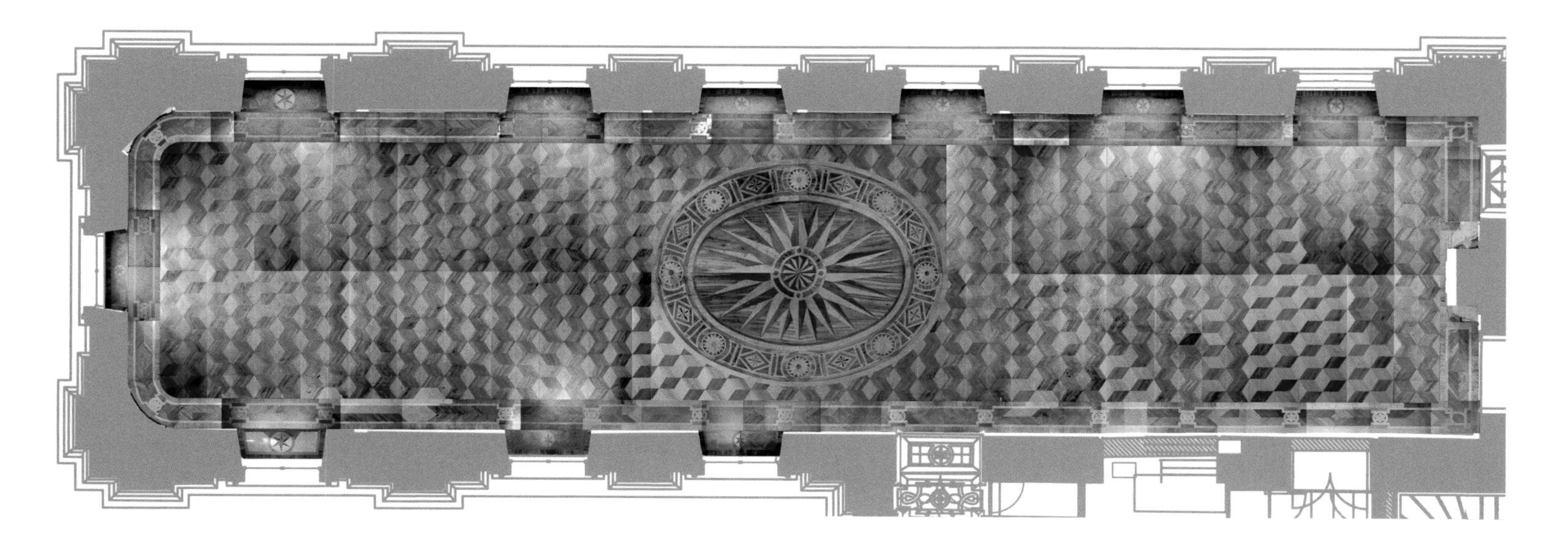

7 Das Parkett im Wohnzimmer des Gästeappartements I

Böden auf Kiefer, sondern auf Fichte zurückgriff. Zudem befindet sich hier Eichenholz in der Marketerie, das sonst nur für Friese oder Ausbesserungen der Böden verwendet wurde. Im Zuge der Restaurierungsarbeiten stellte sich heraus, dass nicht alle Böden aus der Phase des Schlossbaus stammen, wie Briefe aus dem Jahr 1822 an den damaligen Hofmarschall Bülow belegen. Dort berichtet der in Ludwigslust tätige Baumeister Johann Georg Barca über eine Neuverlegung des Parketts im Marmorsaal: »Der Marmorsaal ist bis zur Ansetzung der Capiteeles u. Legung des neuen Parkets / womit wir aber schon beschäftigt sind / fertig«.[12] Diese Erläuterung gibt Auskunft darüber, weshalb hier das Konstruktionsholz von den übrigen Sälen abweicht. Die Nutzung angeschnittener Tafeln weist zudem darauf hin, dass es sich bei dem Parkett nicht um einen Neubau, sondern um eine Zweitverwendung eines älteren Fußbodens handelt, der an die Gegebenheiten des Marmorsaals angepasst wurde. Es war durchaus üblich, Marketerieböden nochmals andernorts zu nutzen, was angesichts ihres Wertes nachvollziehbar erscheint. Aufgrund konstruktiver Gemeinsamkeiten mit anderen Böden im Schloss kann von einem ähnlichen Entstehungszeitraum ausgegangen werden. Die genaue Herkunft des Bodens, der im Marmorsaal verbaut wurde, ist jedoch noch ungeklärt.

8 Vier Löcher für die Befestigung der Parketttafeln mit Schrauben im Kabinett hinter der Bildergalerie, oben rechts mit Pfropfen in der gleichen Holzart

Eine Besonderheit der Fußböden im Schloss sind die zum Teil sehr großen Flächenmaße der Parketttafeln. Die Tafeln der Würfelmarketerie in der Galerie und im Goldenen Saal messen über zweieinhalb Quadratmeter und die Rosettentafeln sogar über viereinhalb Quadratmeter.[13] Das Konstruieren und Verlegen von Tafeln mit solch beachtlichen Dimensionen ist sehr aufwendig, wenn man bedenkt, dass gängige Parketttafeln oft weniger als einen Quadratmeter groß waren. Ein Grund für die Wahl dieser enormen Plattenmaße könnte die Tatsache sein, dass sich auf diese Weise die Fugenanzahl verringern ließ, was der Flächenwirkung der Marketerien sehr zugutekommt.

Bei genauerer Betrachtung der Marketeriedekore fallen viele runde, in das Holz eingelassene Pfropfen auf, die eine weitere Besonderheit der Böden darstellen (Abb. 8). Das Montieren von Parkett wurde üblicherweise mithilfe von Nägeln durchgeführt, die man verdeckt in die umlaufenden Nuten der Tafeln schlug. Bei den Böden in Ludwigslust nutzte man stattdessen Schrauben, mit denen die Platten von oben fixiert wurden und die anschließend abgedeckt werden konnten. Diese Art der Befestigung findet in zeitgenössischen Quellen nur selten Erwähnung, da es zur Bauzeit des Schlosses und auch noch im darauffolgenden Jahrhundert eine teure und aufwendige Variante bildete.[14] 1823 wird der Preis einer Schraube mit 1,5 Groschen angegeben, während ein Nagel lediglich 0,1 Groschen kostete.[15] Für einige Böden wurden in Ludwigslust weit über 300 Schrauben verbaut, was einen beträchtlichen finanziellen Mehraufwand bedeutete. Warum die Baumeister auf diese eher selten angewandte Befestigungsvariante zurückgriffen, ist nicht eindeutig geklärt. Ein Grund mag die außergewöhnliche Größe der Tafeln gewesen sein. Beim Verlegen können die Tafeln mithilfe der Schrauben nachträglich von oben justiert werden – ein Vorteil, der die Frage nach den Kosten möglicherweise in den Hintergrund rücken ließ.

Die in Ludwigslust angewandten Techniken

Im Zuge der umfassenden Restaurierung vieler Fußböden im Ostflügel des Schlosses wurden originale Baumaterialien aufgefunden, dank derer neue Erkenntnisse über bestimmte Herstellungsprozesse gewonnen werden konnten. Die Entdeckung eines nicht verleimten Nussbaum-Furniers, welches für den Fußboden der Gemäldegalerie vorgesehen war, gab beispielsweise Aufschluss über den Herstellungsprozess und über die Dicke der Furniere vor dem Aufleimen und der weiteren Verarbeitung. Das neun Millimeter starke Furnier verfügt über auffallend unregelmäßige Sägespuren, was ein Hinweis für die Fertigung von Hand ist. Zwar nutzte man bereits ab dem Beginn des 17. Jahrhunderts wasserbetriebene Sägegatter, doch arbeiteten diese noch sehr grob – im Unterschied zur Möglichkeit der genauen Fertigung von Hand – und erzielten oft nicht die gewünschte Schnittqualität, was ihren Gebrauch vorwiegend auf die Herstellung von Brett- und Balkenware beschränkte.[16] Bei Roubo wird die Furnierherstellung durch das Auftrennen von Stämmen mithilfe einer Gestell- oder auch Klobsäge (Abb. 9) beschrieben. Diese anstrengende Arbeit führten meist spezialisierte Handwerker durch, die anschließend die Kunsttischler mit der dünnen und kostbaren Brettware belieferten.[17]

9 Historisches Verfahren für die Herstellung von Sägefurnieren aus dem Stamm mithilfe einer Klobsäge, Kupferstich, in: Roubo 1769–1774 (2010), Teil 3, Taf. 278, Abb. 10

10 Originales Furnier zur Herstellung von Pfropfen

Der genaue Herstellungsprozess der bereits erwähnten Pfropfen, der lange Zeit Spielraum für Spekulationen bot, konnte ebenso im Zuge der Restaurierungsmaßnahmen ermittelt werden. Die Vermutung, dass die große Menge an sehr präzise eingepassten Abdeckungen mit einer Art Lochsäge gefertigt wurde, ließ sich anhand eines Furniers widerlegen, das sich ebenfalls unter einem der Böden befand. Das Furnier weist eindeutige Spuren eines Laubsägenschnittes in Form der verwendeten Pfropfen auf (Abb. 10). Die zahlreichen Schraubenabdeckungen wurden demnach per Hand ausgesägt und eingepasst, was einen enormen Aufwand bedeutet haben muss.

Das Aufleimen von Furnieren auf ihre Trägerplatten konnte, wie zeitgenössische Schriften dokumentieren, auf unterschiedliche Weise erfolgen. Dazu gehören das Pressen mithilfe von Zwingen und Gewichten oder das Aufreiben mit dem Hammer bzw. Wärmeeisen. Ein Kupferstich aus Roubos Abhandlung zeigt beispielhaft das Vorgehen beim Aufreiben von Furnieren auf eine Trägerplatte mithilfe des Wärmeeisens, das durch den Pressdruck eines Furnierhammers unterstützt werden kann (Abb. 11). Mit dem Wärmeeisen, ebenso wie mit der Bahn des Hammers wird dabei so lange über das Furnier gerieben, bis der Leim angezogen ist.[18] Die flach zulaufende Finne des Hammers kann für Bereiche genutzt werden, bei denen ein höherer Pressdruck erforderlich ist. Für die Böden im Schloss kam zumindest teilweise die Technik des Aufreibens zur Anwendung, was der Fund eines Furnierhammers unter dem Parkett des Königszimmers bestätigte. Als Klebemittel dienten Glutinleime, die aus tierischen Abfallprodukten wie Knochen, Fell oder Haut gewonnen wurden und meist ein Nebenprodukt der Gerbereien waren. Im 17. Jahrhundert bildeten sich schließlich Siedereien heraus, die sich auf die Leimherstellung spezialisierten.[19]

Neben den erwähnten Handwerksmaterialien befanden sich auch Gebrauchsgegenstände unter den Parkettböden, unter anderem ein Holzschuh mit Lederriemen und ein Reisigbesen. Sie geben zwar keine Aufschlüsse über bestimmte technische Verfahrensweisen, erlauben uns aber einen kleinen Einblick in den Alltag des 18. Jahrhunderts.

Resümee

Die Fußböden in Schloss Ludwigslust sind wunderschöne Beispiele für die Handwerkskunst im ausgehenden 18. Jahrhundert. Ihre charakteristischen Dekore, die vorwiegend durch die Darstellung geometrischer Formen geprägt sind, spiegeln die bauzeitlichen Vorlieben wider. Die technische Ausführung der Marketerien deckt sich mit zeitgenössischen Schilderungen. Es lassen sich an den Böden zahlreiche überlieferte Handwerks-

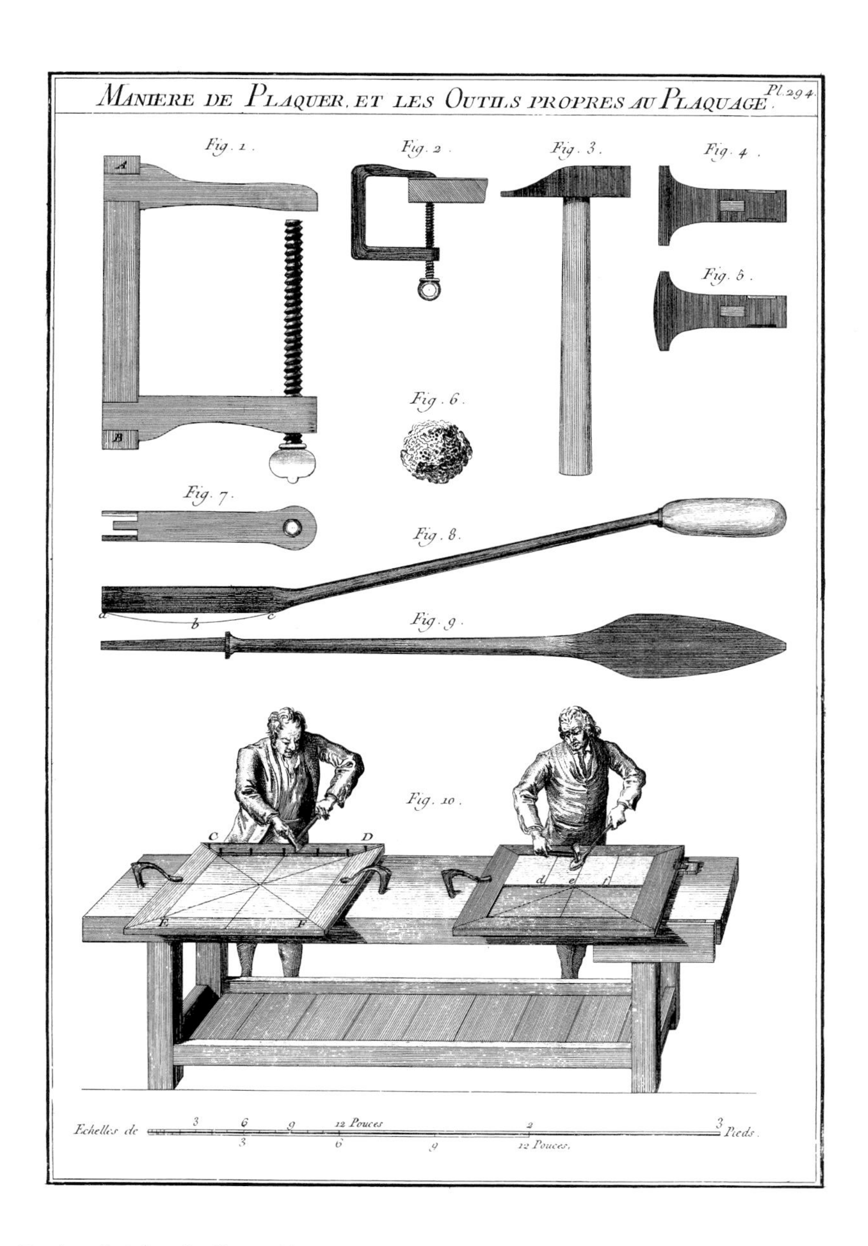

11 Historische Werkzeuge für das Pressen von Furnieren bei der Herstellung von Tafelparkett sowie Handhabung eines Furnierhammers und eines Wärmeeisens, Kupferstich, in: Roubo 1769–1774 (2010), Teil 3, Taf. 294, Abb. 1–10

techniken nachvollziehen. Zugleich weisen die Ludwigsluster Parkettböden in ihrer Fertigung Besonderheiten auf, die teilweise untersucht und ausgewertet worden sind, aber dennoch reichlich Material für weitere Forschungen versprechen.

Der »Fußboden« wird zumeist als handwerkliches Produkt, weniger als Gegenstand der Kunst gesehen. Er bietet dem Betrachter aber ein bemerkenswertes Ornament- und Farbspiel, das in seiner Ästhetik Möbeln oder anderem Interieur in nichts nachsteht. Das Besichtigen und vollständige Erfassen der Marketerie mag durch dessen raumgreifende Maße erschwert sein – doch der Blick nach unten lohnt sich.

1 Kier 1976, S. 77.
2 Ebd., S. 93.
3 Götz 1996, S. 40.
4 Roubo 1769–1774 (2010), Teil 2, S. 161.
5 Kier 1976, S. 61–62.
6 Roubo 1769–1774 (2010), Teil 3, S. 824 und S. 827 sowie Diderot/d'Alembert 1751–1772, Taf. III, Abb. 11.
7 Landeshauptarchiv Schwerin (LHAS), 2.26-2 Hofmarschallamt, Nr. 1632.
8 Kier 1976, S. 20.
9 Nosban 1829, S. 347.
10 Hierzu sind von der Landesbibliothek Mecklenburg-Vorpommern Veröffentlichungen geplant.
11 Buchholz/Michaelsen 2009, S. 390.
12 LHAS, 2.26-2 Hofmarschallamt, 1765, 22. Februar 1822.
13 Halfpaap 2013.
14 Schwatlo 1867, S. 20; Stöckel 1823, S. 70.
15 Ebd., S. 71.
16 Wessling 2010, S. 407–408.
17 Roubo 1769–1774 (2010), Teil 3, S. 799.
18 Ebd., S. 851.
19 Greber/Lehmann 2003, S. 10, 11, 25, 26.

Nico Janke

Die Möbel- und Bronzefabrik in Ludwigslust 1797–1811

»Eine andere Merkwürdigkeit in Ludwigslust ist die Möbelnfabrik. Sie beschäftigt viele in ihrer Art vorzügliche Künstler in Tischler- Ciselir- Bronze- und marmorarbeiten (sic!), die sich einander nach den besten Mustern und dem jedesmaligen Geschmack der veränderlichen Mode in die Hände arbeiten. In dieser Fabrik sind unter andern die kostbaren Gesimse an den Kaminen verfertigt, womit verschiedene Zimmer im Schlosse geziert sind. So wie Mecklenburgische Steinarten, so werden auch andere Sorten von Marmor zu Kaminen, zu Säulen an Möbeln, zu Tischblättern, Uhrgehäusen u. dgl. verarbeitet. Die Tischlerwerke sind sämtlich von Mahagonyholz und kommen den Berliner Arbeiten dieser Art vollkommen gleich. Durch ihre geschmackvolle Form empfehlen sich die alabasternen Lampen und Girondolen mit Statuen und andern Verzierungen von Bronze. Besonders sind die Ciselirarbeiten vortrefflich. Ich sah hier Kronleuchter von ganz neuer Form, die durch die schöne Bronzearbeit an denselben zu dem Werthe von 120 bis 150 Reichstaler N2/3 verkauft werden, und von welchen bereits einige nach Petersburg gekommen waren. Die an diesen Kronleuchtern befindlichen Crystallperlen werden indeß hier nicht gemacht, sondern nur zusammengesetzt.«[1]

So beschreibt Johann Christian Friedrich Wundemann die Ludwigsluster Fabrik im Jahr 1803. Er ist der wichtigste Chronist der Geschehnisse in Kunst und Kultur im Herzogtum Mecklenburg-Schwerin an der Wende zum 19. Jahrhundert. Die Geschichte der Fabrik ist in den vergangenen 200 Jahren nicht aufgearbeitet worden, auch sind aus ihrer Produktion heute kaum noch Stücke nachweisbar. So ist es an der Zeit, dies nachzuholen.

Zur Fabrikgeschichte

Die Möbel- und Bronzefabrik in Ludwigslust war eine Gründung des Herzogs Friedrich Franz I. Die Vorbereitungen zur Einrichtung begannen im Jahr 1797 und bereits ein Jahr später wurde die Produktion aufgenommen. Für ihr Konzept und die Organisation zeichnete Baron Gregorio von Werder verantwortlich. Er wird wohl den entscheidenden Anstoß zu diesem Projekt gegeben haben, dessen Anlass auch die bevorstehende Hochzeit des Mecklenburger Erbprinzen Friedrich Ludwig mit der Großfürstin Helena Pawlowna von Russland im Jahr 1799 gewesen ist. Die Räume des Paares, die herzoglicher und großfürstlicher Repräsentation wie auch privatem Wohnen dienen mussten, hatten eine angemessene Ausstattung zu erhalten. So wurde von Werder verpflichtet, Friedrich Ludwigs »Etat und Einrichtung« mittels der Fabrik zu beschaffen.[2] Die vielzitierte Kunstsinnigkeit Friedrich Franz' I. kam bei der Fabrikgründung bestimmt ebenso zum Tragen. Über Gregorio von Werder ist kaum etwas bekannt. Aus verschiedenen Stellen der Fabrikakten geht nur sein Sterbedatum – der 21. Juli 1799 – hervor.[3] Jedenfalls stand er mit dem Mecklenburger Landesregenten in bestem, freundschaftlichem Verhältnis: Einmal schickte er per Post einen besonders köstlichen Käse, ein anderes Mal äußerte er sich brieflich überaus schwärmerisch über eine Sängerin und Tänzerin.

Möbel- und Bronzefabrik Ludwigslust, Konsole, Detail, um 1805, Mahagoni auf Nadelholz, Bronzen, Vergoldungen, Staatliches Museum Schwerin, Inv.-Nr. KH 157

1 Ehemalige Fabrik, Schloßfreiheit 3

Der französischsprachige Gründungsvertrag (*pacte*) vom 28. März 1797 sowie die Bestallungsunterlagen des Barons sind im Landeshauptarchiv Schwerin erhalten.[4] Friedrich Franz I. gab für das gesamte Vorhaben 5000 Reichstaler frei und übernahm die von Werder entstehenden Reise- und Aufwandskosten, um in Berlin nicht nur die Ausstattung der Fabrik und die nötigen Produktionsmaterialien einzukaufen, sondern auch hoch spezialisierte Handwerker zu verpflichten. Des Weiteren übertrug der Herzog von Werder die Direktion der Schweriner Schleifmühle, in der die Steine für Kamine und Marmorplatten der Möbel hergerichtet wurden. An der Auswahl der neuesten Modelle und Formen der herzustellenden Artikel sicherte sich Friedrich Franz I. das Mitbestimmungsrecht, außerdem war der Baron dem Herzog direkt unterstellt und nur ihm Rechenschaft schuldig.

Für die Fabrik wurde in Ludwigslust 1797 ein eigenes Gebäude errichtet (Abb. 1), das heute die Adresse Schloßfreiheit 3 trägt.[5] Es diente als Geschäft, aber auch als Wohnung für den Fabriktischler- und Gürtlermeister. Vom hofseitigen Werkstattgebäude ist nurmehr der westliche Seitenflügel erhalten, hier links im Bild.

Der Tischlermeister Timm[6] und der Gürtlermeister Andreas Pohl aus Berlin arbeiteten bis zur Einstellung der Produktion im Jahr 1811 mit jeweils höchstens fünf Gesellen für die Fabrik. Zudem gehörte ein Buchhalter zum Stammpersonal. Friedrich Vollbrecht übernahm diese Position.[7] Überdies waren der Hofsteinmetz Ferdinand Courbet sowie Johann Georg Bachmann auch dort tätig, die hauptsächlich in der Ludwigsluster Kartonfabrik arbeiteten.[8] Ferner waren in der Möbel- und Bronzefabrik der Tischlergeselle Kunkel aus Braunschweig, der Modelleur Thiele,[9] der »Holzstecher« D. Clement, Johann Heinrich Jacobi sowie ein nicht weiter nachweisbarer Herr Koch angestellt.[10]

Der Absatz des Unternehmens basierte anfangs auf dem Kommissionsprinzip, das heißt die Waren wurden in Geschäften außerhalb Ludwigslusts angeboten, weil es wohl zunächst nicht möglich war, ein eigenes Magazin einzurichten. Doch dies änderte sich spätestens im Jahr 1808 infolge der Umorganisation der Fabrik durch den Hofbaumeister Johann Georg Barca.[11] Enge Geschäftsbeziehungen wurden mit Theodor (?) Schultze sowie Philip und Otto von Axen in Hamburg unterhalten, in Güstrow war es die Galanteriewarenhandlung von Rosenow & Lönnies. Über diese vertrieb man Erzeugnisse aus der Fabrik. Über von Axen in Hamburg bezog man des Weiteren Furnierhölzer und Alabasterverzierungen, außerdem nahm man von dort Porzellansachen in Kommission, so dass in Ludwigslust wohl ein komplettes Angebot von Luxuswaren vorrätig gehalten wurde.[12] Entsprechend liest sich die Liste der Käufer wie das Who's who Europas. Es seien vor allem erwähnt: der Zar von Russland, die königliche Familie Dänemarks, darüber hinaus die herzogliche Familie Gothas, der Herzog von Zweibrücken-Mannheim, der Comte von Wallmoden in Hannover und der Graf la Ferté, mit denen die Mecklenburger Regenten dynastisch oder in Freundschaft verbunden waren.

Nach dem Tod von Werders 1799 sah man sich gezwungen, die Fabrik »auf langen Credit« zu verkaufen.[13] Der Buchhalter Vollbrecht übernahm sofort die Führungsposition, genau genommen war diese Lösung ein gut funktionierendes Provisorium, das sich immer noch bewährte, als die Verkaufsbestrebungen 1804 ins Stocken gerieten und schließlich platzten.[14] Bis zur Schließung im Jahr 1811 behielt Vollbrecht den Posten.

Wegen der französischen Besatzung war die Produktion im Juli 1807 zum Erliegen gekommen und konnte erst im Januar 1808 wieder aufgenommen werden.[15] Diese Unterbrechung wurde dazu genutzt, die Fabrik umzuorganisieren. Timm und Vollbrecht reichten verschiedene Verbesserungsvorschläge ein, und am 20. November 1808 zog man schließlich noch den Hofbaumeister Johann Georg Barca hinzu. Seine Maßnahme bestand hauptsächlich darin, die Produktion auszulagern und die Fabrik in ein Möbelmagazin umzuformen. Dabei wurde auch das Werkstattgebäude umstrukturiert, in dem bis dahin die Werkstätten mit fünf Hobelbänken,[16] Zwingentischen zum Furnieren sowie zwei Werktischen für die Marmorverarbeitung Platz gefunden hatten. Die Gießerei war

2 Johann Georg Barca, Grundriss Nr. 1 des Werkstattgebäudes der Möbel- und Bronzefabrik, 1809, Feder, laviert, Landeshauptarchiv Schwerin, 2.26-1/1, 12640

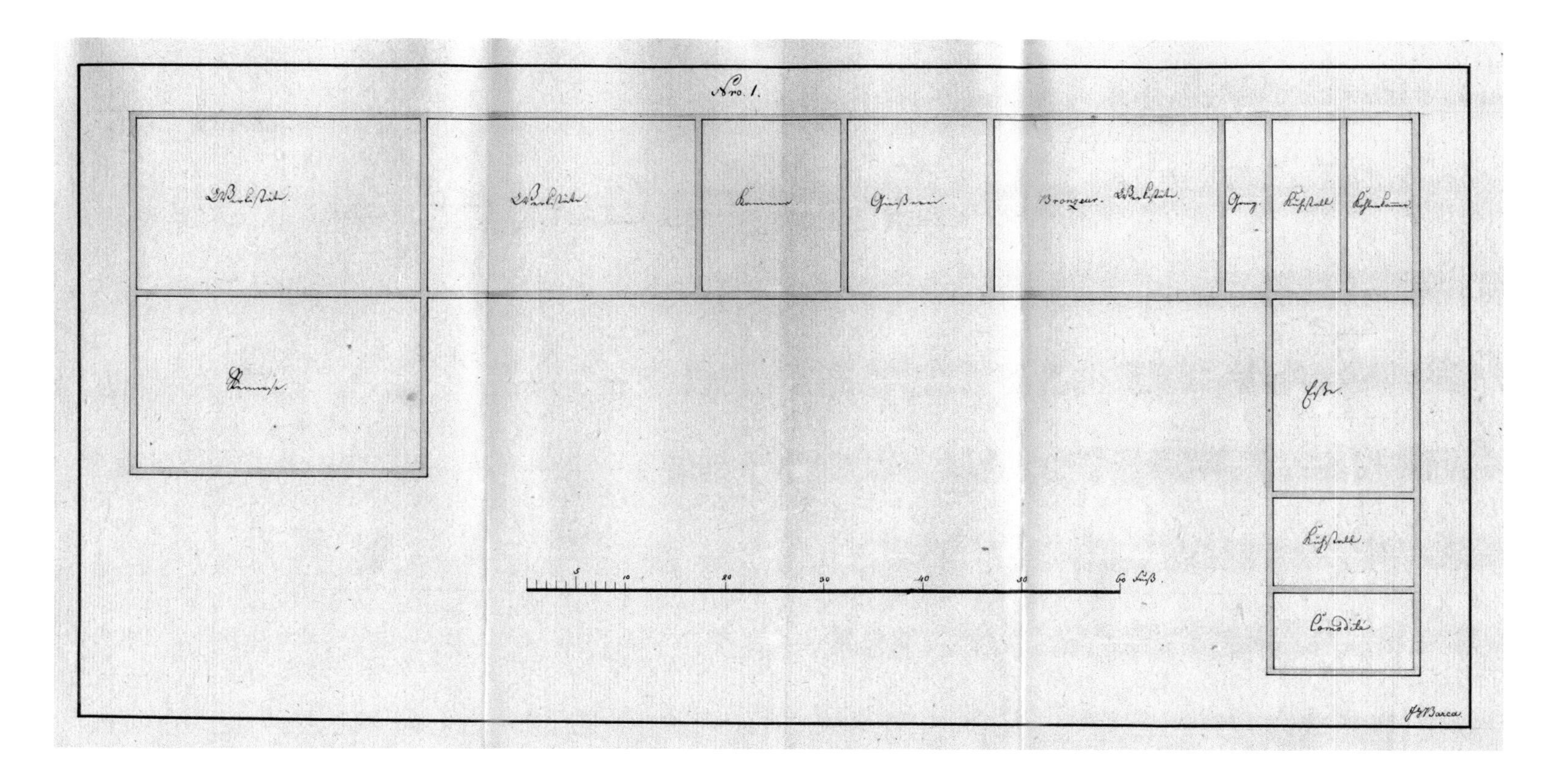

ebenfalls darin untergebracht (Abb. 2). Die Werkstätten im Hofgebäude wurden zum Großteil zu Lagerräumen und Unterbringungen für Bauknechte umfunktioniert. Die Handwerker sollten zukünftig auf eigene Rechnung produzieren und man behielt sich vor, auch andere zu beauftragen. Sie verloren ihre Wohnungen zu freier Logis im Vorderhaus, wo nun das Geschäft eingerichtet wurde. Dort bot man die in der Fabrik hergestellten Waren wie »auch andere zum completen Ammeublement gehörigen Sachen« an – sogar aus Paris bezogene Tapeten, die in Hamburg sehr teurer waren.[17] Im April 1811 übernahm Barca dann offiziell die Leitung der Fabrik, doch schon Mitte Mai wurde die Schließung wegen mangelnden Absatzes und zu großer Tischlerkonkurrenz verfügt.[18] Die komplette Auflösung zog sich noch bis zum Jahr 1817 hin, als Friedrich Franz I. veranlasste, die übrigen Gerätschaften »à tout prix« von Barca verkaufen zu lassen.[19]

Seit den 1920er Jahren wird kolportiert, dass der Hofarchitekt Barca sich der Möbel- und Bronzefabrik deshalb intensiv annahm, weil er dort eigene Möbelentwürfe realisieren konnte.[20] Jedoch stammen all seine bekannten Entwürfe aus dem Zusammenhang mit der Ausstattung eines Appartements im Ludwigsluster Schloss, das für Paul Friedrich anlässlich seiner Hochzeit mit Alexandrine von Preußen 1822 grundlegend umgestaltet worden ist. Die Fabrik war zu jenem Zeitpunkt allerdings bereits etwa elf Jahre geschlossen.

Erhaltene Möbel aus der Ludwigsluster Fabrik

Die Produktpalette des Unternehmens beinhaltete ein breites Repertoire aus allen erdenklichen Möbeln und Bronzewaren. Die gesamte Einrichtung eines Haushaltes, ob für einen Bürger oder Kaiser, konnte mit dem Angebot abgedeckt werden. Die einzelnen Möbeltypen wurden in der Anfangszeit noch nummeriert. So kann auf mindestens fünf verschiedene Modelle für Kommoden (teilweise mit Marmorplatte), sechs Modelle Sekretäre, drei Modelle Schreibtische, drei verschiedene Spieltische, sieben Arbeitstische (teilweise mit Schreibzeug und Korb), sieben Modelle »Schilderei Rahm« (wahrscheinlich sind Bilderrahmen gemeint), sechs unterschiedliche Uhrengehäuse und mindestens drei verschiedene Spiegelrahmen geschlossen werden. Weitere Erzeugnisse waren: Teemaschinen aus Eisen, Spinde, Reiseschatullen, Tabakskästen, Geldkisten, Bettstellen, Gardinenkästen und -stangen, Stühle, Postamente, Damebretter, Geldschränke aus Eisen, Fußbänke, Wiegen, Girandolen, Nachtstühle, Schreibpulte, Toilettetische, Barbierstühle, Bücherschränke, Spinde, Kaminschirme, Glaskästen für Uhren, Uhrgehäuse, Schatullen und Barometerbretter.[21] Zu den Bronzewaren, die in Ludwigslust gefertigt wurden, gehörten nicht nur Beschläge für die Möbel, darunter Griffe, Schlüssellochschilder und -buchsen, Knäufe und Knöpfe, Zierleisten und -stäbe, Rosetten und figurale Beschläge, sondern auch Leuchter aller Art. Schalen, Körbe und Ringe, Kleiderknöpfe sowie Zaumzeug und Kutschenzierrat für die herzogliche Familie und Sargbeschläge kamen noch hinzu.[22] Der Herstellungsumfang im Zeitraum 1799–1805 kann zwar nicht mit einer Stückzahl angegeben werden, doch ist belegt, dass beispielsweise der Gelbgießer Pohl Waren im Wert von circa 3000 Reichstalern jährlich ablieferte, weil er für jedes angefertigte Stück eine Rechnung ausschrieb. Da solche Rechnungen von den Tischlern besonders lückenhaft überliefert sind, kann man den Wert der hergestellten Tischlerwaren nicht genau beziffern. Jedoch muss er ähnlich immens gewesen sein.[23]

Herzog Friedrich Franz I. und die Mitglieder seiner Familie gehörten über Jahre hinweg zur Stammklientel. Dafür gibt es viele Quellen, die allerdings nicht mit der Ausstattung eines einzelnen Gebäudes in Verbindung gebracht werden können.[24] Auch handelte es sich nicht um eine geschlossene Ausstattung, sondern um einzelne Möbelstücke oder Bronzewaren, die bestellt wurden. Je ein Paar Konsolen und Kommoden (Abb. 3–4) können der Fabrik zugeschrieben werden: Hierfür spricht erstens der Vermerk im Inventar

3 Möbel- und Bronzefabrik Ludwigslust, Kommode, um 1805, Mahagoni auf Nadelholz, Bronzen, Vergoldungen, 78,5 × 121,5 × 57 cm, Staatliches Museum Schwerin, Inv.-Nr. KH 162

4 Möbel- und Bronzefabrik Ludwigslust, Konsole, um 1805, Mahagoni auf Nadelholz, Bronzen, Vergoldungen, 74,5 × 146,5 × 54,5 cm, Staatliches Museum Schwerin, Inv.-Nr. KH 157

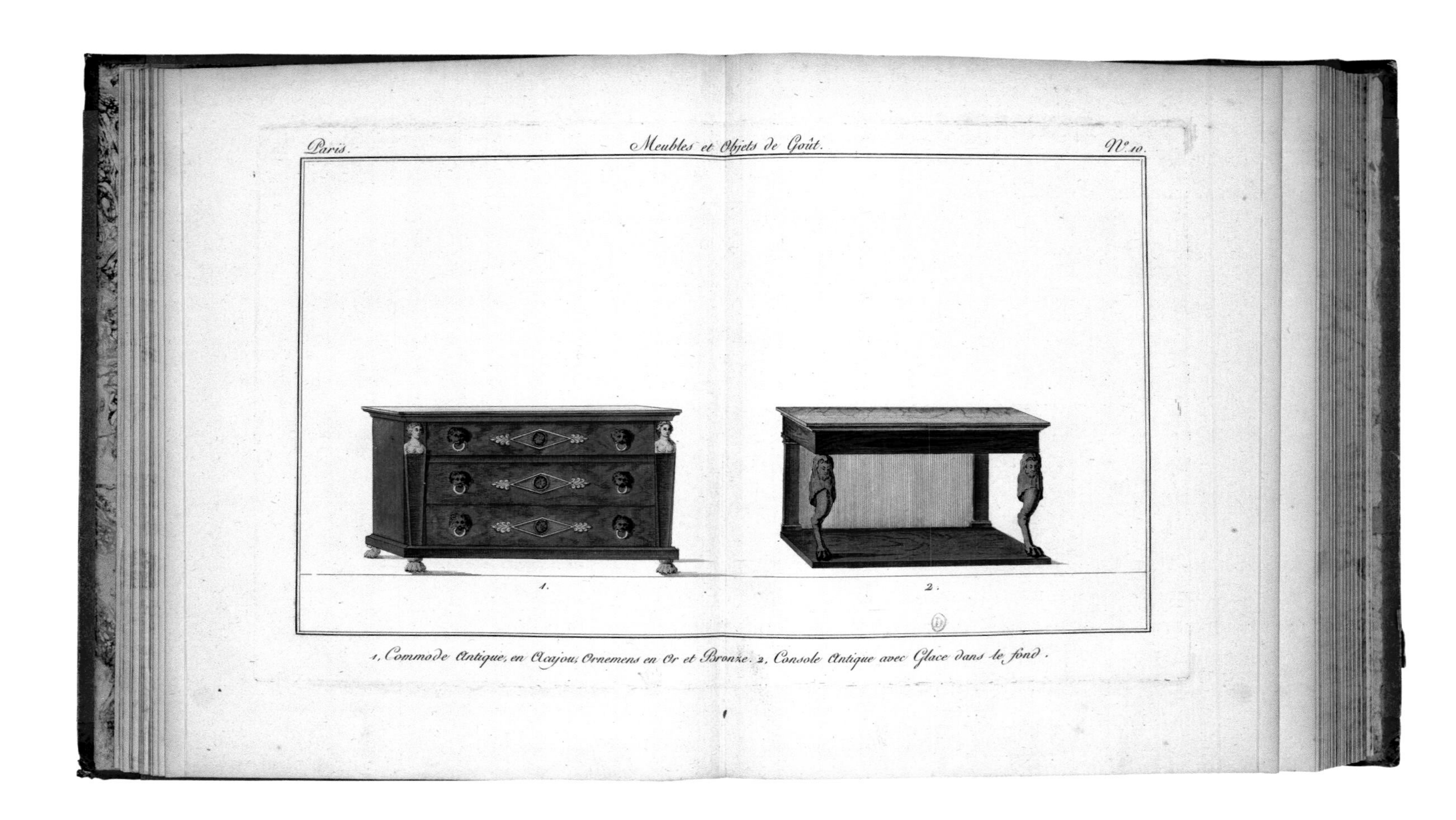
Paris.
Meubles et Objets de Goût.
N.º 10.
1.
2.
1, Commode Antique, en Acajou, Ornemens en Or et Bronze. 2, Console Antique avec Glace dans le fond.

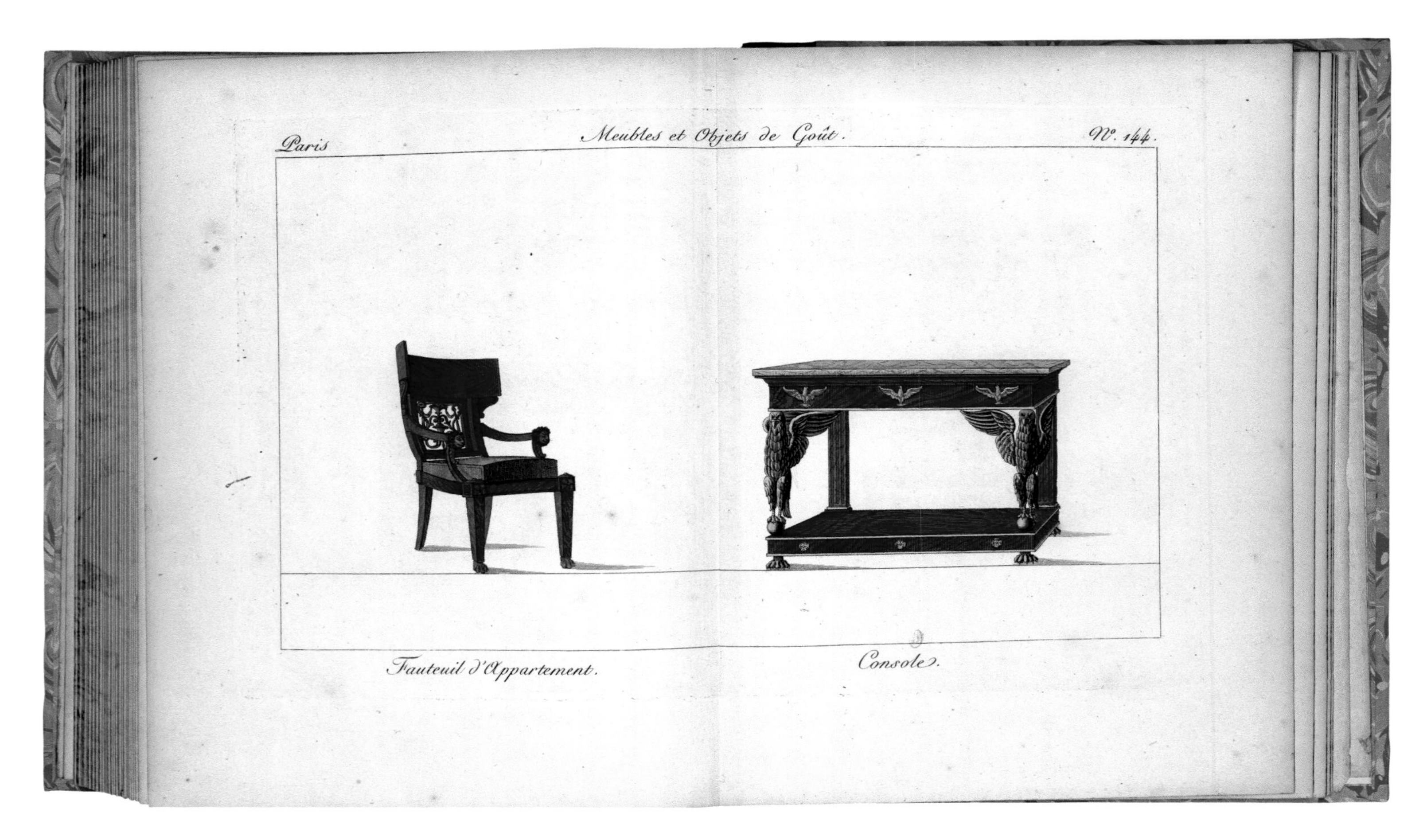
Paris
Meubles et Objets de Goût.
N.º 144.
Fauteuil d'Appartement.
Console.

des Staatlichen Museums Schwerin, dass sie im herzoglichen Palais in Bad Doberan aufgestellt waren und aus großherzoglichem Vorbesitz stammen. Zweitens befindet sich in den Fabrikakten eine Rechnung der Hamburger Verlagsbuchhandlung von Benjamin Gottlob Hoffmann über ein Vorlagenwerk mit dem Kurztitel »Modelle für Tischler«.[25] Gemeint ist damit die »Sammlung von Zeichnungen der neuesten Londner und Pariser Meubles als Muster für Tischler«, eine zwischen 1799 und 1815 herausgegebene Reihe. Sie enthält viele Objekte aus der zeitgleichen, sehr eleganten Pariser Publikation »Collection de Meubles et Objets de Goût«.[26] Die Rechnung Hoffmanns datiert auf den 20. Juli 1802,[27] aber man darf wohl davon ausgehen, dass es nicht bei einer einzigen Bestellung geblieben ist. In der Ausgabe des deutschsprachigen Titels aus dem Jahr 1804 sind Konsolen und Kommoden abgebildet, die mit den Ludwigsluster Stücken vergleichbar sind. Bereits 1802 waren sie als kolorierter Stich in der französischen Zeitschrift publiziert worden (Abb. 5). Die Ludwigsluster Konsolen stimmen hauptsächlich in der Raumauffassung mit diesen Entwürfen überein. Die Dekoration mit Vögeln, die die Platte der Wandtische tragen, entspricht allerdings eher einem Stich derselben Reihe aus dem Jahr 1804 (Abb. 6), wobei in Ludwigslust Schwäne – das Doberaner Wappentier – anstelle von Adlern gewählt worden sind. Die drei auf dem Stich wiedergegebenen runden Beschläge in der Sockelzone wurden am Möbel ebenfalls umgesetzt. Zusätzlich ist ein vergoldeter Fries mit Palmetten unter der Platte angebracht. In ihrer gesamten Dekoration und Proportion stehen die Kommoden eher einer weiteren Vorlage von 1804 nahe (Abb. 7). Die Beschläge an den Möbelstücken sind heute jedoch zum Teil verändert. Eine Fotografie aus den 1920er Jahren zeigt wahrscheinlich noch die originalen Bronzen und eine der Konsolen sowie den dazugehörigen Trumeauspiegel (Abb. 8). Der hauptsächliche Unterschied zwischen den in Ludwigslust ausgeführten Kommoden und den französischen Vorlagen besteht darin,

5 Collection de Meubles et Objets de Goût, 1802, Band 1, S. 15, No. 10

6 Collection de Meubles et Objets de Goût, Konsole 1804, Band 3, S. 51, No. 144

7 Collection de Meubles et Objets de Goût, Kommode 1804, Band 3, S. 52, No. 145

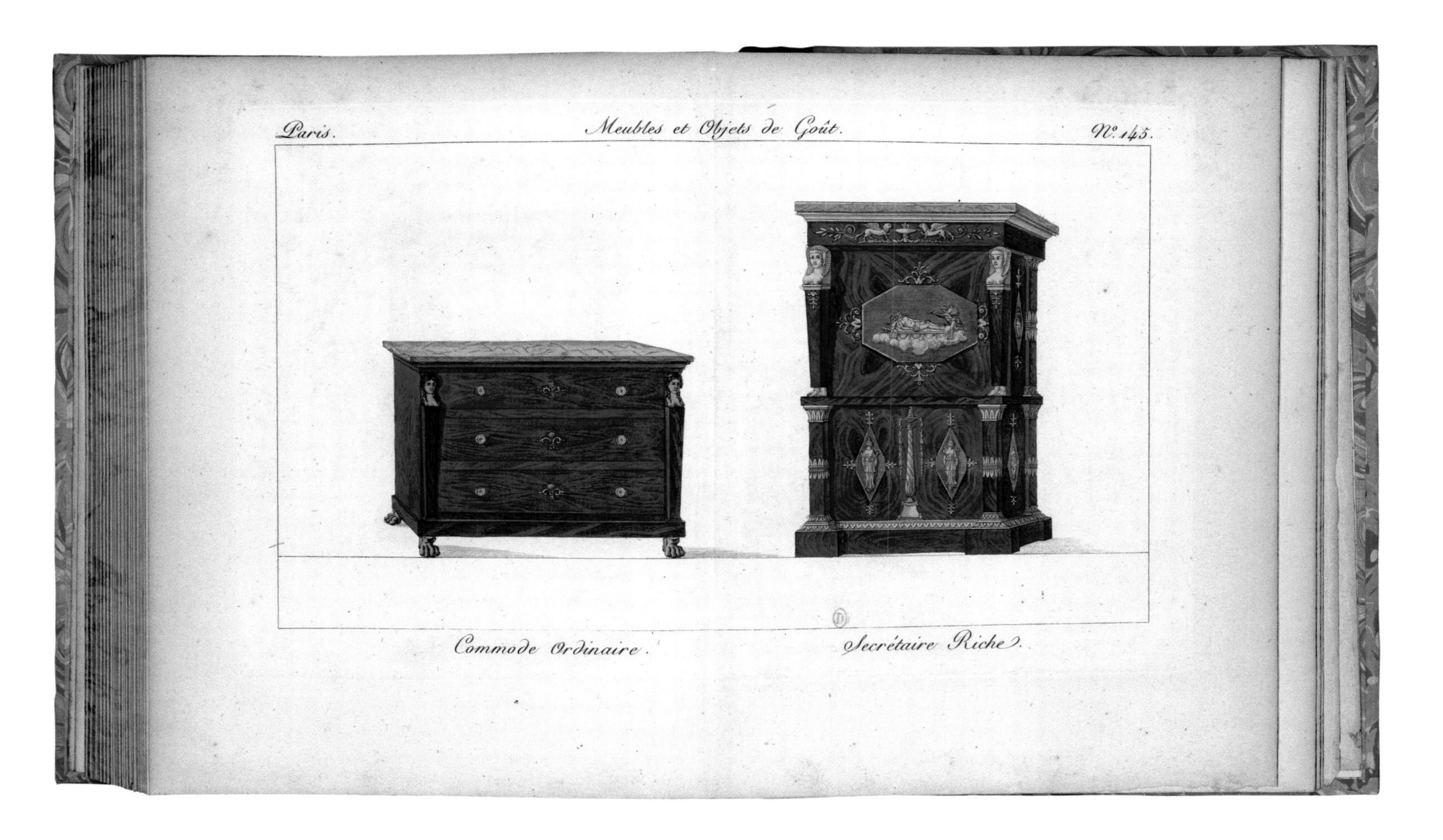

8 Bad Doberan, Konsole mit Trumeauspiegel der Möbel- und Bronzefabrik, Fotografie aus den 1920er Jahren, in: Brandt 1925, S. 173

9 Möbel- und Bronzefabrik Ludwigslust, Postament zu einem Leuchter, um 1800, Bronze, 32 × 24 × 24 cm, Staatliches Museum Schwerin, Inv.-Nr. KH 905

dass statt der Hermenpilaster in Ludwigslust ägyptisierende Büsten Verwendung fanden und auf runde Handhaben links und rechts an den Schubkästen verzichtet worden ist. Zudem wurde unter der Platte ein Eierstab angebracht. Anders als in Frankreich üblich, weisen die Mecklenburger Möbel keine abnehmbare marmorne, sondern eine feste, furnierte Deckplatte auf. Die Füße in Form von Löwenklauen entsprechen hingegen der Vorlage.

Ägyptisierende Dekoration erscheint noch prägnanter an einem bronzenen Postament zu einem Lüster, das ebenso aus der Fabrik stammt (Abb. 9). An den Seiten sieht man vergoldete Applikationen von Feuerschalen auf Greifenfüßen. Sie sind mit einem Band- und Kettenwerk verziert. Die beiden Füße an den Chimären zeigen als Standmotiv eine leicht geöffnete Stellung, wodurch sie den Pilastern an den Kommoden ähneln. Andere zeitgenössische Stücke verfügen jedoch nahezu immer über eine geschlossene Stellung. Der Verweis auf dieselbe Fußstellung bei dem Postament wie auch bei den Pilastern der Kommoden wäre als alleiniges Argument für die Entstehung in der Ludwigsluster Fabrik zu vage. Aber eine Rechnung aus der Möbel- und Bronzefabrik gibt Auskunft über eine Lieferung von »2 Girandols von Bronce mit Sphinxen« zu 40 Reichstalern das Stück für Friedrich Franz I.,[28] die nach Doberan geschickt wurden. Da das Postament aus großherzoglichem Besitz stammt, kann die Schlussfolgerung gezogen werden, dass es in der Fabrik produziert wurde.

Die Herkunft eines Leuchters (Abb. 10), dessen Pendant seit dem Zweiten Weltkrieg verschollen ist,[29] lässt sich weitaus schwieriger ermitteln. Das Spezifische an dem Leuchter ist die Oberfläche des Schaftes aus Paste, die grauen Granit imitiert. Die goldenen

Ornamente sind gleichfalls aus Holz oder Paste hergestellt, lediglich die vier Arme bestehen aus vergoldeter Bronze. Dieses Stück aus ursprünglich großherzoglichem Besitz ist vermutlich ebenso eine Arbeit aus der Möbel- und Bronzefabrik. Leider ließ sich unter den erhaltenen Rechnungen keine Position finden, die mit dem Leuchter übereinstimmt. Neben einer allgemeinen stilistischen Ähnlichkeit zu den vorgenannten Möbeln sind es vor allem die ähnlichen Löwenklauen, die jenen der beiden Kommoden ähneln und die Herstellung in der Fabrik nahelegen.

In Schloss Ludwigslust wurde in der Zeit um 1800 das zweite Obergeschoss des Westflügels vom Erbprinzen Friedrich Ludwig genutzt. Möglicherweise erfolgte, wie eingangs erwähnt, anlässlich seiner Hochzeit 1799 eine Neuausstattung. 1822 wurde dasselbe Appartement wegen der Hochzeit seines Sohnes Paul Friedrich von Johann Georg Barca erneut umgestaltet, doch blieben im Zuge dieser Maßnahmen viele Kamine unberührt. Aufgrund ihres singulären Stils und dank ihrer Erwähnung durch Wundemann im Jahr 1803 können sie als Erzeugnisse aus der Fabrik identifiziert werden.[30] Zudem befanden sich noch in den 1920er Jahren im Doberaner Palais ein Bett und einige Sitzmöbel,[31] die wahrscheinlich ebenso in Ludwigslust gefertigt wurden, aber zusammen mit einigen Kronleuchtern der Manufaktur bislang nicht eindeutig zugeschrieben werden konnten.

Die Ludwigsluster Möbel- und Bronzefabrik gehört zu den zahlreichen Fabriken, die im deutschsprachigen Raum seit dem Ende des 18. und in der ersten Hälfte des 19. Jahrhunderts gegründet wurden. Neben Berlin, Hamburg, Altona und Stralsund[32] wäre hier nicht zuletzt die Werkstatt Roentgens in Neuwied zu erwähnen. Als eine herzogliche Gründung aber ist die Ludwigsluster Möbel- und Bronzefabrik wohl einzigartig.

10 Standleuchter, H. 158 cm, Staatliches Museum Schwerin, Inv.-Nr. KH 190

1 Wundemann 1803, S. 299–301. Der vorliegende Beitrag basiert auf der noch unveröffentlichten Dissertation des Autors »Möbeltischlerei und höfische Raumausstattungen im (Groß-)Herzogtum Mecklenburg-Schwerin vom Ende des 18. bis zur Mitte des 19. Jahrhunderts«, die zum Thema weitere Informationen enthält.
2 Landeshauptarchiv Schwerin (LHAS), 2.26-2 Hofmarschallamt, 2390.
3 Margaretha und Heinrich hießen seine Kinder, LHAS, 2.26-2 Hofmarschallamt, 6072 u. 6072b.
4 LHAS, 2.26-2 Hofmarschallamt, 2388.
5 LHAS, 2.26-1/1 Kabinett 1, 12640. 1810 will von Boddin das Gebäude der Kartonfabrik kaufen. Als neuen Standort für jene Fabrik schlug Johann Georg Barca das Alte Waschhaus vor. Saubert 1899, S. 57. Damit hätten beide Fabriken nebeneinandergelegen; es trat aber nicht ein, da das Haus im Jahr 1810 an den Töpfermeister Bartels verkauft wurde. LHAS, 2.26-2 Hofmarschallamt, 1770.
6 Dobert 1920, S. 105, gibt an, dass Timm aus Berlin zur Verbesserung der Produktion engagiert wurde, womit Barca vermeiden wollte, dass die bereits beschlossene Auflösung der Fabrik tatsächlich realisiert würde. Dies stimmt nicht mit den Akten im LHAS überein.
7 LHAS, 2.26-2 Hofmarschallamt, 1645.
8 LHAS, 2.26-1/1 Kabinett 1, 12640. Briefwechsel zwischen von Werder und Herzog Friedrich Franz I. vom Dezember 1797.
9 Ebd., 12644.
10 Ebd., 13375.
11 Ebd., 12640 u. 12644.
12 LHAS, 2.26-2 Hofmarschallamt, 2419 u. 2422.
13 Ebd., 2388. Am 29. September 1804 erging der Befehl an den Fabrikbuchhalter Vollbrecht, dem Käufer den Kredit nur noch auf ein weiteres halbes Jahr zu gewähren.
14 LHAS, 2.26-1/1 Kabinett 1, 12640.
15 Ebd., 12640. Brief des Buchhalters Vollbrechts vom 24. November 1807.
16 LHAS, 2.26-2 Hofmarschallamt, 2396.
17 LHAS, 2.26-1/1 Kabinett 1, 12640.
18 Ebd., 12649.
19 Ebd., 12640, 12660 u. 2.26-2, 2422.
20 Dobert 1920.
21 LHAS, 2.26-2 Hofmarschallamt, 2396, 2398.
22 Ebd., 2397, 2402, 2405.
23 LHAS, 2.26-1/1 Kabinett 1, 12645.
24 Es gibt nur einen Hinweis vom 12. April 1800 über eine Lieferung von Möbeln in das Schloss Ludwigslust. LHAS, 2.26-1/1 Kabinett 1, 5250/211, fol. 105. Den Hinweis verdanke ich Karin Annette Möller, Staatliches Museum Schwerin.
25 LHAS, 2.26-2 Hofmarschallamt, 2403.
26 La Mésangère 1802/04.
27 LHAS, 2.26-2 Hofmarschallamt, 2403.
28 Ebd., 2422.
29 Möller/Fried 2005.
30 Brandt 1925, Abb. S. 127, 129, 171.
31 Ebd., Abb. S. 172, 182, 183. Staatliches Museum Schwerin, Inv.-Nr. KH 161 Bett (ebd., S. 172), KH 684/685, 1588/1589, 1592/1593 Stühle (ebd., S. 168).
32 Janke 2013.

Sylva van der Heyden

Die Papiermachéproduktion in Ludwigslust

Am 15. Juni 1790 verweilten die jungen Prinzen Ludwig Friedrich und Karl Günther von Schwarzburg-Rudolstadt in Ludwigslust, der Residenz der Herzöge von Mecklenburg-Schwerin. In ihren Tagebüchern hinterließen sie Bemerkungen über ein mittlerweile fast vergessenes, aber höchst beeindruckendes Produkt des ausgehenden 18. Jahrhunderts: Papiermachéskulpturen aus der Herzoglichen Kartonfabrik. Die Reisegesellschaft besichtigte den Schlosspark mit dem »Kaisersaal«, »wo alle Büsten der Kaiser in Carton stehn« und die Produktionsstätte dieser Kartonerzeugnisse, »die sehr wohl eingerichtete Carton Fabrique, nebst ihren (sic!) großen und mannigfaltigen Vorrath von sehr schönen Arbeiten.«[1] Noch heute zeugen die damals von den Prinzen erworbenen Karton- bzw. Papiermachéobjekte in der Sammlung des Landesmuseums Heidecksburg nicht nur von diesem Besuch, sondern auch von dem hohen Ansehen, das die Ludwigsluster Papiermachéproduktion genoss.[2]

Papiermaché im Kontext von Kunst und Kunsthandwerk in der zweiten Hälfte des 18. Jahrhunderts

Dem heutigen Betrachter und Besucher des Schlosses Ludwigslust mag die Verarbeitung und Wertschätzung eines wenig qualitätvollen und unedlen Materials ungewöhnlich und merkwürdig erscheinen. Jedoch war Papiermaché, auch Pappmaché oder Steinpappe genannt, ab der zweiten Hälfte des 18. Jahrhunderts für die Dauer von 100 Jahren ein durchaus gebräuchlicher Werkstoff zur Fertigung von praktischen wie pretiösen Gegenständen. Der Herstellungsprozess ist seit dem ersten Auftreten im europäischen Raum im 15. Jahrhundert unverändert:[3] Das Wort »Papiermaché« ist dem französischen *papier mâché* (»gekautes Papier«) entlehnt und beschreibt somit ganz bildlich den Papierbrei, der aus zermahlenen Stoff- und Papierresten angerührt wird. Über die Variierung der Zutaten – Faserstoffe und verschiedene Zusatzstoffe – ist es möglich, die Konsistenz der Papiermasse zu beeinflussen, so dass diese in Formen gegossen oder wie Wachs mit Bossierwerkzeugen bearbeitet werden kann. Neben der Möglichkeit, einen Papierbrei zu mischen, ist eine weitere Technik überliefert, die mittlerweile unter der Bezeichnung »Papierkaschee« geläufig ist:[4] Gemeint ist das Übereinanderlegen von unterschiedlich großen Papierabschnitten, die jeweils mit Leim oder anderen Bindemitteln getränkt werden, um sie dann in eine Hohlform zu pressen oder über ein Objekt zu formen. Das Endprodukt dieser Schichttechnik besitzt aufgrund der längeren Faserstoffe mehr Stabilität als die Massetechnik, die mit stark zerkleinerten Faserstoffen arbeitet, und eignet sich besonders gut für rundplastische Objekte, wie sie auch in Ludwigslust hergestellt wurden.[5]

In Europa wurde die Ära des Papiermachés eingeläutet, als es gelang, die Erzeugnisse mittels eines Lacküberzuges wasser- und hitzeresistent zu machen. Die Gebrüder Martin in Paris erfanden und verwendeten ab 1730 einen solchen Lack für ihre Papiermaché-

Dekore am Architrav und Deckengewölbe im Goldenen Saal

waren, den sogenannten »Vernis Martin«.[6] In Mittelengland entstanden ab den 1760er Jahren gleich an mehreren Produktionsstätten Papiermachéobjekte, die den Namen *japanned goods* trugen: Dekorative Artikel, Kleinmöbel und Galanteriewaren aus Papiermaché wurden einem Lackierverfahren unterzogen, das die Optik und Eigenschaften japanischer Lackwaren imitierte.[7] In Deutschland wiederum bestrich die seit 1763 operierende Manufaktur Stobwasser in Braunschweig auch Dosen, vor allem Schnupftabaksdosen, sowie Kleinmöbel und dekorative Gegenstände aus Papiermaché mit schwarzem Lack und produzierte auf diese Weise Lackkunstobjekte hoher Popularität.[8] Die Braunschweiger Hofspiegel- und Kartonfabrik stellte ab 1775 Konsolen, Kronleuchter, Uhrgehäuse, Tapetenleisten, Spiegel- und Bilderrahmen aus Papiermaché her und fasste sie farbig.[9] Manufakturen in Thüringen und Oberfranken widmeten sich seit Beginn des 19. Jahrhunderts der Verarbeitung von Papiermaché zu Spielwaren und perfektionierten diesen Produktionszweig bis weit in das 20. Jahrhundert.[10] Ein »Nachbildner der Natur in Papiermaché« in Rodach etwa hatte ab 1803 zunächst mit den Büsten Napoleons und Luthers besonderen Erfolg, bevor er sich auf Spielwaren spezialisierte.[11]

Die erwähnten Gegenstände geben bereits Aufschluss über die vielfältige Verwendung des Werkstoffs, doch reicht die Nutzung noch weit darüber hinaus. So wurden Gitarren, Perücken, Kutschen, Klavierkorpusse und sogar ganze Gebäude aus Papiermaché konstruiert[12] und auf nationalen wie internationalen Ausstellungen präsentiert.[13] Erst zum Ende des 19. Jahrhunderts begannen Konsumenten das Material Papiermaché als qualitativ minderwertig zu betrachten. Denn trotz aller aufwendiger Verfahren, die die natürlichen Zerfallsprozesse dieses organischen Materials und der daraus gefertigten Gegenstände eindämmen sollten und es auch taten, blieb die Haltbarkeit der Papiermachéwaren vor allem bei alltäglicher Nutzung begrenzt.

Die Besonderheit der Herzoglichen Kartonfabrik in Ludwigslust (Abb. 1) bestand in der Konzentration des Hauptgeschäfts auf die Reproduktion bekannter Bildwerke: Skulpturen, Büsten und Basreliefs. Mit diesem Sortiment stellte sich die Kartonfabrik in eine Reihe mit den Kunstmanufakturen, die sich ebenfalls in der zweiten Hälfte des

1 Die Herzogliche Kartonfabrik, heute das Rathaus der Stadt Ludwigslust

18. Jahrhunderts der Herstellung und der Verbreitung von Kopien bekannter und beliebter antiker Bildwerke in unterschiedlichen Materialien widmeten. So entstanden im sächsischen Lauchhammer ab 1784 rundplastische Waren aus Eisenguss,[14] während die Porzellanmanufakturen in Fürstenberg und Gotha ab circa 1780 miniaturisierte Figuren und Büsten aus feinstem Bisquitporzellan produzierten[15] und in Weimar ab 1789 die Toreuticawaren – aus Kunstbackstein gefertigte Objekte – des Bildhauers Martin Gottlieb Klauer verkauft wurden.[16] Für all diese Manufakturen galten die gleichen Fertigungs- und Vertriebsprozesse: Es wurden Vorlagen besorgt, aus denen die Produzenten Modelle in der dem Endprodukt entsprechenden Größe herstellten. Die Erzeugnisse gingen direkt in den Verkauf, in Warenlager oder wurden über Kommissionäre regional und überregional angeboten, zum Beispiel in den Handelszentren Hamburg und Leipzig. Da sich die Produktionszeit und die Preise der in den Kunstmanufakturen hergestellten Werke aufgrund der jeweiligen Materialbeschaffenheit unterschieden, galt es diese Differenzen vorteilhaft zu bewerben. Die Kartonfabrik Ludwigslust und ihre Kommissionäre schalteten Zeitungsanzeigen, in denen sie die Vorzüge des Werkstoffs Papiermaché als Kaufargument herausstellten:[17] Die Waren hätten sehr schöne scharfe Formen, seien »sehr leicht, dauerhaft«[18] und »so wie man solche bisher in Porcellain und Gips gesehen, anjetzt (sic!) von Papier«.[19] Die Preise seien »verschieden aber äußerst billig«, und auf Verlangen könne man größere Stücke »so verfertigen laßen, daß sie die Witterung aushalten und im Freyen aufgestellt werden können.«[20]

Die Fertigung witterungsbeständiger Papiermachéfiguren war ein Alleinstellungsmerkmal der Kartonfabrik in Ludwigslust. Der Schlossgarten in unmittelbarer Nähe zur Produktionsstätte diente gleichsam als Ausstellungsraum unter freiem Himmel für Figuren, Büsten und Vasen. Etliche Besucher hielten die Eindrücke des Parks und der darin präsentierten Papiermachéobjekte in schriftlicher und bildlicher Form fest. So beschreibt der Schriftsteller Thomas Nugent in seinem 1782 in deutscher Übersetzung erschienenen Reisebericht erstmals zwölf römische Kaiserbüsten »aus bloßer Pappe«, die im Ludwigsluster Schlosspark standen.[21] Die Illustrationen von Johann Dietrich Findorff, die sowohl Nugents englische Originalausgabe als auch die deutsche Übersetzung begleiteten, zeigen den Kaisersaal als Wandelplatz inmitten hochgewachsener Bäume. Einzelne Besucher und Grüppchen flanieren auf dem rechteckigen Platz, dessen Längsseiten jeweils von acht Büsten mit den Porträts römischer Kaiser auf hohen Postamenten flankiert werden (S. 115, Abb. 2).[22]

Wenig später, im Jahr 1790, fand der einleitend genannte Besuch der Prinzen von Schwarzburg-Rudolstadt statt, die gemeinsam mit ihrem Gesellschafter Friedrich Wilhelm von Ketelhodt durch den Park geführt wurden. Während die Prinzen den Kaisersaal, »wo alle Büsten der Kaiser in Carton stehn«,[23] nur kurz erwähnen, zeigt sich von Ketelhodt sichtlich beeindruckt von den Brustbildern, die »ob sie gleich Wind und Wetter schon seit einigen Jahren exponirt sind, doch davon so wenig gelitten haben, daß man sie ihren Glanz und ihre Schönheit nach in einer geringen Entfernung für Italienischen Marmor halten kann«.[24]

1812 berichtet der in Weimar wirkende Schriftsteller Johann Stephan Schütze von »Büsten aus der Orts-Pappfabrik, die weiß überfirnißt, jeder Witterung Trotz bieten« und die Ruhesitze an den Terrassen entlang des Kanals zieren. Auch Schütze hebt den Kaisersaal hervor, als »eine besondere Abteilung im Gehölze (…) den 16 Büsten auf hohen Postamenten aus der erwählten Fabrik umreihen, unter denen August, Nero, Scipio Afrikanus, Antonin und andre Helden der Vorzeit mit ausdrucksvollen Gesichtern den Wandrer anstarren«.[25] Und im Jahr 1828 erscheinen dem Autor Karl Julius Weber die Büsten im Ludwigsluster Park merkwürdig, da sie »weder von Metall noch Marmor, weder von Holz noch Stein, sondern von Pappe mit Firniss überzogen«[26] sind. Die zeitgenössischen Schilderungen bezeugen somit eine als Besonderheit wahrgenommene Eigenschaft in der Herstellung der Ludwigsluster Figuren.

Von der Papp-Fabrik zur »Großherzoglichen Carton-Fabrique«

Bevor die gewerbsmäßige Herstellung witterungsbeständiger Papiermachébüsten der Herzoglichen Kartonfabrik einsetzte, diente die ortsansässige Produktion zunächst dazu, die zwischen 1765 und 1770 erbaute Schlosskirche und das 1772–1776 unter dem Baumeister Johann Joachim Busch neu errichtete Schloss Ludwigslust auszustatten. In der Schlosskirche schmücken spätbarocke vergoldete Elemente aus Papiermaché die zweigeschossige Loge des Herzogs und seiner Familie (Abb. 2). An der Altarwand, gegenüber der herzoglichen Loge, spannt sich vom Boden bis zur Decke ein zweiteiliges Altarprospekt, dessen Malgrund aus großen quadratischen Kartonplatten besteht (S. 79, Abb. 28).[27] Auch weitere Details der Innenausstattung wie die Deckenverzierungen wurden aus Papiermaché gefertigt. Die im Umgang mit dem Material gesammelten Erfahrungen flossen anschließend in den Ausbau der Schlossräume ein. Das Papiermaché verbirgt sich hier geschickt unter den farbigen und goldenen Fassungen an Wänden, Säulen und Decken. Insbesondere Details der prachtvollen Ausstattung im Goldenen Saal – die Kränze an den goldenen Säulenbasen, die Festons an der Galerie, die Verzierungen an der Decke und die Vasen in den Nischen – bestehen in ihrem Kern aus Papiermaché (Abb. S. 242).

Die Produktion des Papiermachés war während des Kirchen- und Schlossneubaus der Bauhütte unterstellt und hatte ihren Platz in der Lakaienbaracke am Wasserbassin der Kaskaden vor dem Schloss.[28] 1773 erließ Herzog Friedrich die Order an die herzoglichen Ämter und Collegien, Makulatur für die Herstellung von Papiermaché abzuliefern.[29] Erst 1806 bezog die Herzogliche Kartonfabrik – ab 1815 Großherzogliche Kartonfabrik – ein eigenes Gebäude in der Schloßstraße in Ludwigslust.[30] Der aus dem Planungszeitraum überlieferte Grundriss des unverputzten Backsteinbaus zeigt die Aufteilung in einen privaten und einen geschäftlichen Bereich (Abb. 3). Im Untergeschoss befanden sich die Produktionsräume und der Trocknungsraum, hier »Back-Stube« benannt, mit dem so wichtigen »colossalen Ofen«[31] sowie die Privaträume des Fabrikinspektors. Das Obergeschoss bot ausreichend Platz für die Lagerung der fertigen Papiermachéobjekte und der Formen.

Mit den systematisch geführten Rechnungsheften der Herzoglichen Kartonfabrik, die über erste Rechnungen vom »Johannis 1783«[32] und ab Juli 1784 über Warenein- und ausgänge dezidiert Auskunft geben, beginnt die für die Nachwelt nachvollziehbare Tätigkeit der Manufaktur.[33] Das dort gelistete Sortiment bestand aus Vasen, Büsten, Tapetenleisten,

2 Die herzogliche Loge in der Hofkirche, Detail

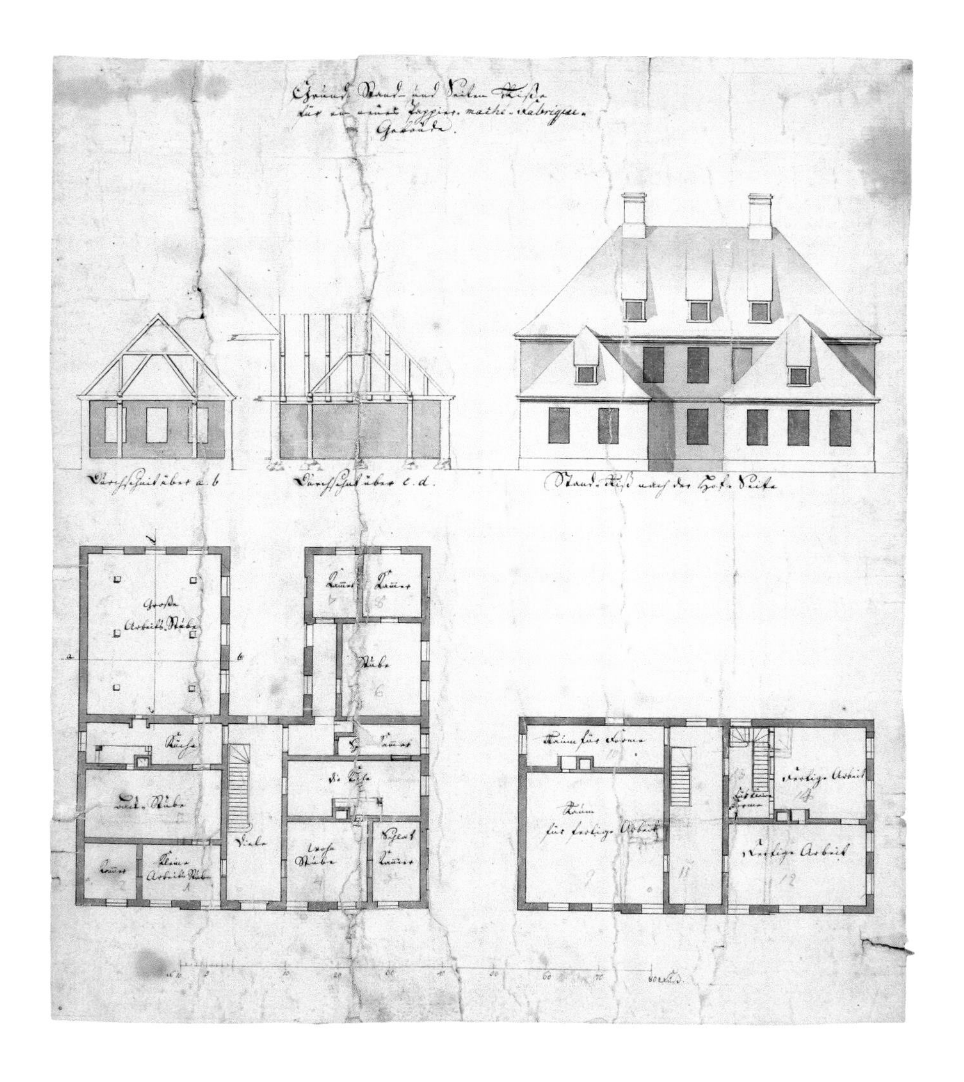

3 Entwurf für die Kartonfabrik, vor 1806, Feder und Pinsel in Grau, 320 mm × 276 mm, Staatliches Museum Schwerin, Inv.-Nr. 2060 Hz

4 Herzogliche Kartonfabrik, Schrank, um 1790, Holz mit Applikationen aus Papiermaché, weiß gefasst und vergoldet, 145 × 106 × 40 cm, Staatliches Museum Schwerin, Inv.-Nr. KH 749

Konsolen und »indifferente(n) Sachen« wie Postamenten, Uhrgehäusen (S. 182, Abb. 6) und Leuchtern. Selbst Möbel wurden hergestellt (Abb. 4). Zur Fertigung der Produkte waren Modelleure, »Kleisterer«,[34] Maler und Vergolder beschäftigt. Überwacht wurden die in der Fabrik tätigen Tagelöhner von Johann Georg Bachmann. Dieser stand seit 1751 in herzoglichen Diensten und hatte sich nach eigenen Angaben seit 1764/65 mit Papiermaché befasst.[35] Ab 1777 hatte Bachmann den Posten des Aufsehers über die Papiermachéproduktion inne, bevor er 1786–1810 als Inspektor die »Herzogliche Carton-Fabrique« leitete.[36] Bis 1808 sind die Rechnungshefte fortgeführt und zeichnen das Bild einer immer unrentableren Produktion. Die Ausgaben waren zu hoch, das Lager war übervoll und die napoleonische Politik verhinderte über weite Strecken einen ungehinderten Handel. In der Folge wurde die Direktion der Kartonfabrik delegiert: 1810 an den Hofbaumeister Johann Georg Barca und 1816 an den Galeriedirektor Friedrich Lenthe. Lenthe, der eher unfreiwillig die Leitung der Kartonfabrik übernommen hatte, konnte 1839 nur noch mit einem ausführlichen Bericht die Schließung dokumentieren.[37]

Das Produktsortiment der Herzoglichen Kartonfabrik

Die beeindruckendsten Erzeugnisse der Kartonfabrik Ludwigslust sind sicherlich die rundplastischen Objekte. Sie ermöglichten den zeitgenössischen Betrachtern eine Beschäftigung mit antiken und klassizistischen Bildwerken wie der Venus Medici (S. 125, Abb. 16) oder dem Antlitz von Luise von Preußen, ohne beschwerliche Reisen zu den Aufbewahrungsorten der Originale auf sich nehmen oder preisintensive Gipskopien

5 Herzogliche Kartonfabrik, Hirte mit Rindern, 1788, Papiermaché, farbig gefasst, 31,5 × 58,8 × 40 cm, Staatliches Museum Schwerin, Inv.-Nr. Pl. 248

erwerben zu müssen. Aus den sehr umsichtig geführten Rechnungsbüchern der Kartonfabrik und aus den Anzeigen, die der Inspektor Bachmann in regionalen und überregionalen Zeitungen schalten ließ,[38] lässt sich die 122 Objekte umfassende Produktpalette von Figuren, Basreliefs, Tiergruppen (Abb. 5) und Büsten rekonstruieren.[39] Allein 80 verschiedene Büsten bot die Kartonfabrik zwischen 1783 und 1810 an, eine Vielzahl davon hatte sie dauerhaft auf Lager. Statt des standardmäßigen Gipstons konnten sich Kunden auf Wunsch die Objekte »weiß, matt oder glänzend, schwarz, roth, auch auf Bronze Art« einfärben lassen.[40] Die Vasen des Sortiments waren darüber hinaus in weiteren Variationen erhältlich: »weiß mit Gold, ganz vergoldet, bronzirt«; zudem folgten sie dem modernen Zeitgeschmack, indem sie »bunt lackirt auf Jaspis, Marmor und oder Porphir-Art, matt schwarz, auf Basalt-Art« den englischen Wedgwood-Stil imitierten.[41] Die Fabrik offerierte bis zu 29 verschiedene antikisierende, unter anderem mit Griffen, Satyr- oder Ziegenköpfen, Girlanden oder Medaillons verzierte Vasen.[42] Im Jahr 1788 wurden ganze Figuren in das Sortiment aufgenommen. Die erste Skulptur war der »Faun mit der Flöte«, dessen Original sich im Louvre befindet.[43] Bald darauf folgten die »Venus Medici«, der »Apoll« und weitere illustre Statuen der Antike.[44] Aber auch zeitgenössische und antikisierende Figuren wie der »Faun mit der Syrinx« (Abb. 6), der ab 1793 zum Verkauf stand und zu dem weder eine antike noch eine moderne Vorlage bekannt ist,[45] gehörten zum Ludwigsluster Sortiment. Insgesamt bereicherten 23 Figuren die Produktpalette der Kartonfabrik – jedoch nur einer Statue war ein wirklicher Erfolg beschieden.

Die Frierende, die Badende, die Nymphe – Ein Ludwigsluster Erfolgsprodukt

Die populärste Figur unter den Erzeugnissen der Kartonfabrik war die Nachbildung der Skulptur »La Frileuse«, auch bekannt als »L'hiver« (»Der Winter«), die der französische Bildhauer Jean-Antoine Houdon 1785 in Marmor ausgeführt hatte. Noch bevor sie erstmals öffentlich präsentiert wurde, erregte die »Frierende« so viel Aufmerksamkeit, dass Houdon sie in leichten Variationen und unterschiedlichen Materialien, so auch 1787 als Bronzeabguss, vervielfältigte.[46] Ab dem Jahr 1790 bot die Kartonfabrik Ludwigslust eben jene Version der »Frileuse« als Reproduktion in Papiermaché unter den Bezeichnungen »Eine aus dem Bade steigende Nymphe« und »Eine weibliche nackte Frau so aus dem Bade kömt« für 15, später 16, dann für 18 Reichstaler an (Abb. 7).[47] Die Verkaufszahlen waren überdurchschnittlich gut und noch heute zeugen die ansehnliche Anzahl und die breite Streuung der überdauerten Exemplare der in Papiermaché gefertigten »Frileuse« von dem einstigen Erfolg dieses recht vergänglichen Produkts.[48] In Deutschland sind Exemplare in Gotha, Ludwigslust, Marbach, Rudolstadt und Weimar erhalten, und selbst in Museen in den Niederlanden und Schweden finden sich Ausführungen der »Frileuse«.[49]

Sogar die Wege, die einige der Figuren genommen haben, können nachverfolgt werden. Das Exemplar der weiß gefassten »Frileuse« in Rudolstadt ist mit großer Wahrscheinlichkeit jenes, das Prinz Karl Günther von Schwarzburg-Rudolstadt 1790 zum Zeitpunkt seines Aufenthaltes in Ludwigslust zusammen mit einem »Faun mit der Flöte« und zwei Gruppen mit stehenden und sitzenden Kindern erworben hatte.[50] Der Hofmarschall des schwedischen Hofs, Baron Otto Magnus von Munck, kaufte 1796 eine bronzefarbene »Frileuse« und eine »Venus Medici«.[51] Bevor Munck und seine Frau Elisabeth Maria Hebbe 1809 an den Hof der abgesetzten schwedischen Königin nach Karlsruhe berufen wurden, lebten sie auf dem Anwesen Edeby südlich von Stockholm. Eine der

6 Herzogliche Kartonfabrik, Faun mit der Syrinx, zwischen 1793 und 1835, Papiermaché, terrakottafarben, H. 143 cm, Den Haag, Museum Meermanno-Westreenianum, Inv.-Nr. 1198/U

7 Herzogliche Kartonfabrik, Der Winter (»L'hiver«, auch »La Frileuse«), zwischen 1790 und 1835, Papiermaché, terrakottafarben, H. 143 cm, Den Haag, Museum Meermanno-Westreenianum, Inv.-Nr. 1199/U

beiden erworbenen Papiermachéfiguren, die »Frileuse«, befand sich bis zum Jahr 1930 in Edeby und wurde dann von Muncks Nachfahren dem Nordiska museet in Stockholm übergeben. Dort wird sie noch immer aufbewahrt, wenn auch für Besucher leider unsichtbar im Depot.[52] Die heute in der Bibliothek des Museums Meermanno in Den Haag aufgestellte »Frileuse« ist wohl vom Museumsgründer Willem Hendrik Jacob van Westreenen van Tiellandt erworben worden, wobei sein Name nicht in den Rechnungsheften auftaucht.[53] Es ist anzunehmen, dass der Kauf nicht auf direktem Wege getätigt wurde und die sehr erfolgreiche Hamburger Warenkommission für dieses Exemplar als Zwischenhändler fungierte. Trotz der außergewöhnlich guten Quellenlage zu den erhaltenen Figuren lässt sich eine Frage nicht klären: Die Herkunft der Vorlage der »Frileuse«, nach der die Ludwigsluster Kartonfabrik ihre Modelle und Abformungen herstellte, bleibt unbekannt.

Resümee

Die Papiermachéproduktion in Ludwigslust setzte zu einer Zeit ein, als die Kopien von antiken und modernen Bildwerken nicht nur in Gips und Bronze, sondern auch in Alternativmaterialien, wie Eisen, Kunstbackstein und Porzellan, begehrt waren. Der wachsenden Nachfrage nach günstigen und schnell hergestellten rundplastischen wie dekorativen Objekten konnte die Kartonfabrik Ludwigslust mit leicht zu transportierenden Waren, einem immensen Angebot und einer kurzen Produktionszeit begegnen. Ab den frühen 1770er Jahren wurde die Verarbeitung der Werke aus Papiermaché in Ludwigslust perfektioniert, und trotz der zunehmend unrentablen Produktion in der ersten Hälfte des 19. Jahrhunderts waren die Ludwigsluster Erzeugnisse – besonders Jean-Antoine Houdons »Frierende« – zeitweilig sehr begehrt.

1 Ketelhodt 2004, S. 287–288.
2 Rudolstadt, Landesmuseum Heidecksburg: »La Frileuse«, Inv.-Nr. P 34, »Faun mit der Flöte«, Inv.-Nr. P 24, »3 Kinder«, Inv.-Nr. P 122; siehe Landeshauptarchiv Schwerin (LHAS), 2.26-2 Hofmarschallamt, 2366, Rechnungsheft 1790; Ausst.-Kat. Rudolstadt 2003, Kat.-Nr. 66, 124, 129. Im Tagebuch wird zudem von einem Geschenk des Herzogs von Mecklenburg-Schwerin berichtet: »schwarze Vasen im Geschmack der Wedgewoodischen Fabrique«, siehe Ketelhodt 2004, S. 288.
3 Grünebaum 1995, S. 9–142; Fehringer 1986, S. 6–68.
4 Der Begriff »Kaschierung« wird im Zusammenhang mit Papiermaché vor allem in der Restaurierung und Theaterplastik verwendet, siehe zur Restaurierung Wehrsig 2000, S. 31–32.
5 Die Begriffe »Papiermaché«, »Pappmaché«, »Pappenteig«, »Papiermasse«, »Steinpappe« und sogar »Karton« werden in der zeitgenössischen Fachliteratur äquivalent für die beiden erläuterten Verfahren verwendet. Als Beispiel dafür Johann Georg Krünitz' »Oekonomische Encyklopädie«: »Das jetzt besonders gebräuchliche Papier maché bestehet, wie gesagt, eben sowohl, als die bloßen Bogenpappen der Kartenmacher, aus Lagen Papier, die auf einander geleimet sind. Ehedem bestand es aus einem Pappenteige, und öfters sogar nur aus gewöhnlichem Papier, welches man beitzen und gleichsam in dem Wasser faulen ließ, um diesen Teig daraus zu bilden« (Krünitz 1773–1858, Bd. 107, S. 108).
6 Czarnocka 1994, S. 65; Weiß 1983, S. 171; Krünitz 1773–1858, Bd. 107, S. 107, datiert die französische Erfindung auf 1740.
7 Toller 1962, S. 17–24; Jervis 1973.
8 Christiani 2000, S. 189–198.
9 Scherer 1925/26, S. 103–107 und S. 183–186.
10 Grünebaum 1995, S. 81–140; Hahn/Hahn 2010.
11 Füssli 1819, S. 4028.
12 Speziell zu einer Kirche aus Papiermaché siehe Krünitz 1773–1858, Bd. 107, S. 114–115; für Beispiele der vielseitigen Verwendung siehe Andés 1922, S. 7–11, 180–205, 281–291.
13 Präsentationen auf diversen Ausstellungen, wie auf der Berliner Akademieausstellung 1791 (Van der Heyden 2013, S. 91), auf der ersten Weltausstellung 1851 in London (Clark 1852, S. 212–213) und der Münchner Allgemeinen Deutschen Industrieausstellung 1854 (Grünebaum 1995, S. 40) sind belegt.
14 Schreiter 2014, S. 293–329.
15 Möller 2006, S. 247.
16 Schreiter 2014, S. 338–373; Rau 2003, S. 65–70.
17 Annonce 1788; Warenanzeige 1789; Lagerliste 1790; Deutsche Zeitung der Industrie und Spekulazion für die Kaiserlichen Königl. Erblande. November 1797. Ausländische Nachrichten, zitiert nach Schreiter 2014, Dok. 24.
18 Warenanzeige 1789, S. CXLVII.
19 Annonce 1788.
20 Warenanzeige 1789, S. CXLVIII.
21 Nugent (1768) 1781/82, S. 240; Nugent (1768) 1936, S. 164. Aktuell sind die Prozesse, die dazu führten, dass sich in Ludwigslust die Kartonfabrik etablierte, noch nicht lückenlos aufgedeckt. Vor allem ist unklar, ab wann über Wand- und Deckenausstattung hinaus Büsten und Figuren (seriell) angefertigt wurden. Dem Schlossgarten und dem darin gelegenen Kaisersaal kommt bei der Beantwortung dieser Frage eine Schlüsselrolle zu: Der Ire Thomas Nugent bereiste im November 1766 das Herzogtum Mecklenburg-Schwerin und berichtete von der im Bau befindlichen Schlosskirche und der Gestaltung des Schlossgartens in Ludwigslust. In der englischen Erstveröffentlichung seines Reiseberichts

(Nugent 1768, S. 248) beschreibt Nugent den Kaisersaal, der zwölf Cäsarenbüsten aus »plaster« ausstelle. In der deutschen Übersetzung aus dem Jahr 1782 wird »Pappe« als das Material benannt, aus dem die Büsten gemacht seien. Diese Abweichung zwischen Original und Übersetzung wirft Fragen auf: Waren diese ersten Büsten im Kaisersaal bereits im Jahr 1766 aus wetterfestem Papiermaché gefertigt, wie uns die deutschsprachige Version von 1782 Glauben macht? Oder waren die Büsten aus einem anderen Material, wie einer nicht näher benannten zähflüssigen Masse, worauf »plaster« verweisen würde? Vgl. die unterschiedlichen Ansätze bei Van der Heyden 2013, S. 92–94 und Schreiter 2014, S. 268.

22 Die Anzahl der im Kaisersaal aufgestellten Büsten variiert in den verschiedenen Quellen zwischen 12 Büsten (Nugent 1768) und 16 Büsten (siehe S. 115, Abb. 2; Schütze 1812; LHAS, 2.26-2 Hofmarschallamt 1293, 2. März 1822).

23 Ketelhodt 2004, S. 287.

24 Ebd., S. 286.

25 Schütze 1812, S. 118–120.

26 Weber (1828) 1855, S. 345.

27 Schlie 1900, S. 245.

28 Hegner 2009, S. 30–31.

29 Ebd., S. 30.

30 Ebd., S. 30.

31 LHAS, 2.21-1 Geheimes Staatsministerium, 19086, Bericht »Darlegung wie es der Fabrik ergangen« des Galeriedirektors Friedrich Georg Lenthe an das Großherzogliche Geheime Ministerium vom 24. Juni 1839, fol. 4, abgedruckt in: Van der Heyden 2013, S. 117.

32 LHAS, 2.26-2 Hofmarschallamt 2352, zitiert nach Hegner 2009, S. 34.

33 Wohl seit 1783 waren auch Tagelöhner an der Fabrik angestellt. Ein Dokument vom 10. November 1797, dem die Profile aller Mitarbeiter beigefügt sind, informiert, dass der Tagelöhner Joachim Lendt, zu diesem Zeitpunkt 36 Jahre alt, bereits seit 14 Jahren (also seit 1783) für die Kartonfabrik arbeitet. Der Zeitpunkt deckt sich mit der Einführung der ersten Rechnungshefte, so dass eine Aufnahme des Betriebs der Kartonfabrik spätestens auf 1783 datiert werden kann. LHAS, 2.26-1 Großherzogliches Kabinett I, 12658, Nr. 41.

34 LHAS, 2.26-1 Großherzogliches Kabinett I, 12658, Nr. 39.

35 Ebd., 12667, Schreiben Bachmann an Herzog vom 30. November 1787, zitiert nach Hegner 2009, S. 30.

36 Krüger 1967, S. 580–581; Ausst.-Kat. Schwerin 2012/13, S. 65.

37 LHAS, 2.21-1 Geheimes Staatsministerium, 19086, Bericht »Darlegung wie es der Fabrik ergangen« des Galeriedirektors Friedrich Georg Lenthe an das Großherzogliche Geheime Ministerium vom 24. Juni 1839, fol. 4, abgedruckt in: Van der Heyden 2013, S. 114–119.

38 Annonce 1788; Warenanzeige 1789; Lagerliste 1790; Deutsche Zeitung der Industrie und Spekulazion für die Kaiserlichen Königl. Erblande. November 1797. Ausländische Nachrichten, zitiert nach Schreiter 2014, Dok. 24.

39 Vgl. Krüger 1967, S. 578–579.

40 Lagerliste 1790, CXXXIII.

41 Ebd., CXXXI.

42 Ebd., CXXXI.

43 LHAS, 2.26-2 Hofmarschallamt, 2363, Rechnungsheft 1788, Nr. 59.

44 Ebd., 2364, Rechnungsheft 1789.

45 Die Erwerbung erfolgte unter der Bezeichnung »Pfeifer« am 20. Juli 1791 über den Potsdamer Bildhauer G. A. Holzendorf gemeinsam mit den Figuren »Faunus mit dem Reh auf der Schulter« und »Gladiator«. LHAS, 2.26-2 Hofmarschallamt 2367, Rechnungsheft 1791, Nr. 44.

46 Goldsmith Phillips 1963, S. 29–36, bes. S. 32.

47 Lagerliste 1790 und Rechnungshefte 1790–1806. Preise der »Frileuse«: 15 Reichstaler (Lagerliste 1790), 16 Reichstaler (LHAS, 2.26-2 Hofmarschallamt, 2370, Rechnungsheft 1794), 18 Reichstaler (LHAS, 2.26-2 Hofmarschallamt, 2379, Rechnungsheft 1801).

48 Van der Heyden 2013, Anhang II; Schreiter 2014, Katalog, S. 561–562.

49 Schlossmuseum Gotha, Inv.-Nr. P 73; Staatliches Museum Schwerin, Inv.-Nr. Pl. 252; Deutsches Literaturarchiv Marbach, Inv.-Nr. 639; Klassik Stiftung Weimar, Inv.-Nr. KPl/00341, Inv.-Nr. G1472 und Inv.-Nr. KPl/01616.

50 Rudolstadt, Landesmuseum Heidecksburg, Inv.-Nr. P 34; LHAS, 2.26-2 Hofmarschallamt, 2366, Rechnungsheft 1790; Ausst.-Kat. Rudolstadt 2003, S. 11, 209.

51 LHAS, 2.26-2 Hofmarschallamt, 2372, Rechnungsheft 1796.

52 Stockholm, Nordiska museet, Inv.-Nr. 182,673; Nordiska museet 1931, S. 257, 262; Auskunft zur Provenienz von Maria Maxén, Kuratorin im Nordiska museet vom 11. August 2015.

53 Den Haag, Museum Meermanno-Westreenianum, Inv.-Nr. 1199/U; Schreiter 2014, S. 562.

Stefan Fischer

Die Mecklenburg-Schweriner Hofkapelle in Ludwigslust 1767–1837

Der Weg nach Ludwigslust

Am 17. Juni 1563 wurde die Hofkapelle in Schwerin als Kantorei gegründet. Ständiges Auf und Ab prägte die folgenden 150 Jahre des Musizierens im Schweriner Schloss, bis Herzog Carl Leopold im August 1714 alle Hofmusiker entließ.[1] Einige Jahre später ereilte ihn das gleiche Schicksal, indem er vom Kaiser seines Amtes enthoben wurde. Sein jüngerer Bruder Christian Ludwig II. übernahm die Regentschaft. Das war ein Glücksfall für das Land. Herzog Ludwig, wie er im Volk genannt wurde, war gebildet, weltoffen, aufgeklärt und sehr musikalisch.[2] Der Aufbau der Gemäldesammlung, die Förderung der Schauspielkunst und die Wiederbelebung der Hofkapelle sprechen für eine Blüte der Künste während seiner Regierungszeit. Ein bleibendes Denkmal schuf er sich 1754, als der Hofstaat zum Jagdschloss Klenow ritt und fuhr und hörte: Hier wird Ludwigslust sein, in Ewigkeit zu Ehren des Herzogs Christian Ludwig. Ahnten die Schweriner Hofmusiker, was da auf sie zukommen würde? Johann Wilhelm Hertel (Abb. 1) leitete als Hofkomponist die Kapelle und ihm stand ein sehr gutes Ensemble zur Verfügung.

Im Mai 1756 starb Herzog Christian Ludwig II. und der älteste Sohn Friedrich wurde sein Nachfolger. Hertel kannte den neuen Herzog: »Höchstdeßelben tiefe Einsicht in alle Künste und Wißenschaften, besonders in die Musik, versprach derselben um so mehr die glänzendste Epoque als Sr: Durchlaucht der Herzog von Jugend auf das Clavier gespielet und meisterhaft accompagnirten.«[3] Man hatte oft miteinander musiziert und sich über Stilfragen besprochen.

Doch von Glänzen konnte zunächst keine Rede sein, denn die Regierung Herzog Friedrichs begann mit Schrecken. Das Land wurde durch Bündnisverpflichtungen in den furchtbaren Siebenjährigen Krieg hineingezogen und entsetzlich verwundet. Herzog Friedrich hielt seine Hofkapelle über die Zeit des Krieges zusammen und träumte davon, sie zu vergrößern. Er hatte sogar konkrete Pläne für eine neue Form der Sing-Gedichte. Der Choral sollte als Grundlage einer ganzen Kantate bei Beibehaltung der Melodie durch alle Verse dienen. 1763 wurde der ersehnte Frieden mit Musik von Hertel in einem Dankgottesdienst in der Schweriner Schlosskirche gefeiert. Bald darauf verlegte Herzog Friedrich seinen Wohnsitz ins Jagdschloss Klenow-Ludwigslust, wohin ihm 1767 auch seine Hofkapelle folgen musste. Hertels angeschlagene Gesundheit stand dem Umzug ins Ungewisse im Wege. Er blieb in Schwerin und erhielt den Rang eines Hofrats bei seiner Schülerin Prinzessin Ulrike, der Schwester Herzog Friedrichs.

Mecklenburger Empfindsamkeit

Carl August Friedrich Westenholtz (Abb. 2) wurde im August 1767 als Tenor Konzertmeister der Hofkapelle. Er hatte das Vertrauen des Herzogs und der Kollegen. Bereits 1749 war der 14-jährige nach Beendigung seiner Schulzeit aus Lübeck nach Schwerin

Georg David Matthieu, Musikalische Unterhaltung beim Prinzen Ludwig in Schwerin, Detail, 1765, schwarze und weiße Kreide auf bräunlichem Papier, 398 × 538 mm, Staatliches Museum Schwerin, Inv.-Nr. 317 Hz

1 Georg David Matthieu, Johann Wilhelm Hertel, 1762, Pastell, 46,5 × 38 cm, Staatliches Museum Schwerin, Inv.-Nr. G 2153

gekommen. Als Schüler des damaligen Hofkapellmeisters Adolph Carl Kuntzen und des österreichischen Cellisten Franz Xaver Woschitka lernte Westenholtz nicht allein Gesang, Generalbassspiel, Komposition und Cellospiel, sondern am aufbrausenden und pedantischen Kuntzen auch die Psychologie der Ensembleleitung.[4]

Nicht nur mit Woschitka lag Kuntzen in endlosem Streit. Selbst eine von Herzog Christian Ludwig angewiesene Kapellordnung konnte Kuntzen nicht retten. In Ehren entlassen ging er nach Lübeck. Woschitka wechselte später nach München, wo er den jungen Mozart beim bayerischen Kurfürsten vorstellen durfte. In Mozarts Geburtsjahr 1756 wurde Carl Westenholtz mit 18 Jahren Vater eines Knaben. Seine junge Geliebte starb im Kindbett. Auf Georg David Matthieus Gruppenbild der Hofkapelle in Ludwigslust im Jahre 1770 sehen wir den Sohn Friedrich Carl im Vordergrund, in die Noten vertieft, am Pult stehen (Abb. 3). Sein Vater Carl Westenholtz sitzt am Cembalo und blickt liebevoll auf seinen Sohn, wendet sich aber dadurch von seiner Gattin Barbara Affabili ab, die rechts von ihm steht. Sie sieht versonnen über ihre Noten hinweg. Sicher hält sie eine Kantate ihres Gatten in der Hand, deren großartige Sopranpartien er für ihre glockenhelle und europaweit berühmte Stimme geschrieben hatte. Der Eindruck, den die Kreidezeichnung vermittelt, täuscht über die schwierigen Startbedingungen der Ludwigsluster Hofkapellenzeit hinweg. Bis auf die Primadonna Barbara Affabili und Carl Westenholtz sowie den Hofsänger und Kabinettssekretär Jacob Ehrenreich Nusbaum, die schon Wohnungen im neuen Ludwigslust erhielten, mussten alle Musiker, einschließlich der sechs Hoftrompeter und des Paukers, in Grabow Unterkunft beziehen. Das Entsetzen wird groß gewesen sein: Wie lange sollte diese unzumutbare Übergangslösung andauern? Die Musiker hatten sich zum Dienst mit Pferd oder Kutsche bei Wind und Wetter nach Ludwigslust zu bewegen. Anfangs konnte nur im Jagdschloss gespielt werden: Gottesdienste an Sonn- und Festtagen, Kantatenaufführungen, Kammer- und Orchesterkonzerte. Die Musiker und ihre Instrumente kamen aus der Kälte des Draußen, zu dem sich auch der Vorraum oder das Treppenhaus zählen lassen. Sie spielten drinnen bei durch Kohle, Torf oder Holz erzeugter Hitze, bei Kerzendunst und durch Atem verursachter Feuchtigkeit. Die Musiker litten unter dem beständigen Wechsel von »Frost in Schwitz, von Schwitz gleich wieder in Frost«, drei Winter lang, wie der Hornist Missel 1776 klagte.[5] Er fügte hinzu, der Kollege Alperstädt habe sich möglicherweise auch deshalb das Leben genommen.

Immerhin hatte Herzog Friedrich die Kapelle bis circa 1770 ansehnlich verstärkt und Carl Westenholtz sich sofort in die neue Kollegin Barbara Affabili verliebt. Sie war zwölf Jahre älter als er und musste sich zunächst noch einer unfreiwilligen italienischen Ehe entledigen. Der Papst half, aber der Ehemann ließ nicht locker. Selbst die herzogliche Verbannung nach Braunschweig war für ihn kein Hindernis, zu Fuß zurückzukehren. Erst ein Haftbefehl für Dömitz entschied die Ehe. Nach und nach wurde für alle Hofmusiker in Ludwigslust gebaut, und man lebte sich mehr schlecht als recht ein. Die Wohnverhältnisse blieben ständiges Ärgernis und Anlass für viele Eingaben. Mit der Einweihung der neuen Kirche (S. 77, Abb. 26) im November 1770 kam eine neue Struktur ins Konzert-

2 Unbekannter Zeichner, Carl August Friedrich Westenholtz, Aquarell, 26 × 21 cm, Landeshauptarchiv Schwerin, 13.1-2 Bildersammlung Personen, Nr. 1

3 Georg David Matthieu, Die Hofkapelle im Jahr 1770, 1772, Kreidezeichnung, Verbleib unbekannt, Reproduktion in: Steinmann/Witte 1911

4 Prachtbände der Partituren »Verschiedene Texte« von Carl August Friedrich Westenholtz, davor aufgeschlagen: Beginn der Choralkantate »O daß ich tausend Zungen hätte«, Abschrift von Johann Christoph Perlberg (um 1771), links: Orchesterstimmen zur Kircheneinweihungsmusik von Carl August Friedrich Westenholtz (1770), Landesbibliothek Mecklenburg-Vorpommern Günther Uecker, Sign. Mus. 5669 u. Mus. 5668/b

leben. Im Sommer wurde in der Kirche musiziert. Die Musiker spielten und sangen auf der obersten Empore und waren dadurch für die Zuhörer nicht sichtbar. Die Musik kam gleichsam aus dem Himmel und mancher, wie etwa Carl Friedrich Cramer, vermutete, die Musiker müssten hinter dem Altargemälde ihren Platz haben (S. 79, Abb. 28). Aber da befand und befindet sich nur die Orgel – unverändert seit über 200 Jahren. Doch trennt uns viel mehr als diese Zeitspanne von unseren musikalischen Ahnen, von ihrem Können auf den Instrumenten, von ihrem Wissen über die Musik, die Welt und Gott, von ihrem Glauben. Vielen Menschen des säkularisierten 21. Jahrhunderts ist die Kirche bestenfalls als Museum oder als Konzertsaal ästhetisch interessant. Damals war es ein heiliger Ort. Winters wurde weiterhin im Jagdschloss musiziert und der Winter war lang. Herzog Friedrich, wegen seiner tiefen pietistischen Gläubigkeit »der Fromme« genannt, wollte den Glauben seiner Untertanen mit Musik stärken. Es war ein intellektuell und emotional großartiges Vorhaben. Jedermann von Stand konnte kommen und hören, die Voraussetzung war das Tragen ordentlicher Kleidung. In den Konzertprogrammen rahmten zwei Choräle eine Psalm- oder Bibeltextkantate ein: eine Gottesdienstordnung außerhalb der Gottesdienste. Die Lieder waren verinnerlichtes Allgemeingut. Alle waren mit ihnen aufgewachsen, hatten sie in der Schule und jeden Sonn- und Feiertag in der Kirche, oftmals sogar mehrstimmig, gesungen. Mit diesen einzigartigen, aus der Zeit und Musik der Empfindsamkeit geborenen Choralkantaten, von denen allein Westenholtz 35 und Hertel elf schufen, bereichert Mecklenburg die europäische Musikgeschichte (Abb. 4).

Später wurde das herzogliche Konzertprogramm um abendfüllende Oratorien und Kantaten erweitert. Der Pfarrer Heinrich Julius Tode verfasste die Texte und die Hofkomponisten Westenholtz, Hertel, Rosetti oder Sperger vertonten die Libretti. Aber auch Werke, die von deutschlandweit berühmten Meistern wie Johann Gottlieb Naumann aus Dresden speziell für den Ludwigsluster Hof geschaffen wurden, finden sich als handschriftliche Noten in den Archiven. Da seinerzeit kaum ein Werk des Repertoires der Hofkapelle gedruckt wurde, konnten die Ludwigsluster Kantaten auch keine Verbreitung erfahren. In Hamburg gedruckt wurden dagegen die »Religiösen Oden und Lieder« von Johann Abraham Peter Schulz. In seiner dem Opus vorangestellten Widmung an Herzog Friedrichs Nichte, die Erbprinzessin Sophie Friederike von Dänemark, las man 1786 erstaunt von »Mecklenburgs beglücktem Ludwigslust«, »wo großer Geschmack herrscht, und wo insonderheit die religiöse Musik ihren berühmtesten Wohnsitz hat.«[6]

Leben in Ludwigslust

Das Leben und der Tod sind in den Kirchenbüchern aufgeschrieben. Es ist notiert, wer wen geheiratet hatte, wer wann geboren und wann konfirmiert wurde, wer in welchem Jahr starb. Die Musiker der Hofkapelle lebten mittendrin, in Ludwigslust, in Grabow, in Schwerin, sie liebten, arbeiteten, unterrichteten, malten, schrieben Noten, bestellten und genossen ihre Gärten. Einige kamen aus den Schulden nicht heraus. Manchmal half der Herzog. Zum Salär gehörten Torf und eine Flasche Rotwein pro Tag. Böse Zungen behaupteten, die Herren der Kapelle seien alle mit einem kleinen Häuschen und obligaten Gärten begnadet gewesen, hätten höchstens einmal wöchentlich ein paar Stückchen am Hofe spielen müssen, was ja ein sehr bequemes Leben sei, und sich sonst ihren Familien, dem Unterrichten, der Garten- und Ackerbaukultur und vor allem »dem stillen Kneipen« widmen können.[7] Da sprach der Neid. Natürlich bestand die Kapelle nicht nur aus großartigen Meistern von europäischem Renommee, aber es gab sie: den Cellisten und Gambisten Franz Xaver Hammer zum Beispiel (Abb. 5), den Geiger Eligio Celestino, die Kontrabassisten Antonio Rosetti und Johannes Matthias Sperger, den Oboisten Johann Friedrich Braun und die berühmten Primadonnen wie Felicitas Benda. Letztere wurde mit ihrem Ehemann, dem Konzertmeister Friedrich Ludwig Benda, nach Ludwigslust engagiert. Offensichtlich brachten sie ein Problem mit, denn Felicitas Benda klagte ihren Gatten wegen seiner Trunksucht, wegen Unzucht, häufigem Ehebruch und wegen Verschwendung an.[8] Die Ehe wurde geschieden und keinen Monat später heiratete Felicitas den Flötisten der Hofkapelle, Samuel Heine, siebeneinhalb Jahre jünger als sie (Abb. 6). »Das Weib gefällt mir (…) Entsezlich vif, lebendig (…) Ihre Launen entwickeln sich leicht so wie man sie mehr sieht (…) Und o Himmel! Wie sang sie«,[9] begeisterte sich der 19-jährige Komponist Friedrich Kunzen, Sohn Adolph Carl Kuntzens, anlässlich seines Besuches in Ludwigslust. Hofkapellmeister Carl Westenholtz war tagtäglich von den Launen der Diven umgeben. Während seiner Ehe mit Barbara Affabili lebte er in einem Schaffensrausch. Sie war seine Muse und glänzende Interpretin seiner Musik. Ihr Tod 1776 nach sehr schwerer Krankheit ließ ihn kompositorisch verstummen, aber das Leben hielt Trost bereit. Wieder war es eine besondere Künstlerin, die ihm ihr Ja-Wort gab. Gerade erst 18 Jahre jung heiratete die begnadete Pianistin, Sängerin und Glasharmonikaspielerin Sophie Fritscher den vierzigjährigen Witwer. Sie hatte bei Johann Wilhelm Hertel in Schwerin studiert. Wie die Affabili als eine der berühmtesten europäischen Sängerinnen der zweiten Hälfte des 18. Jahrhunderts galt, so war Sophie Westenholtz eine der wichtigsten Pianistinnen und Komponistinnen der Wende zum 19. Jahrhundert (Abb. 7). Zu ihrer Lebensleistung als Künstlerin kamen ihre acht Kinder mit Carl Westenholtz. Der älteste Sohn, Friedrich, wurde 1801 Oboist in Berlin und einer der 71 Musiker der Königlichen Hofkapelle.[10] Neun Jahre später folgte ihm sein Bruder

5 Viola da gamba von Johann Joseph Stadlmann (Wien 1778) aus dem Nachlass von Franz Xaver Hammer, Landesbibliothek Mecklenburg-Vorpommern Günther Uecker

6 Unbekannter Zeichner, Maria Felicitas Benda, verheiratete Heine, Tusche und Aquarell, 205 × 167 mm, Landeshauptarchiv Schwerin, 13.1-2 Bildersammlung Personen, Nr. 1

7 Unbekannter Zeichner, Sophie Westenholtz, Aquarell, 260 × 220 mm, Landeshauptarchiv Schwerin, 13.1-2 Bildersammlung Personen, Nr. 1

Gabriel als Fagottist. Der jüngste Sohn Carl war Geiger der Hofkapelle in Ludwigslust, die 1801 aus 27 Musikern bestand,[11] und Kammermusikpartner seiner Mutter. Zwei Töchter sangen später in der Hofkapelle mit. Johanna hatte den Geige und Gitarre spielenden französischen Hofmusiker und Sprachlehrer Alexandre Stievenard geheiratet, der vor der Revolution geflohen war und neben seiner Muttersprache fünf Sprachen beherrschte. Die jüngste Tochter Wilhelmina ging die Ehe mit einem Leutnant in englischen Diensten ein.[12] Hofkapellmeister Carl Westenholtz starb im Januar 1789. Sophie Westenholtz half nach seinem Tod bei der Leitung der Hofkapelle, konzertierte viel, komponierte und widmete sich ihren Kindern und Enkeln.

Neuer Hofkapellmeister wurde im Sommer 1789 der Wallersteinsche Hofkontrabassist Antonio Rosetti (Abb. 8).[13] Vielleicht bekam dem böhmischen Meister das mecklenburgische Klima nicht. 1792 starb er im Alter von 42 Jahren. Seine Töchter Antonia und Amalia wurden hochgeachtete Hofsängerinnen.[14] In der Nachfolge Rosettis betraute Herzog Friedrich Franz I. den römischen Geiger Eligio Celestino (Abb. 9) mit der Leitung der Hofkapelle. Celestino war zu diesem Zeitpunkt schon 14 Jahre Konzertmeister der Hofkapelle. Noch mit sechzig Jahren gastierte er in London, wo er als größter Violinvirtuose seiner Zeit gefeiert wurde und woher seine Gattin, die Hofsängerin Sarah Stanton, stammte.

Der Weg nach Schwerin

Das neue Jahrhundert sah den alten Konzertmeister Celestino müde und krank. Mit Louis Massonneau stellte ihm Herzog Friedrich Franz einen ebenfalls berühmten Geiger zur Seite. In Konzertkritiken wurde dieser für seinen starken, vollen und runden Ton gelobt, und sein Vortrag als »witzig und geschmackvoll« charakterisiert.[15] Rosetti,

Sperger und Massonneau brachten einen neuen musikalisch-katholischen Wind nach Ludwigslust, dem sich auch der Herzog nicht entziehen konnte. Besonders auf Bitten dieser Musiker hin wurde die katholische Kirche St. Helena auf der Insel im Park gebaut und bildete fortan einen der Hauptspielorte der Hofkapelle. 1809 notierte Massonneau in sein musikalisches Tagebuch ein typisches Programm: »Den 30. November zur Feyerlichen Einweihung der Katholischen Capelle, des Morgens Frühe. Die Messe v. Himmel, u. des Nachmittags, das Te Deum v. Schuster, u. das Tantum ergo u. Genitori v. Micheel, aufgeführt. (ging Gut). Das Allegro aus Mozarts Sinfonie aus C-Dur.«[16] Dass es gut ging, wird auch den Hofsekretär Wilhelm Anton Micheel gefreut haben, der sicher aus der »Hofmarschallamtskanzlei« in Schwerin angereist war, um seine Werke zu hören.[17] Das Repertoire wechselte von protestantischen Kantaten und Oratorien in öffentlichen Konzerten zu Messen in katholischen Gottesdiensten. Das Musizieren im Schloss blieb gleich: italienische Konzerte, musikalische Unterhaltungen, Opernaufführungen. Wie schon Herzog Friedrich liebte auch sein Neffe und Nachfolger, Herzog Friedrich Franz (Abb. 10), die Musik und spielte häufig in den Konzerten am Klavier mit. Für seine sommerlichen Aufenthalte im Seebad Doberan gründete er eine Harmoniemusik – ein Bläserensemble.

Immer standen auch die ganz großen Meister wie Mozart, Haydn, Beethoven oder Weber auf den Programmen. Berühmte Künstler auf der Durchreise oder mit bewusstem Ziel Ludwigslust bereicherten das höfische Musizieren. Die Mecklenburg-Schweriner Hofkapelle erlebte in ihren siebzig Ludwigsluster Jahren die ausklingende Zeit des Barock, die Mecklenburger Empfindsamkeit, die Wiener Klassik und die beginnende musikalische Romantik. Die Kinder der Kapellmusiker von einst bildeten jetzt, in der ersten Hälfte des 19. Jahrhunderts, den Kern der Hofkapelle. Sie waren in und mit ihrer Stadt Ludwigslust aufgewachsen. Sie hatten hier und in den Metropolen Berlin oder Hamburg

8 August Abel ?, Antonio Rosetti, 1790, farbige Kreide, 258 × 198 mm, Landeshauptarchiv Schwerin, 13.1-2 Bildersammlung Personen, Nr. 1

9 F. Perrier, Eligio Celestino, schwarze Kreide und Tusche, 285 mm × 210 mm, Landeshauptarchiv Schwerin, 13.1-2 Bildersammlung Personen, Nr. 1

studiert. Sie würden im Zuge der Verlegung der Residenz von Ludwigslust nach Schwerin ihre Stadt verlassen müssen. Nach bisher nur gelegentlichen Aushilfen in Oper und Konzert in Schwerin wurde die Kapelle nach dem Tod von Großherzog Friedrich Franz I. im Jahr 1837 wieder dorthin zurückbefohlen. Der regelmäßige Theaterdienst war eine ganz neue Herausforderung. Die Musiker mussten sich aus ihrem Ludwigsluster Leben verabschieden. Immerhin erhielten sie für ihre bisherigen Dienstgärten Entschädigungen und der Umzug wurde bezahlt.[18] Ihr 71-jähriger Konzertmeister Louis Massonneau blieb, nun im Ruhestand, in Ludwigslust. Während seiner 34 Jahre als Leiter der Hofkapelle hatte er alle Auftritte und Programme der Kapelle in sein musikalisches Tagebuch eingetragen, das »Ludwigsluster Diarium«.[19] Die letzten Sätze für das Jahr 1837 lauten: »Am 5. Nov., wurde in der großen Kirche, als am Reformations Fest, bloß ein Choral mit Pauken u. Trompeten ausgeführt, indem die Sämtliche Capelle nach Schwerin verlegt wurde, und das gewöhnliche Absingen auch aufgehört hat.«[20] Es soll ein dickbewölkter und trüber Tag gewesen sein.[21] Der Wind wehte aus Richtung Schwerin.

1 Heller 2011, S. 23.
2 Ebd., S. 24.
3 Zitiert nach Schenk 1957, S. 46.
4 Meyer 1913, S. 58–60.
5 Zitiert nach ebd., S. 112.
6 Zitiert nach Herold 1786, Widmung.
7 Ellmenreich 2007, S. 13.
8 Meyer 1913, S. 150.
9 Zitiert nach Cramer 1783–1797, S. 58.
10 Handbuch 1801, S. 14–15.
11 Staatskalender 1776–1930, 1801, S. 10–11, 14–15.
12 Landeskirchliches Archiv Schwerin, Kirchenbücher Ludwigslust, Sign. 69322, 69323, 69327.
13 Landeshauptarchiv Schwerin (LHAS), 2.26-2 Großherzogliches Hofmarschallamt, Nr. 3068/12, Bestallung für den Kapellmeister Anton Rosetti, Schwerin, 12. August 1789.
14 LHAS, 2.12-1/26 Hofstaatssachen, Hofkapelle.
15 Zitiert nach Monathsschrift 1792 (1992), S. 54.
16 Zitiert nach Meyer 1913, S. 282.
17 Zitiert nach Staatskalender 1776–1930, 1809, S. 41.
18 Meyer 1913, S. 196.
19 Zitiert nach ebd., S. 273.
20 Zitiert nach ebd., S. 323.
21 Staatskalender 1776–1930, 1839, S. XXIX.

10 Georg David Matthieu, Erbprinz Friedrich Franz von Mecklenburg-Schwerin mit seiner Gemahlin Louise, 1778, Öl auf Leinwand, 242 × 210 cm, Staatliches Museum Schwerin, Inv.-Nr. G 882

Ulrike Wendt-Sellin

Lesewelten – Lebenswelten. Die Bibliothek der Herzogin Luise Friederike

Luise Friederike als Sammlerin

Bücher begleiteten das ganze Leben der Herzogin Luise Friederike, Gemahlin Friedrichs II. des Frommen. Sie wurden gesammelt, gelesen, als Prunkstücke geschont, manchmal zweckentfremdet, aber (fast) immer mit größter Selbstverständlichkeit als persönlicher Besitz gekennzeichnet. Kaum ein Band, auf dem nicht ein goldgeprägtes Supralibros prangt, in dem nicht das württembergisch-mecklenburgische Allianzwappen klebt oder den nicht schlicht Name und Lebensabschnitts-Titel der fürstlichen Besitzerin zieren. Ihre Privatbibliothek zeichnet das Bild einer vielseitig interessierten Frau und macht neugierig auf die Rolle, die dem gedruckten Wort im Leben der Fürstin zukam.

Schon in Luise Friederikes Kindheit[1] hatten Bücher eine hohe Bedeutung. Die Bibel, Gesangbücher, der Katechismus – das sind die Werke, in denen die kleine, gerade des Schreibens kundige Prinzessin von Württemberg ihr zittriges Signum setzt (Abb. 1). Die starke Präsenz geistlicher Literatur wird angesichts der Prämissen zeitgenössischer Erziehungstheoretiker zur Mädchenbildung nicht überraschen, darf aber auch nicht zu dem Schluss führen, sie wäre deshalb der zentrale Bildungsinhalt gewesen.[2] Wie im 18. Jahrhundert üblich, erhielt Luise Friederike auch Unterricht in Musik, Französisch, Geschichte und Geografie.[3] Die selbstverständliche Verwendung von Büchern in ihrer Ausbildung wird anhand einer Resolution ihres als Vormund eingetretenen Großvaters, des Herzogs Eberhard Ludwig, deutlich. Dieser verfügte im Januar 1733, »daß die von dem Hochseel: Erbprinzen (Luise Friederikes Vater Friedrich Ludwig war 1731 verstorben, Anm. d. Verf.) hinterlaßene gesamte kleine Bibliothec (…) der Prinzeßin Louisa Durchl: übergeben werden soll(e), damit (s)ie (…) zu Dero Education (…) auff das nüzlichste employirt werden mög(e)«.[4] Unter den rund 500 Titeln fanden sich vor allem landesgeschichtliche Werke, aber auch Übersetzungen antiker Autoren sowie Abhandlungen zu Theologie und Staatslehre.[5] Ebenfalls vorhanden waren lateinische Dissertationen, die jedoch in Luise Friederikes Bildungsweg keine Rolle gespielt haben dürften. Abgesehen davon, dass die Kenntnis der ›gelehrten‹ antiken Sprachen in der Mädchenerziehung überflüssig erschien, gibt es keinerlei Hinweis darauf, dass Luise Friederike Latein gelernt hätte. Zum Zeitpunkt ihres Todes enthielt ihre Bibliothek nur noch wenige lateinische Titel.

So ansehnlich die Erbschaft war, sie bildete nicht den Grundstock für Luise Friederikes eigene Sammlung. Vergleicht man die Nachlassinventare von Vater und Tochter, so zeigt sich, dass kaum ein Band aus der väterlichen Bibliothek in Luise Friederikes Bücherei verblieben ist. Ursächlich hierfür war vor allem die erhebliche Schuldenlast Friedrich Ludwigs, die seine Tochter zwang, einen Großteil ihres Erbes zu veräußern, um mit dem Erlös die Gläubiger abzufinden.[6] Dieser Praxis fiel schon bis 1750 »ohngefähr die Helfte« der väterlichen Bibliothek zum Opfer.[7] Anders sah es im Falle der württembergischen Großmutter Johanna Elisabeth aus: Ihre umfangreiche, nahezu ausschließlich aus Werken geistlichen Inhalts bestehende Bibliothek wurde nach ihrem Tode 1757 fest in die Sammlung der Enkelin integriert.[8]

Georg David Matthieu, Herzogin Luise Friederike, 1764, Öl auf Leinwand, 145 × 105 cm, Staatliches Museum Schwerin, Inv.-Nr. G 778

1 Autograph der Luise Friederike aus der Zeit um 1730 in Friedrich Coelestin Guthermuths »Christlicher Fürsten-Lehre« (Stockholm 1698), Rostock, Universitätsbibliothek, Sign. Fl-1004.1

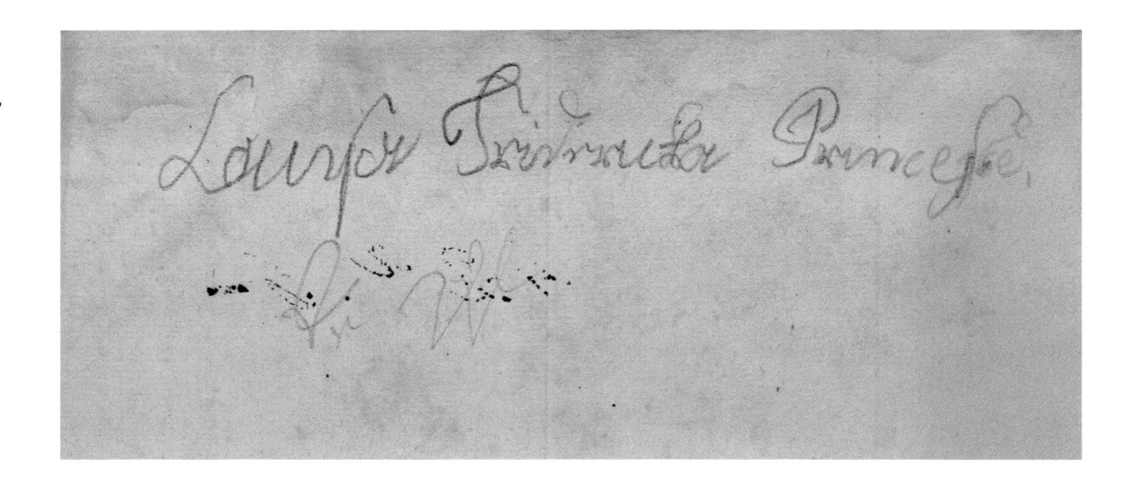

Neben Erbschaften bildeten Geschenke einen wichtigen Bezugsweg. Widmungen an die Fürstin in aufwendig gestalteten Ausgaben lassen vermuten, dass es sich hierbei um (Werbe-)Geschenke der Autoren und Verleger gehandelt hat. Ob diese nun ein Huldigungsgedicht auf cremefarbene Seide drucken ließen oder lieber einen Brief schrieben, der unverblümt zum Kauf der neuesten Ausgabe eines Geschichtswerks aufforderte: Es gab viele Wege, sich der Herzogin zu empfehlen.[9] Als sozial hochstehende Persönlichkeit war sie prädestiniert, einen breiten und potenziell finanzkräftigen Leserkreis zu erschließen. Vorrangig hielt man dabei religiöse und moralische, aber ebenso literarische, historische und landeskundliche Werke für angemessen.[10] Auf diese Sachgebiete konzentrierten sich auch Bücher, die als Geschenke nahestehender oder verwandter Personen an Luise Friederike gingen. Obwohl der Kreis der Buchgeber weit zu fassen ist,[11] war es doch vor allem die Familie, die die wachsende Sammlung bereicherte. In der Bibliothek finden sich zahlreiche Bände, deren Provenienzen sich eindeutig Mitgliedern des württembergischen und mecklenburgischen Herzogshauses zuordnen lassen. So verehrte die mecklenburgische Herzogin Sophie Charlotte ihrer angeheirateten Nichte eine größere Anzahl von Büchern, von denen sie einige noch aus ihrer Heimat Hessen-Kassel mitgebracht hatte (Abb. 2).[12] Auch Luise Friederikes Schwiegermutter Gustave Caroline trug zur Erweiterung der Sammlung bei (Abb. 3). Die freie Praxis von Bücherschenkung und -weitergabe, die hier deutlich wird, verweist auf die Normalität weiblichen Buchbesitzes in den fürstlichen Häusern des 18. Jahrhunderts, wobei sich die Themenbereiche eng an den zeitgenössischen Vorstellungen über den Inhalt einer ›Damenbibliothek‹ orientierten.[13]

Ob die so in den Besitz der Herzogin gelangten Werke immer ihren Geschmack trafen, mag dahingestellt bleiben. Natürlich hat Luise Friederike Bücher auch selbst gekauft. Als naheliegende Erwerbsquelle boten sich die mecklenburgischen Verleger an. Tatsächlich weist die Bibliothek eine Reihe von Ausgaben Rostocker und Schweriner Buchdrucker auf: Neben dem Hofbuchdrucker Wilhelm Bärensprung erscheinen die Namen Johann Jacob Adler, Johann Christian Koppe oder Johann Andreas Berger.[14] Verbindungen in die alte Heimat lassen sich über das Haus Cotta in Stuttgart, Johann Benedict Metzler oder Johann Nikolaus Stoll ziehen.[15] Zählt man die Verlagsorte statistisch aus, zeigt sich, dass Paris mit 15 Prozent aller Titel an der Spitze steht, gefolgt von Amsterdam mit zehn und Hamburg mit sieben Prozent. Dieser Trend fügt sich gut in das Bild, welches das »Addresse-Buch« der Herzogin von ihren Verbindungen zeichnet: Auch hier finden sich zahlreiche Kontakte in den genannten Städten.[16] So ist es wahrscheinlich, dass Bücher über die vor Ort ansässigen Händler bezogen wurden, vor allem in Hamburg, wo Luise Friederike alljährlich den Sommer verbrachte. Eine Auflistung ihrer Schatullgelder führt in diesem Zusammenhang beispielsweise den Erwerb der »Confessions de Rousseau« auf.[17]

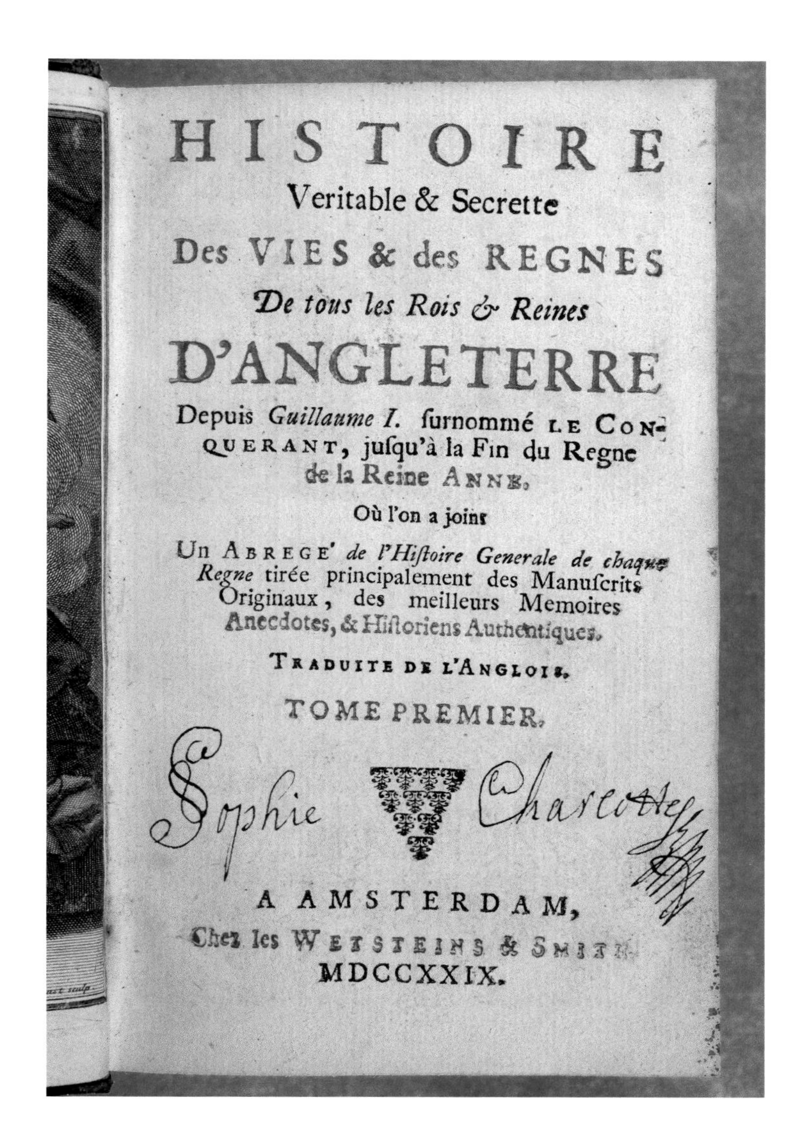

HISTOIRE
Veritable & Secrette
Des VIES & des REGNES
De tous les Rois & Reines
D'ANGLETERRE
Depuis *Guillaume I.* surnommé LE CONQUERANT, jusqu'à la Fin du Regne de la Reine ANNE.
Où l'on a joint
Un ABREGE' *de l'Histoire Generale de chaque Regne* tirée principalement des Manuscrits Originaux, des meilleurs Memoires Anecdotes, & Historiens Authentiques.
TRADUITE DE L'ANGLOIS.
TOME PREMIER.
Sophie Charlotte
A AMSTERDAM,
Chez les WETSTEINS & SMITH.
MDCCXXIX.

Zwölf
Predigten,
über
verschiedene wichtige
Warheiten
zur
Gottseligkeit.
Gehalten, und, auf Verlangen
guter Freunde, dem Drucke übergeben,
Von
August Friedrich Wilhelm Sack,
Königl. Preußischen Hof-Predigers, Kirchen- und
Consistorial-Raths, ꝛc. zu Berlin.
Magdeburg und Leipzig,
bey Christoph Seidels sel. Wittwe, und George Ernst
Scheidhauern, 1742.

Während die Titelauswahl von der Herzogin selbst getroffen wurde,[18] war die Abwicklung der Formalitäten Sache ihrer Hofbeamten. Die Auswertung der überlieferten Quittungen lässt in den Jahren 1751–1753 auf eine durchschnittliche jährliche Ausgabenhöhe von zwanzig Reichstalern zum Kauf von Büchern schließen. Zusammengetragen hat Luise Friederike in diesem Zeitraum neben einigen Zeitungen und Hofkalendern unter anderem eine neunbändige Voltaire-Ausgabe, eine Reihe von Briefsammlungen, französische Komödien, Gebetsammlungen und Erbauungsliteratur; insgesamt 38 Titel.[19] Das mag wenig spektakulär erscheinen, muss aber vor dem Hintergrund ihres damaligen Standes als Erbprinzessin gesehen werden. Gemäß den Klauseln des Ehevertrages standen ihr pro Jahr gerade 1400 Reichstaler zur Verfügung, von denen sie alle anfallenden Sonderkosten bestreiten musste.[20] Schon damals gehörten Bücher für sie selbstverständlich dazu.

2 Signum der Herzogin Sophie Charlotte von Mecklenburg-Schwerin auf dem Titelblatt von John Somers »Histoire veritable secrete des vies des règnes de tous les rois & reines d'Angleterre« (Amsterdam 1729), Rostock, Universitätsbibliothek, Sign. Rk-670

3 Besitzvermerke der Herzoginnen Gustave Caroline (oben) und Luise Friederike (unten) auf dem Titelblatt von August Friedrich Wilhelm Sacks »Zwölf Predigten über verschiedene wichtige Warheiten« (Magdeburg/Leipzig 1742), Rostock, Universitätsbibliothek, Sign. Fl-3193

Luise Friederike als Leserin

Luise Friederikes Bibliothek kann sich durchaus mit den Sammlungen anderer Fürstinnen ihrer Zeit messen. Der Bestand umfasste mehr als 1700 Titel in über 3650 Bänden.[21] Das übersteigt deutlich bisherige Schätzungen, welche sich auf etwa 3000 Bände beliefen.[22] Eine detailgenaue Auflistung aller Werke wird sich freilich nicht bewerkstelligen lassen, da die Bibliothek eine Reihe ungebundener Schriften und Bilder bzw. Kupferstiche enthielt, über deren Umfang sich heute nur spekulieren lässt.[23]

4 Spiegelmonogramm-Supralibros der Herzogin Luise Friederike auf dem Einband von Conrad Mels »Der eröffnete Gnaden-Thron« (Berlin 1743), Rostock, Universitätsbibliothek, Sign. Fl-1033

5 Ordensband-Supralibros der Herzogin Luise Friederike auf dem Einband von Johann Melchior Goezes »Betrachtungen über die Grundwahrheit der christlichen Religion« (Magdeburg 1754) aus der Zeit nach 1764, Rostock, Universitätsbibliothek, Sign. Fl-3008

Die Zugehörigkeit zur Bücherei der Herzogin markieren vor allem zwei verschiedene goldgeprägte Supralibros.[24] Das häufigere zeigt das gekrönte Spiegelmonogramm LF im Oval (Abb. 4), das andere ein ähnliches gekröntes Spiegelmonogramm, bei dem die Buchstaben LF von einem Ordensband umschlungen sind (Abb. 5).[25] Alternativ oder gleichzeitig mit ihnen tragen zahlreiche Bände das eingeklebte Kupferstichexlibris der Herzogin (Abb. 6).

Wie viele Fürstinnenbibliotheken ihrer Zeit war auch jene Luise Friederikes ausgesprochen aktuell. Weniger als drei Prozent ihrer Titel erschienen in den Jahren vor 1700, der wohl älteste Band stammt aus dem Jahre 1651.[26] Offensichtlich folgte die Herzogin mit ihren Erwerbungen dem Angebot des zeitgenössischen Buchmarktes. Dieses verlagerte sich seit der Jahrhundertmitte stark in Richtung Belletristik und verzeichnete besonders bei den Romanen überproportionale Zuwächse. Der Anteil der geistlichen Literatur trat demgegenüber zwar zurück, blieb aber von Bedeutung.[27] Die in der Herzoginbibliothek vorhandenen Sachgebiete fügen sich in dieses Bild: Geht man von der Zahl aller Bände aus, liegt der mit Abstand größte Anteil (42 Prozent) auf dem Gebiet der Schönen Literatur. Weit abgeschlagen, aber dennoch als zweitgrößte Kategorie folgen geistliche Bücher (18 Prozent).[28] Die verbliebenen Bände (40 Prozent) verteilen sich gleichmäßig (meist unter fünf Prozent) auf eine beträchtliche Anzahl verschiedenster Themengebiete: von Pädagogik über Politik und Staatslehre bis hin zu Geschichte, Philosophie, Naturwissenschaft, (Haus-)Wirtschaft, Jurisprudenz, Medizin, Reiseberichten und Nachschlagewerken. Die Abteilung »Vermischte« führt unter anderem Bücher zu aktuellen Modetrends und Anleitungen zum Kartenspiel auf.[29] In allen Bereichen dominieren deutsch- (51 Prozent) und französischsprachige Werke (45 Prozent). Der Rest entfällt auf englische, italienische oder niederländische Schriften. Diese Bilingualität ist typisch für die Zeit und entspricht dem Bildungsstand Luise Friederikes, die beide Sprachen mit großer Geläufigkeit beherrschte.[30]

Der starke Überhang der Belletristik und der geistlichen Literatur weist schon auf die persönlichen Vorlieben der Fürstin hin. Ein genauer Blick in den Bereich der Schönen

6 Exlibris der Herzogin Luise Friederike aus der Zeit nach 1746 in Dethlev Beckmanns »Das ganze Leben Christi« (Durlach 1702), Rostock, Universitätsbibliothek, Sign. Fm-1113

7 Luise Friederike, Zeichnung mit Lorbeerkranz und geflügeltem Herz mit Pfeilen, in Amadeus Creutzbergs (= Philipp Balthasar Sinold von Schütz) »Gottseelige Betrachtungen auf alle Tage des gantzen Jahrs« (Nürnberg 1719), Rostock, Universitätsbibliothek, Sign. Fm-3059(2)

8 Silhouette eines Unbekannten in Johann Gottlieb Friederichs »Predigten« (Leipzig 1772–1774), Rostock, Universitätsbibliothek, Sign. Fl-3001(2)

Literatur offenbart sie als begeisterte Theaterliebhaberin, welche die Haltung Herzog Friedrichs, der zwar kunstsinnig, geistreich und großzügig war, doch aufgrund religiöser Überzeugungen die Zerstreuung als Selbstzweck ablehnte, nicht im Mindesten teilte. In Württemberg, aber auch noch während ihrer zehnjährigen Zeit als Erbprinzessin hatte Luise Friederike ein Hofleben kennengelernt, zu dem das Theater ganz selbstverständlich gehörte. Zu den Geburtstagen der fürstlichen Familie wurden regelmäßig Schauspiele aufgeführt; einige Stücke sollen Luise Friederike und ihre Schwägerin, Prinzessin Ulrike, sogar eigenhändig aus dem Französischen übersetzt haben.[31] Als »regierende Herzogin« wurde es dann nötig, Rücksicht zu nehmen. Sorgfältig darauf bedacht, ihren Gemahl nicht zu kompromittieren, verzichtete Luise Friederike auf ihr Vergnügen, wo immer sie oder Herzog Friedrich persönlich bekannt waren. Das galt zum Beispiel in Hamburg, wo sich in über zwanzig Jahren kein einziger Theaterbesuch nachweisen lässt.[32] Es galt aber nicht, wenn sie, wie 1770 in Paris, inkognito unterwegs war. Und schon gar nicht galt es für ihre Bibliothek, die ja nicht öffentlich, sondern nur einem begrenzten Kreis vertrauter Personen zugänglich war. Hier fand sich alles, was im 18. Jahrhundert Rang und Namen hatte: Racine und Moliere, Destouches und Boissy, Diderot und Marmontel. Gedruckte Schauspiele und Opern nehmen ganze 37 Prozent der Abteilung Belletristik ein. Ihnen folgen mit 28 Prozent die Romane. In beiden Fällen darf sicher angenommen werden, dass der Unterhaltungswert vorrangiges Kaufargument gewesen ist. Darüber hinaus galt der Roman im aufgeklärten 18. Jahrhundert »als geeignetes Bildungsinstrument für Frauen« und spezifisch weibliche Form der Lektüre, die etwa die »Moralischen Wochenschriften« ausdrücklich empfahlen.[33] Ihre Vorliebe für diese Gattung weist Luise Friederike als moderne und dem Zeitgeschmack entsprechende Frau aus. Vergnügen und Bildungswert dürften auch die Gründe zur Anschaffung der beiden letzten großen Unterkategorien im belletristischen Bereich, der Briefsammlungen (zwölf Prozent) und der Biografien (zehn Prozent), gewesen sein.

Der Komplex der geistlichen Literatur präsentiert sich demgegenüber als ausgesprochen traditionell. Nach wie vor dominiert hier die Erbauungsliteratur (28 Prozent), eine Gattung, die zum Ende des 18. Jahrhunderts bereits aus der Mode kam. Zahlreich sind auch die Predigtsammlungen (23 Prozent) vertreten. Ihre Verfasser stammten nicht selten aus einem Umfeld, welches die Herzogin von Reisen kannte.[34] Ebenfalls breit vorhanden sind Werke, die unter dem Begriff ›christliche Gebrauchsliteratur‹ zusammengefasst werden können (23 Prozent), darunter vor allem Gesangbücher, Gebetsammlungen und Predigten. Ihre tatsächliche Verwendung im geistlichen Leben der Herzogin ist aus den Büchern selbst zwar nur schwer nachweisbar, kann aber vorausgesetzt werden.

So aufschlussreich sich das Nachlassinventar hinsichtlich der Sammlungsschwerpunkte erweist, stößt es an seine Grenzen, sobald das Leseverhalten der Herzogin berührt wird. Schließlich sagt die Inventarisierung der Bücher nichts über ihren Stellenwert im Alltag aus. Fragen nach der Art des Lesens wie auch der Rezeption sind kaum eindeutig zu beantworten. Es existieren keine Briefe oder Tagebücher, die hiervon Mitteilung machen, keine Lektürelisten, so gut wie keine Randnotizen in den Büchern selbst. Nach über 200 Jahren macht die Bibliothek einen sehr aufgeräumten Eindruck. Die ganz wenigen zweifellos von der Hand der Herzogin stammenden Einträge korrigieren sorgfältig einzelne Druckfehler, verweisen auf falsche Seitennummerierungen oder komplettieren unvollständige Inhaltsverzeichnisse. Die Bücher können uns also nicht sagen, ob sie jemals gelesen wurden. Allerdings verraten sie mitunter ziemlich genau, dass sie nicht gelesen wurden. So präsentiert sich eine erhebliche Anzahl der Bände (circa zehn Prozent) in exakt demselben Zustand, in dem sie einst die Druckerei verließen: im papiernen Behelfseinband, mit niemals aufgetrennten Seiten.[35] Hier gab es sicherlich den Wunsch zum Besitz des Buches und vielleicht die Intention, es später zu lesen, wozu es aber nie kam.

Für die Art der Büchernutzung aufschlussreich sind die Hinterlassenschaften der Herzogin in manchen Bänden. Wer würde erwarten, in einem Band voll »gottselige(r) Betrachtungen« auf ein farbenfroh gekritzeltes Sinnbild romantischer Liebe zu stoßen (Abb. 7)? Wie gerät ein Sammelsurium von Papageienfedern in eine Abhandlung über »moralische Theologie«? Natürlich mag all dies eine spätere ›Zutat‹ sein. Doch wissen wir von Porträts, aus Briefen und Inventarbüchern, dass Luise Friederike Papageien besaß und diese stets – auch auf Reisen – um sich haben wollte. Und wer sonst käme in Tatverdacht? Nach dem Tod der Herzogin standen die Bücher jahrelang unbenutzt in den Regalen; später gelangten sie in den Besitz der Rostocker Universität, wo sie bis heute verwahrt werden. Gern wird man also spekulieren, dass die Fürstin selbst in einer Mußestunde die Bände zur Hand nahm, um ihnen kleine, bewahrenswerte Schätze anzuvertrauen (Abb. 8). Die darin liegende Intimität deutet auf eine Tendenz zum stillen, zurückgezogenen Lesen hin. Andererseits dürfte die Herzogin ihre Bücher auch zum Zeitvertreib in geselliger Runde genutzt haben. Die zahlreich vorhandenen Theaterstücke verlangten geradezu danach, sie mit verteilten Rollen laut vorzulesen, wobei vor allem Mitglieder des Hofstaates zum Einsatz gekommen sein könnten. All diese Indizien sprechen dafür, dass den Büchern eine zentrale Rolle im alltäglichen Leben der Herzogin zukam, sei es zur Bildung oder bloß zum Vergnügen, wie es bereits im Kauf eines Bandes zu finden ist.

Die Bücher und ihr Ort

Bücher brauchen Platz, das weiß man aus Erfahrung. Wo also fand die Herzogin den Raum dafür? Die beständige Vermehrung der Sammlung, abzulesen an der gleichmäßigen Verteilung der Erscheinungsjahre, lässt vermuten, dass sie ihre Bücher stets in unmittelbarer Nähe gehabt hat.[36] Hinweise dazu geben die von Zeit zu Zeit zur Klärung der Besitzverhältnisse oder zur Taxation der Wertgegenstände angelegten Inventarlisten.

Demnach besaß Luise Friederike schon 1764 eine Art Bücherzimmer im Schweriner Schloss, wo sie in den Jahren 1746–1764 lebte. In diesem Raum befanden sich »3 mit Eisen beschlagene Bücher Kisten. / 3 Bücher Schräncke mit Thüren. / 3 Bücher repositoria, mit 5 grünen rasch. gardinen« sowie »1 Auftritt mit 5 stufen«.[37] Ähnliche Verhältnisse wären für die Residenz des Herzogspaares in Ludwigslust denkbar. Leider existiert hierfür weder ein Inventar noch eine zeitgenössische Beschreibung.[38] Allem Anschein nach gab es keinen prächtigen Raum, der eine besondere Erwähnung gefunden hätte. Bunt gemischt in Aussehen und Inhalt, erfüllten die Bände keinen speziellen Repräsentationszweck.[39]

Wesentlich detailliertere Informationen liefert erst wieder das Inventar des Rostocker Palais am heutigen Universitätsplatz, das Luise Friederike nach dem Tod Friedrichs II. bezog. Auch hier kann von Prunk keine Rede sein; vielmehr zeichnet sich der Eindruck einer sehr funktional gehaltenen Gebrauchsbibliothek ab. Luise Friederike bestimmte ihrer Sammlung ein schlichtes, nur mit Regalen möbliertes Zimmer im ersten Stock, dem Wirtschaftstrakt des Gebäudes. Gleich nebenan befand sich eine Kleiderkammer. Ein Verweilen in diesen Räumen war nicht angedacht: Bücher und Garderobe wurden aufbewahrt und bei Bedarf herausgeholt. Die Wohn- und Schlafgemächer der Herzogin dagegen lagen sämtlich in der zweiten Etage.[40]

Nach Luise Friederikes Tod im August 1791 fiel ihr mobiler Besitz an Friedrich Franz I.[41] Der Herzog beließ die Bücher zunächst an ihrem Platz, ließ sich im Oktober 1798 jedoch den Bibliothekskatalog zusenden.[42] Bei dieser Gelegenheit ließ der Erbprinz Friedrich Ludwig das Interesse verlauten, sich »einige Bücher (…) zur Vermehrung (seiner) Privatbibliothek auszusuchen«.[43] Abzüglich dieser 868 Bände, unter denen sich viele kostbare Großformate, der beachtlichste Teil der »Mecklenburgica« und fast alle Karten befanden, gelangten gut 76 Prozent der Bücher an die Universitätsbibliothek Rostock.[44] Geht man davon aus, dass deren Bestand Ende der 1790er Jahre circa 25000 Bände umfasste, wird die Bedeutung des Zuwachses deutlich. Das Platzproblem hatten fortan andere.[45]

Die Bibliothek als Spiegel der Lebenswelt

Ein abschließendes Urteil über Bücher und Besitzerin zu fällen, ist nicht leicht. Allerdings erlaubt der vorhandene Bestand einen erhellenden, manchmal vertrauten und zuweilen erheiternden Blick auf die Lebenswirklichkeit einer hochadligen Frau. So wird die Herzogin Luise Friederike vor allem als eifrige Büchersammlerin greifbar. In einer Zeit, da die Anschaffung des gedruckten Worts immer noch eine gut gefüllte Schatulle voraussetzte, erwarb sie kontinuierlich Buchreihen, Journale und mehrbändige Werke, ließ sie binden und prägen, markierte sie auf vielfältige Art als persönlichen Besitz. Unabhängig davon, ob sie je vorhatte, ihre Erwerbungen auch zu lesen: Der Besitz des Buchs nahm für sie einen hohen Stellenwert ein.

Die Bibliothek wurde darüber hinaus zur Projektionsfläche ihrer Lebenswelt. Württemberg, Mecklenburg, Hamburg oder Paris: Fast alle Orte, welche die Herzogin auf ihren Reisen besuchte, sind auf unterschiedlichste Weise in der Bibliothek präsent, ob in Reisebeschreibungen oder politischen Schriften, in Abhandlungen über Hofzeremoniell und Mode oder in Texten ihr persönlich bekannter Autoren. Manch landeskundliches

Werk liegt in einer Ausgabe vor, deren Erscheinungsjahr sich direkt mit jenem der Reise deckt. Während diese Bücher gleichsam die Außenwelt reflektieren, gibt es auf der anderen Seite Werke, die das Innere widerspiegeln. Damit sind gerade die zahllosen Romane gemeint, oft von, für und über Frauen geschrieben.[46] Luise Friederike dürfte hier ein Mittel zur Selbstreflexion gefunden haben, eine Ansprache von Themen, die ihr wichtig waren und ihr gleichermaßen Bestätigung wie Unterhaltung zu bieten hatten. Und zu guter Letzt finden sich in der Bibliothek natürlich noch diejenigen Bücher, welche fern von jeder Lebenswirklichkeit der Herzogin Informationen zum Fremden und Andersartigen, zu nordamerikanischen Indianern, osmanischen Harems und Ballonfahrerei lieferten und damit ihren Erfahrungshorizont literarisch erweiterten.

All diese Facetten verdeutlichen schließlich die Charakteristik der Bibliothek. Luise Friederikes Büchersammlung diente in erster Linie ihrem persönlichen Informations- und Lesebedürfnis, allenfalls noch dem des Hofes.[47] Dass der Inhalt dieser ›Damenbibliothek‹ für das Bildungsbedürfnis der männlichen Zeitgenossen von Interesse war, zeigt außer der Titelauswahl des mecklenburgischen Erbprinzen ihre Eingliederung in die Bestände der Universität.

Lese- und Lebenswelt der Herzogin lassen sich am besten unter dem Begriff der ›populären Aufklärung‹ fassen. Luise Friederikes Bibliothek vermittelt den Eindruck einer gebildeten Frau – keinesfalls aber einer ›gelehrten‹, deren Wissensstand einen Grad an nach damaligem Verständnis nicht angemessener Professionalität erreicht hätte. Die Bücher boten eine Informationsgrundlage, die es der Herzogin ermöglichte, in der Geselligkeit des 18. Jahrhunderts mit ihren Erwartungen nach aufgeklärter, kultivierter Konversation zu reüssieren.[48] Darüber hinaus stellten sie ihrer Besitzerin ein Zeugnis gehobenen Geschmacks aus, das allen Zeitgenossen vor Augen geführt wurde (Abb. S. 262). Auch wenn viele Bände in schöner, ja prächtiger Ausstattung vorliegen, dienten sie niemals der bloßen Repräsentation. Vielmehr war es ihr Inhalt, welcher der Herzogin half, sich in der gebildeten Welt ihrer Zeit zu positionieren. Dabei ließ sie sich nicht von den Interessen ihres Mannes leiten,[49] sondern folgte eigenen Vorlieben. Luise Friederikes Lesewelten lassen den heutigen Betrachter also einen Blick auf ihren geistigen Horizont werfen, sagen aber auch einiges über das Selbstverständnis dieser Fürstin aus.

1 Zu diesen und anderen biografischen Details ausführlich: Wendt-Sellin 2016.
2 Raschke 2004, S. 208 sowie generell Hardach-Pinke 1996, S. 409–427; Lesemann 2000, S. 249–269; Felden 1999, S. 31–46.
3 Krüger 2006, S. 83–84; Schreibübungen der Prinzessin als Kind, 1729/30, UBR, Mss. Meckl. B. 854.
4 Landeshauptarchiv Schwerin (LHAS), 2.11-2/1 Auswärtige Beziehungen, Nr. 5196, Erbschaft der Herzogin Luise Friederike aus Württemberg und Schwedt, 1738–1760, fol. 107.
5 LHAS, 2.11-2/1 Auswärtige Beziehungen, Nr. 5182, Nachlassinventar des Erbprinzen Friedrich Ludwig von Würtemberg, 1738–1747, fol. 125–151.
6 LHAS, 2.11-2/1 Auswärtige Beziehungen, Nr. 5168, Kommissarische Verwaltung des väterlichen Erbes der Herzogin Luise Friederike durch den württembergischen Regierungsrat Adam Heinrich Weickersreuter, 1748–1751.
7 Ebd., fol. 80.
8 LHAS, 2.11-2/1 Auswärtige Beziehungen, Nr. 5196, Erbschaft der Herzogin Luise Friederike aus Württemberg und Schwedt, 1738–1760, fol. 107.
9 Rödinger 1789; Jean de Champigny an Luise Friederike, Amsterdam, 24. Mai 1776, UBR (ohne Signatur). Zu den ›Geschenken‹ habe ich nur die Exemplare gezählt, die diesen Umstand in der Widmung ausdrücklich erwähnen (etwa Hoffmann o. J.; eine Gabe des Druckers Johann Nikolaus Stoll).
10 Schön 1990, S. 20–40, hier S. 29–31.
11 So kann der Band Meier 1732 als Geschenk eines württembergischen Kammerjunkers identifiziert werden.
12 Erkennbar sind die Bücher am handschriftlichen Kürzel »Sophie Charlotte D(uchese) d(e) M(ecklenbourg)« bzw. an ihrem Supralibros, einem gekrönten Spiegelmonogramm (SC) im Oval. Dieses wurde häufig von Luise Friederike mit ihrem eigenen Zeichen überprägt.
13 Ihren Niederschlag fanden diese Vorstellungen unter anderem in den Lektürelisten der »Moralischen Wochenschriften«, von denen auch Luise Friederike eine ganze Anzahl besaß. Zu dieser Thematik: Brandes 2005, bes. S. 181–183; Mix 2004, S. 181–182.
14 Der Kontakt zu den Letztgenannten lässt sich ferner durch entsprechende Quittungen belegen, vgl. LHAS, 2.26-1 Großherzogliches Kabinett I / Sachakten, Nr. 3966, Lektüre der Herzogin Luise Friederike, 1751–1753, fol. 3 und 5–7.
15 Johann Nikolaus Stoll ist der unter Anm. 9 bereits erwähnte Widmungsgeber, was die These seines Kontaktes zur Herzogin untermauert.
16 Addresse-Buch der Herzogin Luise Friederike, um 1765, UBR, Mss. Meckl. B. 852. Das »Addresse-Buch« enthält neben den stilisierten Formeln für die Anrede diverser hochstehender Persönlichkeiten die Anschriften zahlreicher Händler und Lieferanten.
17 LHAS, 2.26-1 Großherzogliches Kabinett I / Sachakten, Nr. 3962, Schatullgelder der Herzogin Luise Friederike,

1782, fol. 12. Insgesamt kaufte die Herzogin in diesem Monat fünf Titel für rd. zwölf Taler.

18 So findet sich in der Bibliothek etwa ein Bücherkatalog aus dem Hause Petit & Dumoutier in Hamburg für die Jahre 1754–1759: Catalogue des Livres 1754–1759. In ihm sind zahlreiche Titel markiert, die später in der Herzoginbibliothek standen.

19 LHAS, 2.26-1 Großherzogliches Kabinett I / Sachakten, Nr. 3966, Lektüre der Herzogin Luise Friederike, 1751–1753, fol. 2. Geht man davon aus, dass diese Überlieferung nicht vollständig ist, könnte auch eine höhere Summe der Ausgaben und Anschaffungen vermutet werden.

20 LHAS, 2.11-2/1 Auswärtige Beziehungen, Nr. 5259, Kopien des Ehevertrages zwischen Herzog Friedrich von Mecklenburg-Schwerin mit Luise Friederike von Württemberg, 1746. Unter ›Sonderkosten‹ fallen neben den Aufwendungen für die eigene Garderobe auch Geschenke an Vertraute und gelegentliche Reisekosten: Briefbuch der Herzogin Louise Friederike, 1736–1743, UBR, Mss. Meck. B. 855, fol. 130, 118, 120, 124.

21 So gibt Raschke 2004, S. 211, für den Buchbesitz fürstlicher Frauen im 18. Jahrhundert einen Durchschnitt von 3000 bis maximal 5500 Bänden an, während Heißler 1998, S. 5, auf Titelzahlen zwischen 1400 (für die Sammlung der Braunschweiger Herzogin Philippine Charlotte) und 2600 (für die Große Landgräfin Caroline von Hessen-Darmstadt) kommt.

22 Jügelt 1996, S. 128. Die statistischen Angaben des vorliegenden Aufsatzes basieren nicht nur auf der Auswertung des Nachlasskataloges, der in der Universitätsbibliothek Rostock aufbewahrt wird (Katalog über die von der Herzogin Luise Friederike hinterlassenen Bücher, 1792, UBR, Mss. Meckl. I. 64.6), sondern auf tatsächlicher Sichtung der Bände. Die Abweichung zur bisherigen Schätzung ist aus der Zählweise zu erklären: Beachtet wurden bislang allein die im Katalog durchnummerierten Buchbände (3080), nicht aber die zahlreichen Journale, welche dort lediglich dem Titel nach aufgeführt sind.

23 Der Nachlasskatalog nennt diese nur pauschal als »in 3 *Portefeuilles* vertheilt«. Ebd.

24 Jügelt 1996, S. 128, berichtet von drei verschiedenen Supralibros. Tatsächlich existieren durch die Praxis der Weitergabe von Büchern bis zu acht unterschiedliche Formen auf Bänden der Bibliothek Luise Friederikes. Nach Ansicht d. Verf. können jedoch nur zwei von ihnen eindeutig der Herzogin zugeordnet werden. Ein dem Ordensband-Exlibris Luise Friederikes sehr ähnliches Supralibros, an dessen Kette jedoch der Elefantenorden hängt, konnte bislang noch nicht zweifelsfrei einem Besitzer zugeschrieben werden.

25 Luise Friederike war Ritterin des Kaiserlich-Russischen St.-Katharinen-Ordens.

26 Rist 1651.

27 Schön 1993, S. 43–44.

28 Der Abstand relativiert sich zwar, wenn die Anzahl der vorhandenen Titel ausgewertet wird, doch bleibt die grundsätzliche Aussage davon unberührt. Unter dem Blickwinkel der Titel liegt die Zahl der geistlichen Bücher nur um circa ein Drittel niedriger als die der belletristischen. Dieser Umstand ist damit zu erklären, dass in dem der ›Literatur‹ zugeordneten Bereich sehr viele mehrbändige Werke vorhanden sind, während bei den geistlichen häufig Titel- und Bandzahl identisch sind.

29 Etwa L'Hombre-Spiel 1726. Viele andere Bücher der Sparte »Vermischte« konnten nach Sichtung ihres Inhaltes anderen oben genannten Fachgebieten zugeordnet werden.

30 Raschke 2004, S. 211, geht für die Sammlung der Fürstin Luise von Anhalt-Dessau von einem gleichartigen Sachverhalt aus. Luise Friederike bevorzugte im belletristischen Bereich eindeutig französische Literatur bzw. Übersetzungen ins Französische und führte einen Großteil ihrer Korrespondenzen in dieser Sprache. Deutsch dominierte dagegen in ihrem engeren Umfeld am Hof, etwa in den Mitteilungen an und von ihren Hofmeistern, Sekretären, Ratgebern und Bedienten.

31 Bärensprung 1837, S. 47–72, bes. S. 54–58.

32 Die Rechnungsbücher, Briefe und Verwaltungsakten stehen damit den Schilderungen Thomas Nugents klar entgegen. Dazu Nugent 1768, Bd. 1, S. 74–75 sowie Wendt-Sellin 2016.

33 Schlimmer 2005, S. 209.

34 So finden sich etwa die gesammelten Predigten des Ludwigsluster Hofpredigers Johann Gottlieb Friederich (Friederich 1772–1774), des Rostocker Theologieprofessors und herzoglichen Konsistorialrats Joachim Hartmann (Hartmann 1774–1778), des Stuttgarter Ober-Hofpredigers Johann Friedrich Hochstetter (Hochstetter 1713) oder des mit der Herzogin bekannten Hauptpastors zu St. Petri in Hamburg, Christoph Christian Sturm (Sturm 1781–1783).

35 Zum Beispiel L'esprit des journaux 1772–1818. Die Herzogin besaß 65 Bände des Journals aus den Jahrgängen 1786–1791, von denen weniger als 10 aufgeschnittene Seiten zeigen.

36 Als einzige Alternative käme das Haus der Herzogin in Hamburg infrage. Dort hielt sie sich allerdings nur einige Monate im Jahr auf. Auch erwähnt ein zu diesem Haus überliefertes Inventarbuch die Bücher nicht mit einem Wort: LHAS, 2.26-1 Großherzogliches Kabinett I / Sachakten, Nr. 3979, Inventarium des Hamburger Hauses der Herzogin Luise Friederike, 1776, 1792.

37 LHAS, 2.26-2 Großherzogliches Hofmarschallamt, Nr. 2307, Schweriner Inventarium mit Ergänzungen über die Pretiosen, Möbel und übrigen Effekten der regierenden Herzogin, 1764, 1766, 1767, fol. 51, 56.

38 Ein Beleg für die Existenz einer herzoglichen Bibliothek im Schloss (im Jahr 1769) sind die Schilderungen von Tychsen 1790, S. 21. Danach enthielt diese Sammlung »lauter neue, und gar keine alte(n) Werke«. Dass diese Bücherei auch die Bände Luise Friederikes enthielt, ist wahrscheinlich, zumal sich stets nur Anhaltspunkte für einen einzelnen Bücherraum in Ludwigslust finden. Die Verf. dankt Peter Krohn für den Hinweis auf einen seit Luise Friederikes Zeit als Bibliothek genutzten Raum in der Residenz sowie Tobias Pfeifer-Helke für den Verweis auf Wundemann 1803, S. 278–279.

39 Zu ähnlichen Schlüssen kommen auch Heißler 1998, S. 4 und Raschke 2004, S. 210. Als Gegenbeispiel einer ›Herrenbibliothek‹ könnte hier die ebenfalls den Beständen der Universitätsbibliothek Rostock eingegliederte Renaissance-Bibliothek des Herzogs Johann Albrecht I. angeführt werden, deren Bände sich zum großen Teil in gleichartigen, prächtigen Einbänden präsentieren. Dazu Krüger 2007, S. 50–51.

40 LHAS, 2.26-1 Großherzogliches Kabinett I / Sachakten, Nr. 3986, Absterben und Nachlass der Herzogin Luise Friederike, 1791, 1799.

41 Ebd., Nr. 3978, Testament und Kodizill der Herzogin Luise Friederike, 1774, 1786.

42 LHAS, 2.26-2 Großherzogliches Hofmarschallamt, Nr. 2304, Schenkung der Bibliothek der Herzogin an die Universität Rostock, 1798–1800.

43 LHAS, 2.26-1 Großherzogliches Kabinett I / Sachakten, Nr. 3986, Absterben und Nachlass der Herzogin Luise Friederike, 1791, 1799.

44 Die in die Erbprinzenbibliothek verbrachten Bände sind im Katalog durch Kreuzchen in roter Tinte markiert.

45 Jügelt 1996, S. 127–128; Jügelt 2006, S. 23–24, 30.

46 Schlimmer 2005, S. 213.

47 Im Register von Rambach 1738 findet sich beispielsweise ein auf den 18. Februar 1785 datierter Kladdezettel mit Notizen zur Vorbereitung einer Predigt.

48 Zur Konversation im 18. Jahrhundert wie zum Begriff der »Geselligkeit«: Weckel 1996, S. 369–370.

49 Schön 1990, S. 29, 33; Raschke 2004, S. 209.

ANHANG

LITERATURVERZEICHNIS

Almasi 2001: Heidrun Almasi, Kulturhistorisches und landschaftsökologisches Nutzungskonzept der Sterninsel mit den 14 Alleen im Ludwigsluster Landschaftspark, Diplomarbeit Rostock 2001 (Typoskript)

Andés 1922: Louis Edgar Andés, Die Fabrikation der Papiermaché- und Papierstoff-Waren, 2. Auflage, Wien 1922

Annonce 1788: (Johann Georg Bachmann), Hamburgischer unpartheyischer Correspondent 1788, Nr. 49 (24. März) und Nr. 200 (13. Dezember)

Arndt 2013: Johannes Arndt, Herrschaftskontrolle durch Öffentlichkeit. Die publizistische Darstellung politischer Konflikte im Heiligen Römischen Reich 1648–1750, Göttingen 2013 (= Veröffentlichungen des Instituts für Europäische Geschichte Mainz, Bd. 224)

Asche 2006a: Matthias Asche, »Friedrich, Ruhm und Trost der Deinen. O, wie warst Du so gut.« Herzog Friedrich von Mecklenburg-Schwerin (1756–1785) – Möglichkeiten und Grenzen eines frommen Aufklärers, in: Manke/Münch 2006, S. 225–260

Asche 2006b: Matthias Asche, Die mecklenburgische Hochschule Bützow (1760–1789) – nur ein Kuriosum der deutschen Universitätsgeschichte? Versuch einer historischen Neubewertung, in: Jahrbuch für Universitätsgeschichte 2006, Jg. 9, S. 133–147

Asche 2009: Matthias Asche, Universität und Stadt im Spätmittelalter und in der Frühen Neuzeit. Überlegungen zu einem wenig bekannten Kapitel der deutschen Universitätsgeschichte am Beispiel Rostocks und Bützows, in: Michael Maaser (Hrsg.), Stadt, Universität, Archiv, Göttingen 2009 (= Schriftenreihe des Frankfurter Universitätsarchivs, Bd. 2), S. 89–116

Asche 2010: Matthias Asche, Von der reichen hansischen Bürgeruniversität zur armen mecklenburgischen Landeshochschule. Das regionale und soziale Besucherprofil der Universitäten Rostock und Bützow in der Frühen Neuzeit (1500–1800), 2., durchgesehene Auflage mit einer kommentierten Bibliographie über neuere Arbeiten zur Rostocker und Bützower Universitätsgeschichte seit dem 575. Gründungsjubiläum 1994, Stuttgart 2010 (= Contubernium. Tübinger Beiträge zur Universitäts- und Wissenschaftsgeschichte, Bd. 52)

Asche 2011: Matthias Asche, Die Universität Rostock des späten Mittelalters und der Frühen Neuzeit. Zum Forschungsgegenstand, zu Desideraten und Perspektiven, in: Wie schreibt man Rostocker Universitätsgeschichte? Referate und Materialien der Tagung am 31. Januar 2011, Rostock 2011 (= Rostocker Studien zur Universitätsgeschichte, Bd. 18), S. 7–36

Asche 2015: Matthias Asche, Einsamkeit und Gelehrsamkeit – die höfische Gesellschaft in Ludwigslust (1764 bis 1837), in: Mecklenburgische Jahrbücher 2015, Jg. 130, S. 201–228

Auge 2009: Oliver Auge, Handlungsspielräume fürstlicher Politik im Mittelalter. Der südliche Ostseeraum von der Mitte des 12. Jahrhunderts bis in die frühe Reformationszeit, Ostfildern 2009 (= Mittelalter-Forschungen, Bd. 28)

Auge 2013: Oliver Auge, Zu den Handlungsspielräumen »kleiner« Fürsten. Ein neues Forschungsdesign am Beispiel der Herzöge von Pommern-Stolp (1372–1459), in: Zeitschrift für Historische Forschung 2013, Jg. 40, S. 183–226

Aukt. Kat. Amsterdam 1999: Art and Antiques from German Noble Houses, Aukt.-Kat. Christie's, Amsterdam, 24. März 1999

Aukt.-Kat. München 2012: Orangerie. Ausgewählte Objekte, Aukt.-Kat. Villa Grisebach, München, 29. November 2012, München 2012

Ausst.-Kat. Berlin 1988: Das Tafelservice der KPM für den Herzog Wellington 1817–1819, bearb. von Winfried Baer und Ilse Baer, Ausst.-Kat. Staatliche Schlösser und Gärten Berlin, Schloss Charlottenburg, Berlin, Berlin 1988

Ausst.-Kat. Dessau/Schwerin 2010/11: Christoph Friedrich Reinhold Lisiewsky (1725–1794), hrsg. von Kulturstiftung DessauWörlitz, Ausst.-Kat. Kulturstiftung DessauWörlitz, Dessau, 29. August–31. Oktober 2010; Staatliches Museum Schwerin, Schwerin, 10. Dezember 2010–6. März 2011, Berlin/München 2010

Ausst.-Kat. Güstrow 1995: 1000 Jahre Mecklenburg. Geschichte und Kunst einer europäischen Region, hrsg. von Johannes Erichsen, Ausst.-Kat. Schloss Güstrow, Güstrow, 23. Juni–15. Oktober 1995, Rostock 1995

Ausst.-Kat. Güstrow 2006: Schloss Güstrow. Prestige und Kunst 1556–1636, bearb. von Kristina Hegner und Regina Erbentraut, Ausst.-Kat. Schloss Güstrow, Güstrow, 6. Mai–6. August 2006, Schwerin 2006

Ausst.-Kat. Los Angeles 2007: Oudry's Painted Menagerie. Portraits of Exotic Animals in Eighteenth-Century Europe, hrsg. von Mary Morton, Ausst.-Kat. J. Paul Getty Museum, Los Angeles, 1. Mai–2. September 2007, Los Angeles 2007

Ausst.-Kat. Ludwigslust 2000: »Jagd, welch fürstliches Vergnügen«. Höfische Jagd im 18. und 19. Jahrhundert, hrsg. von Kornelia von Berswordt-Wallrabe, Ausst.-Kat. Schloss Ludwigslust, Ludwigslust, 6. Mai–12. November 2000, Schwerin 2000

Ausst.-Kat. Rom/Dijon/Paris 1976: Piranèse et les Français 1740–1790, hrsg. von der Académie de France à Rome, Ausst.-Kat. Villa Medici, Rom; Palais des États de Bourgogne, Dijon; Hôtel de Sully, Paris, Mai–November 1976, Rom 1976

Ausst.-Kat. Rostock 2015: Prächtig vermessen. Mecklenburg auf Karten 1600 bis 1800, Ausst.-Kat. Kulturhistorisches Museum Rostock, Rostock, 6. Februar–17. Mai 2015, Rostock 2015 (= Schriften des Kulturhistorischen Museums Rostocks, Neue Folge 11)

Ausst.-Kat. Rudolstadt 2003: Antlitz des Schönen. Klassizistische Bildhauerkunst im Umkreis Goethes, hrsg. von Thüringer Landesmuseum Heidecksburg, Ausst.-Kat. Schloss Heidecksburg, Rudolstadt, 14. Juni–31. August 2003, Rudolstadt 2003

Ausst.-Kat. Schwerin 1978: Georg David Matthieu (1737–1778). Malerei – Pastelle – Grafik, hrsg. vom Staatlichen Museum Schwerin, Ausst.-Kat. Staatliches Museum Schwerin, Schwerin, Schwerin 1978

Ausst.-Kat. Schwerin 2000: Jean-Baptiste Oudry. Jean-Antoine Houdon. Vermächtnis der Aufklärung, Sammlung Staatliches Museum Schwerin, hrsg. von Kornelia von Berswordt-Wallrabe, Ausst.-Kat. Staatliches Museum Schwerin, Schwerin, 6. Mai–20. August 2000, zugleich Best.-Kat., Schwerin 2000

Ausst.-Kat. Schwerin 2009: Hela Baudis, Norddeutsche Zeichner aus vier Jahrhunderten, Ausst.-Kat. Staatliches Museum Schwerin, Schwerin, 7. März–14. April 2009, Schwerin 2009

Ausst.-Kat. Schwerin 2012/13: Kopie, Replik, Massenware. Bildung und Propaganda in der Kunst, hrsg. von Dirk Blübaum und Kristina Hegner, Ausst.-Kat. Staatliches Museum Schwerin, Schwerin, 12. Oktober 2012–27. Januar 2013, Petersberg 2012

Ausst.-Kat. Weimar 2004: »Ihre Kaiserliche Hoheit« Maria Pawlowna. Zarentochter am Weimarer Hof, hrsg. von der Stiftung Weimarer Klassik und Kunstsammlungen, Ausst.-Kat. Schlossmuseum Weimar, Weimar, Berlin/München 2004

Badstübner-Gröger 1972: Sybille Badstübner-Gröger, Die Potsdamer Plastik des Spätbarock, Diss. Berlin 1972

Badstübner-Gröger/Drescher 1991: Sibylle Badstübner-Gröger und Horst Drescher, Das Neue Palais in Potsdam. Beiträge zum Spätstil der friderizianischen Architektur und Bauplastik, Berlin 1991

Bailleu 1900: Paul Bailleu, Aus dem Briefwechsel König Friedrich Wilhelms III. mit dem Erbprinzen Friedrich Ludwig von Mecklenburg-Schwerin und der Großfürstin Helena Pawlowna (1801–1803), in: Paul Bailleu, Briefwechsel König Friedrich Wilhelm's III. und der Königin Luise mit Kaiser Alexander I., Leipzig 1900 (= Publicationen aus den K. Preußischen Staatsarchiven)

Ballschmieter 1962: Hans-Joachim Ballschmieter, Andreas Gottlieb von Bernstorff und der mecklenburgische Ständekampf (1680–1720), Köln/Graz 1962 (= Mitteldeutsche Forschungen, Bd. 26)

Bärensprung 1837: Hans Wilhelm Bärensprung, Versuch einer Geschichte des Theaters in Meklenburg-Schwerin. Von den ersten Spuren theatralischer Vorstellung bis zum Jahre 1835, Schwerin 1837

Bartoschek 2010: Gerd Bartoschek, Gemeinsam stark? Anna Dorothea Therbusch und ihre Zusammenarbeit mit Christoph Friedrich Reinhold Lisiewsky, in: Ausst.-Kat. Dessau/Schwerin 2010/11, S. 77–84

Bascou 2014: Marc Bascou u. a., Décors, mobilier et objets d'art du Musée du Louvre de Louis XIV à Marie Antoinette, Paris 2014

Baudis 1984: Hela Baudis, Von der fürstlichen Kunstkammer zum Landesmuseum, in: Hans Strutz (Hrsg.), Staatliches Museum Schwerin (Museums-Kompendium), Leipzig 1984, S. 7–17

Baudis 2007: Hella Baudis, Christian Ludwig II. von Mecklenburg-Schwerin im Porträt. Zu Aspekten des Herrscherbildes im 18.Jahrhundert, in: Mecklenburgische Jahrbücher 2007, Jg. 122, S. 99–119

Baudis 2008: Hela Baudis, Rudolph Suhrlandt (1781–1862). Grenzgänger zwischen Klassizismus und Biedermeier. Leben und Werk eines deutschen Hofmalers und Porträtisten des Bürgertums, Diss. Greifswald 2008

Baudis/Hegner 2005: Hela Baudis und Kristina Hegner, Johann Dietrich Findorff (1722–1772). Ein mecklenburgischer Hofmaler. Werkverzeichnis der Gemälde, Zeichnungen und Radierungen, Schwerin 2005

Baulez 2001: Christian Baulez, Das grand cabinet inérieur von Marie-Antoinette. Dekor, Mobiliar und Sammlungen, in: Monika Kopplin, Japanische Lacke. Die Sammlung der Königin Marie-Antoinette, Ausst.-Kat. Musée national des châteaux de Versailles et de Trianon, Versailles; Museum für Lackkunst, Münster, München 2001, S. 29–41

Baulez 2007: Christian Baulez, Le Garde-Meuble de la Reine, in: Louis XVI et Marie-Antoinette à Compiègne, Ausst.-Kat. Musée national du château de Compiègne, Compiègne, Paris 2007, S. 42–45

Baumstark/Seling/Seelig 1994: Reinhold Baumstark und Helmut Seling (Hrsg.), Lorenz Seelig (Katalog), Silber und Gold. Augsburger Goldschmiedekunst für die Höfe Europas, Ausst.-Kat. Bayerisches Nationalmuseum, München, München 1994

Beck 2014: Marina Beck, Residenz oder Lustschloss? Die Funktion des Schlosses Schönbrunn zur Zeit Maria Theresias (1740–1780), in: Satzinger/Jumpers 2014, S. 91–99

Behm 1999: Britta Behm (Hrsg.), Das Geschlecht der Bildung – die Bildung der Geschlechter, Opladen 1999

Bei der Wieden 2007: Helge Bei der Wieden, Die Anfänge des Hauses Mecklenburg – Wunsch und Wirklichkeit, in: Jahrbuch für die Geschichte Mittel- und Ostdeutschlands 2007, Jg. 53, S. 1–20

Bericht 1952: Bericht über die Arbeit des Landesamtes für Denkmalpflege 1945–1952, in: Heinz Mansfeldt (Hrsg.): Denkmalpflege in Mecklenburg. Jahrbuch 1951/52, Dresden o. J. (1952), S. 23

Berlin 2004: Isaiah Berlin, Die Wurzeln der Romantik, hrsg. von Henry Hardy, Berlin 2004

Beurdeley 2002: Michel Beurdeley, Georges Jacob (1739–1814) et son temps, Saint-Rémy-en-l'Eau 2002

Bibliothekskatalog 1769: Verzeichnis der Bücher in der Bibliothek Sr. Herzoglichen Durchlaucht des Regierenden Herzogs Friederich zu Mecklenburg: nach der vorgefundenen Ordnung derselben; angefangen den 10ten August 1769 zu Schwerin und in Ludwigslust vollendet den 26ten August 1769, von Oluf Gerhard Tychsen, Herzogl. Professor der Philosophie und der morgenl. Gelehrsamkeit auf der Universität Bützow (...), Schwerin/Ludwigslust 1769

Birjukowa 1986: Nina Birjukowa, Angewandte Kunst in der Ermitage. Orient – Antike – Westeuropa – Rußland, Leningrad 1986

Bischoff 2002: Cordula Bischoff: »... so ist ein anders das männliche, ein anders das weibliche Decorum«. Fürstliche Damenappartements und ihre Ausstattungen um 1700, in: Heide Wunder (Hrsg.), Dynastie und Herrschaftssicherung in der Frühen Neuzeit, Berlin 2002 (= Zeitschrift für historische Forschung/Beiheft, Bd. 28), S. 161–179

Blondel 1737: Jacques-François Blondel, De la Distribution des Maisons de Plaisance et de la Décoration des edifices en General, 2 Bde., Paris 1737

Blondel 1752: Jacques-François Blondel, Architecture françoise, 4 Bde., Paris 1752

Blücher 1993: Gebhard Leberecht von Blücher. Ein großer Sohn der Stadt Rostock. Lebenswerk, Vermächtnis und Erbe, hrsg. von der Universität Rostock, Rostock 1993

Bock 2006: Sabine Bock, Zwischen Bothmer, Christianensburg und Ludwigslust: Herrschaftliches Bauen in Mecklenburg um 1750, in: Manke/Münch 2006, S. 279–296

Bock 2007: Sabine Bock, Adolf Friedrich von Olthoff und Jacob Philipp Hackert, in: Bock/Helms 2007, S. 20–26

Bock 2014: Sabine Bock, Großherzogliche Kunst im Schloss Ludwigslust. Fürstenabfindung, Enteignung und Restitution, Schwerin 2014

Bock/Helms 2007: Sabine Bock und Thomas Helms (Hrsg.), Boldevitz. Geschichte und Architektur eines rügenschen Gutes, Schwerin 2007

Boffrand 1745: Germain Boffrand, Livre d'architecture contenant les principes generaux de cet art, Paris 1745

Börsch-Supan 1971: Helmut Börsch-Supan, Die Kataloge der Berliner Akademie-Ausstellungen 1786–1850, 3 Bde., Berlin 1971 (= Quellen und Schriften zur bildenden Kunst, Bd. 4)

Börsch-Supan 2010: Helmut Börsch-Supan, Gemalte Menschlichkeit. »Der Triumph der Prosa in der Malerei«, in: Ausst.-Kat. Dessau/Schwerin 2010/11, S. 17–40

Brandes 2005: Helga Brandes, Die Zeitschrift im 18. Jahrhundert und die Diskurse der Geschlechter, in: Das Achtzehnte Jahrhundert 2005, Jg. 29, S. 179–191

Brandes/Diederich 2009: Annette Brandes, Georg Diederich (Red.), Kleine Kirche im grossen Park. Festschrift zum 200-jährigen Jubiläum der Kirchweihe von St. Helena / St. Andreas zu Ludwigslust. Geschichte, Beschreibung des Bauwerks, Gemeindeleben, Impressionen, Schwerin 2009

Brandt 1925: Jürgen Brandt, Altmecklenburgische Schlösser und Herrensitze, Berlin 1925

Briseux 1752: Charles-Ertienne Briseux, Traité di Beau Essentiel dans les art Appliqué particulierment à la l'Architecture, Paris 1752

Brüning/Schnorr von Carolsfeld 1914: Adolf Brüning, Porzellan, Neue Bearbeitung von Ludwig Schnorr von Carolsfeld, hrsg. von der General-Verwaltung der Königlichen Museen Berlin 1914 (= Handbücher der Königlichen Museen zu Berlin, Bd. 13)

Brunner 2003: Anette Brunner, Renaissancen. Antikenrezeption in der Angewandten Kunst des 15.–19. Jahrhunderts, mit Beiträgen von Rosemarie Drenkhahn und Anne Viola Siebert, Ausst.-Kat. Kestner-Museum, Hannover, Hannover 2003 (= Museum Kestnerianum, Bd. 6)

Bruyn 2001: Günter de Bruyn, Preußens Luise. Vom Entstehen und Vergehen einer Legende, Berlin 2001

Bublitz 1913: Erwin Bublitz, Die Königliche Porzellan-Manufaktur Berlin 1763–1913, Berlin 1913

Buchholz/Michaelsen 2009: Ralf Buchholz und Hans Michaelsen, Vom Färben des Holzes. Holzbeizen von der Antike bis in die Gegenwart, Petersberg 2009

Buchsteiner/Viereck 2004: Ilona Buchsteine und Gunther Viereck, Johann Heinrich von Thünen. »... das ernste praktische Leben fordert die Tätigkeit des Mannes ...«. Chronik eines Lebensweges, o. O. 2004

Bülow 2007: Ilsabe von Bülow, Joseph Christian Lillie (1760–1827). Ein Architektenleben in Deutschland, München/Berlin 2007

Busch 2009: Jan von Busch (Hrsg.), Theologie der Aufklärung – Spannung zwischen barockem Kirchenraum, Kirchenmusik und Naturwissenschaft, Berlin 2009 (= Rostocker Theologische Studien, Bd. 19)

Busch 2013: Michael Busch, Machtstreben – Standesbewusstsein – Streitlust. Landesherrschaft in Mecklenburg von 1755 bis 1806, Köln/Weimar/Wien 2013 (= Quellen und Studien aus den Landesarchiven Mecklenburg-Vorpommerns, Bd. 13)

Busch 2014: Jan von Busch, Zur Aufführungspraxis in Mecklenburger Kirchen – Musik der Empfindsamkeit in Ludwigslust und Warlitz, in: Omonsky 2014, S. 327–346

Camenz 2004: Günter Camenz, Die Herzoglichen, Friedrichs-Universität (1760–1789) und Paedagogium (1760–1780) zu Bützow in Mecklenburg, Schwerin 2004

Cardinal 1984: Ferdinand Berthoud 1727–1807. Horloger mécanicien du Roi et de la marine, hrsg. von Catherine Cardinal, Ausst.-Kat. Musée international d'horlogie, La Chaux-de-Fonds, La Chaux-de-Fonds 1984

Catalogue des Livres 1754–1759: Catalogue raisonné, des Livres Nouveaux Anciens ou rares, qui se trouvent à Hambourg, chés Petit & Dumoutier (...): Terminé par un ordre Alphabétique des memes ouvrages pour la comodité de la Recherche, Hamburg 1754–1759 (Exemplar der Universitätsbibliothek Rostock, Sign. Bc-3072)

Christiani 2000: Franz-Josef Christiani, Die Lackproduktion der Manufaktur Stobwasser und ihre lokale Konkurrenz. Motivgruppen der Miniaturmalerei, in: Michael Kühlenthal (Hrsg.), Ostasiatische und europäische Lacktechniken, München 2000, S. 189–198

Clark 1852: The Crystal Palace and Its Contents. Being an Illustrated Cyclopaedia of the Great Exhibition of the Industry of All Nations. 1851. Embellished with Upwards of Five Hundred Engravings. With a Copious Analytical Index, hrsg. von W. M. Clark, London 1852, S. 212–213

Cramer 1783–1797: Carl Friedrich Cramer, Tagebuchblätter aus den Jahren 1783–1797, Manuskript (Universitätsbibliothek Kiel, Sign. Cod.ms. SH 406 J)

Crepon 1999: Tom Crepon, Gebhard Leberecht von Blücher – Sein Leben, seine Kämpfe, Rostock 1999

Czarnocka 1994: Anna Czarnocka und Vernis Martin, The Lacquerwork of the Martin Family in Eighteenth-Century France, in: Studies in the Decorative Arts 1994, Jg. 2, Nr. 1, S. 56–74

DaCosta Kaufmann 1998: Thomas DaCosta Kaufmann, Höfe, Klöster und Städte. Kunst und Kultur in Mitteleuropa 1450–1800, Köln 1998

Dehio 2000: Hans-Christian Feldmann u. a. (Bearb.), Mecklenburg-Vorpommern (= Georg Dehio, Handbuch der Deutschen Kunstdenkmäler), München/Berlin 2000

Demandt 2003: Philipp Demandt, Luisenkult. Die Unsterblichkeit der Königin von Preußen, Köln/Weimar/Wien 2003

Dettmann 1922: Gerd Dettmann, Das alte Schloß in Kleinow, in: Jahrbücher des Vereins für mecklenburgische Geschichte und Altertumskunde 1922, Jg. 86, S. 1–18

Dettmann 1929: Gerd Dettmann, Johann Joachim Busch. Der Baumeister von Ludwigslust, Rostock o. J. (1929) (= Mecklenburgische Monographien, Bd. 1)

Dettmann 1935: Gerd Dettmann, Ludwigslust, in: Mecklenburg. Zeitschrift des Heimatbundes Mecklenburg 1935, Bd. 30, S. 48–53

Dettmann 1936: Gerd Dettmann, Der Schweriner Schloßgarten, in: Monatshefte für Mecklenburg 1936, Jg. 12, Nr. 140, S. 401–404

Dezallier 1760: Antoine Joseph Dezallier d'Argenville, La Théorie et la Pratique du Jardinage, reprographischer Nachdruck der Ausgabe Paris 1760 und Hildesheim / New York 1972, in: Wilfried Hansmann, Gartenkunst der Renaissance und des Barock, Köln 1983

Diderot/d'Alembert 1751–1772: Denis Diderot und Jean Baptiste le Rond d'Alembert, Encyclopédie ou Dictionnaire raisonné des sciences, des arts et des métiers, 17 Bde., Paris 1751–1772

Dieckmann 1988: Wilhelmine Dieckmann, Der Ludwigsluster Schloßpark, in: Land und Leute. Kreis Ludwigslust 1, 1988, S. 25–30
Dieckmann 1991a: Wilhelmine Dieckmann, Das Jagdschloß Klenow und die erste Parkanlage zur Zeit des Prinzen Christian Ludwig, in: Heimathefte für Mecklenburg-Vorpommern. Schriftenreihe Geschichte, Kultur, Natur und Umwelt 1991, Bd. 1, 3, S. 17–18
Dieckmann 1991b: Wilhelmine Dieckmann, Die Parkanlage zur Zeit Herzog Friedrichs in Ludwigslust, in: Heimathefte für Mecklenburg-Vorpommern. Schriftenreihe Geschichte, Kultur, Natur und Umwelt 1991, Bd. 1, 4, S. 75–79
Dittscheid 1987: Hans-Christoph Dittscheid, Kassel-Wilhelmshöhe und die Krise des Schlossbaues am Ende des Ancien Régime, Worms 1987
Dobert 1920: Johannes-Paul Dobert, Bauten und Baumeister in Ludwigslust. Ein Beitrag zur Geschichte des Klassizismus, Magdeburg 1920
Dorgerloh 2012: Annette Dorgerloh, Gartengräber – Legitimationslinien einer neuen Gestaltungsaufgabe, in: Monumente im Garten – der Garten als Monument. Internationales Symposium vom 31. März bis 2. April in Schwetzingen, Regierungspräsidium Stuttgart, Landesamt für Denkmalpflege 2012, Arbeitsheft 25, S. 51–58
Downes 1822: George Downes, Letters from Mecklenburg and Holstein: Comprising an Account of the Free Cities of Hamburg and Lübeck. Written in the Summer of 1820, London 1822
Drinkuth 2011: Friederike Drinkuth, Königin Charlotte. Eine Prinzessin aus Mecklenburg-Strelitz besteigt den englischen Thron, Schwerin 2011
Drost 2003: Alexander Drost, Neustrelitz – eine frühmoderne Idealstadt. Ausdruck realer Machtverhältnisse oder städtebauliche Mode des Barock und Absolutismus in der ersten Hälfte des 18. Jahrhunderts?, Magisterarbeit Greifswald 2003 (Typoskript)
Drost 2003/04: Alexander Drost, Neustrelitz – Machtbewusstsein und Zeitgeist im Spiegel von Idealkonzepten zu Beginn des 18. Jahrhunderts, in: Blätter für deutsche Landesgeschichte 2003/04, Heft 139/140, S. 301–320
Drost 2006: Alexander Drost, Barocke Stadtpläne – Neustrelitz und sein idealer Stadtgrundriss im zeitgenössischen Vergleich, in: Zeitschrift Barock. Geschichte – Literatur – Kunst 2006, S. 105–122
Druffner 1995: Frank Druffner, Gehen und Sehen bei Hofe. Weg- und Blickführungen im Barockschloß, in: Klaus Bußmann, Florian Matzner und Ulrich Schulze (Hrsg.), Johann Conrad Schlaun 1695–1773. Architektur des Spätbarock in Europa, Ausst.-Kat. Westfälisches Landesmuseum für Kunst und Kulturgeschichte, Münster, Stuttgart 1995, S. 542–551
Eberle 1980: Matthias Eberle, Individuum und Landschaft, Gießen 1980
Ehler 2003: Melanie Ehler (Hrsg.), Fürstliche Garten(t)räume. Schlösser und Gärten in Mecklenburg und Vorpommern, Berlin 2003
Ellmenreich 2007: Albert Ellmenreich, 1836–1859: Alt Schweriner Hoftheater, Schwerin 2007
Ende 2003: Horst Ende, Ein Architekt zwischen Barock und Klassizismus. Johann Joachim Busch zum 200. Todestag, in: Denkmalschutz und Denkmalpflege in Mecklenburg-Vorpommern 2003, Jg. 10, S. 1–13
Ende 2016: Horst Ende, Johann Joachim Busch (Art.), in: Andreas Röpke (Hrsg.), Biographisches Lexikon für Mecklenburg, Bd. 8, Rostock 2016 (im Druck)
Engel 1817: Johann Carl Engel, Verzeichniß einer Sammlung von Kunstsachen verzüglichen Werthes und Alterthümern aus dem Nachlasse Sr. Durchlaucht des Churfürsten Maximilian zu Cöln«, Dresden 1817 (unfoliiert, handschriftlich), Staatliches Museum Schwerin, o. Inv.-Nr.
Engel 2001: Martin Engel, Das Forum Fridericianum und die monumentalen Residenzplätze des 18. Jahrhunderts, Diss. Berlin 2001 (http://www.diss.fu-berlin.de/diss/receive/FUDISS_thesis_000000001297, letzter Zugriff 14. Dezember 2015)
Erichsen 1980: Johannes Erichsen, Antique und Grec. Studien zur Funktion der Antike in Architektur und Kunsttheorie des Frühklassizismus, Diss. Köln 1980
Erouart 1982: Gilbert Erouart, Architettura come pittura. Jean-Laurent Legeay un piranesiano francese nell' Europa dei Lumi, Mailand 1982
Fabian 1996: Bernhard Fabian (Hrsg.), Handbuch der Historischen Buchbestände in Deutschland, Bd. 16, Hildesheim 1996
Fehringer 1986: Gertrud Fehringer, Studien zur Verwendung von Papiermaché in der Kunst, Bern 1986 (Typoskript)
Felden 1999: Heide von Felden, Geschlechterkonstruktion und Bildungsvorstellungen aus Männer- und Frauensicht, in: Behm 1999, S. 31–46
Fischer (2000): Antje Marthe Fischer, Der Tafelaufsatz für das erbherzogliche Paar. Ein königliches Geschenk, Kunstwerk des Monats, Staatliches Museum Schwerin, Schwerin (2000)
Fischer 2000: Antje Marthe Fischer (Bearb.), Alles tickt. Die Uhrensammlung des Staatlichen Museums Schwerin, Best.-Kat., mit Beiträgen von Antje Marthe Fischer, Heike Kramer, Karin Annette Möller und Torsten Fried, Staatliches Museum Schwerin, Schwerin 2000
Fischer 2002: Dokumentation der kriegsbedingt vermissten Kunstwerke des Mecklenburgischen Landesmuseums, Bd. 3: Keramik, bearb. von Antje Marthe Fischer, Staatliches Museum Schwerin, Schwerin 2002
Fischer 2011: Antje Marthe Fischer, Gläserne Pracht. Die Glassammlung des Staatlichen Museums Schwerin. Best.-Kat., hrsg. von Dirk Blübaum und Antje Marthe Fischer, Petersberg 2011
Fleischer 1999: Horst Fleischer (Hrsg.), Vertrauliche Mitteilungen aus Mecklenburg-Schwerin und Sachsen-Eisenach, Rudolstadt 1999 (= Kleine kulturgeschichtliche Reihe, Bd. 2)
Forssman 1961: Eric Forssman, Dorisch, ionisch, korinthisch: Studien über den Gebrauch der Säulenordnungen in der Architektur des 16.–18. Jahrhunderts, Stockholm 1961 (Stockholm Studies in History of Art, Bd. 5)
Frank 2005/06: Christoph Frank, »Disclosing a treasure, which now as it were lies buried in a corner of Germany«, in: Nationalschätze aus Deutschland, Von Luther zum Bauhaus, hrsg. von der Konferenz Nationaler Kultureinrichtungen (KNK), Ausst.-Kat. Kunst- und Ausstellungshalle der Bundesrepublik Deutschland, Bonn, Bonn 2005/06
Frank 2006: Christoph Frank, Lumière françaises ou rayonnement européen de la France? Zur Situation der zeitgenössischen französischen Skulptur an den deutschen Höfen des 18. Jahrhundert, in: Lottes/D'Aprile 2006, S. 77–82
Frank 2007: Christoph Frank, Pictorial Relations: New Evidence on Jean-Baptiste Oudry and the Court of Mecklenburg-Schwerin, in: Ausst.-Kat. Los Angeles 2007, S. 31–57
Franke 1987: Siegfried Franke, Zur Tätigkeit des Uhrmachers Johann Heinrich Berg als Münzmeister der Stadt Rostock, hrsg. von Kulturbund der DDR, Rostock 1987 (= Numismatische Hefte, 35), S. 4–11
Franke 2008: Matthias Franke, Baukunst in Ludwigslust als Zeugnis pietistischer Tätigkeit Friedrichs des Frommen?, »›Utopie und Idylle‹. Der Mecklenburg-Schweriner Hof in Ludwigslust«, Symposium, Ludwigslust 18.–21. September 2008 (Typoskript)
Fried 2015: Torsten Fried, Geprägte Macht. Münzen und Medaillen der mecklenburgischen Herzöge als Zeichen fürstlicher Herrschaft, Köln/Weimar/Wien 2015 (= Beihefte zum Archiv für Kulturgeschichte, Bd. 76)
Friederich 1772–1774: Johann Gottlieb Friederich, Predigten, Leipzig 1772–1774 (Exemplar der Universitätsbibliothek Rostock, Sign. Fl-3001[1–4])
Füssli 1819: Johann Rudolf Füssli und Hans Heinrich Füssli, Allgemeines Künstlerlexikon, oder: Kurze Nachricht von dem Leben und den Werken der Maler, Bildhauer, Baumeister, Kupferstecher, Kunstgießer, Stahlschneider u. u. (…), Bd. 2, 10. Abs. (Va–Utzschneider), Zürich 1819
Gallas/Heuser 1990: Helge Gallas und Magdalene Heuser (Hrsg.), Untersuchungen zum Roman von Frauen um 1800, Tübingen 1990 (= Untersuchungen zur deutschen Literaturgeschichte, Bd. 55)
Geschichte 1858: Geschichte des preußisch-schwedischen Krieges in Pommern, der Mark und Mecklenburg 1757–1762. Zugleich als Beitrag zur Geschichte des Siebenjährigen Krieges. Nach gleichzeitigen schwedischen und preußischen Berichten, Berlin 1858
Goldsmith Philips 1963: John Goldsmith Phillips, Monsieur Houdon's Frileuse, in: Metropolitan Museum of Art Bulletin 1963, Neue Serie 22, Heft 1, S. 29–36
Goß 1852: Karl Goß, Geschichte von Ludwigslust, verfaßt am Schlusse des Jahres 1851, Parchim 1852
Goß/Kaysel (1852) 1927: Karl Goß, Geschichte von Ludwigslust, verfaßt und am Schlusse des Jahres 1851 dem Drucke übergeben von K. Goß, Pastor in Benz, Parchim 1852; ergänzte Neuausgabe von Otto Kaysel, Ludwigslust 1927
Götz 1996: Ernst Götz, Höfische Holzfußböden und Parkette, in: Peter Nickl (Hrsg.), Parkett. Historische Holzfußböden und zeitgenössische Parkettkultur, 2. Auflage, München 1996, S. 29–80
Graf 2013: Henriette Graf, Das Neue Palais König Friedrichs des Großen, in: Henriette Graf und Nadja Geißler (Hrsg.): Wie friderizianisch war das Friderizianische? Zeremoniell, Raumdisposition und Möblierung ausgewählter europäischer Schlösser am Ende des Ancien Régime. Beiträge einer internationalen Konferenz vom 2. Juni 2012, (Friedrich300 – Colloquien, Bd. 6) (http://www.perspectivia.net/publikationen/friedrich300-colloquien/friedrich_friderizianisch/graf_palais, letzter Zugriff 30. Dezember 2015)
Greber/Lehmann 2003: Josef Greber und Erich Lehmann, Die tierischen Leime. Geschichte, Herstellung, Untersuchung, Verwendung und Patentübersicht, Hannover 2003
Greune/Kache 2010: Gerhart Greune und Ulrich Kache, Der Schloßpark Ludwigslust. Ein Rundgang, Ludwigslust 2010
Groth 1792: Johann Gottfried Groth, Verzeichniß der Gemälde in der Herzoglichen Gallerie, Schwerin 1792
Grünebaum 1995: Gabriele Grünebaum, Papiermaché. Geschichte – Objekte – Rezepte, Köln 1995
Haase 1988: Gisela Haase, Sächsisches Glas, Leipzig 1988

Hahn/Hahn 2010: Renate Hahn und Otto Hahn, Sonneberger Spielzeug – Made in Judenbach. 300 Jahre Spielzeugherstellung an der alten Handelsstraße, Münster 2010
Halfpaap 2013: Jacob Halfpaap, Das furnierte Tafelparkett der Galerie im Schloss Ludwigslust. Technologische Untersuchungen, Erfassung von Herstellungstechniken sowie Überlegungen zu konservatorischen und restauratorischen Maßnahmen, Diplomarbeit Potsdam 2013 (Typoskript)
Handbuch 1801: Handbuch über den Königlich Preussischen Hof und Staat für das Jahr 1801, Berlin 1801
Hansmann 1983: Wilfred Hansmann, Gartenkunst der Renaissance und des Barock, Köln 1983
Hardach-Pinke 1996: Irene Hardach-Pinke, Erziehung und Unterricht durch Gouvernanten, in: Kleinau/Opitz 1996, S. 409–427
Harris 1967: John Harris, Le Geay, Piranesi and International Neoclassicism in Rome 1740–1750, in: Douglas Fraser, Howard Hibbard und Milton J. Lewine (Hrsg.), Essays in the History of Architecture Presented to Rudolf Wittkower, London 1967, S. 189–196
Hartmann 1774–1778: Joachim Hartmann, Entwürfe der von ihm während eines Jahres gehaltenen Predigten, Rostock 1774–1778 (Exemplar der Universitätsbibliothek Rostock, Sign. Fl-3305[1–5])
Haskell 1996: Francis Haskell, Maler und Auftraggeber, Kunst und Gesellschaft im italienischen Barock, Köln 1996
Hawley 1970: Henry H. Hawley, Jean-Pierre Latz, Cabinetmaker, in: The Bulletin of The Cleveland Museum of Art 1970, Heft September/Oktober, S. 203–259
Heckmann 1998: Hermann Heckmann, Baumeister des Barock und Rokoko in Brandenburg-Preußen, Berlin 1998
Heckmann 2000: Hermann Heckmann, Baumeister des Barock und Rokoko in Mecklenburg, Schleswig-Holstein, Lübeck/Hamburg/Berlin 2000
Hedinger/Berger 2002: Bärbel Hedinger und Julia Berger (Hrsg.), Karl Friedrich Schinkel. Möbel und Interieur, Ausst.-Kat. Altonaer Museum und Norddeutsches Landesmuseum im Jenisch Haus, Hamburg, München/Berlin 2002
Hedinger/Berger 2003: Bärbel Hedinger und Julia Berger (Hrsg.), Joseph Ramée. Gartenkunst, Architektur und Dekoration. Ein internationaler Baukünstler des Klassizismus, München/Berlin 2003
Hedley 1975: Olwen Hedley, Queen Charlotte, London 1975
Heeg 2007: Jürgen Heeg (Hrsg.), Buch. Macht. Bildung. Die Bibliothek Johann Albrecht I. von Mecklenburg, Rostock 2007 (= Veröffentlichungen der Universitätsbibliothek Rostock, Bd. 137)
Heer 1982: Eugene Heer, Der neue Støckel, Internationales Lexikon der Büchsenmacher, Handfeuerwaffen-Fabrikanten und Armbrustmacher von 1400–1900, 3 Bde., Schwäbisch-Hall 1982
Hegner 1998: Dokumentation der kriegsbedingt vermißten Kunstwerke des Mecklenburgischen Landesmuseums, Bd. 1: Gemälde und Miniaturen, Plastische Arbeiten, bearb. von Kristina Hegner, Staatliches Museum Schwerin, Schwerin 1998
Hegner 2000: Kristina Hegner, Die Werke Houdons im Staatlichen Museum Schwerin, in: Ausst.-Kat. Schwerin 2000, S. 170–200
Hegner 2009: Kristina Hegner, Sparsamkeit und Kunst um 1800. Die Pappmachéprodukte der Herzoglichen Carton-Fabrique in Ludwigslust, in: Arbeitskreis Bild Druck Papier, Tagungsband Hagenow 2008, Bd. 13, Münster u. a. 2009, S. 29–44
Hegner 2012: Kristina Hegner, Fürstliche Repräsentation am mecklenburgischen Hof, in: Ausst.-Kat. Schwerin 2012/13, S. 33–51
Heinrich 1997: Gerd Heinrich, Friedrich der Große und Mecklenburg. Geschichte einer Mesalliance, in: Helge Bei der Wieden und Tilmann Schmidt (Hrsg.), Mecklenburg und seine Nachbarn, Rostock 1997 (= Veröffentlichungen der Historischen Kommission für Mecklenburg, Reihe B: Schriften zur mecklenburgischen Geschichte, Kultur und Landeskunde, Bd. 10), S. 127–148
Heißler 1998: Sabine Heißler, Unbekannte Lesewelten. Privatbibliotheken adliger Frauen im deutschen Reich zwischen dem 16. und dem 18. Jahrhundert, in: Ariadne. Almanach des Archivs der Deutschen Frauenbewegung 1998, Jg. 34, S. 4–7
Heitmann 1979: Bernhard Heitmann, Die deutschen sogenannten Reise-Service und die Toilettengarnituren von 1680 bis zum Ende des Rokoko, Diss. Hamburg 1979
Heitz 2010: Gerhard Heitz, Studien zur mecklenburgischen Agrargeschichte in der Frühen Neuzeit, hrsg. von Hanna Haack u. a., Berlin 2010 (= Abhandlungen der Leibniz-Sozietät der Wissenschaften, Bd. 26)
Heller 2011: Karl Heller, Die Hofmusik in der Mecklenburg-Schweriner Residenz Ludwigslust im letzten Drittel des 18. Jahrhunderts, in: Rosetti-Forum, hrsg. von der Internationalen Rosetti-Gesellschaft e. V. 2011, Heft 12, S. 23–48
Helling 1830: J. G. A. Ludwig Helling, Geschichtlich-statistisch-topographisches Taschenbuch von Berlin und seinen nächsten Umgebungen, Berlin 1830
Helmberger/Kockel 1993: Werner Helmberger und Valentin Kockel (Bearb.), Rom über die Alpen tragen. Fürsten sammeln antike Architektur. Die Aschaffenburger Korkmodelle, mit Beiträgen von Franz Bischoff, Erik Forssman und Ingrid Thom, Bayerische Verwaltung der Staatlichen Schlösser, Gärten und Seen, Kataloge der Kunstsammlungen, hrsg. von Gerhard Hojer, Landshut 1993
Hennebo/Hoffmann 1965: Dieter Hennebo und Alfred Hoffmann, Der architektonische Garten. Renaissance und Barock. Geschichte der deutschen Gartenkunst, 2 Bde., Hamburg 1965
Herold 1786: Johann Henrich Herold, Widmung, in: Religiöse Oden und Lieder aus den besten deutschen Dichtern mit Melodien zum Singen bey dem Claviere von J. A. P. Schulz, Hamburg 1786
Herzog zu Mecklenburg 2003: Christian Ludwig Herzog zu Mecklenburg, Mecklenburg-Schwerin. Portraits und Photographien aus dem Großherzoglichen Haus, Schwerin 2003
Hesse 2004: Klassische Architektur in Frankreich. Kirchen, Schlösser, Gärten, Städte 1600–1800, Darmstadt 2004
Himmelheber 1979: Georg Himmelheber, Kleine Möbel. Modell-, Andachts- und Kassettenmöbel vom 13.–20. Jahrhundert, Ausst.-Kat. Bayerisches Nationalmuseum, München; Museum für Kunsthandwerk, Frankfurt am Main, München 1979
Hinterkeuser 2009: Guido Hinterkeuser, Schlüter, Sturm und andere. Der Architekt als Idol, Lehrer, Vorgesetzter und Konkurrent in Christian Friedrich Gottlieb von dem Knesebecks Manuskript »Kurtze Remarquen der Oeconomischen alß auch Prächtigen Baukunst« (1703–1716), in: Stiftung Bibliothek Werner Oechslin, Einsiedeln (Hrsg.), Architekt und/versus Baumeister, Zürich 2009, S. 131–142
Hinterkeuser 2011: Guido Hinterkeuser, Andreas Schlüter und das Ideal des barocken Lustgebäudes. Bauten und Entwürfe für Berlin, Freienwalde, Schwerin und Peterhof, in: Zeitschrift des deutschen Vereins für Kunstwissenschaft 2010, Jg. 64 (2011), S. 243–276
Hinz 1989: Gerhard Hinz, Peter Joseph Lenné. Das Gesamtwerk des Gartenarchitekten und Städteplaners, 2 Teile, Hildesheim 1989
Hippauf 2000: Renate Hippauf, Johann Heinrich von Thünen. Ein Lebensbild, Rostock 2000
Hirschbiegel/Wettlaufer 2005: Höfe und Residenzen im spätmittelalterlichen Reich. Ein dynastisch-topographisches Handbuch, Teilbd. I: Jan Hirschbiegel, Jörg Wettlaufer, Dynastien und Höfe, Ostfildern 2005
Hirschfeld 1896a: L. von Hirschfeld, Von einem deutschen Fürstenhofe. Geschichtliche Erinnerungen aus Alt-Mecklenburg, hrsg. von seiner Witwe, Bd. 1, Wismar 1896
Hirschfeld 1896b: L. von Hirschfeld, Brautwerbung des Erbprinzen Friedrich Ludwig von Mecklenburg-Schwerin am Hofe Kaiser Paul's I. von Rußland 1799. Nach archivalischen Quellen, in: Hirschfeld 1896a, S. 69–191
Hirschfeld 1896c: L. von Hirschfeld, Aus dem Leben einer Hofdame. Ein Culturbild, in: Hirschfeld 1896a, S. 193–270
Hirth 1911: Georg Hirth, Der Formenschatz, München/Leipzig 1911
Hochstetter 1713: Johann Friedrich Hochstetter, Christliche Passions-Gedancken, oder 37 Predigten nach Anleitung d. hochtröstlichen Passions-Histori (...). Samt einer in Anno 1707 (...) gehaltenen Valet-Predigt, Stuttgart 1713 (Exemplar der Universitätsbibliothek Rostock, Sign. Fl-1122)
Hoffmann 1963: Alfred Hoffmann, Der Landschaftsgarten. Geschichte der deutschen Gartenkunst, Bd. 3, Hamburg 1963
Hoffmann 2006: Peter Hoffmann (Hrsg.), Nie war Raum genug ... Ein illustrierter Streifzug durch die Entwicklungs- und Baugeschichte der Universitätsbibliothek Rostock, Rostock 2006
Hoffmann o. J.: Gottfried Hoffmann, Christliche Beicht- und Communion-Andacht (...) Stuttgart o. J. (Exemplar der Universitätsbibliothek Rostock, Sign. Fm-3241)
Hölscher 1881: Uvo Hölscher, Geschichte des Herzoglichen Paedagogiums in Bützow (1760–1780), nach den Quellen bearbeitet, in: Programm der Realschule erster Ordnung zu Bützow. Ostern 1881, Bützow 1881, S. 1–28
Holz 1990: Birgid Holz, Parks & Gärten der Schlösser Güstrow, Schwerin und Ludwigslust, Berlin o. J. (1990)
Holz 1992: Birgid Holz, Parks und Gärten der Schlösser Güstrow, Schwerin und Ludwigslust, Berlin 1992
Holz 2009: Birgid Holz, Barocke Orangerie- und Küchengartenkultur in Mecklenburg und Vorpommern, in: Irmela Grempler und Armin Tebben (Hrsg.): Orangerien und historische Glashäuser in Mecklenburg-Vorpommern, Schwerin 2009 (= Baukunst und Denkmalpflege in Mecklenburg-Vorpommern, Bd. 2), S. 22–65
Holzhausen 1954: Walter Holzhausen, Sächsische Gläser des Barock, in: Zeitschrift für Kunstwissenschaft 1954, Jg. 8, Heft 1/2, S. 95–124
Hustaedt 1997: Konrad Hustaedt, Baugeschichte des Schlosses Neustrelitz, in: Konrad Hustaedt (1874–1947). Leben und Werk, Neustrelitz 1997, S. 13–28
Hütten 2014: Jan-Hendrik Hütten, Herzog Friedrich der Fromme zu Mecklenburg und sein Hof, Masterarbeit Rostock 2014 (Typoskript)

Inventar Luise Friederike 1764: Schwerinisches Inventarium über Der regierenden Frau Hertzogin zu Mecklenburg (...) Hertzogl. Durchl. allda befindliche Pretiosa, Meubles und übrige Effecten, errichtet in Anno 1764 (foliiert), Landeshauptarchiv Schwerin (LHAS), 2.26-2 Hofmarschallamt, 2307

Jacobs 2004a: Silvio Jacobs, Neustrelitz und die Theorie der frühneuzeitlichen Stadt, in: Carolinum. Historisch-literarische Zeitschrift 2004, Jg. 68, S. 10–22

Jacobs 2004b: Silvio Jacobs, Die Gründung der Residenz Neustrelitz, in: Beiträge zur Mecklenburgischen Landes- und Regionalgeschichte vom Tag der Landesgeschichte im Oktober 2003 in Dömitz, Rostock 2004 (= Der Festungskurier, Bd. 4), S. 48–72

Jacobs 2014: Silvio Jacobs, Familie, Stand und Vaterland. Der niedere Adel im frühneuzeitlichen Mecklenburg, Köln/Weimar/Wien 2014 (= Quellen und Studien aus den Landesarchiven Mecklenburg-Vorpommerns, Bd. 15)

Jahns 2000: Sigrid Jahns, »Mecklenburgisches Wesen« oder absolutistisches Regiment. Mecklenburgischer Ständekonflikt und neue kaiserliche Reichspolitik 1658–1755, in: Paul-Joachim Heinig u. a. (Hrsg.), Reich, Regionen und Europa in Mittelalter und Neuzeit. Festschrift für Peter Moraw, Berlin 2000 (= Historische Forschungen, Bd. 67), S. 323–351

Jandausch 2008: Kathleen Jandausch, Mecklenburg 1806–1808 – Ein mindermächtiger Staat zwischen außenpolitischer Hilflosigkeit und innenpolitischen Reformversuchen, in: Michael North und Robert Riemer (Hrsg.), Das Ende des Alten Reiches im Ostseeraum. Wahrnehmungen und Transformationen, Köln/Weimar/Wien 2008, S. 86–100

Janke 2013: Nico Janke, Schätze aus dem Stadtarchiv Stralsund. Die Möbelfabrik Dumrath. Erfolgsgeschichte zweier Generationen Stralsunder Tischler, in: Stralsunder Hefte 2013, Jg. 5, S. 46–49

Jennerjahn 2013: Marie-Luise Jennerjahn, Die Stadtkirche Ludwigslust (1765/70), Masterarbeit Berlin 2013 (Typoskript)

Jervis 1973: Simon Jervis, 19th Century Papier-mâché, London 1973

Jonas 1998: Melitta Jonas, Gold und Silber für den König. Johann George Hossauer (1794–1874) Goldschmied Sr. Majestät des Königs, hrsg. von der Generaldirektion der Stiftung Preußische Schlösser und Gärten Berlin-Brandenburg, Ausst.-Kat. Schloss Charlottenburg, Berlin, Berlin 1998

Joost 2012: Sebastian Joost, Von der Beratung zur Mitsprache – Etappen landständischer Einflussnahme in Mecklenburg im 15. und 16. Jahrhundert, in: Oliver Auge und Burkhard Büsing (Hrsg.), Der Vertrag von Ripen 1460 und die Anfänge der politischen Partizipation in Schleswig-Holstein, im Reich und in Nordeuropa, Ostfildern 2012 (= Kieler Historische Studien, Bd. 43; zugleich Zeit + Geschichte, Bd. 24), S. 263–274

Jörn/North 1999: Nils Jörn und Michael North (Hrsg.), Die Integration des südlichen Ostseeraumes in das Alte Reich, Köln/Weimar/Wien 1999 (= Quellen und Forschungen zur Höchsten Gerichtsbarkeit im Alten Reich, Bd. 35)

Journal 1811: Journal des Luxus und der Moden 1811, Heft März

Jueg/Boettcher 2005: Uwe Jueg und Sylvia Böttcher, Die Geschichte des Fontänenhauses in Ludwigslust, in: Mitteilungen der Naturforschenden Gesellschaft West-Mecklenburg 2005, Bd. 5, Heft 1, S. 7–15

Jügelt 1996: Karl-Heinz Jügelt, Die öffentliche Universitätsbibliothek (1789–1827), in: Fabian 1996, S. 127–129

Jügelt 2006: Karl-Heinz Jügelt, Bücher, Bücher – aber wohin damit? Nie war Raum genug für die Bücher in der 435-jährigen Geschichte der Universitätsbibliothek Rostock, in: Hoffmann 2006, S. 11–80

Kalide/Kramer 1999: Joachim Kalide und Heike Kramer, Ludwigslust in alten Ansichten und kurzen Texten, Reutlingen 1999

Karge 1992: Wolf Karge (Red.), Gebhard Leberecht von Blücher und seine Zeit – zum 250. Geburtstag, Rostock 1992

Karge 2005: Wolf Karge, Blücher von Wahlstatt, Gebhard Leberecht Fürst, in: Sabine Pettke (Hrsg.), Biographisches Lexikon für Mecklenburg, 2. überarbeitete Auflage, Rostock 2005 (= Veröffentlichungen der Historischen Kommission für Mecklenburg, Reihe A, 1), S. 32–35

Karge 2008: Wolf Karge, Heiligendamm. Erstes deutsches Seebad, 3. ergänzte Auflage, Schwerin 2008

Karge 2012: Wolf Karge (Hrsg.), Adel in Mecklenburg. Wissenschaftliche Tagung der Stiftung Mecklenburg in Zusammenarbeit mit der Historischen Kommission für Mecklenburg am 26. und 27. November 2010 in Schwerin, Schwerin 2012 (= Schriftenreihe der Stiftung Mecklenburg. Wissenschaftliche Beiträge, Bd. 1)

Karge 2013: Wolf Karge (Hrsg.), Adel in Mecklenburg. Wissenschaftliche Tagung der Stiftung Mecklenburg in Zusammenarbeit mit der Historischen Kommission für Mecklenburg am 4. und 5. Mai 2012 in Schwerin, Rostock 2013 (= Schriftenreihe der Stiftung Mecklenburg. Wissenschaftliche Beiträge, Bd. 3)

Karge/Münch/Schmied 2011: Wolf Karge, Ernst Münch und Hartmut Schmied, Die Geschichte Mecklenburgs von den Anfängen bis zur Gegenwart, 5. aktualisierte Auflage, Rostock 2011

Kasten/Manke/Wiese 2015: Bernd Kasten, Matthias Manke und René Wiese, Die Großherzöge von Mecklenburg-Schwerin, Rostock 2015

Ketelhodt 2004: Friedrich Wilhelm von Ketelhodt, Das Tagebuch einer Reise der Schwarzburg-Rudolstädtischen Prinzen Ludwig Friedrich und Karl Günther durch Deutschland, die Schweiz und Frankreich in den Jahren 1789 und 1790, bearb. und komm. von Joachim Rees und Winfried Siebers, Weimar 2004

Keubke 1998: Klaus-Ulrich Keubke (Hrsg.), Tagebuch des Feldzuges in Rußland im Jahre 1812 von Otto Gotthard Ernst von Raven, Rostock 1998 (= Quellen und Studien aus den Landesarchiven Mecklenburg-Vorpommerns, Bd. 2)

Keubke/Mumm 2004: Klaus-Ulrich Keubke und Ralf Mumm, Soldaten aus Mecklenburg. Lebensbilder von 1701 bis 1871, Schwerin 2004 (= Schriften zur Geschichte Mecklenburgs, Bd. 14)

Keubke/Poblenz 2011: Klaus-Ulrich Keubke und Uwe Poblenz, Die Mecklenburger in den Napoleonischen Kriegen 1806–1815, Schwerin 2011 (= Schriften zur Geschichte Mecklenburgs, Bd. 26)

Kier 1976: Hildrud Kier, Schmuckfußböden in der Renaissance und Barock, München 1976

Kjellberg 2002: Pierre Kjellberg, Le mobilier français du XVIII siècle. Dictionnaire des ébénistes et des menusiers, Paris 2002

Kjellberg 2005: Pierre Kjellberg, Encyclopédie de la pendule française du Moyen Âge au XXe siècle, Paris 1997, erschienen Paris 2005

Kleinau/Opitz 1996: Elke Kleinau und Claudia Opitz (Hrsg.), Geschichte der Mädchen- und Frauenbildung, Bd. 1, Frankfurt am Main 1996

Klosterberg 2013: Brigitte Klosterberg, August Hermann Francke und das hallische Kommunikationsnetzwerk. Bedeutung, Überlieferung, Erschließung, in: Die Welt verändern. August Hermann Francke – ein Lebenswerk um 1700, hrsg. von Holger Zaunstöck, Thomas Müller-Bahlke und Claus Veltmann, Ausst.-Kat. Franckesche Stiftungen, Halle, Halle 2013

Knuth 2014: Torsten Knuth, Kunstraub/Raubkunst. Fälle der Provenienzforschung in den Schweriner Museen, Ausst.-Kat. Staatliches Museum Schwerin / Ludwigslust / Güstrow, Schwerin 2014

Köhler 2003: Marcus Köhler, Bauten in Mecklenburg im Spiegel unbekannter Architektur und Gartengraphik, in: Mecklenburgische Jahrbücher 2003, Jg. 118, S. 167–194

Köllmann/Jarchow 1987: Erich Köllmann und Margarete Jarchow, Berliner Porzellan, 2 Bde., München 1987

Koolmann 2007: Antje Koolmann: Die Erziehung eines Prinzen. Die Ausbildung Herzog Christian Ludwigs II. in Grabow, Wolfenbüttel, London und Rom, in: Mecklenburgische Jahrbücher 2007, Jg. 122, S. 81–98

Korthals Altes 2004/05: Everhard Korthals Altes, The Art Tour of Friedrich of Mecklenburg-Schwerin, in: Simiolus 2004/05, Jg. 31, Heft 3, S. 216–250

Koslowski 1999: Günter Koslowski, »... und wirket weiter ...«. Goethes Berührungen mit Mecklenburg, Schwerin 1999

Kramer 1997: Heike Kramer, Schloss Ludwigslust, hrsg. vom Staatlichen Museum Schwerin, Schwerin 1997

Kramer 2000: Heike Kramer, Herzog Friedrich und die mechanischen Künste, in: Fischer 2000, S. 24–39

Kramer 2001: Heike Kramer, Ludwigsluster Ansichten der Hofkünstler Findorff und Hoffmann, in: Norddeutscher Heimatkalender 2001, Jg. 6 (85), 48–52

Kramer 2003: Heike Kramer, Das geordnete Territorium. Residenzgärten des 18. Jahrhunderts als Spiegel absolutistischer Macht, in: Ehler 2003, S. 53–70

Kratz 1988: Annette-Isabell Kratz, Altonaer Möbel des Rokoko und Klassizismus, Tischlerhandwerk und Möbelfabrikation im 18. und 19. Jahrhundert, Hamburg 1988

Krause 1996: Katharina Krause, Die Maison de plaisance, Landhäuser in der Ile-de-France (1660–1730), München/Berlin 1996 (= Kunstwissenschaftliche Studien, Bd. 68)

Krautwurst 1988a: Norbert Krautwurst, Bericht in der Akte zur denkmalpflegerischen Zielstellung für Schloss Ludwigslust, Institut für Denkmalpflege Berlin, 28. Januar 1988, Schwerin 1988 (Typoskript)

Krautwurst 1988b: Norbert Krautwurst, Die Hofkirche und die dazugehörigen Projekte in Ludwigslust in Mecklenburg von Johann Joachim Busch. Versuch einer Herleitung und Verbindung, Diplomarbeit Greifswald 1988

Kreuzfeld 1999: Ulrich Kreuzfeld, Der Schlossbezirk in Ludwigslust 1756–1785, in: Mecklenburgische Jahrbücher 1999, Jg. 114, S. 225–244

Kreuzfeld 2001: Ulrich Kreuzfeld, Die ehemalige Fasanerie im Ludwigsluster Schlossgarten, in: Stier und Greif. Blätter zur Kultur und Landesgeschichte in Mecklenburg-Vorpommern 2001, S. 47–53

Krueger 2002: Thomas Krueger, Die Herstellung zweier Schweriner Potpourri-Vasen, in: Möller 2002, S. 17–19

Krüger 1964: Renate Krüger, Die Attikafiguren des Ludwigsluster Schlosses, in: Mitteilungen des Instituts für Denkmalpflege – Arbeitsstelle Schwerin 1964, Nr. 16, S. 53–61

Krüger 1967: Renate Krüger, Die herzogliche Kartonfabrik zu Ludwigslust, in: Wissenschaftliche Zeitschrift der Universität Rostock, Gesellschafts- und sprachwissenschaftliche Reihe 1967, Jg. 7/8, S. 577–582

Krüger 1990: Renate Krüger, Ludwigslust, Rostock 1990

Krüger 1999: Kersten Krüger, Der Landes-Grund-Gesetzliche Erb-Vergleich von 1755. Mecklenburg zwischen Monarchie und Adelsrepublik, in: Michael Busch und Jörg Hillmann (Hrsg.), Adel – Geistlichkeit – Militär. Festschrift für Eckardt Opitz zum 60. Geburtstag, Bochum 1999 (= Schriftenreihe der Stiftung Herzogtum Lauenburg, Sonderband), S. 91–108

Krüger 2006: Ekkehard Krüger, Die Musikaliensammlungen des Erbprinzen Friedrich Ludwig von Württemberg-Stuttgart und der Herzogin Luise Friederike von Mecklenburg-Schwerin in der Universitätsbibliothek Rostock, Bd. 1, Beeskow 2006

Krüger 2007: Nilüfer Krüger, Facetten eines Kleinods fürstlicher Gelehrsamkeit in der Renaissance. Die Bibliothek Herzog Johann Albrechts I. von Mecklenburg, in: Heeg 2007, S. 23–51

Krünitz 1773–1858: Johann Georg Krünitz, Oeconomisch-technologische Encyclopädie oder allgemeines System der Staats-, Stadt-, Haus- und Landwirtschaft, und der Kunst-Geschichte, 242 Bde., Berlin 1773–1858

Kudrjawzewa 2000: Tamara Kudrjawzewa, Das weiße Gold der Zaren. Porzellan der Kaiserlichen Porzellanmanufaktur St. Petersburg aus den Beständen der Staatlichen Ermitage Sankt Petersburg, Stuttgart 2000

Kugler 1838: Franz Theodor Kugler, Beschreibung der in der Königl. Kunstkammer zu Berlin vorhandenen Kunst-Sammlung, Berlin 1838

Küster 1942: Isolde Küster, Leonhard Christoph Sturm: Leben und Leistung auf dem Gebiet der Zivilbaukunst in Theorie und Praxis, Wilhelmshaven 1942

Küster-Heise 2008: Katharina Küster-Heise, Anna Dorothea Therbusch, geb. Lisiewska (1721–1782). Eine Malerin der Aufklärung. Leben und Werk, Diss. Heidelberg 2008

Lagerliste 1790: (Johann Georg Bachmann), Verzeichniß der in der Herzogl. Carton-Fabrick zu Ludwigslust verfertigten Sachen nebst beygefügten Preisen, in N.Zwdr. oder Louis d'or á 4 ½ Rthlr., in: Intelligenzblatt des Journals des Luxus und der Moden 1790, Jg. 5, Heft Oktober, S. CXXX–CXXXIV

La Mésangère 1802/04: Pierre de La Mésangère (Hrsg.), Collection de meubles et objets de goût, Bd. 1 und Bd. 3, Paris 1802 und 1804

Lange 2004: Ariane Lange, Als Haltung zur Form wurde. Zur Geschichte der Kindermöbel, Magisterarbeit Berlin 2004 (Typoskript)

Lange 2006: Hans Lange, Schloss und Kirche – Höfische Raumordnung in kleinen fürstlichen Residenzen des 17. und 18. Jahrhunderts im Alten Reich, in: Birgit Kümmel und Ulrich Schütte (Hrsg.), Julius Ludwig Rothweil und die Architektur kleinfürstlicher Residenzen im 18. Jahrhundert, Petersberg 2006, S. 129–148

Laß 2006: Heiko Laß, Jagd- und Lustschlösser. Kunst und Kultur zweier landesherrlicher Bauaufgaben. Dargestellt an thüringischen Bauten des 17. und 18. Jahrhunderts, Petersberg 2006

Lenné 1824: Peter Joseph Lenné, Grundzüge zur Einrichtung einer Landes-Baumschule bei Potsdam, in: Verhandlungen des Vereins zur Beförderung des Gartenbaues in den Königlich Preußischen Staaten 1, Berlin 1824, S. 27–33

Lent 2012: Ingrid Lent und Gaston Lenthe (Hrsg.), Gaston Lenthe. Ein Schweriner Hofmaler, Schwerin 2012 (= Geschichte, Architektur, Kunst: Beiträge zu den Kulturlandschaften Mecklenburg und Vorpommern, Bd. 2)

Lenthe 1821: Friedrich Christoph Georg Lenthe, Verzeichniß der Gemälde, welche sich in der Großherzoglichen Gallerie zu Ludwigslust befinden, Parchim 1821

Lenthe 1836: Friedrich Christoph Georg Lenthe, Verzeichniß der Großherzoglichen Gemälde-Sammlung, welche sich auf dem alten Schlosse in Schwerin befindet, Schwerin 1836

Lenz 1918: Georg Lenz, Mohntassen, in: Kunst und Kunsthandwerk 1918, Jg. 21, S. 422–431

Leonard 2007: Mark Leonard, Notes on the Restoration of Jean-Baptiste Oudry's Rhinoceros and Lion, in: Ausst.-Kat. Los Angeles 2007, S. 105–118

Lesemann 2000: Silke Lesemann, »dass eine gelehrte frau keine wirtinn sey«. Zur Bildung und Sozialisation landadliger Frauen im 18. Jahrhundert, in: Opitz 2000, S. 249–269

L'esprit des journaux 1772–1818: L'esprit des journaux, francois et étrangers: par une societé de gens-delettres, Paris 1772–1818 (Exemplar der Universitätsbibliothek Rostock, Sign. Ab-3318)

L'Hombre-Spiel 1726: Das Neue Königliche L'Hombre-Spiel (…), Hamburg 1726 (Exemplar der Universitätsbibliothek Rostock, Sign. X-3015)

Lichtenberg 2009: Paul von Lichtenberg, Mohn & Kothgasser. Transparent bemaltes Biedermeierglas, München 2009

Lisch 1837: Georg Christian Friederich Lisch, Friderico-Francisceum oder Grossherzogliche Alterthümersammlung aus der altgermanischen und slavischen Zeit Meklenburgs zu Ludwigslust, Leipzig 1837

Lissok 2007: Michael Lissok, Schwerin – Kopenhagen – Rom: Der Bildhauer Johannes Busch (1758–1820) und seine Werke für die Herzöge von Mecklenburg-Schwerin, in: Landesamt für Kultur und Denkmalpflege Schwerin 2007, Bd. 3, S. 39–54

Lottes/D'Aprile 2006: Günther Lottes und Iwan D'Aprile, Hofkultur und aufgeklärte Öffentlichkeit. Potsdam im 18. Jahrhundert im europäischen Kontext, Berlin 2006

Ludwigslust (1800): Beschreibung der bei der Ankunft des Erbprinzen von Mecklenburg und Seiner Gemahlin zu Ludwigslust vorgefallenen Feyerlichkeiten aus einem Schreiben aus Ludwigslust vom 18. März 1800, Ludwigslust (1800)

Luthmer 1903: Ferdinand Luthmer (Hrsg.), Innenräume, Möbel und Kunstwerke im Louis-Seize- und Empire-Stil nach Vorbildern aus dem Ende des achtzehnten und Anfange des neunzehnten Jahrhunderts, Bd. 2, Frankfurt am Main 1903

Luthmer/Schmidt 1922: Ferdinand Luthmer und Robert Schmidt, Empire- und Biedermeiermöbel aus Schlössern und Bürgerhäusern, Stuttgart 1922

Madame de Pompadour 1999: Madame de Pompadour – Briefe, übers. und hrsg. von Hans Pleschinski, München 1999

Mandelkow 1988: Karl Robert Mandelkow (Hrsg.), Goethes Briefe und Briefe an Goethe in sechs Bänden (Hamburger Ausgabe), Bd. 1: 1764–1786, textkritisch durchgesehen und mit Anmerkungen versehen von Karl Robert Mandelkow unter Mitarbeit von Bodo Morawe, Hamburg 1988

Manke 2009: Matthias Manke, Sträflingsmigration aus Mecklenburg-Schwerin vom Ende des 18. bis zur Mitte des 19. Jahrhunderts, in: Jahrbuch für Europäische Überseegeschichte 2009, Jg. 9, S. 67–103

Manke 2011: Matthias Manke, Der turbulente Fürst. Friedrich Franz I. von Mecklenburg-Schwerin in der Wahrnehmung seiner Zeitgenossen, in: Mecklenburgische Jahrbücher 2011, Jg. 126, S. 191–252

Manke 2012: Matthias Manke, Der galante Fürst. Friedrich Franz I. von Mecklenburg-Schwerin und die Frauen, in: Mecklenburgische Jahrbücher 2012, Jg. 127, S. 119–189

Manke 2014a: Matthias Manke, Der uniformierte Fürst. Friedrich Franz I. von Mecklenburg-Schwerin und das Militär, in: Mario Niemann und Wolfgang Eric Wagner (Hrsg.), Von Drittfrauen und Ehebrüchen, uniformierten Fürsten und Pferdeeinberufungen. Festschrift zum 60. Geburtstag von Ernst Münch, Hamburg 2014 (= Schriften zur Sozial- und Wirtschaftsgeschichte, Bd. 25), S. 267–300

Manke 2014b: Matthias Manke, Königin Luise von Preußen. Der nationale Mythos in der mecklenburgischen Geschichtsrezeption, in: Mecklenburgische Jahrbücher 2014, Jg. 129, S. 45–92

Manke/Münch 2006: Matthias Manke und Ernst Münch (Hrsg.), Verfassung und Lebenswirklichkeit. Der Landesgrundgesetzliche Erbvergleich von 1755 in seiner Zeit, Lübeck 2006 (= Veröffentlichungen der Historischen Kommission für Mecklenburg, Reihe B Neue Folge: Schriften zur mecklenburgischen Geschichte, Bd. 1)

Manke/Münch 2009: Matthias Manke und Ernst Münch (Hrsg.), Unter Napoleons Adler. Mecklenburg in der Franzosenzeit, Lübeck 2009 (= Veröffentlichungen der Historischen Kommission für Mecklenburg, Reihe B Neue Folge: Schriften zur mecklenburgischen Geschichte, Bd. 2)

Matsche 2002: Franz Matsche, Prachtbau und Prestigeanspruch in Festsälen süddeutscher Klöster im frühen 18. Jahrhundert: Zum Typus und zur Verbreitung des Kolonnadensaals und zur Frage des ›Reichsstils‹, in: Markwart Herzog (Hrsg.), Himmel auf Erden oder Teufelsbauwurm? Wirtschaftliche und soziale Bedingungen des süddeutschen Klosterbarock, Konstanz 2002 (= Irseer Schriften, Neue Folge 1), S. 81–118

Mayr 1980: Otto Mayr, Die Uhr als Symbol für Ordnung, Autorität und Determinismus, in: Klaus Maurice und Otto Mayr, Die Welt als Uhr. Deutsche Uhren und Automaten 1550–1650, Ausst.-Kat. Bayerisches Nationalmuseum, München, München 1980, S. 1–9

Mechau/Reinhart 1792–1799: Jacob Wilhelm Mechau und Johann Christian Reinhart, Malerisch radirte Prospecte aus Italien, Nürnberg 1792–1799

Mecklenburg 2015: Mecklenburg in der Franzosenzeit. Fakten und Fiktionen, Rostock 2015 (= Wissenschaftliche Beiträge der Stiftung Mecklenburg, Bd. 4)

Meier 1732: Joachim Meier, Die Triumphirende Keuschheit in der getreuen Liebe Des keuschen Prinzen Josephs, Gegen seine geliebte Prinzeßin Assenath, in einer Anmuthigen Beschreibung Und Helden-Geschichte (…), Frankfurt 1732 (Exemplar der Universitätsbibliothek Rostock, Sign. Cf-4805)

Mende 2013: Jan Mende, Die Tonwarenfabrik Tobias Chr. Feilner in Berlin. Kunst und Industrie im Zeitalter Schinkel, Berlin/München 2013 (Kunstwissenschaftliche Studien, Bd. 178)

Meyer 1913: Clemens Meyer, Geschichte der Mecklenburg-Schweriner Hofkapelle. Geschichtliche Darstellung der Mecklenburg-Schweriner Hofkapelle von Anfang des 16. Jahrhunderts bis zur Gegenwart, Schwerin 1913

MGG 1999–2007: Ludwig Finscher (Hrsg.), Die Musik in Geschichte und Gegenwart, 26 Bde., Stuttgart 1999–2007

Michel 1984: Petra Michel, Christian Wilhelm Ernst Dietrich (1712–1774) und die Problematik des Eklektizismus, München 1984
Mix 2004: York-Gothart Mix, Literatur als Lebensführungsmacht. Die literaturbegeisterte Frau am Hofe zwischen sozialem Distinktionsbedürfnis und empfindsamem Eskapismus, in: Das Achtzehnte Jahrhundert 2004, Jg. 28, S. 181–189
Möhlenkamp 1991: Annegret Möhlenkamp, Form und Funktion der fürstlichen Appartements im deutschen Residenzschloß des Absolutismus, Diss. Marburg 1991 (Typoskript)
Mohrmann 1978: Wolf-Dieter Mohrmann, Karl IV. und Herzog Albrecht II. von Mecklenburg, in: Hans Patze (Hrsg.), Kaiser Karl IV. 1316–1378. Forschungen über Kaiser und Reich (zugleich Blätter für deutsche Landesgeschichte 1978, Jg. 114), S. 353–389
Möller (1999): Karin Möller, Goethes Novemberlied, Kunstwerk des Monats, Flyer, Schwerin (1999)
Möller 1992: Karin Möller, Fächer aus drei Jahrhunderten, Best.-Kat. Staatliches Museum Schwerin, Rostock 1992
Möller 2000a: Karin Annette Möller, Johann Conradt Beneke. Uhrmacher zweier Herzöge, in: Fischer 2000, S. 41–50
Möller 2000b: Karin Annette Möller, Uhrmacher in Mecklenburg bis zum Beginn des 20. Jahrhundert, in: Fischer 2000, S. 139–148
Möller 2000c: Karin Annette Möller, Elfenbein. Kunstwerke des Barock, Best.-Kat. Staatliches Museum Schwerin, Schwerin 2000
Möller 2002: Karin Annette Möller, Porzellan aus Fürstenberg, mit Beiträgen von Beatrix Freifrau von Wolff Metternich und Thomas Krueger, Best.- und Ausst.-Kat. Staatliches Museum Schwerin, Schwerin, Schwerin 2002
Möller 2006: Karin Annette Möller, Meissener Porzellanplastik des 18. Jahrhunderts. Die Schweriner Sammlung, Best.-Kat. Staatliches Museum Schwerin, Schwerin 2006
Möller 2013: Karin Annette Möller, Schimmern aus der Tiefe: Muscheln, Perlen, Nautilus, Ausst.-Kat. Staatliches Museum Schwerin – Kunstsammlungen, Schlösser und Gärten, Schwerin, Petersberg 2013
Möller/Fried 2005: Dokumentation der kriegsbedingt vermissten Kunstwerke des Mecklenburgischen Landesmuseums, Band IV: Kunsthandwerk (außer Keramik), Kriegs- und Jagdwesen, Papiergeld, Briefe und Briefmarken, bearb. von Karin Annette Möller und Torsten Fried, Staatliches Museum Schwerin, Schwerin 2005
Monathsschrift (1792) 1992: Musikalische Monathsschrift 1792, Zweites Stück, Reprint Zürich/New York 1992
Monatsschrift 1800a: Zum Andenken des verstorbenen Hofuhrmachers Berg zu Ludwigslust, in: Neue Monatsschrift von und für Mecklenburg 1800, Jg. 9, 5. und 6. Stück, Heft Mai/Juni, S. 185–187
Monatsschrift 1800b: Anzeige von dem Vermächtnisse, welches wayland Her Hofmusicus Neumann zu Ludwigslust dem hiesigen Werk- und Waysenhause, (auch Werk- und Arbeitshaus genannt) hinterlassen hat, in: Neue Monatsschrift von und für Mecklenburg 1800, Jg. 9, 11. und 12. Stück, Heft November und Dezember, S. 386–390
Moraw 1986: Peter Moraw, Fürstentum, Königtum und »Reichsreform« im deutschen Spätmittelalter, in: Blätter für deutsche Landesgeschichte 1986, Jg. 122, S. 117–136; wieder abgedruckt in: Walter Heinemeyer (Hrsg.), Vom Reichsfürstenstande, Köln/Ulm 1987, S. 117–136
Moraw 1997: Peter Moraw, Das Heiratsverhalten im hessischen Landgrafenhaus ca. 1300 bis ca. 1500 – auch vergleichend betrachtend, in: Walter Heinemeyer (Hrsg.), Hundert Jahre Historische Kommission für Hessen 1897–1997. Festgabe dargebracht von Autorinnen und Autoren der Historischen Kommission, 1. Teil, Marburg 1997 (= Veröffentlichung der Historischen Kommission für Hessen, Bd. 61), S. 115–140
Müller 2004: Matthias Müller, Das Schloß als Bild des Fürsten: Herrschaftliche Metaphorik in der Residenzarchitektur des Alten Reichs (1470–1618), Göttingen 2004
Münch 1999: Ernst Münch, Mecklenburg auf dem Gipfel – Voraussetzungen und Folgen der Herzogswürde, in: Mecklenburgische Jahrbücher 1999, Jg. 114, S. 49–63
Münch 2014: Ulrike Münch u. a. (Hrsg.), Fälschung – Plagiat – Kopie. Künstlerische Praktiken in der Vormoderne, Petersberg 2014 (= Kunsthistorisches Forum Irsee, Bd. 1)
Nachlass Luise Friederike 1791: Landeshauptarchiv Schwerin (LHAS), 2.12-1/26 Hofstaatssachen, Testamente und Erbschaften, Luise Friederike, Vol. XXXII 191 (Haus Hamburg), Vol. XXXIII 193 (Palais Rostock) (foliiert)
Netzer 2012: Susanne Netzer, Die Glasmacher Samuel Mohn und Carl von Scheidt, in: Journal of Glass Studies 2012, Jg. 54, S. 215–233
Neufforge 1757/68: Jean François de Neufforge, Recueil élémentaire d'Architecture, supplement, 6 Bde., Paris 1757–1768
Neumann 1996: Carsten Neumann, Das Schaffen des Architekten Johann Friedrich Künnecke in Mecklenburg, Magisterarbeit Greifswald 1996 (Typoskript)
Neumann 2011: Carsten Neumann, Überlegungen zur ursprünglichen Raumdisposition im Herrenhaus Bothmer in Klütz, in: Abteilung Archäologie und Denkmalpflege im Landesamt für Kultur und Denkmalpflege (Hrsg.), Kulturerbe in Mecklenburg und Vorpommern, Schwerin 2011, S. 49–66
Neumann/Grigoleit 2006: Carsten Neumann und Geert Grigoleit, Schloss Bothmer Klütz. Größte barocke Schlossanlage Mecklenburg-Vorpommerns, Grevesmühlen 2006
Nicolai 1786: Friedrich Nicolai, Nachricht von den Baumeistern, Bildhauern, Kupferstechern, Malern, Stukkaturern und anderen Künstlern welche vom dreyzehnten bis jetzt in und um Berlin sich aufgehalten haben und deren Kunstwerke zum Theil daselbst noch vorhanden sind, Berlin/Stettin 1786
Nissen 1997: Julia Nissen, Das »Neue Schloss« in Neustadt-Glewe. Die barocke Umgestaltung durch L. Chr. Sturm, Magisterarbeit Berlin 1997 (Typoskript)
Nordiska museet 1931: Nordiska museet och Skansen under år 1930, Nordiska museet högreståndsavdelning, in: Fataburen. Nordiska Museets och skansen årsbok 1931, S. 249–266
North 1995: Michael North (Hrsg.), Von Aktie bis Zoll. Ein historisches Lexikon des Geldes, München 1995
North 2008: Michael North, Geschichte Mecklenburg-Vorpommerns, München 2008
North 2011: Michael North, Geschichte der Ostsee. Handel und Kulturen, München 2011
Nosban 1829: Louis Nosban, Vollkommendes Handbuch für Meubel- und Gebäudeschreiner, Ulm 1829
Nugent 1768: Thomas Nugent, Travels through Germany. Containing Observations on Cutoms, Manners, Religion, Goverment, Commerce, Arts and Antiquities. With a particular Account of the Courts of Mecklenburg, 2 Bde., London 1768
Nugent (1768) 1781/82: Thomas Nugent, Reisen durch Deutschland, und vorzueglich durch Meklenburg. Aus dem Englischen uebersetzt (von Franz Christian Lorenz Karsten), und mit Anmerkungen und Kupfern der zwölf Aussichten von Ludewigslust versehen. Zweiter Theil. Mit Koenigl. Preußischer und Churfuerstl. Saechsischer und Brandenburgischer allergnaedigsten Freiheit, Berlin/Stettin 1781/82
Nugent (1768) 1936: Thomas Nugent, Die unterhaltsame Reise des Herrn Dr. Nugent durch Mecklenburg. Reisebriefe aus dem Jahr 1766, bearb. und hrsg. von Heinrich Stoll, Wismar 1936
Nugent (1781/82) 1998: Thomas Nugent, Reisen durch Deutschland und vorzüglich durch Mecklenburg, neu hrsg., bearb. und komm. von Sabine Bock, Schwerin 1998
Nugent (1781/82) 2000: Thomas Nugents Reisen durch Deutschland, und vorzüglich durch Meklenburg. Aus dem Englischen übersezt und mit Anmerkungen (von Franz Christian Karsten) und Kupfern der zwölf Aussichten von Ludwigslust versehen, 2 Theile, Berlin/Stettin 1781/82, Nachdruck der 2. Auflage, neu hrsg., bearb. und komm. von Sabine Bock, Schwerin 2000
Ohle 1952: Walter Ohle, Ehemalige Guts- und Herrenhäuser in Mecklenburg, in: Heinz Mansfeld (Hrsg.), Denkmalpflege in Mecklenburg, Jahrbuch 1951/52, Dresden 1952, S. 90–113
Ohle 1960: Walter Ohle, Schwerin – Ludwigslust, Leipzig 1960 (Kunstgeschichtliche Städtebücher)
Omonsky 2014: Ute Omonsky (Hrsg.), Über den Klang aufgeklärter Frömmigkeit. Retrospektive und Progression in der geistlichen Musik, Augsburg 2014 (= Michaelsteiner Konferenzberichte, Bd. 78)
Opitz 2000: Claudia Opitz (Hrsg.), Tugend, Vernunft und Gefühl. Geschlechterdiskurse der Aufklärung und weibliche Lebenswelten, Münster 2000
Pallot 1989: Bill G. B. Pallot, The Art of the Chair in Eighteenth-century France. (1730–1775), Paris 1989
Pawlak 2003: Katja Pawlak, Die Orangeriekultur der mecklenburgischen Herzöge und Großherzöge in Ludwigslust, in: Denkmalschutz und Denkmalpflege in Mecklenburg-Vorpommern 2003, Jg. 10, S. 45–53
Pawlak 2009: Katja Pawlak, Orangerien, Glashäuser und Wintergärten im 19. Jahrhundert, in: Landesamt für Kultur und Denkmalpflege (Hrsg.), Orangerien und historische Glashäuser in Mecklenburg-Vorpommern, Schwerin 2009, Bd. 2, S. 66–111
Pawlak 2014: Katja Pawlak, Die Wiederherstellung der Orangerie im großherzoglichen Ludwigsluster Küchengarten, in: Orangeriekultur in Rheinland-Pfalz. Orangeriekultur. Schriftenreihe des Arbeitskreises Orangerien in Deutschland e. V. 2014, Bd. 11, S. 94–105
Pečar 2006: Andreas Pečar, Am Rande des Alten Reiches? Mecklenburgs Stellung im Alten Reich am Beispiel landständischer Repräsentation und kaiserlichen Einflusses, in: Manke/Münch 2006, S. 201–223
Pentz 2010: Katharina von Pentz, Johann Georg Barca (1781–1826) – Hofbaumeister in Ludwigslust, Betrachtungen zu Leben und Werk, Diss. Hamburg 2010 (http://ediss.sub.uni-hamburg.de/volltexte/2011/4987/pdf/Dissertationsschrift.pdf, letzter Zugriff 14. Dezember 2015)
Pietsch/Witting 2010: Ulrich Pietsch und Theresa Witting (Hrsg.), Zauber der Zerbrechlichkeit. Meisterwerke europäischer Porzellankunst, Ausst.-Kat. Staatliche Kunstsammlungen Dresden, Dresden, Leipzig 2010

Poerschke 2014: Ute Poerschke, Funktionen und Formen, Architektur der Moderne, Bielefeld 2014

Priebe 2007: Carsten Priebe, Eine Reise durch die Aufklärung. Maschinen, Manufakturen und Mätressen. Die Abenteuer von Vaucansons Ente oder Die Suche nach künstlichem Leben, Norderstedt 2007

Puntigam 1998: Sigrid Puntigam, Standeserhöhung und Schloßbau im kleinstaatlichen Bereich, in: Lutz Unbehaun (Hrsg.), Die Künste und das Schloß in der frühen Neuzeit, München, Berlin 1998 (= Rudolstädter Forschungen zur Residenzkultur, Bd. 1), S. 31–46

Raabe 1856: F. W. Raabe, Beschreibung von Ludwigslust – Besonderer Abdruck aus der »Mecklenburgischen Vaterlandskunde«, Wismar/Ludwigslust 1856

Raabe 1857: Wilhelm Raabe, Meklenburgische Vaterlandskunde, 2. Auflage, Wismar 1857

Raabe/Quade 1896: Wilhelm Raabe, Mecklenburgische Vaterlandskunde, 2. Auflage, gänzlich umgearbeitet und bis zur Gegenwart verbessert und vervollständigt von Gustav Quade, Bd. 3: Abriß der mecklenburgischen Geschichte von der ältesten bis auf die neueste Zeit und Staatskunde beider Mecklenburg, Wismar 1896

Rambach 1738: Johann Jacob Rambach, Evangelische Betrachtungen über die Sonn- und Fest-Tags-Evangelia des gantzen Jahrs: mit beygefügten Dispositionen über iede Betrachtung und nützlichen Registern versehen, Halle 1738 (Exemplar der Universitätsbibliothek Rostock, Sign. Fl-1037)

Ramdohr 1794: Friedrich Wilhelm Basilius von Ramdohr, Nachlese einiger artistischen Nachrichten aus Niedersachsen, nebst kritischen Bemerkungen, besonders über das Grothesche Verzeichniß der Herzoglich Schwerinischen Gemähldesammlung, in: Neue Bibliothek der schönen Wissenschaften und der freyen Künste 1794, Jg. 52, Erstes Stück, S. 3–25

Rantzau 1782/83: Juliane von Rantzau (1761–1821), Journal, fait par une des dames de la suite de S. A. S. Mme la Princesse Frédéric de Mecklenbourg du voyage quelle fit, par la Hollande, l'Angleterre, la France et l'Allemagne en 1782 et 83, Manuskript Landeshauptarchiv Schwerin (LHAS)

Raschke 2004: Bärbel Raschke, Privatbibliothek und Lektüre der Fürstin Luise von Anhalt-Dessau, in: Das Achtzehnte Jahrhundert 2004, Jg. 28, S. 206–217

Rau 2003: Petra Rau, »Unter diesen Göttern zu wandeln«. Kunsthandel, Kunstjournale und Kunstmanufakturen im 18. Jahrhundert, in: Ausst.-Kat. Rudolstadt 2003, S. 59–89

Reck 1997: Hartmut Reck, Schloss Ludwigslust im architektur-theoretischen Kontext seiner Zeit, Magisterarbeit Berlin 1997 (Typoskript)

Rehberg-Credé 2006: Christina Rehberg-Credé, Recherche im Auftrag des Finanzministeriums und des Betriebs für Bau- und Liegenschaften (BBL) des Landes Mecklenburg-Vorpommern, Schwerin 2006 (Typoskript)

Reimers 1868: C. Ch. J. Reimers, Lebens-Beschreibung Friedrich Franz I. Großherzogs von Mecklenburg-Schwerin, in: C. Ch. J. Reimers, Versuche über die Geschichte Mecklenburgs in den letzten hundert Jahren, Heft 1, Rostock 1868, S. 1–134

Reinsch 2002: Günter Reinsch, Wilhelm Benque (1814–1985). Ein vielseitiger Gartenkünstler im 19. Jahrhundert. Biographien europäischer Gartenkünstler, in: Stadt + Grün 2002, Jg. 5, S. 38–43

Rist 1651: Johann Rist, Neüer Himlischer Lieder Sonderbahres Buch (...), Lüneburg 1651 (Exemplar der Universitätsbibliothek Rostock, Sign. Fm-4034)

Rödinger 1789: Johann Heinrich Röding, Gedichte, Hamburg 1789 (Exemplar der Universitätsbibliothek Rostock, Sign. Cf-5726)

Rohr 1733: Julius Bernhard von Rohr, Einleitung zur Ceremoniel-Wissenschafft der großen Herren, Berlin 1733

Rondot 2010: Bertrand Rondot, Die Porzellanmanufaktur Saint-Cloud, in: Pietsch/Witting 2010, S. 43–44

Rostock 1983: Beiträge zur Geschichte der Wilhelm-Pieck-Universität Rostock, Heft 4, Rostock 1983

Roubo 1769–1774 (2010): André-Jacob Roubo, L'Art du Menusier, übers. von Peter Ringer, 3 Bde., 2010 (Erstveröffentlichung Paris 1769–1774)

Rückert 1960: Rainer Rückert, Toilette-Garnitur der Großherzogin Alexandrine von Mecklenburg-Schwerin, in: Jahrbuch der Hamburger Kunstsammlungen 1960, Jg. 5, S. 224–228

Rudolph 1951: Dritte Kunstversteigerung der Galerie Dr. phil. Hans Rudolph in Hamburg am 4. und 5. Oktober 1951 im »Hotel Atlantic« Hamburg, Hamburg 1951

Rüffer 2005: Michael Rüffer, Das Schloss in Wörlitz, Ein fürstliches Landhaus im Spannungsfeld zwischen Absolutismus und Aufklärung, München, Berlin 2005 (= Forschungen zum Gartenreich Dessau-Wörlitz, Bd. 2)

Satzinger/Jumpers 2014: Georg Satzinger und Marc Jumpers (Hrsg.), Zeremoniell und Raum im Schlossbau des 17. und 18. Jahrhunderts. Akten des Studientags vom 29. Juni 2012 am Kunsthistorischen Institut der Universität Bonn, Münster 2014 (= Tholos. Kunsthistorische Studien, Bd. 7)

Saubert 1899: E. Saubert, Der Großherzogliche Schloßgarten zu Ludwigslust. In seinen Anlagen und Sehenswürdigkeiten nach alten Quellen dargestellt, Ludwigslust 1899

Sauerländer 2000: Willibald Sauerländer, Ein Versuch über die Gesichter Houdons, hrsg. von Thomas W. Gaethgens, München/Berlin 2000 (= Passerelles, Bd. 1)

Savelsberg 2010: Wolfgang Savelsberg, »Die Wirkung des Lichts macht dem Künstler Ehre«. Die Kerzenlichtbilder von Christoph Friedrich Reinhold Lisiewsky, in: Ausst.-Kat. Dessau/Schwerin 2010/11, S. 41–51

Savoy 2006: Bénédicte Savoy (Hrsg.), Tempel der Kunst. Die Geburt des öffentlichen Museums in Deutschland 1701–1815, Mainz 2006

Scheffler 1968: Wolfgang Scheffler, Berliner Goldschmiede. Daten – Werke – Zeichen, Berlin 1968

Scheffler 1980: Wolfgang Scheffler, Goldschmiede Mittel- und Nordostdeutschlands, Berlin/New York 1980

Schelter 2007: Alfred Schelter, Das Orangerieparterre von Schloss Seehof – Die Entstehung der Parkanlage, in: Orangerien in Europa. Von fürstlichem Vermögen und gärtnerischer Kunst. Internationale Tagung des Deutschen Nationalkomitees von ICOMOS in Zusammenarbeit mit dem Arbeitskreis Orangerien in Deutschland e. V., der Bayerischen Verwaltung der Staatlichen Schlösser, Gärten und Seen und dem Arbeitskreis Historische Gärten der DGGL, Schloss Seehof, 29. September–1. Oktober 2005, ICOMOS – Hefte des deutschen Nationalkomitees 2007, Bd. 43, S. 51–58

Schenk 1957: Johann Wilhelm Hertel, Autobiographie, hrsg. und komm. von Erich Schenk, Graz/Köln 1957 (= Wiener Musikwissenschaftliche Beiträge, Bd. 3)

Scherer 1925/26: Christian Scherer, Die Hofspiegel- und Kartonfabrik zu Braunschweig, in: Der Kunstwanderer 1925 und 1926, Heft 7 und 8, S. 103–107 und S. 183–186

Schikorra 2001: Kontinuitäten der Ausgrenzung. »Asoziale« Häftlinge im Frauen-Konzentrationslager Ravensbrück, veröffentlicht vom Zentrum für Antisemitismusforschung der Technischen Universität Berlin, Berlin 2001 (= Dokumente, Texte, Materialien, Bd. 41)

Schlansky 2010: Kristina Schlansky, »Die Schicklichkeit der Kleidung erfordert mehr Nachdenken als ihre Schönheit.«, in: Ausst.-Kat. Dessau/Schwerin 2010/11, S. 107–116

Schlie 1882a: Friedrich Schlie, Beschreibendes Verzeichnis der Werke älterer Meister in der Grossherzoglichen Gemälde-Gallerie zu Schwerin, Schwerin 1882

Schlie 1882b: Friedrich Schlie, Kurzes Verzeichniss der Bilder in der Grossherzoglichen Gemälde-Gallerie mit voraufgeschickter Uebersicht über die hervorragenderen Werke in jeder Abtheilung, Schwerin 1882

Schlie 1883: Friedrich Schlie, Kurzes Verzeichniss der Bilder in der Grossherzoglichen Gemälde-Gallerie, 2. Auflage, Schwerin 1883

Schlie 1890: Friedrich Schlie, Kurzes Verzeichniss der Gemälde im Grossherzoglichen Museum zu Schwerin, 3. Auflage, Schwerin 1890

Schlie 1893: Friedrich Schlie, Altmeissen in Schwerin. Erste Ausstellung altsächsischer Porzellane, Ausst.-Kat. Großherzogliches Museum Schwerin, Schwerin, Schwerin 1893

Schlie 1899: Friedrich Schlie, Die Kunst- und Geschichts-Denkmäler des Großherzogthums Mecklenburg-Schwerin, Bd. 3, Schwerin 1899

Schlie 1900: Friedrich Schlie, Kunst-Geschichts-Denkmäler des Grossherzogthum Mecklenburg-Schwerin. Die Amtsgerichtsbezirke Hagenow, Wittenburg, Boizenburg, Lübtheen, Dömitz, Grabow, Ludwigslust, Neustadt, Crivitz, Brüel, Warin, Neubukow, Kröpelin und Doberan, hrsg. von der Commission zur Erhaltung der Denkmäler, Bd. 3, Schwerin 1900

Schliemann 1985: Erich Schliemann (Hrsg.), Die Goldschmiede Hamburgs, bearb. von Bernhard Heitmann u. a., 3 Bde., Hamburg 1985

Schlimmer 2005: Angelika Schlimmer, Der Roman als Erziehungsanstalt für Leser. Zur Affinität von Gattung und Geschlecht in Friedrichs von Blanckenburgs Versuch über den Roman (1774), in: Das Achtzehnte Jahrhundert 2005, Jg. 29, S. 209–221

Schloss Ludwigsburg 2004: Schloss Ludwigsburg. Geschichte einer barocken Residenz, hrsg. von den Staatlichen Schlössern und Gärten Baden-Württemberg in Zusammenarbeit mit dem Staatsanzeiger-Verlag Stuttgart, Tübingen 2004

Schmidt 1972: Martin Schmidt, Pietismus, Stuttgart 1972

Schmidt 1999: Tilmann Schmidt, Die Erhebung Mecklenburgs zum Herzogtum im Jahr 1348, in: Mecklenburgische Jahrbücher 1999, Beiheft zu 114 (Festschrift Christa Cordshage), S. 63–74

Schmiegelow Powell 1999: Angelika Schmiegelow Powell, Sophie Charlotte, Prinzessin von Mecklenburg-Strelitz, Königin Englands, in: Sabine Pettke (Hrsg.), Biographisches Lexikon für Mecklenburg, Rostock 1999 (= Veröffentlichungen der Historischen Kommission für Mecklenburg, Reihe A, Bd. 2), S. 243–247

Schmitz 1923: Hermann Schmitz (Hrsg.), Deutsche Möbel des Klassizismus, Stuttgart 1923 (= Deutsche Möbel vom Mittelalter bis zum Anfang des 19. Jahrhunderts, Bd. 3)

Schmuhl/Omonsky 2014: Boje E. Hans Schmuhl und Ute Omonsky (Hrsg.), Über den Klang aufgeklärter Frömmigkeit. Retrospektive und Progression in der geistlichen Musik, Augsburg 2014 (= Michaelsteiner Konferenzberichte, Bd. 78)

Schön 1990: Erich Schön, Weibliches Lesen. Romanleserinnen im 18. Jahrhundert, in: Gallas/Heuser 1990, S. 20–40
Schön 1993: Erich Schön, Der Verlust der Sinnlichkeit oder die Verwandlungen des Lesers. Mentalitätswandel um 1800, Stuttgart 1993 (= Sprache und Geschichte, Bd. 12)
Schönfeld 2011: Claudia Schönfeld, Friedrich der Fromme und die Künste, in: Mecklenburgische Jahrbücher 2011, Jg. 126, S. 153–189
Schönfeld 2013: Claudia Schönfeld, Erbprinz Friedrich von Mecklenburg und der Fürst von Liechtenstein, in: Mecklenburgische Jahrbücher 2012, Jg. 127, S. 91–118
Schönfeld 2015: Claudia Schönfeld, Von Neustadt nach Schwerin – die Ursprünge der Schweriner Gemäldegalerie, in: Mecklenburgische Jahrbücher 2015, Jg. 130, S. 163–185
Schönpflug 2010: Daniel Schönpflug, Luise von Preußen. Königin der Herzen. Eine Biographie, 3. durchgesehene Auflage, München 2010
Schorn-Schütte 2009: Luise Schorn-Schütte, Luise, Prinzessin von Mecklenburg, Königin von Preußen, in: Andreas Röpcke (Hrsg.), Biographisches Lexikon für Mecklenburg, unter Mitwirkung von Nils Jörn u. a., Rostock 2009 (= Veröffentlichungen der Historischen Kommission für Mecklenburg Reihe A, Bd. 5), S. 205–211
Schreiter 2014: Charlotte Schreiter, Antike um jeden Preis. Gipsabgüsse und Kopien antiker Plastik am Ende des 18. Jahrhunderts, Berlin/Boston 2014
Schröder 1900: Carl Schröder, Tagebuch des Erbprinzen Friedrich Ludwig von Mecklenburg-Schwerin aus den Jahren 1811–1813, in: Mecklenburgische Jahrbücher 1900, Jg. 65, S. 123–304
Schröder 1912: Carl Schröder, Beiträge zur Erziehungs- und Jugendgeschichte des Großherzogs Friedrich Franz I., in: Jahrbücher des Vereins für Mecklenburgische Geschichte und Altertumskunde 1912, Jg. 77, S. 1–82
Schultz 1888/89: Wilhelm von Schultz, Meklenburg und der 7jährige Krieg, in: Mecklenburgische Jahrbücher 1888, Jg. 53, S. 205–316 und 1889, Jg. 54, S. 1–84
Schultz-Naumburg 1990: Joachim Schultz-Naumann, Mecklenburg 1945, München 1990
Schumann 1963: Waltraut Schumann, Die Hofmaler des 18. und 19. Jahrhunderts in Mecklenburg-Schwerin und ihr letzter Vertreter Theodor Schloepke, Diss. Halle 1963 (Typoskript)
Schütze 1812: Johann Friedrich (früher Johann Stephan zugeschrieben) Schütze, Schütze's Humoristische Reisen durch Mecklenburg, Holstein, Dännemarck, Ostfriesland etc.: als Gegenstück zu Baggesens Humoristischen Reisen, Hamburg 1812
Schwatlo 1867: C. Schwatlo, Der innere Ausbau von Privat- u. öffentl. Gebäuden. Eine Anleitung zur zweckentsprechenden Anlage von Fussböden, Treppen, Thüren und Thorwegen, Teil 1, Halle 1867
Seelig 2007: Gero Seelig, Zur Baugeschichte der Bildergalerie am alten Schloss in Schwerin, in: Mecklenburgische Jahrbücher 2007, Jg. 122, S. 141–158
Seelig 2009: Gero Seelig, Paris und Retour. Die Schweriner Gemäldesammlung 1807–1815, in: Manke/Münch 2009, S. 313–362
Seelig 2010: Gero Seelig, Die holländische Genremalerei in Schwerin, mit Beiträgen von Kerstin Binzer und Ellis Dullaart, Best.-Kat. Staatliches Museum Schwerin, Petersberg 2010
Seelig 2014: Gero Seelig, »... ob ich soll die liegende Venus von Titian machen oder nicht« – Künstlerische Praktiken im Auftrag des Sammlers, in: Münch 2014, S. 158–171
Seidel 1890: Paul Seidel, Beiträge zur Lebensgeschichte Jean Baptiste Oudry's, in: Repertorium für Kunstwissenschaft 1890, Jg. 13, S. 80–110
Solodkoff 2000: Alexander von Solodkoff, Oudry und seine Beziehungen zum Hof von Schwerin, dargestellt an Archivdokumenten, in: Ausst.-Kat. Schwerin 2000, S. 14–20
Solodkoff 2004: Alexander von Solodkoff, »La Machine d'Argent« by François-Thomas Germain and the Correspondence of Jean-Baptiste Oudry with the Court of Mecklenburg-Schwerin, in: La Machine D'Argent by François-Thomas Germain, Aukt.-Kat. Sotheby's, New York, New York 2004, S. 7–15
Spenlé 2011: Virginie Spenlé, Paintings and Sculpture Galleries in German State Apartments at the Beginning of the Eighteenth Century, in: Susan Bracken, Andrea M. Gáldy und Adriana Turpin (Hrsg.), Collecting and the Princely Apartment, Newcastle upon Tyne 2011, S. 147–161
Staatskalender 1776–1930: Mecklenburgischer Staatskalender, Schwerin 1776–1930
Starsy 1991: Peter Starsy, Johann Heinrich Berg (um 1713–1800). Er formte einen Menschen nach seinem Bilde. Der Ludwigsluster Hofuhrmacher ging als fast einziger seiner Zunft in die Landeskunde ein, in: Mecklenburg-Magazin, Nr. 25, 13. Dezember 1991, S. 3
Starsy 1994: Peter Starsy, Auf den Spuren einer ganz besonderen Uhr. Pastor Hahns Kunstwerk. Von Ludwigslust nach Rostock, in: Mecklenburg-Magazin, Beilage der Schweriner Volkszeitung, Nr. 18, 2. September 1994, S. 12
Starsy 2009: Peter Starsy, Königin Luise von Preußen (1776–1810). Eine Spurensuche in Mecklenburg, in: Neubrandenburger Mosaik. Heimatgeschichtliches Jahrbuch des Regionalmuseums Neubrandenburg 2009, Jg. 33, S. 92–131
Steinmann 1911: Ernst Steinmann, Jean Antoine Houdon im Grossherzoglichen Museum zu Schwerin, in: Monatshefte für Kunstwissenschaft 1911, Jg. IV, Heft 5, S. 207–224 (Sonderdruck)
Steinmann/Witte 1911: Ernst Steinmann und Hans Witte (Hrsg.), Georg David Matthieu. Ein deutscher Maler des Rokoko (1737–1778), Leipzig 1911
Stieda 1915: Wilhelm Stieda, Mecklenburgische Papiermühlen, in: Mecklenburgische Jahrbücher 1915, Jg. 80, S. 115–184
Stiegel 2003: Achim Stiegel, Berliner Möbelkunst vom Ende des 18. bis zur Mitte des 19. Jahrhunderts, München/Berlin 2003 (= Kunstwissenschaftliche Studien, Bd. 107)
Stiegel 2005: Achim Stiegel, Ein vergessener Werkstoff (Holzbronze), in: Weltkunst 2005, Jg. 75, Heft 12, S. 51–53
Stiegel 2013: Achim Stiegel, Gutachten zur Nachschätzung von Möbeln aus dem restituierten Museumsinventar im Eigentum der herzoglichen Familie Mecklenburg und im Nießbrauch des Staatlichen Museums Schwerin durch das Land Mecklenburg-Vorpommern, 19. November 2013 (Typoskript)
Stöckel 1823: H. F. A. Stöckel, Die Tischlerkunst in ihrem ganzen Umfang, Ilmenau 1823
Strobel 2011: Heidi A. Strobel, The artistic matronage of Queen Charlotte (1744–1818). How a queen promoted both art and female artists in English society, Lewiston/Queenston/Lampeter 2011
Strunck/Kieven 2010: Christina Strunck und Elisabeth Kieven (Hrsg.), Europäische Galeriebauten. Galleries in a Comparative European Perspective (1400–1800), München 2010
Sturm 1781–1783: Christoph Christian Sturm, Predigten über die Sonntags-Episteln durch das ganze Jahr, Halle 1781–1783 (Exemplar der Universitätsbibliothek Rostock, Sign. Fl-3212[1–2])
Stuth 2001: Steffen Stuth, Höfe und Residenzen. Untersuchungen zu den Höfen der Herzöge von Mecklenburg im 16. und 17. Jahrhundert, Bremen/Rostock 2001 (= Quellen und Studien aus den Landesarchiven Mecklenburg-Vorpommerns, Bd. 4)
Teichmann 1999: Werner Teichmann, Vogel, Samuel Gottlieb von, in: Sabine Pettke (Hrsg.), Biographisches Lexikon für Mecklenburg, Rostock 1999 (= Veröffentlichungen der Historischen Kommission für Mecklenburg, Reihe A, Bd. 2), S. 251–255
Terra felix 2010: Staatliches Museum Schwerin, Schlösser und Gärten, Landesmarketing Mecklenburg-Vorpommern (Hrsg.), Terra felix Mecklenburg – Wallenstein in Norddeutschland. Fiktion und Machtkalkül des Herzogs von Mecklenburg, Internationale Tagung 7.–9. November 2008 auf Schloss Güstrow, Greifswald 2010 (= Publikationen des Lehrstuhls für Nordische Geschichte, Bd. 12)
Tessin 1966: Georg Tessin, Mecklenburgisches Militär in Türken- und Franzosenkriegen 1648–1718, Köln/Graz 1966 (= Mitteldeutsche Forschungen, Bd. 42)
Thielcke 1917: Hans Thielcke, Die Bauten des Seebades Doberan-Heiligendamm um 1800 und ihr Baumeister Severin, Diss. Doberan 1917
Thieme-Becker 1907–1950: Allgemeines Lexikon der bildenden Künstler von der Antike bis zur Gegenwart, begr. von Ulrich Thieme und Felix Becker, hrsg. von Hans Vollmer, 37 Bde., Leipzig 1907–1950
Thonwaaren-Fabrik 1869: Ernst March's Thonwaaren-Fabrik in Charlottenburg bei Berlin, Bd. 1, Berlin 1869.
Toller 1962: Jane Toller, Papier-Mâché in Great Britain and America, London 1962
Troßbach 1986: Werner Troßbach, Fürstenabsetzungen im 18. Jahrhundert, in: Zeitschrift für Historische Forschung 1986, Jg. 13, S. 425–454
Tychsen 1790: Oluf Gerhard Tychsen, Geschichte der öffentlichen Universitäts-Bibliothek und das Museum zu Rostock, Rostock 1790
Uerscheln/Kalusok 2003: Gabriele Uerscheln und Michaela Kalusok, Wörterbuch der europäischen Gartenkunst, Stuttgart 2003
Van der Heyden 2009: Sylva van der Heyden, Produktion und Reproduktion in Papiermaché. Antike und zeitgenössische Kunst um 1800 aus der Kartonfabrik Ludwigslust, Magisterarbeit Berlin 2009 (Typoskript)
Van der Heyden 2013: Sylva van der Heyden, Antikenreproduktionen in Papiermaché um 1800. Die Kartonfabrik Ludwigslust und ihre Produktpalette, in: Pegasus. Berliner Beiträge zum Nachleben der Antike 2013, Jg. 15, S. 91–134
Vaucanson (1738) 1748: Beschreibung eines mechanischen Kunst=Stucks und Avtomatischen Flöten=Spielers, so denen Herrn von der Königlichen Academie der Wissenschaften zu Paris durch den Herrn Vaucanson Erfinder dieser Machine überreicht worden (...), Nach dem Pariser=Exemplar (1738) übersetzt und gedruckt, Augsburg 1748
Vaucanson 1738: Le Mécanisme du fluteur automate, presenté à Messieurs de l'Académie royale des sciences. Par M. Vaucansin, Auteur de cette Machine, Paris 1738
Verlet/Stuckel 2005: Pierre Verlet, Eva Maria Stuckel, Johann Heinrich Riesener. Möbelkünstler aus Gladbeck/Westfalen, Gladbeck 2005

Viereck 2001: Gunther Viereck, Thünen, Johann Heinrich von, in: Sabine Pettke (Hrsg.), Biographisches Lexikon für Mecklenburg, Rostock 2001 (= Veröffentlichungen der Historischen Kommission für Mecklenburg, Reihe A, Bd. 3), S. 300–303

Viereck 2006: Gunther Viereck, Johann Heinrich von Thünen. Ein Klassiker der Nationalökonomie im Spiegel der Forschung, Hamburg 2006 (= Beiträge zur deutschen und europäischen Geschichte, Bd. 35)

Vierus 2012: Dieter Vierus, Frauen im Ränkespiel um die Macht. Zur Geschichte von Mecklenburg, Bd. 2, Rostock 2012

Virk 1988: Wolfgang Virk, Mecklenburgische Münzen & Medaillen aus dem Münzkabinett des Staatlichen Museums Schwerin, Schwerin 1988

Völkel 2001: Michaela Völkel, Das Bild vom Schloß. Darstellung deutscher Höfe in Architekturstichserien 1600–1800, München/Berlin 2001 (= Kunstwissenschaftliche Studien, Bd. 92)

Volz 1913: Gustav Berthold Volz (Hrsg.): Die Werke Friedrichs des Großen. In deutscher Übersetzung, Berlin 1913, Bd. 1, S. 95–118.

Voss 2012: Gerhard Voss, Prinzessin Augusta von Mecklenburg-Güstrow und der Darguner Pietismus, in: Mecklenburgia Sacra. Jahrbuch für Mecklenburgische Kirchengeschichte 2012, Bd. 15, S. 127–143

Waffen 2008: Die Schweriner Waffensammlung. 50 Jahre Verlust und Rückgabe, bearb. von Torsten Fried, Harald Knöppke und Friedrich Preßler, Kunstsammlungen, Schlösser und Gärten – Staatliches Museum Schwerin, Schwerin 2008

Waffen 2009: Die Schweriner Waffensammlung: Fernwaffen. Blankwaffen. Zubehör, bearb. von Klaus-Urlich Keubke, Kunstsammlungen, Schlösser und Gärten – Staatliches Museum Schwerin, Schwerin o. J. (2009)

Warenanzeige 1789: Waaren-Anzeige von Christ. Friedrich Fleischer zu Leipzig, in: Intelligenzblatt des Journals des Luxus und der Moden 1789, Jg. 4, Heft Oktober, Nr. 10, S. CXLVI–CXLVIII

Warnke 1992: Martin Warnke, Politische Landschaft. Zur Kunstgeschichte der Natur, München 1992

Warnke 1996: Martin Warnke, Hofkünstler. Zur Vorgeschichte des modernen Künstlers, 2. Auflage, Köln 1996

Warnke 2007: Martin Warnke, Könige als Künstler. 30-jähriges Stiftungsjubiläum und Verleihung des Gerda Henkel Preises 2006, hrsg. von der Gerda Henkel Stiftung, Gerda Henkel Vorlesung, Düsseldorf 2007

Weber (1828) 1855: Carl Julius Weber, Deutschland oder Briefe eines in Deutschland reisenden Deutschen, Bd. 3, 2. vermehrte und verbesserte Auflage, Stuttgart 1855

Webersinke 2000: Bürogemeinschaft Freier Landschaftsarchitekten Dipl.-Ing. Andreas Webersinke, Schlosspark Ludwigslust. Fortschreibung der Denkmalpflegerischen Zielstellung/Parkpflegewerk, Rostock 2000 (Typoskript)

Weckel 1996: Ulrike Weckel, Der Fieberfrost des Freiherrn. Zur Polemik gegen weibliche Gelehrsamkeit und ihre Folgen für die Geselligkeit der Geschlechter, in: Kleinau/Opitz 1996, S. 360–372

Wehrsig 2000: Algis Wehrsig, Polychrome Ausstattungsteile aus Papiermaché und Kartonage. Die Restaurierung der Deckenrosetten der Kirche in Dorf Mecklenburg und eines Versatzstücks der Ludwigsluster Kartonagenmanufaktur, in: Zeitschrift für Kunsttechnologie und Konservierung 2000, Jg. 14, S. 23–36

Weingart 2009: Ralf Weingart, Vom Wendenwall zur Barockresidenz, in: Kornelia von Berswordt-Wallrabe (Hrsg.), Schloss Schwerin. Inszenierte Geschichte in Mecklenburg, München, Berlin 2009, S. 8–57

Weiß 1983: Wisso Weiß, Zeittafel zu Papiergeschichte, Leipzig 1983

Welsch 2012: Wolfgang Welsch, Blickwechsel. Neu Wege der Ästhetik, Stuttgart 2012

Wendt-Sellin 2012: Ulrike Wendt-Sellin, Luise Friederike, Herzogin von Mecklenburg-Schwerin (1722–1791). Lebensorganisation und materielle Handlungsspielräume einer Fürstin zwischen Pflicht, Pläsier und Pragmatismus, Diss. Rostock 2012 (Typoskript)

Wendt-Sellin 2016: Ulrike Wendt-Sellin, Herzogin Luise Friederike von Mecklenburg-Schwerin (1722–1791). Ein Leben zwischen Pflicht, Pläsir und Pragmatismus, Wien 2016 (in Vorbereitung)

Wengel 1980: Tassilo Wengel, Der Schloßpark Ludwigslust – einzigartig für Mecklenburg, in: Urania Magazin: alles Neue über unsere Welt. Monatsmagazin für alle Wissenschaften 1980, Bd. 56, Heft 7, S. 60–65

Wernicke 1990: Horst Wernicke, 1348 – Karl IV., Pommern und Mecklenburg – Reichspolitik und Nachbarschaft im Konflikt, in: Mecklenburg und das Reich in feudaler und bürgerlicher Gesellschaft. Agrargeschichte – Sozialgeschichte – Regionalgeschichte, Teil 1. Beiträge des Internationalen Kolloquiums vom 29. und 30. März 1990 anlässlich des 65. Geburtstages von Prof. Dr. sc. phil. Gerhard Heitz in Rostock, Rostock 1990 (= Agrargeschichte, Bd. 23), S. 30–35

Wessling 2010: Robert Wessling, »Die Fornir alle Geschnidten«. Zur Herstellung von Sägefurnieren, in: Hans Michaelsen (Hrsg.), Königliches Parkett in preußischen Schlössern, Petersberg 2010, S. 405–419

Wick 1964: Peter Wick, Versuche zur Errichtung des Absolutismus in Mecklenburg in der ersten Hälfte des 18. Jahrhunderts. Ein Beitrag zur Geschichte des Territorialabsolutismus, Berlin 1964 (= Deutsche Akademie der Wissenschaften zu Berlin, Schriften des Instituts für Geschichte, Reihe II: Landesgeschichte, Bd. 8)

Wiese 2005: René Wiese, Orientierung in der Moderne. Großherzog Friedrich Franz II. von Mecklenburg in seiner Zeit, hrsg. von Andreas Röpcke und Martin Schoebel, Bremen 2005 (= Quellen und Studien aus den Landesarchiven Mecklenburg-Vorpommerns, Bd. 8)

Wiese 2008: Rene Wiese, Erbgroßherzogin Auguste von Mecklenburg (1776–1871) zwischen Bad Homburg, Rudolstadt und Ludwigslust, in: Mecklenburgische Jahrbücher 2008, Jg. 123, S. 177–198

Wigger 1880: F. Wigger, Aus dem Leben Friedrichs des Frommen bis zu seinem Regierungsantritt, in: Jahrbücher für meklenburgische Geschichte und Alterthumskunde 1880, S. 53–176

Wimmer 1985: Clemens Alexander Wimmer, Sichtachsen des Barock in Berlin und Umgebung. Zeugnisse fürstlicher Weltanschauung, Kunst und Jägerlust, Berlin 1985 (= Berliner Hefte, Bd. 2)

Winkes 2014: Doreen Winkes, Beitrag zur Skulptur der Thüringer Heidecksburg, Stand der Informationen, 15. Dezember 2014 (http://www.museum-digital.de/thue/index.php?t=objekt&oges=59, letzter Zugriff 17. Oktober 2015)

Wundemann 1803: Johann Christian Friedrich Wundemann, Mecklenburg in Hinsicht auf Kultur, Kunst und Geschmack, Bd. 2, Schwerin/Wismar 1803

Wundemann 1806: Johann Christian Friedrich Wundemann, Helena Pawlowna. Eine Skizze zur Erinnerung an die entschlafene Holde, Rostock 1806

Zahlten 1979: Johannes Zahlten, Creatio mundi: Darstellung der sechs Schöpfungstage und naturwissenschaftliches Weltbild im Mittelalter, Stuttgart 1979 (= Stuttgarter Beiträge zur Geschichte und Politik, Bd. 13)

Zander 1973: Dieter Zander, Neue Nutzung für ehemalige Burgen, Schlösser und Gutshäuser im Bezirk Schwerin, in: Mitteilungen des Institutes für Denkmalpflege – Außenstelle Schwerin an die ehrenamtlichen Vertrauensleute der Bezirke Rostock, Schwerin, Neubrandenburg 1973, Nr. 21, S. 170–180

Zengel 2013: Stefanie Zengel, Die Atlanten-Uhr der Universitätsbibliothek Rostock, Rostock 2013 (http://www.germanistik.uni-rostock.de/fileadmin/PHF_Germanistik/Mitarbeiter/Helbig/Angewandte_Germanistik/Seminare/Artefakt_und_Aura/Atlantenuhr_Zengel.pdf)

Zick 1990: Gisela Zick, Sèvres und Wedgwood. Künstlerischer Austausch zwischen Frankreich und England im späten 18. Jahrhundert, in: Keramos 1990, 128, Heft April, S. 11–34

Zick 2004: Gisela Zick, »Eine unschätzbare Acquisition«. Ihre Kaiserliche Hoheit Maria Pawlowna – Zarentochter am Weimarer Hof, in: Keramos 2004, 185, Heft Juli, S. 113–121

Zimmermann 2004: Urte Zimmermann, Die spätbarocke Residenzgründung Ludwigslust, in: Museum Festung Dömitz (Hrsg.), Beiträge zur mecklenburgischen Landes- und Regionalgeschichte vom Tag der Landesgeschichte im Oktober 2003 in Dömitz, Rostock 2004 (Der Festungskurier, Bd. 4), S. 73–95

PERSONENREGISTER

ABBILDUNGSNACHWEIS

Wenn nicht anders angegeben:
© Staatliches Museum Schwerin / Ludwigslust / Güstrow, Fotografin: Gabriele Bröcker, Schwerin

Akademie der Künste, Berlin, Kunstsammlung, Fotograf: Roman März: S. 165 (Abb. 13)
Berlinische Galerie, Landesmuseum für Moderne Kunst, Fotografie und Architektur: S. 172 (Abb. 23)
Betrieb für Bau und Liegenschaften Mecklenburg-Vorpommern, Bernd Possenau, Ludwigslust: S. 107 (Abb. 7)
© bpk – Bildagentur für Kunst, Kultur und Geschichte Berlin / Agence Photographique de la Réunion des musées nationaux et du Grand Palais des Champs-Elysées Paris: S. 238 (Abb. 5), S. 238 (Abb. 6), S. 239 (Abb. 7)
Christie's Images: S. 200 (Abb. 32)
Den Haag, Museum Meermanno-Westreenianum: S. 249 (Abb. 6), S. 249 (Abb. 7)
Herzogliches Archiv Mecklenburg Hemmelmark: S. 206 (Abb. 40)
ITMZ der Universität Rostock, Fotografin: Edeltraud Altrichter: S. 264 (Abb. 1), S. 265 (Abb. 2), S. 265 (Abb. 3), S. 266 (Abb. 4), S. 266 (Abb. 5), S. 267 (Abb. 6), S. 268 (Abb. 7), S. 268 (Abb. 8)
© J. Paul Getty Trust, Getty Museum, Los Angeles: S. 144 (Abb. 1)
Klassik Stiftung Weimar, Bestand Museen, Fotograf: Renno: S. 166 (Abb. 14)
Landesamt für Kultur und Denkmalpflege Mecklenburg-Vorpommern: S. 132 (Abb. 5), S. 133 (Abb. 6), S. 133 (Abb. 7), S. 134 (Abb. 8)
Landesamt für Kultur und Denkmalpflege Mecklenburg-Vorpommern, Fotograf: Achim Bötefür, Schwerin: S. 20, S. 56 (Abb. 1), S. 58 (Abb. 3), S. 63 (Abb. 7), S. 66 (Abb. 13), S. 79 (Abb. 28) S. 81 (Abb. 31), S. 104 (Abb. 3), S. 121 (Abb. 11)
Landesbibliothek Mecklenburg-Vorpommern, Schwerin: S. 83 (Abb. 35), S. 86 (Abb. 36)
Landeshauptarchiv Schwerin: S. 10, S. 16 (Abb. 7), S. 22 (Abb. 1), S. 37 (Abb. 17), S. 43 (Abb. 23), S. 54, S. 61 (Abb. 4), S. 63 (Abb. 8), S. 67 (Abb. 15), S. 68–69 (Abb. 16), S. 68 (Abb. 17), S. 72 (Abb. 20), S. 73 (Abb. 21), S. 76 (Abb. 23), S. 76 (Abb. 24), S. 181 (Abb. 5), S. 207 (Abb. 41), S. 235 (Abb. 2), S. 255 (Abb. 2), S. 258 (Abb. 6), S. 258 (Abb. 7), S. 259 (Abb. 8), S. 259 (Abb. 9)
Nationalmuseum Stockholm: S. 67 (Abb. 14)
Niedersächsische Staats- und Universitätsbibliothek Göttingen: S. 180 (Abb. 4)
Paris, Bibliothèque nationale de France: S. 224 (Abb. 1)
Privatbesitz: S. 32 (Abb. 12)
Restaurierungsatelier Broschke, Potsdam: S. 225 (Abb. 2), S. 227 (Abb. 6), S. 230 (Abb. 10)
SLUB Dresden / Deutsche Fotothek: S. 122 (Abb. 13)
Staatliches Museum Schwerin / Ludwigslust / Güstrow, Archiv Schloss Ludwigslust: S. 135 (Abb. 9), S. 135 (Abb. 10), S. 136 (Abb. 11), S. 136 (Abb. 12), S. 136 (Abb. 13)
Stadtarchiv Ludwigslust: S. 23 (Abb. 3), S. 131 (Abb. 3), S. 131 (Abb. 4)
Stiftung Preußische Schlösser und Gärten Berlin-Brandenburg, Fotograf: Daniel Lindner, Potsdam: S. 80 (Abb. 29), S. 87 (Abb. 37), S. 96 (Abb. 47)
Twist, Berlin: S. 215 (Abb. 2), S. 217 (Abb. 4), S. 218 (Abb. 6), S. 219 (Abb. 7), S. 221 (Abb. 9)
Universitätsarchiv Rostock: S. 193 (Abb. 20)

Andreas Baumgart, Rethwisch: S. 157 (Abb. 2)
Dietmar Braune, Schwerin: S. 48 (Abb. 2)
Heiner Büld, Berlin: S. 212, S. 215 (Abb. 3), S. 217 (Abb. 5), S. 220 (Abb. 8)
Christoph Irrgang, Hamburg: S. 183 (Abb. 8)
Ulrich Kache, Schwerin: S. 48 (Abb. 1)
Cornelius Kettler, Schwerin: S. 109 (Abb. 10)
Karin Kiemer, Hamburg: S. 191 (Abb. 17)
Detlef Klose, Schwerin: S. 23 (Abb. 2), S. 24–25 (Abb. 4), S. 26 (Abb. 5), S. 26 (Abb. 6), S. 27 (Abb. 7), S. 29 (Abb. 10), S. 30–31 (Abb. 11), S. 32 (Abb. 13), S. 33 (Abb. 14), S. 34–35 (Abb. 15), S. 36 (Abb. 16), S. 38 (Abb. 18), S. 39 (Abb. 20), S. 40 (Abb. 21), S. 41 (Abb. 22), S. 46, S. 49 (Abb. 3), S. 50 (Abb. 4), S. 51 (Abb. 5), S. 52 (Abb. 6) S. 53 (Abb. 7), S. 57 (Abb. 2), S. 61 (Abb. 5), S. 62 (Abb. 6), S. 77 (Abb. 25), S. 77 (Abb. 26), S. 78 (Abb. 27), S. 82 (Abb. 32), S. 84–85 (Abb. 33), S. 88 (Abb. 38), S. 89 (Abb. 40), S. 89 (Abb. 41), S. 90 (Abb. 42), S. 90 (Abb. 43), S. 91 (Abb. 44), S. 93 (Abb. 45), S. 102 (Abb. 1), S. 103 (Abb. 2), S. 105 (Abb. 4), S. 106 (Abb. 6), S. 108 (Abb. 8), S. 110 (Abb. 11), S. 112, S. 114 (Abb. 1), S. 117 (Abb. 4), S. 118 (Abb. 5), S. 119 (Abb. 6), S. 119 (Abb. 7), S. 119 (Abb. 8), S. 121 (Abb. 12), S. 140 (Abb. 18), S. 140 (Abb. 19), S. 142, S. 222, S. 225 (Abb. 3), S. 226 (Abb. 4), S. 228 (Abb. 7), S. 228 (Abb. 8), S. 234 (Abb. 1), S. 242, S. 244 (Abb. 1), S. 246 (Abb. 2), S. 256 (Abb. 4), S. 257 (Abb. 5)
Matthias Lüdecke, Berlin: S. 100
Hugo Maertens, Brügge: S. 124 (Abb. 15), S. 152, S. 194 (Abb. 21)
Michael Mikolajczyk, Schwerin: S. 105 (Abb. 5)
Carsten Neumann, Güstrow: S. 80 (Abb. 30), S. 88 (Abb. 39)
Michael Setzpfandt, Berlin: S. 182 (Abb. 6)
Lothar Steiner, Berlin: S. 116 (Abb. 3), S. 138 (Abb. 15)
Elke Walford, Hamburg: S. 12 (Abb. 1), S. 124 (Abb. 14), S. 125 (Abb. 16), S. 146 (Abb. 3), S. 168 (Abb. 17), S. 188 (Abb. 14), S. 189 (Abb. 15), S. 197 (Abb. 27), S. 202 (Abb. 34), S. 204 (Abb. 36)
Lutz Walter, Wernigerode: S. 108 (Abb. 9)
Ines Zimmermann, Heiner Büld, Berlin, für das Staatliche Museum Schwerin: S. 184 (Abb. 10), S. 201 (Abb. 33)

Reproduktion nach Fotoarchiv Staatliches Museum Schwerin / Ludwigslust / Güstrow: S. 121 (Abb. 10), S. 148 (Abb. 4)
Reproduktion nach Brandt 1925: S. 130 (Abb. 1), S. 130 (Abb. 2), S. 194 (Abb. 22), S. 240 (Abb. 8)
Reproduktion nach Luthmer 1903: S. 205 (Abb. 37)
Reproduktion nach Roubo 1769–1774 (2010): S. 226 (Abb. 5), S. 229 (Abb. 9), S. 231 (Abb. 11)

Umschlagabbildung Vorderseite:
Blick von Norden auf Schloss Ludwigslust, Fotograf: Detlef Klose, Schwerin

Umschlagabbildung Rückseite:
Jean-Baptiste Oudry, Jungfernkranich, Pfefferfresser und Kronenkranich in einer Landschaft, 1745, Öl auf Leinwand, 130 × 160 cm, Staatliches Museum Schwerin, Fotografin: Elke Walford, Hamburg

IMPRESSUM

Herausgeber
Staatliches Museum Schwerin / Ludwigslust / Güstrow
Staatliche Schlösser und Gärten Mecklenburg-Vorpommern

Idee
Karin Annette Möller

Konzept, Text- und Bildredaktion
Karin Annette Möller und Tobias Pfeifer-Helke
S. 10–45, 112–272
Friederike Drinkuth und Jörg Meiner
S. 46–111

Der Ankauf folgender Kunstwerke erfolgte 2014 mit Unterstützung der Kulturstiftung der Länder
S. 70, Abb. 18 / S. 158, Abb. 3 / S. 163, Abb. 10 / S. 164, Abb. 11 / S. 182, Abb. 6 / S. 185, Abb. 11 / S. 247, Abb. 4

Überdies förderte die Beauftragte der Bundesregierung für Kultur und Medien aufgrund eines Beschlusses des Deutschen Bundestages den Erwerb der nachfolgend aufgeführten Kunstwerke
S. 28, Abb. 9 / S. 204, Abb. 36

KULTUR
STIFTUNG · DER
LÄNDER

Die Beauftragte der Bundesregierung
für Kultur und Medien

Lektorat und Herstellung
Eva Maurer, Deutscher Kunstverlag

Gestaltung und Satz
Angelika Bardou, Deutscher Kunstverlag

Reproduktionen
Birgit Gric, Deutscher Kunstverlag

Druck und Bindung
Grafisches Centrum Cuno, Calbe

Bibliografische Information der Deutschen Nationalbibliothek
Die Deutsche Nationalbibliothek verzeichnet diese Publikation in der Deutschen Nationalbibliografie; detaillierte bibliografische Daten sind im Internet über http://dnb.dnb.de abrufbar.

Deutscher Kunstverlag Berlin München
Paul-Lincke-Ufer 34
D-10999 Berlin
www.deutscherkunstverlag.de

ISBN 978-3-422-07360-9